普通高等教育“十三五”规划教材
全国高等医药院校规划教材

供中药学、药学、医药经济与管理、预防、口腔、康复及护理等专业使用

中医学基础

第 2 版

主编 郑洪新

科学出版社
北 京

内 容 简 介

中医学基础是学习中医药学的入门课程和主干课程。中医学基础（第2版）是由中医学的基本概念、基本知识、基本规律、基本原则和基本技能所组成的基础理论体系。全书共分为11章，包括绪论、阴阳五行、藏象、精气血津液、经络、体质、病因、发病、诊法、病机与辨证、养生防治康复，系统阐述了中医学的哲学基础、人体的形态结构及功能、病因病机与发病以及诊断辨证方法、养生康复和防治原则等内容，为进一步学习中药学、方剂学、临床各科诊治奠定理论基础。

本教材可供高等医药院校中药学、药学、医药经济与管理、预防、口腔、康复及护理等专业教学使用。

图书在版编目 (CIP) 数据

中医学基础 / 郑洪新主编 . —2 版 . —北京：科学出版社，2017.6
普通高等教育“十三五”规划教材　全国高等医药院校规划教材
ISBN 978-7-03-052934-3

Ⅰ . ①中…　Ⅱ . ①郑…　Ⅲ . ①中医医学基础－医学院校－教材
Ⅳ① R22

中国版本图书馆 CIP 数据核字（2017）第 117947 号

责任编辑：郭海燕　王　鑫 / 责任校对：赵桂芬
责任印制：徐晓晨 / 封面设计：陈　敬

科学出版社出版
北京东黄城根北街 16 号
邮政编码：100717
http://www.sciencep.com
北京虎彩文化传播有限公司 印刷
科学出版社发行　各地新华书店经销

*

2007 年 8 月第　一　版　开本：787 × 1092　1/16
2017 年 6 月第　二　版　印张：16
2021 年 2 月第十六次印刷　字数：350 000

定价：49.80 元

（如有印装质量问题，我社负责调换）

《中医学基础》第2版编委会

主　编　郑洪新

副主编　（以姓氏笔画为序）
吕志平　李　净　孟静岩
梅晓云　章文春　董尚朴

编　委　（以姓氏笔画为序）
邓洋洋（辽宁中医药大学）
包素珍（浙江中医药大学）
吕志平（南方医科大学）
李兰珍（甘肃中医药大学）
李　净（安徽中医药大学）
李琳荣（山西中医药大学）
杨胜林（云南中医学院）
张国华（南方医科大学）
陈贵海（陕西中医药大学）
尚晓玲（长春中医药大学）
郑洪新（辽宁中医药大学）
孟静岩（天津中医药大学）
梅晓云（南京中医药大学）
章文春（江西中医药大学）
彭　晋（成都中医药大学）
董尚朴（河北中医学院）
詹向红（河南中医药大学）

第 2 版编写说明

《中医学基础》第 2 版是中药学、中医药学相关的药学、预防医学、康复医学、护理学和管理类本科生学习中医理论基础、中医诊断基础的教材。

本教材从社会、科技、医药领域发展的需求出发，根据学生的培养目标，以提高中医药学人才专业素质、提高教学质量为根本宗旨，继承和发扬中医药学的优势和特色，重视培养学生建立中医药学的思维方式，提高创新能力和实践能力，综合国内相关教材的精华，并吸取最新研究成果，为培养以中医药学为核心的多学科、复合型高级人才奠定坚实基础。

本教材编写注重体现“以人为本”的原则，以学生为主体，以教师为主导；注重体现“中医理论传承”的原则，力求阐述原汁原味的中医理论；注重体现“理论创新” 的原则，吸纳中医理论的研究成果；注重体现“理论与实践结合”的原则，在内容安排上更加强调对临床实践的指导作用。

本教材由全国 15 所高等中医药院校的富于教学经验、具有高级职称的教师共同完成。第一章绪论由梅晓云编写，第二章阴阳五行由章文春编写，第三章藏象由孟静岩、包素珍、尚晓玲编写，第四章精气血津液由吕志平、张国华编写，第五章经络由杨胜林编写，第六章体质由詹向红编写，第七章病因由董尚朴编写，第八章发病由李兰珍、陈贵海编写，第九章诊法由李琳荣、彭晋编写，第十章病机与辨证由郑洪新、邓洋洋编写，第十一章养生防治康复由李净编写。经脉循行图是在孟静岩绘图的基础上，由孙鑫完成。各章分别由副主编审校，经编委会审定，最后由主编统一定稿。

本教材是在 2007 年版普通高等教育“十一五”国家级规划教材《中医学基础》的基础上重新修订。全体编委会人员精心编撰，反复推敲，字斟句酌，但仍可能有不妥之处，诚恳希望各位教师和学生在使用过程中提出宝贵意见，以便进一步完善。

《中医学基础》编委会

2017 年 5 月

目　录

第一章 绪　论

中医学是以中医药理论与实践经验为主体，研究人类生命活动中健康与疾病变化规律及其预防、诊断、治疗、康复和保健的综合性医学科学。

中医学是我国优秀传统文化的组成部分，有着数千年悠久的历史和独特的理论体系，凝聚着中华民族防病治病的丰富经验，是在长期的医疗实践中逐渐形成而发展起来的。千百年来，中医学为中华民族的保健事业和繁衍昌盛做出了巨大贡献，如今又在世界人民的医疗保健中发挥着越来越重要的作用。

中医学是以气、阴阳、五行学说为哲学基础，以整体观念为主导思想，以脏腑经络为理论核心，以辨证论治为诊疗特点，因此，中医学的学科属性是以自然科学为主干，具有浓厚的人文社会科学底蕴，多学科交叉渗透的综合性医学科学。

第一节　中医学理论体系的形成和发展

中医学理论体系的形成和发展经历了漫长的历史过程。人类在长期的生活、生产实践中，不断地同自然灾害、疾病等作斗争，逐步地认识了生命活动和疾病过程，掌握了养生保健、防治疾病的各种方法，积累了大量的医药知识。随着时代的发展，科学技术的不断进步，医药知识的丰富积累，逐渐将实践经验从理论高度进行反复而系统地总结，从而产生了中医学理论。

一、中医学理论体系的形成

中医学理论体系形成于先秦两汉时期。在当时传统文化的影响之下，结合其他自然科学知识，对医药实践进行理论提升和系统总结。中医学理论体系形成标志是《黄帝内经》《难经》《伤寒杂病论》和《神农本草经》等医学专著的相继问世，为后世医药学的发展奠定了坚实的基础。

（一）中医学理论体系形成的条件

中医学理论体系形成的条件主要有如下三方面：

1. 传统文化的深刻影响

战国至秦汉时期，中国社会经历着急剧的变化，政治、经济、文化发展迅速，诸子蜂起，百家争鸣，各种学术流派相继产生，呈现一派浓郁的文化氛围，影响着中医学理论体系的形成。如道家倡导顺应自然、全性保真的理念；儒家强调仁义精诚、天人合一、贵和尚中的思维；

以及兵家提出修道保法、谋略多变的观点等，在中医养生保健、医德医术、治则治法等理论的构建方面都起到了积极的指导作用。尤其是当时推崇的元气论和阴阳五行学说等哲学思想，对世界的本原和事物运动的普遍规律作了深刻的揭示，对中医学认识人的生命起始和发展演变的进程产生了巨大的影响，为中医学理论体系的形成提供了重要的思维方法和说理工具。

2. 科学技术的密切结合

科学技术历来是人类文化的重要组成部分。战国时期随着生产水平的提高，农业生产及其他自然科学技术都得到了进一步发展，这为中医学理论体系的形成提供了有利的条件。天文学为中医学提供了宇宙观的背景，使之创立了人与天地息息相关的整体医学模式，结合所生存的外界环境来认识人体生理、病理及防治疾病的规律。气象学、地理学的相关知识融入中医学，便从医学的角度探讨不同的四时气候变化和地理环境对人类生命活动的影响，以指导临床的诊断和治疗。农业生产对中医学最显著的影响和作用之一是在药物学方面，当时所用药物多以草木为主，动物及矿物类药物只占很小比例，如《神农本草经》收载的365种药物中，植物类药物就有252种。可见，古代自然科学知识与医药学的高度结合，为中医学理论体系形成提供了丰厚的科学技术基础。

3. 医药实践的系统总结

古代医家在长期与疾病作斗争的过程中，通过观察人的生命活动现象和大量的医疗实践，逐步地认识到人的生理病理规律，积累了丰富的医药知识。如殷商时期，已发明了酒和汤液；西周时期，为部分疾病确立了专门的病名；到了春秋战国时期，针灸和药物治疗已成为医生治病的常用方法，并涌现出一批如扁鹊等具有精湛医术的专职医生，从而使医药水平有了明显的提高。同时，不少医家将多年的医疗经验从理论上加以总结，如成书于战国时期的医著《五十二病方》，记载了103个病名，247种药物，283首方剂。还有《易经》《诗经》《左传》等著作中，也记载了许多有关医药学的知识与实例。这些都表明当时的人们对疾病已有相当深刻而广泛的理解，医药实践资料已极为丰富，从而为医学规律的总结、理论体系的提升奠定了坚实的基础。

（二）中医学理论体系形成的标志

中医学理论体系形成的标志是四部医学典籍的先后问世。

《黄帝内经》是我国现存医学文献中最早的一部典籍，包括《素问》和《灵枢》两部分，共18卷、162篇。该书对秦汉以前的医学成就进行了全面的总结和整理，结合当时自然科学技术的一些重要成果，运用精气、阴阳、五行学说等哲学思想，系统阐述了人体的形态结构、生理功能、病因病机，以及疾病的诊断、治疗和预防，还涉及心理学、时间医学、地理医学、气象医学及医德修养等方面的内容，构建了中医理论的基本框架，是中医学独特理论体系形成的基础和源泉。《黄帝内经》的产生，标志着祖国医学已从单纯的经验积累发展到了系统理论总结的阶段，书中的许多认识也达到了当时世界领先的科学水平。例如，在形态结构上，有关人体骨骼、血脉的长度，内脏器官的大小和容量等，基本符合人体的实际情况。在血液循环方面，很早就认识到心主身之血脉，血液是沿着脉道“流行不止，环周不休”的。在疾病的防治上，特别强调防重于治，提出了“治未病”的观点，对临床实践具有重要的指导价值。

《难经》是继《内经》之后的一部医学经典著作，成书于汉代。全书以阐明《内经》要旨为主，用问答的形式进一步探讨了脏腑、经络、病证、诊断、治疗等各方面的医学道理，内容简要，辨析精辟，补充了《内经》的不足。尤其是在脉学上的阐述独具特色，完善了《内经》诊脉“独取寸口”的诊断方法，至今仍为临床所习用。

《伤寒杂病论》为东汉末年张仲景所撰写，后世分为《伤寒论》和《金匮要略》两部分。《伤寒论》以诊治外感热病为主，确立了六经辨证论治的纲领；《金匮要略》以诊治内伤杂病为主，对脏腑疾病的病因、病机、证候、诊法、治疗等都作了较详尽的论述，理、法、方、药完整精当。《伤寒杂病论》共记载40多种病证，262首方剂，是中医学理论与实践紧密结合的第一部专著，基本形成了中医学辨证论治的理论体系，成为中医临床医学迅速发展的重要标志。

《神农本草经》是我国现存最早的药物学专著，集东汉以前药物学研究之大成，共收录365种药物，按照养生、药物性能功效、有无毒性分成上、中、下三品：上品药无毒，主益气、养生；中品药有毒或无毒，主治病、补虚；下品药有毒，主除病邪、破积聚。书中将药物分为寒热温凉四性，酸甘辛苦咸五味，并完善了君、臣、佐、使的组方原则与七情和合的理论，对后世中药学的发展产生了深远的影响。

二、中医学理论体系的发展

自汉代以后，随着社会的发展和科学技术的进步，医药学家从基础理论、临床研究、方药知识等各个方面，进一步充实和完善了中医学理论体系。

1. 魏晋隋唐时期

魏晋南北朝，隋唐至五代，这是我国医学发展史上承先启后的一个重要时期。中医学的学科分化日趋成熟而发展迅速，不仅有脉学、针灸学、妇科学、儿科学、外科学等方面的专著，还出现了《千金要方》、《诸病源候论》等综合性的内容丰富的医著。

切脉是中医诊断疾病的重要方法。晋代王叔和撰写了我国第一部脉学专著《脉经》，首次从基础理论到临床运用对中医脉学作了较为系统的论述。书中发展了《难经》的寸口诊法，提出脏腑于寸关尺三部定位的原则，详述了浮、沉、迟、数等24种脉象各自的形状、辨认特点、应指感觉及所主疾病等，并强调脉证合参，使脉学在诊断疾病方面更科学规范。

现存最早的针灸学专著是晋代皇甫谧编撰的《针灸甲乙经》，书中系统地阐述了藏象、经络、腧穴、标本、刺法、诊法、病证、治法等内容，集魏晋前针灸经络理论之大成，对中医针灸学的发展做出了杰出的贡献。

隋代医家在疾病病因的探讨与症状的描述方面取得了相当的成就，其中，巢元方所编撰的《诸病源候论》是我国第一部论述病因病机与证候学的专著。全书记载了1729种病候，涵盖内、外、妇、儿、五官、皮肤等各科，对每一病证的发病原因、病机变化和主要症状都作了具体的描述。

唐代名医孙思邈编撰的《备急千金要方》是我国第一部医学百科全书。书中阐述了前人主要的医学理论及诊法、方剂、治法、养生等内容，尤其在为医之道德准则方面提出“大医精诚”等许多精辟的见解，对中国医学伦理学的形成和发展具有深远的影响。

2. 宋金元时期

两宋金元时期，是我国医学史上成效卓著，影响深远的一个时期。当时医学领域的学术争鸣十分活跃，不少医家结合自己的临证经验，提出了许多独到的见解，有力地推动了中医学理论的迅速发展和不断创新。

宋代陈无择著《三因极一病证方论》，详细地阐述了“三因致病说”，把各种复杂的致病因素归纳为三大类，即外感六淫为外因，内伤七情为内因，其他饮食所伤、跌打损伤、虫兽所伤等为不内外因，从而发展了《内经》及《金匮要略》的病因理论，使中医的病因学理论更加系统化。

金元时期涌现的各具特色的医学流派中，最具代表性的是刘完素、张从正、李杲、朱震亨，后人尊称为“金元四大家”。

刘完素（字守真，后人尊称刘河间），创河间学派，以火热立论，代表作有《素问玄机原病式》等。他认为临床上火热为病较多，强调“六气皆从火化”“五志过极皆能生火”，故用药以寒凉清热为主，后人称其为“寒凉派”。

张从正（字子和，号戴人），论病首重邪气，代表作有《儒门事亲》等。他认为病由邪生，邪去则正安，用药以攻邪为主，并善用汗、吐、下三法，后人称其为“攻邪派”。

李杲（字明之，号东垣老人，后人尊称李东垣），倡导“内伤脾胃，百病由生”的观点，代表作有《脾胃论》等。他认为“脾胃为元气之本”，脾胃气虚，升降失常是发病的主要原因，所以在治疗上重视调补脾胃，后人称其为“补土派”。

朱震亨（字彦修，号丹溪），创造性地提出“阳常有余，阴常不足”的论点，代表作有《格致余论》等。他认为在人体生命过程中，相火妄动而易耗阴液，治病主张滋阴降火，善用养阴药，后人称其为“滋阴派”。

总之，金元时期的四大医家，立论不同，但互有发明，各具创见，从不同的角度丰富了中医学的内容，促进了中医学理论体系的发展。

3. 明清时期

明清时期，中医学的发展进入到学科深入分化，医学理论综合汇通的阶段，许多集前人医学理论之大成的全书、丛书和类书相继出现，如明代王肯堂的《证治准绳》、楼英的《医学纲目》，清代陈梦雷主编的《古今图书集成·医部全录》、吴谦编著的《医宗金鉴》等，从而使中医学理论体系日趋得到完善。

明代温补学派的代表医家赵献可、张介宾等，致力于探讨生命的本原和动力，提出了命门学说，强调肾阴肾阳是脏腑阴阳之根本，主张肾阴肾阳并补。李中梓则提出“肾为先天之本，脾为后天之本”的重要论断，主张治病首重脾肾，这些都进一步丰富了藏象学说的内容。

明清时期在中医学理论方面的创新与突破是温病学说的形成和发展。温病是多种急性热病的统称，通常具有传染性和流行性。明末吴又可著《温疫论》，对温疫病的病因、发病途径和病机变化进行了阐述，提出“戾气”致病的观点，为温病学说的形成奠定了基础。清代叶天士承前启后，创立了卫气营血理论的辨证纲领；吴鞠通著《温病条辨》，提出了三焦辨证的新思路；还有薛生白的《湿热病篇》、王孟英的《温热经纬》等，都促使温病学说日益成熟，逐步形成一套完整的温病辨证论治理论体系。

药物学研究方面，以明代李时珍所著《本草纲目》的成就最大，全书内容极其丰富，所载药物 1800 余种，附有绘图 1100 多幅，药方 11000 多首，同时还综合了植物学、动物学、矿物学等大量的科学知识，是一部举世闻名的药学巨著。

清代医家王清任重视解剖，在所著《医林改错》一书中，修正了前人在人体解剖方面的某些错误记载，创制了多首活血祛瘀的有效方剂，在瘀血致病的理论方面作出了贡献。

4. 近现代时期

鸦片战争以后，西方文化和科技逐渐传入中国，西医也得到广泛的传播，使传统的中医学术遇到了空前的挑战，中医学理论的发展呈现出新的趋势。如以唐宗海、恽铁樵、张锡纯等为代表的一部分具有近代科学思想的医家，主张中西医汇通，认为中西医各有所长，可吸取西医之长发展中医，做到优势互补。如张锡纯的《医学衷中参西录》就是当时的代表作之一。另一方面，有许多医家仍坚持中医学自身的继承和发扬工作，继续收集、整理前人的学术思想和临床经验，如20世纪30年代曹炳章主编的《中国医学大成》，便是一部汇粹古今中医学重要著作的宏篇巨著。

新中国成立以后，中医药事业重新焕发了生机，无论在中医理论的发掘、整理方面，还是在应用现代科学方法研究中医理论方面，均获得了长足的进展，提高了临床诊治水平。在国家中医政策指导下，一是重视中医药教育，通过多层次、多途径培养方式，实现中医药人才培养的规模化、规范化；二是积极倡导中西医结合，合理吸收采纳西医学的研究成果；三是提倡用生命科学、信息科学等现代多学科方法研究中医，使传统的中医学与现代科学有机衔接。这些措施都有力地促进了中医药学更快更好地发展，从而为人类健康事业不断做出新的贡献。

第二节　中医学理论体系的基本特点

中医学理论体系是在古代唯物论和辩证法思想的指导下，从天人相应的整体角度分析观察生命现象，并通过四诊收集临床资料，探求病因病机以确定治则治法。中医学理论体系的基本特点主要是整体观念和辨证论治两方面。

一、整体观念

整体即完整性和统一性。所谓整体观念，是指人体自身完整性及人与自然和社会环境统一性的思想。这一观念贯穿于中医学的生理、病理、诊法、辨证、养生及治疗等各个方面，在基础理论和临床实践上发挥着重要的指导作用。

（一）人是有机的整体

中医学认为，人是由若干脏腑组织构成的有机整体，在生理功能上是相互协调，在病机变化上可相互影响，诊断和治疗疾病时也必须互相联系，从整体出发而考虑。

1. 整体观与生理

人体的组织结构包括五脏（心、肝、脾、肺、肾）、六腑（胆、胃、小肠、大肠、膀胱、三焦）、形体（筋、脉、肉、皮、骨）、官窍（目、舌、口、鼻、耳、前阴、后阴）等。它们是以心为主宰，五脏为中心，配合六腑，联系形体官窍，再通过经络“内属于腑脏，外络于肢节”的连接作用，构成了心、肝、脾、肺、肾五个生理系统，亦称为“五脏系统”。五大系统各有不同的生理功能，相互联系，协调合作，共同完成人体的生理活动过程。同时，脏腑的功能活动要依赖气、血、精、津液的营养和支持，这些都是构成人体及维持人体生命活动的基本物质，而气、血、精、津液的生成、运行和输布等，又要依赖有关脏腑的功能活动。这种以五脏为中心的结构与功能相统一的整体性，称为“五脏一体观”。例如，饮食物的消化、营养物质的吸收和糟粕的排泄，需依靠胃的受纳、腐熟，脾的运化，小肠的受盛化物、分别清浊，大肠的传导、变化等多个脏腑功能的协作才能完成；而血液的运行，也需要心、肺、脾、肝等脏的密切配合才能维持正常。

在生命活动的过程中，中医学十分强调形神一体的观点。形，指人体的形体结构和物质基础；神，指包括精神意识思维活动在内的人体生命活动。形体物质是生命的基础，只有形体完备，才能产生正常的精神活动；而精神活动是生命的主宰，只有精神调畅，才能促进脏腑的生理功能。无神则形无以存，无形则神无以生，只有形神合一，相辅相成，生命活动才能旺盛。

2. 整体观与病理

中医学不仅从整体上探索人体生命活动的基本规律，而且在分析疾病的发生、发展和变化规律时，也从整体出发去分析局部病变的整体反应，因为局部的病变可影响到其他部分甚至是全身功能的失调。如脾主运化，胃主受纳腐熟，两者同为后天之本，气血生化之源，一旦脾胃有病，纳运失司，势必会导致气血化生不足，甚至使全身各脏腑组织失养而功能衰退。又如肝的功能失常，不仅会影响脾胃的消化吸收功能，还可引起血液运行迟缓、水液代谢障碍等。所以中医学的病理整体观，主要体现在脏与脏、腑与腑、脏与腑、脏腑与形体官窍之间疾病的相互影响和相互传变。

3. 整体观与诊治

中医诊察疾病的主要理论依据是“有诸内必形诸外”。由于人体在生理和病理上是相互联系、相互影响的，发生病变时便可通过经络的传导反映于相应的形体官窍，因此通过观察分析五官、形体、色脉等外在的病理表现，就可了解和判断内在脏腑的病机变化，从而做出正确的诊断。如验舌、望面、察神、切脉等观察体表变化以测知内脏及全身功能活动的识病方法，就是整体观念在诊断上的体现。整体观念也融贯于中医学的治疗用药之中，对于局部的病变，要注意与其他脏腑组织之间的联系，常常须从整体着手，采用相应的整体调理方法，如耳病治肾，鼻病治肺，目病治肝，以及脾病从肝论治，肺病从肾论治等，都是在整体观念指导下确定的治法。

（二）人与外环境的统一性

人类生活在自然界中，自然环境的各种变化可直接或间接地影响人体，同时人又是社会的组成部分，社会因素对人体的影响与日俱增，因此，人与外环境的统一性，表现在人与自然环境的统一性和人与社会环境的统一性两方面。

1. 人与自然环境的统一性

人禀天地之气而生，自然界存在着许多人类赖以生存的必要条件，如阳光、空气、水、土壤等。当自然环境发生变化，如昼夜交接、寒暑更替时，人体受其影响也会相应的发生生理或病理上的改变，这种人与自然息息相关，对自然的依存与适应关系就称为“天人相应。”

自然界四时气候的变化有一定规律性，一般是春温、夏热、秋凉、冬寒，万物顺应这一规律而有春生、夏长、秋收、冬藏的生长变化过程，人体的生理活动也会随之进行适应性的调节。例如盛夏天气炎热，人体气血运行流畅，阳气旺盛，脉象多浮大，皮肤腠理开张，津液外出而多汗；隆冬天气严寒，人体气血运行稍缓，阳气偏衰，脉象多沉小，皮肤腠理致密，津液趋下而多尿。这种适应性的生理变化，既维持了人的恒定体温，也反映了冬夏不同季节与人体气血运行和津液代谢的密切关系。由于人类适应自然的能力是有限的，所以当气候的剧烈变化超过了人体的适应和调节能力，就会发生疾病。不同的季节有不同的多发病，如春季多风病，夏季多暑病，秋季多燥病，冬季多寒病等。还有些年老体弱或慢性病患者，因适应能力差，往往在气候剧变或季节交替之际而导致旧病复发或病情加重。

昼夜晨昏的变化对人体的生理病理也产生不同的影响。《灵枢·顺气一日分为四时》说："朝则为春，日中为夏，日入为秋，夜半为冬"。白天人体的阳气多趋于表，脏腑的功能活动比较活跃；夜晚人体的阳气多趋于里，人就需要休息和睡眠。在病理上，一般疾病都有昼轻夜重的特点，可在一天之中出现"旦慧、昼安、夕加、夜甚"的病情变化规律。

不同的地理环境，一方面可导致人的体质差异，如东南地势平坦，气候温暖潮湿，人体腠理较疏松，体格多瘦弱；西北海拔较高，气候寒冷干燥，人体腠理较致密，体格多壮实。一旦易地而居，许多人初期都会有水土不服的感觉。另一方面也可因气候、水土等形成不同性质的致病因素，而导致地域性的多发病与常见病，如痈疡、痹证、瘿瘤、疟疾等，都具有地域性的发病特点。

2. 人与社会环境的统一性

人生活在错综复杂的社会环境中，不可避免地会受到社会政治、经济、文化、法律、生活方式、人际关系等多方面因素的影响，社会的变迁、安定与动荡，以及个人地位的转换、经济条件的变化等，都直接或间接地影响着人体的健康与疾病。一般而言，良好的社会环境，会使人精神振奋，勇于进取，有利于身心健康。不良的社会环境，如环境污染、生态环境的破坏、日益激烈的社会竞争、过度紧张的生活节奏等，都会使人长期处于紧张、焦虑、忧郁、烦恼、气愤、恐惧等心境之中，势必会危害身心健康。另外，社会的繁荣，科技的进步，无疑给人们的生活带来很多的益处。如食品衣着日渐丰富，居住环境日益舒适，但饮食油腻、嗜酒吸烟、不适运动、夜睡晚起等不良生活方式的出现，却导致中风、胸痹、积聚、消渴等的发病率越来越高，疾病谱发生了明显的改变。因此，社会环境与人类的关系非常密切，研究社会因素对人体健康和疾病的影响，寻求行之有效的养生保健方法，以延长人的寿命，具有极其重要的现实意义。

二、辨证论治

辨证论治是中医学认识疾病和治疗疾病的基本原则，辨证是论治的依据和前提，论治是检验辨证正确与否的手段和方法，辨证论治的过程，就是理论和实践紧密结合的集中体现。

1. 辨证论治的基本概念

辨证论治，是指通过四诊收集患者的症状、体征等临床资料，根据中医学理论进行分析综合，概括、判断为某种性质的证，然后再根据辨证的结果，确定相应的治则和治法。

辨证论治的关键在于"证"要辨别准确，才能正确治疗。辨证的"证"与"病""症"的概念不同。

"证"，是对疾病过程中其一阶段的病理概括，包括病因、病位、病性、邪正关系和病变趋势及转归等病机本质。例如，患者出现恶寒重发热轻、头身疼痛、无汗、脉浮紧等临床表现，通过诊察分析，认为其是风寒之邪侵犯，病性偏寒，病位在表，而且邪气盛为疾病的主要矛盾，因此概括判断为"风寒表证"。继而根据辨证的结果，确定"实则泻之""寒者热之"的治则和"辛温解表"的具体治法。这就是中医学在临床上诊断疾病和治疗疾病的独特思维过程。

“病”，是疾病的简称，是指有特定的致病因素、发病规律和病理演变的一个完整的异常生命过程，常常有相对固定的临床表现。

“症”，是患者的异常感觉和医生检查所发现的异常征象。前者如头痛、胸闷、口渴等，后者如舌红、苔黄、脉数等。

病、证、症三者既有联系又有区别，病的重点是全过程，证的重点是疾病过程中的现阶段，而症则是构成病和证的基本要素。

2. 辨证论治的临床运用

辨证论治在临床中的运用是体现出能够辩证地看待病与证的关系。既注意到一种病可出现多种证候，又考虑到不同的病也可出现相同性质的证候，因而在诊治疾病时就有“同病异治”和“异病同治”两种方法。同病异治，是指同一疾病，由于发病的时间、地域不同，或处于疾病的不同阶段，或患者的体质差异，可出现不同的证候，因而治法就不一样。如常见的感冒病可表现为风寒、风热、风燥、气虚等不同的证候，所以就有辛温解表、辛凉解表、辛润解表、益气解表等相应的治法。异病同治，是指不同的疾病，在其发展变化过程中出现了相同的证候，就可采用相同的治法。如痢疾和黄疸，是两种不同的疾病，但在发展过程中都可以表现为湿热证或寒湿证，就都可以采用清利湿热或温化寒湿的方法来治疗。

中医学突出强调辨证论治的诊疗特点，但也存在着辨病治疗的方法。如用青蒿治疗疟疾，用大黄牡丹汤治疗肠痈等，都是以专药、专方治疗专病，但这仅仅是中医治病的一个方面。

在近现代，也有医家主张“病证结合”，即在辨证的同时，再结合疾病自身的病机特点进行诊治，可以获得很好的疗效，这也反映出辨证与辨病相结合的诊疗趋势。

总之，中医治病更注重的是证的异同，其次才是病的异同。所谓“证同治亦同，证异治亦异”，就是辨证论治的精神实质。辨证论治不同于单纯的辨病治疗，也不同于头痛医头、脚痛医脚的对症治疗，而是要求从整体出发，辩证思维，针对某一阶段的具体情况进行具体分析，再做出具体而灵活的处理。

第三节　《中医学基础》的主要内容和学习方法

《中医学基础》是中医学理论体系的基础学科，是学习中医药学的入门课程。《中医学基础》课程是以中医学的基本概念、基本理论、基本规律、基本原则和基本技能组成的知识体系，系统阐述了中医学的哲学思想、人体的生理病理规律以及诊法辨证、养生康复、防治原则等内容，是预防医学、临床医学、临床药学的共同理论基础。

一、《中医学基础》的主要内容

《中医学基础》的主要内容有中医学的哲学基础，人体的形态结构及功能，病因与发病，诊法，证候病机，养生、防治与康复等内容。

中医学的哲学基础：构建中医学理论体系的古代哲学思想包括：气学说、阴阳学说和五行学说。主要介绍阴阳、五行各自的概念、特性、归类及基本内容。

人体的形态结构及功能：主要介绍藏象、精气血津液、经络和体质等学说。藏象学说是阐释五脏（心、肝、脾、肺、肾）、六腑（胆、胃、小肠、大肠、膀胱、三焦）、奇恒之腑（脑、髓、骨、脉、胆、女子胞）的形态、功能、特性，以及五脏与形体官窍的联系、脏腑之间的联系；精气血津液学说是阐释精、气、血、津液各自的概念、生成、运动、功能、相互关系及其与脏腑之间的联系；经络学说是阐释经络的概念、经络的组成、十二经脉和奇经八脉的循行规律及功能、经络的临床应用；体质学说主要是阐释体质的概念、影响体质的因素及体质的分类。

病因与发病：病因学说主要介绍病因的概念及分类，外感病因（六淫、疫气）、内伤病因（七情内伤、饮食失宜、劳逸过度）、病理产物性病因（痰饮、瘀血、结石）和其他病因（外伤、诸虫、毒邪、药邪等）四类各自的性质及临床致病特点；发病学说主要介绍发病原理、发病类型。

诊法：主要介绍如何运用望诊、闻诊（听声音和嗅气味）、问诊、切诊等各种方法，对疾病进行全面了解的感性认识过程。

病机与证候：主要将基本病机与辨证要点结合进行阐述，包括八纲的病机与辨证、阴阳失调病机与辨证、气血津液病机与辨证，以及脏腑病机与辨证、外感病病机与辨证。

养生、防治与康复：主要介绍养生的意义及基本原则，预防的意义及主要措施，扶正祛邪、标本先后、调整阴阳、正治反治和三因制宜等治疗原则，以及康复的意义和基本原则。

二、《中医学基础》的学习方法

《中医学基础》的内容丰富，阐述范围广泛，是中医学理论体系的核心部分。通过本课程的学习，要求全面地认识和理解中医学的基本理论、基本知识和基本技能，为进一步深入学习中药、方剂及中药专业的其他相关课程奠定扎实的基础。

学习《中医学基础》，必须熟悉和运用中医学的原创思维方法。中医学的原创思维，是植根于中国传统文化、体现中医药本质与特色、相对稳定的思维模式和方法。中医学的主要思维方式包括象思维、系统思维和变易思维。象思维，是以直观的形象、物象、现象为基础，以意象、应象为特征和法则来类推事物的发展变化规律，从而认识生命、健康和疾病的思维方式。系统思维是把认识对象作为系统，研究系统和要素（系统的构成部分、因素、单元）、要素和要素、系统和外部环境的相互联系、相互作用，从而综合地考察认识对象的整体性思维方式。变易思维是指在观察分析和研究处理问题时，注重事物的运动变化规律，中医学用来研究生命和健康过程以及防治疾病等的思维方式。运用中医原创思维，对于中医学理论体系和临床实践活动，具有重要的指导意义和应用价值；对当代和未来中医学领域的科学研究和创新发展具有极其重要的启示和促进作用。

此外，由于中医学与西医学是产生于不同历史背景和文化背景下的两个不同的医学体系，所以在学习过程中要以科学求实的态度，切实掌握并运用中医学独特的思维方法和理论特征，既要联系西医的相关知识，又不能生搬硬套，对号入坐；既要明辨两个医学理论体系的差异，又不能将两者对立起来，更不能不加分析地予以肯定或否定，这些都不是科学的学习态度。

复习与思考请扫二维码

第二章 阴阳五行

阴阳五行，即阴阳学说和五行学说的合称，是中国古代的哲学思想，是古代哲学家通过“近取诸身，远取诸物”，在长期的生产、生活实践中逐步形成的独特思想体系。

阴阳五行学说既是古人对宇宙物质世界和现象及其规律的深刻认识，也是古人用以认识自然和解释自然的思想方法，具有唯物论和辩证法的思想内涵。阴阳学说认为，宇宙万事万物是由阴阳二气交感变化、相互作用而产生，阴阳既代表自然界两种对立的物质势力，同时也代表着事物矛盾对立的两个方面，这种认识事物的思想方法成为人们认识物质世界和解释事物运动变化规律的方法论。五行学说认为，木、火、土、金、水五行是构成物质世界必不可少的基本物质要素，这五种物质要素之间存在着相互资生、相互制约的关系，以此解释物质世界处于不断运动变化和整体联系的规律性。

阴阳五行学说，深刻地揭示了物质世界的构成及其运动变化规律，是人们认识世界和改造世界的锐利思想武器。作为认识论和方法论，阴阳五行学说渗透到中国古代文化的各个领域，从自然科学到人文科学，从天文历法学到医学等，都受到阴阳五行学说的深刻影响，尤其是中医学系统地运用阴阳五行学说阐释人体生理功能、病机变化，以及疾病的防治和养生保健等，使之成为中医理论体系的重要组成部分。

本章主要阐述阴阳学说及五行学说的概念及其基本内容，为中医药学的学习和研究奠定认识论和方法论的基础。

第一节 阴阳学说

阴阳学说认为，物质世界来源于阴阳二气的相互交感运动变化。阴阳二气之间存在着相互交感、对立制约、互根互用、消长平衡、相互转化的运动变化关系。阴阳是天地自然的法则、归纳自然万物的纲领、事物变化的根源、自然界万物产生运动变化的内在动力。阴阳学说从哲学的高度构建了中医学理论体系，是探究中医理论奥秘的认识论和方法论。

一、阴阳的基本概念

应用阴阳学说的理论进行思维，必须要对阴阳作明确的定义，明晰阴阳概念的内涵，要解决这个问题，首先从阴阳的起源说起。

（一）阴阳概念的起源

阴阳学说的起源可追溯远古时期。传说伏羲氏创造“--”和“—”两个抽象的符号，“--”

为阴爻，表示阴；“—”为阳爻，表示阳。由“--”和“—”衍生四象八卦。阴阳学说，是古人对物质世界整体性认识中抽象出来的一种系统模型。宇宙万物来源于气，气是构成宇宙万物的本原，是构成宇宙的本始物质。宇宙万物首先由原始一气，演化成阴阳二气，再由阴阳二气进而演化出万事万物。阴阳二气是指宇宙物质世界中两种不同特性的气，既相互依存、互根互用，又相互交感，相互对立，正是由于阴阳二气的这种交感运动变化，才演化出万事万物。把握了阴阳的规律，便统领了万事万物的规律。因此，阴阳的概念也由阴阳二气的概念演化成一个涵盖万事万物规律的哲学范畴概念，正所谓“一阴一阳谓之道”。

（二）阴阳的基本概念及其内涵

阴阳，是自然界相互关联的某些事物和现象对立双方属性的概括，即含有对立统一的概念。阴阳相反相成是事物发生、发展、变化的规律和根源。

阴阳的内涵是指宇宙物质世界中的两种不同性质的气，进而演化成用来描述自然界相互关联的某些事物或现象对立双方属性的哲学范畴。

阴和阳是抽象的属性概念，作为对立统一的关系范畴，既可以代表相互关联、相互对立的事物、现象、运动、状态等，又可以分析一个事物内部所存在的相互对立的两个方面。《素问·阴阳应象大论》说：“天地者，万物之上下也；阴阳者，血气之男女也；左右者，阴阳之道路也；水火者，阴阳之征兆也；阴阳者，万物之能始也”。天地、上下、左右、水火、男女、血气等，自然界或人体对立统一的两个方面，可以用阴阳属性来标示；一个事物内部所固有的两个方面也可以用阴阳属性来标示。

宇宙间的一切事物不仅其内部存在着对立统一，而且其发生、发展和变化都是阴阳二气对立统一的结果。故《素问·阴阳应象大论》说：“阴阳者，天地之道也，万物之纲纪，变化之父母，生杀之本始，神明之府也”。物质世界新生消亡、变化无穷的法则、纲领、规律和内在动力在于阴阳二气对立统一的运动。

（三）阴阳属性的特征

1. 阴阳的普遍性

阴阳是天地万物运动变化的根本规律、分析和归纳万事万物的纲领、事物发展变化的根源和原动力，是事物产生与消亡的本原。因此，阴阳可以广泛地说明宇宙万物的运动变化，从天体到人体生命、从宇宙自然到社会人文，凡属于相互关联、相互对立的事物和现象，或同一事物相互对立统一的两个方面，都可以用阴阳来分析概括。

2. 阴阳的关联性

阴阳属性的划分必须注意阴阳的关联性，即用阴阳属性来分析和概括的事物，必须是相互关联的事物或现象，必须在同一个范畴或同一层次当中。只有相互关联的一对事物，或一个事物的两个方面，才能用阴阳来概括说明，否则不构成阴阳关系。如天与地、昼与夜、内与外、寒与热、水与火、气与血等都属于相互关联的事物及现象。但是，天与火、水与血不属于相互关联的事物，或不属于同一范畴，则不能用阴阳来区分其属性。

3. 阴阳的相对性

事物的阴阳属性并不是绝对的，而是相对的。这种相对性表现在：

（1）阴阳属性相互转化：事物的阴阳属性在一定条件下，可以发生相互转化，阴可以转化为阳，阳也可以转化为阴。例如，在疾病过程中，病变的寒热性质可发生转化，属于阴的寒证可以转化成属于阳的热证。

（2）阴阳无限可分性：属性相反的两种事物或一事物内部相互对立的两个方面可以划分阴阳，而其中的任何一方又可以再分阴阳，即所谓阴中有阳，阳中有阴。例如，昼为阳，夜为阴。白昼当中，上午为阳中之阳，下午则为阳中之阴；黑夜之时，前半夜为阴中之阴，后半夜为阴中之阳。

阴阳属性的相对性，既反应了每一事物或现象都存在阴阳一分为二的普遍性，又说明了事物和现象阴阳属性的规律性和复杂性。

（四）事物属性的阴阳分类

阴阳学说作为认识论、方法论，以对立统一为核心，依据阴阳属性的特征，可将相互关联、相互对立的事物或现象分成两类。《素问·阴阳应象大论》指出："水火者，阴阳之征兆也"。水为阴，其性寒凉、滋润、向下；火为阳，其性温热、推动、向上；水火是代表阴阳特征的事物。因此，中医学常用水来指代阴，用火来指代阳。

用阴阳属性进行归类，一般而言，凡是剧烈运动着的、外向的、上升的、温热的、明亮的、功能的、兴奋的都属于阳；相对静止着的、内守的、下降的、寒冷的、晦暗的、物质的、抑制的都属于阴。在医学领域中，将对于人体具有推动、温煦、兴奋等作用的物质或功能，统属于阳；对于人体具有凝聚、滋润、抑制等作用的物质或功能，统属于阴。

根据这一原则，古人对自然之天地日月、四季昼夜、气候冷暖、地理方位、数之奇偶、天干地支；人之性别、性格、体质；药食之特性，疾病之性质，临床诊断治疗等均以阴阳为纲领进行划分。

二、阴阳学说的基本内容

阴阳学说认为阴阳对立统一的运动变化，是自然界万物发生、发展变化的根本规律。相互关联的阴阳对立双方不是孤立的、静止的。阴阳在运动变化中，具有交合感应、对立制约、互根互用、消长平衡、相互转化等多种关系。

（一）阴阳交合感应

阴阳交合感应，是指阴阳二气在运动中相互感应而交合，亦即相互发生作用的过程。中国古代思想家认为，宇宙万物的化生来源于阴阳二气的相互感应交合的运动变化。阴阳交感是万物生成和变化的肇基，是万物运动发展的原动力。在自然界天之阳气下降，地之阴气上升，阴阳二气相互感应、交合而化生出万物，形成阳光、雨露、云雾、雷电，乃至生命。在阳光雨露的沐浴滋润下，万物得以发育成长，自然方显得生机勃勃。就人类生命而言，男女媾精，阴阳和合，才有新生命个体的诞生，人类才得以繁衍。因此，如果没有阴阳二气的交感运动，就没有生态的自然，也就没有生命。

必须强调的是，阴阳的相互交感，是阴阳二气的运动变化特征，是阴阳二气在运动变化中的一个必然过程，是万物运动变化的内在动力，是万物（包括人体生命）赖以生成的根源。

（二）阴阳对立制约

阴阳对立制约，是指阴阳互为相反、相互制约的关系。

阴阳二气的功能特征及其作用趋向对立相反，例如，天地、上下、内外、左右、明暗、寒热等。阴阳相互对立的特性，体现在自然界一切事物或现象都存在着相反相成的两个方面。

阴阳相反导致相互制约，如温暖阳热可以驱散寒凉阴冷，水可以制约火等。阴阳双方制约的结果，使事物取得了动态平衡。例如，春夏秋冬四季有温热寒凉的气候变化。春夏为阳，秋冬为阴，春夏之阳与秋冬之阴相对，又相互制约，夏季本来炎热阳盛，但夏至以后阴气渐生，以制约火热之阳气；而冬季本来寒冷阴盛，但冬至以后阳气渐起，以制约严寒之阴气。春夏所表现的温热是因为春夏阳气日渐隆盛制约了秋冬的寒凉之气，而秋冬所表现的寒凉是因为秋冬阴气日渐充盛制约了春夏的温热之气。如此循环往复，年复一年。

阴阳的相互对立制约是自然界万事万物的运动变化、协调平衡的普遍规律。

（三）阴阳互根互用

阴阳互根互用，是指阴阳相互依存，相互资生，互为根本的关系。

阴根于阳，阳根于阴。阴阳双方互为存在的基础，任何一方都不能脱离对方而单独存在。例如：以方位言，上为阳，下为阴，没有上，也就无所谓下，没有下，也就无所谓上；外为阳，内为阴，没有外，也就无所谓内，没有内，也就无所谓外；以温度言，热为阳，寒为阴，没有热，也就无所谓寒，没有寒，也就无所谓热。

阴阳双方在相互依存的基础上，不断地资生、促进和助长对方，阴为阳之基，阳为阴之用。例如，人体阳气，是以阴精的存在为前提；而人体之阴精，是以阳气的存在为基础。阴精与阳气相互为用、相互资生。

中医学运用阴阳互根互用的关系，来阐释和概括机体生命物质与生理功能、生理功能与脏腑形体之间相互依存的关系，正如《素问·阴阳应象大论》所总结的“阴在内，阳之守也；阳在外，阴之使也。”如果由于某些原因，阴阳之间的这种互根互用关系遭到破坏，就会导致“孤阴不生，独阳不长”的病机变化，出现阴阳互根互用关系的失常，机体整体生命活动就会受到影响，甚至导致“阴阳离决，精气乃绝”的严重结果。

（四）阴阳消长平衡

阴阳消长平衡，是指阴阳双方增减、盛衰、进退的运动，在一定限度内、一定时间内的量变过程中，维持着相对的动态平衡。

阴阳对立双方不是处于静止不变的状态，而是始终处于此盛彼衰，此增彼减，此进彼退的运动变化之中。阴阳消长平衡是一个量变过程，运动是绝对的，静止是相对的；消长是绝对的，平衡是相对的。在绝对运动中包含着相对的静止，在相对的静止中又蕴含着绝对的运动；在绝对的消长之中维持着相对的平衡，在相对的平衡之中又存在着绝对的消长。自然界中的任何事物都是在绝对的运动和相对的静止、绝对的消长和相对的平衡之中发生发展、生化不息，这是事物发展变化的基本规律。

例如，自然界四时气候的变化，从冬到春，从春及夏，气候从寒冷逐渐转暖变热，即为“阴消阳长”的过程；由夏到秋，从秋至冬，气候从炎热逐渐转凉变寒，即为“阳消阴长”的过程。

四时季节气候的变迁，寒暑的更易，从本质上讲就是反映阴阳消长的过程，其中虽然表现出有“阴消阳长”和“阳消阴长”的不同，但从一年的时间整体上讲，自然气候的变化还是处于相对的动态平衡之中的。站在人与自然的角度而言，日昼阳盛，机体的生理功能以兴奋为主；黑夜阴盛，机体的生理功能则以抑制为主。夜半子时阳气渐生，日中午时阳气隆盛，因此从夜半至日中机体的生理功能亦由抑制逐渐转向兴奋，即所谓“阴消阳长”；日中至黄昏，阳气渐衰，阴气渐盛，因此从日中至夜半，机体的生理功能亦由兴奋逐渐转向抑制，即所谓“阳消阴长”。

需要指出的是，虽然阴阳的消长是绝对的，平衡是相对的，但决不能忽视相对平衡的重要性和必要性。阴阳双方只有不断的消长中建立新的动态平衡，才能促进事物运动变化，才能推动事物的正常发展，对人体来说就能维持正常的生命活动。

（五）阴阳相互转化

阴阳相互转化，是指事物的阴阳属性在一定条件下，可以向其相反方面转化，即属阳的事物可以转化为属阴的事物，属阴的事物可以转化为属阳的事物。例如，四季气候的变化，属阳的春夏温热气候，炎热之极，“夏至一阴生”，可以向属阴的秋冬寒凉气候转化；属阴的秋冬寒凉气候，寒冷之极，“冬至一阳生”，亦可以向属阳的春夏温热气候转化。就人体病证而言，属阳的热证可以转化为属阴的寒证，属阴的寒证又可转化为属阳的热证。

阴阳的相互转化是阴阳双方的消长变化发展到一定的阶段，在一定的条件下，使事物的阴阳属性发生变化。因此，阴阳消长是一个量变过程，阴阳转化是在量变的基础上的质变。

阴阳的相互转化，必须具备一定的条件。《内经》用“重阴必阳，重阳必阴”“寒极生热，热极生寒”“重寒则热，重热则寒”来阐述阴阳转化的机理。这里的“重”和“极”就是促进转化的条件，阴有了“重、极”这个条件，就会向阳而转化；阳有了“重、极”这个条件，则会向阴而转化。在这里，“阴阳之变”的条件是主要的，没有一定的条件，就不可能发生转化。

阴阳的转化是在阴阳消长变化基础之上的质变；阴阳转化的条件是因“物极”而变，即因于阴或阳某一方的“重”“极”“甚”而质变。

从自然界四季气候的变迁来看，由春温发展到夏天之热极，则逐渐向秋冬之寒凉而转化；秋凉发展到冬天之寒极，则逐渐向春夏之温热而转化。其他如自然界云雨的变化及昼夜的更迭、机体生理抑制与兴奋的转化等亦复如此。在疾病发展过程中，亦常常可以见到由阳转阴，或由阴转阳的病机变化。例如，急性温热性疾病，由于热毒极重，机体元气大量耗伤，在持续高热的情况下，可以突然出现体温下降、面色苍白、四肢厥冷、脉微欲绝等阳气暴脱之危象，疾病的这种变化属于由阳证转化为阴证。如果此时抢救及时，医治得当，病情可以出现好的转机，而表现出四肢转温，色脉转和，阳气得以恢复。

阴阳的互根互用是阴阳相互转化的内在根据。由于阴阳代表着相互关联事物的双方或一个事物内部对立的两个方面，因而阴和阳在一定的条件下可以向各自相反的方面转化。阴阳在一定条件下的相互转化，以阴阳之间的相互依存、互根互用的关系为基础，如果阴和阳之间不存在着相互关联、相互依存，那么就不可能有阴和阳之间的转化关系。

综上所述，阴阳的交合感应、对立制约、互根互用、消长平衡、相互转化是阴阳学说的基本内容，从各自不同的角度来阐明阴阳之间的相互关系及其运动规律，并且相互联系、相互影响。阴阳交合感应是万物生成和变化的肇基，没有阴阳的交感就没有万物的运动变化，阴阳的其他规律就无从谈起。阴阳互根说明了阴阳双方彼此依存、相互为用、互相促进的特性，并且是阴阳转化的内在依据。阴阳消长是阴阳转化的前提，阴阳转化是阴阳消长的结果。阴阳对立、消长含有矛盾的对立性，阴阳的依存、转化含有矛盾的统一性。阴阳双方不可分割的存在于一个统一体中。

三、阴阳学说在中医药学的应用

阴阳学说，贯穿在中医学理论体系的各个方面，用来说明人体的组织结构、生理功能、疾病的发生发展规律，并指导着临床诊断和治疗。

（一）在人体结构与功能中的应用

应用阴阳学说概括人体结构：以部位而言，上部为阳，下部为阴；体表属阳，体内属阴。以躯干肢体而言，背属阳，腹属阴；四肢外侧为阳，四肢内侧为阴。以脏腑而言，五脏藏精气而不泄，故为阴；六腑传化物而不藏，故为阳。五脏之中，又各有阴阳所属，心、肺居于上部（胸腔）属阳；肝、脾、肾位于下部（腹腔）属阴。如具体到每一脏腑，则又有阴阳之分，即心有心阴、心阳；肾有肾阴、肾阳等。

应用阴阳学说阐述生理功能：以功能与物质相对而言，功能属阳，物质属阴。人体的生理活动是以物质为基础的，生理功能又不断促进着物质的新陈代谢。人体内阴阳二气的升降出入、交感相错，推动和调控着人体内物质与物质、物质与能量之间的相互转化，推动和调控着人体的生命进程。

（二）在诊断辨证中的应用

疾病发生、发展和变化的根本原因在于阴阳失调，所以任何疾病，尽管临床表现错综复杂，千变万化，但都可用阴或阳来加以概括辨析，而运用于疾病的诊断辨证之中。在诊法方面，用阴阳属性来分析四诊收集到的临床症状和体征。如以色泽的明暗分阴阳，鲜明者为病在阳分，晦暗者为病在阴分。以声息的动态分阴阳，语声高亢宏亮、多言而躁动者，多属实、属热，为阳；语声低微无力、少言而沉静者，多属虚、属寒，为阴；呼吸微弱，多属于阴证；呼吸有力，声高气粗，多属于阳证。以脉象部位分阴阳，则寸为阳，尺为阴；以脉的至数分，则数者为阳，迟者为阴；以脉的形态分，则浮大洪滑为阳，沉小细涩为阴。

临床辨证首先要分清阴阳，才能抓住疾病的本质，做到执简驭繁。阴阳是八纲辨证的总纲，表证、实证、热证属于阳证，里证、虚证、寒证属于阴证。外科病症中的阴证、阳证，又有特殊的含义。属于阳证类型的疾病，如疖、痈、丹毒、脓肿等，表现为红、肿、热、痛等症状；属于阴证类型疾病，如结核性感染、肿瘤等，表现为苍白、平塌、不热、麻木、不痛或隐痛等症状。

总之，无论望、闻、问、切四诊或辨证，都应以分别阴阳为首务，只有掌握住阴阳的属性，才能在辨证中正确地区别阴阳。

（三）在疾病治疗中的应用

治疗的基本原则是调整阴阳，即补其不足，泻其有余，恢复阴阳的相对平衡。阴阳学说用以指导疾病的治疗，主要有两个方面：一是确定治疗原则，二是归纳药物的性能。

1. 确定治疗原则

阴阳失调的基本病机是阴阳偏胜和阴阳偏衰。阴阳偏胜，即阴或阳邪的过盛有余，为邪气有余之实证。阴阳偏衰，即阴或阳气的虚损不足，为正气不足之虚证。

阴阳偏胜的治疗原则是"损其有余""实则泻之"。阳胜则热属实热证，宜用寒凉药以制其阳，治热以寒，即"热者寒之"。阴胜则寒属寒实证，宜用温热药以制其阴，治寒以热，即"寒者热之"。若其相对一方出现偏衰时，则当兼顾其不足，配合以扶阳或益阴之法。

阴阳偏衰的治疗原则是"补其不足""虚则补之"。阴虚不能制阳而致阳亢者，属虚热证，一般不能用寒凉药直折其热，须用"壮水之主，以制阳光"即用滋阴壮水之法，以抑制阳亢火盛，称为"阳病治阴"。若阳虚不能制阴而造成阴盛者，属虚寒证，不宜用辛温发散药以散阴寒，须用"益火之源，以消阴翳"即扶阳益火之法，以消退阴盛，称为"阴病治阳"。对阴阳偏衰的治疗，明代张景岳根据阴阳互根的原理，提出"阴中求阳""阳中求阴"的治疗大法，即在使用补阳药时，须兼用补阴药；在使用补阴药时，须加用补阳药，以发挥其互根互用的生化作用。

2. 归纳药物的性能

中药的性能，主要依据其气（性）、味和升降浮沉来决定，而药物的气、味和升降浮沉，又皆可用阴阳来归纳说明，作为指导临床用药的依据。

药性：即寒、热、温、凉，又称"四气"。其中寒凉属阴（凉次于寒），温热属阳（温次于热）。具有减轻或消除热证作用的中药，一般属于寒性或凉性，如黄芩、栀子等。反之，具有减轻或消除寒证作用的中药，一般属于温性或热性，如附子、干姜之类。

五味：即辛、甘、酸、苦、咸。有些药物具有淡味或涩味，所以实际上不止五种。但是习惯上仍然称为五味。其中辛、甘、淡属阳，酸、苦、咸属阴。

升降浮沉：升是上升，降是下降，浮为浮散，沉为重镇等作用。大抵具有升阳发表、祛风、散寒、涌吐、开窍等功效的药物，多上行向外，其性升浮，升浮者为阳；具有泻下、清热、利尿、重镇安神、潜阳熄风、消导积滞、降逆、收敛等功效的药物，多下行向内，其性皆沉降，沉降者为阴。

总之，治疗疾病，就是根据病证的阴阳偏胜偏衰情况，确定治疗原则，再结合药物性能的阴阳属性，选择相应的药物，以纠正由疾病引起的阴阳失调状态，从而达到治愈疾病之目的。

第二节　五行学说

五行学说和阴阳学说一样，同属于中国古代哲学思想。五行学说是以木火土金水五种物质要素的特性及其"相生"和"相克"规律来认识世界、解释世界，是探求宇宙自然规律的认识论和方法论。五行学说认为，自然界各种事物和现象，皆可以依照木、火、土、金、水这五种物质要素的特性来归类，五类事物之间存在着生克制化的相互关系，从而维持着事物整体的动态平衡。五行学说被广泛运用于中国古代的天文、历法、医学等诸多领域。

一、五行的概念、特性与归类

（一）五行的基本概念

五行，即木、火、土、金、水五类物质要素及其运动变化。五行中的“五”，指构成宇宙万物的木、火、土、金、水五类基本物质要素；“行”，即运动变化。

五行学说的形成，最初与“五材”有关，即木、火、土、金、水，是人类日常生产和生活中最为常见和不可缺少的基本物质。如《尚书正义》：“水火者，百姓之所饮食也；金木者，百姓之所兴作也；土者，万物之所资生，是为人用。”

《尚书·洪范》首先提出“五行”一词，并从哲学的高度对五行的特性作了抽象的概括：“五行，一曰水，二曰火，三曰木，四曰金，五曰土。水曰润下，火曰炎上，木曰曲直，金曰从革，土爰稼穑”。此时的五行，已从木、火、土、金、水五种具体物质中抽象出来，上升为哲学的概念。从万物由气所化生的角度来看，五行是宇宙万物中五类不同特性的气，古人借用人们所熟知的木、火、土、金、水五种物质现象的特征来命名，即将自然界五类不同特性的气，命之曰木、火、土、金、水。中医学把五行学说应用于医学领域，成为中医学理论体系的重要组成部分。

（二）五行的特性及归类

1. 五行的特性

古人在长期的生活和生产实践中，借用木、火、土、金、水五种具体物质现象的特性，来表征自然界存在的五类不同特性的气，来归类分析万事万物的五行属性，并以此来研究和把握事物之间的相互关系。因此，五行的特性是以木、火、土、金、水五种物质现象来表征推演。

木的特性：“木曰曲直”，是指木具有能曲能直，向上向外舒展的性质，引申为具有生长、升发、条达舒畅等性质和作用的事物或现象，均归属于木。

火的特性：“火曰炎上”，是指火具有炎热向上的性质，引申为具有温热、升腾、明亮等性质和作用的事物或现象，均归属于火。

土的特性：“土爰稼穑”，是指土具有播种和收获的性质，引申为具有受纳、承载、生化等性质和作用的事物或现象，均归属于土。

金的特性：“金曰从革”，是指金具有变革的性质，引申为具有沉降、肃杀、收敛等性质和作用的事物或现象，均归属于金。

水的特性：“水曰润下”，是指水具有滋润、向下的特性。引申为具有滋润、向下、寒凉、闭藏等性质和作用的事物或现象，均归属于水。

2. 事物五行的归类（表 2-1）

五行学说以天人相应理论为指导思想，以五行为中心，以空间结构的五方、时间结构的五季、人体结构的五脏为基本框架，把自然界和人体复杂的事物和现象按五行属性进行归类，形成了联系人体内外环境的木、火、土、金、水五行系统，不仅说明了人体内在脏腑的整体统一，而且也反映了人与自然环境的统一性。

3. 五行归类方法

五行学说从五行的基本特性出发，把自然界的各种事物和现象，分别归属为木、火、土、金、水五大系统。具体的归类方法有两种：

表 2-1 事物属性的五行分类表

自然界						五行	人体						
五味	五色	五化	五气	五方	五季		五脏	六腑	五官	五神	五志	五体	五液
酸	青	生	风	东	春	木	肝	胆	目	魂	怒	筋	泪
苦	赤	长	暑	南	夏	火	心	小肠	舌	神	喜	脉	汗
甘	黄	化	湿	中	长夏	土	脾	胃	口	意	思	内	涎
辛	白	收	燥	西	秋	金	肺	大肠	鼻	魄	悲	皮	涕
咸	黑	藏	寒	北	冬	水	肾	膀胱	耳	志	恐	骨	唾

（1）取象比类法：“取象”，即是从事物的形态、作用、性质等中找出能反映其本质征象；“比类”，是指以五行各自的特征属性为基准，与某种事物所特有的征象相比较，以确定其五行的归属。事物属性与木的特征相类似者，则归属于木这一行；事物属性与火的特征相类似者，则归属于火这一行；事物属性与土的特征相类似者，则归属于土这一行；事物属性与金的特征相类似者，则归属于金这一行；事物属性与水的特征相类似者，则归属于水这一行。

例如，以方位配五行，日出东方，与木的升发特征相类似，故东方归属于木；南方炎热，与火的温热炎上特征相类似，故南方归属于火；中原地带土地肥沃，万物繁茂，与土的化生特征相类似，故中央归属于土；日落于西，与金的肃降特征相类似，故西方归属于金；北方寒冷，与水的阴寒润下特征相类似，故北方归属于水。

以季节配五行，春天，万物复苏，气机舒展，生机盎然，类似于木的升发之性，故春季属木；夏天，气候炎热、万物蕃秀，类似于火的炎热之性，故夏季属火；其他亦如此类。

（2）推演络绎法：是指根据已知的某些事物的五行归属，推演归纳与其相关的其他事物，从而确定这些事物的五行归属。例如，已知肝属木，由于肝合于胆、主筋、开窍于目，因此可推演络绎将胆、筋、目皆归属于木；心属火，则小肠、脉、舌归属于火；脾属土，则胃、肌肉、口唇归属于土；肺属金，则大肠、皮肤、鼻归属于金；肾属水，则膀胱、骨、耳等归属于水。

二、五行学说的基本内容

五行学说的内容包括五行的相生、相克、生克制化，以及相乘、相侮、母子相及等。五行的相生相克，代表自然界事物或现象之间的正常关系；五行制化，是自然界事物和现象通过相生相克以协调平衡的机制。五行的相乘相侮以及母子相及是代表五行相克关系失常时，自然界事物或现象之间的平衡关系失调的异常现象。

（一）五行关系之正常——相生、相克及生克制化

1. 五行相生

生，即资生、助长、促进之意。所谓相生，是指木、火、土、金、水五行之间存在着有

序的依次递相资生、助长和促进的作用。其递相资生的次序为：木生火，火生土，土生金，金生水，水生木（图2-1）。在五行的关系中，五行中任何一行，都有“生我”和“我生”两个方面的联系。即生我者为母；我生者为子，《难经》将其比喻为“母”与“子”的关系。就木行而言，“生我者”为水，“我生者”是火，故水为木之“母”，而火为木之“子”。其余亦依次类推。

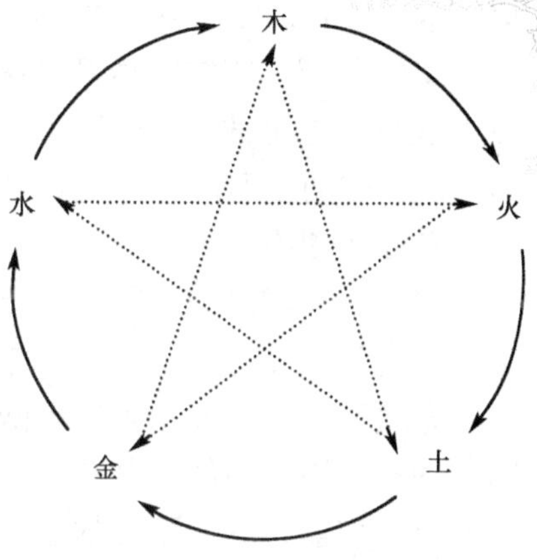

图2-1　五行生克规律示意图

2. 五行相克

《尔雅》谓“克，胜也”。克，有克制、制约、控制之意。所谓相克，是指木、火、土、金、水五行之间存在着有序的间隔递相克制和制约的作用。其间隔递相克制次序为：木克土，土克水，水克火，火克金，金克木（图2-1）。在五行相克的关系中，五行中任何一行，都存在着“克我”和“我克”两个方面的联系。《内经》中称其为“所不胜”与“所胜”的关系，即“克我”者是“所不胜”，“我克”者是“所胜”。就木行而言，“克我者”为金，“我克者”为土，故金是木的“所不胜”，而土为木的“所胜”。其余亦依次类推。

3. 五行生克制化

制即克制，化即生化。五行生克制化，是指五行之间相互化生，相互制约，化中有制，制中有化，相辅相成，从而维持相对平衡和正常的协调关系。

五行的相生与相克是不可分割的两个方面，没有相生，就没有事物的发生与成长，没有相克，就不能维持事物在协调关系下的变化与发展。只有生中有克，克中有生，相互生化，相互制约，才能推动着事物正常的变化与发展。

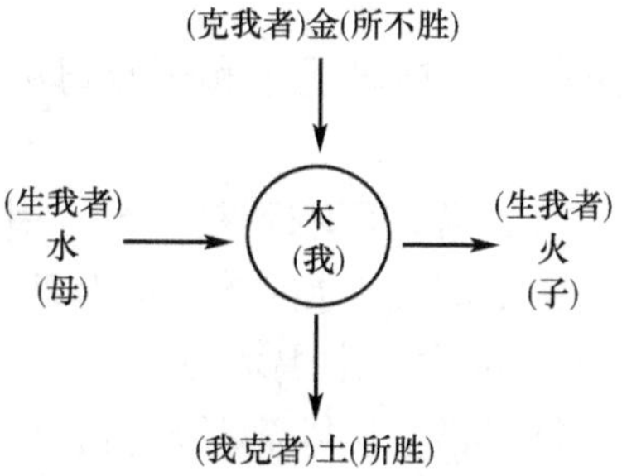

图2-2　五行生克制化规律示意图

五行制化的规律是：五行中只要有一行旺盛，会导致所胜一行削减，必有所不胜一行来克制它，从而出现五行之间新的协调平衡。例如，木旺克土，土能生金，金又克木。五行系统间通过复杂的调控机制，防止自身某些方面的太过与不及，从而维持整体的动态平衡（图2-2）。

（二）五行关系之异常——相乘、相侮和母子相及

1. 五行相乘

“乘”有乘虚侵袭或以强凌弱的意思。相乘，是指五行中的某一行对所胜一行的克制太过，从而引起的一系列异常相克反应。其次序与相克一致，即木乘土，土乘水，水乘火，火乘金，金乘木。

导致五行相乘的原因有两个方面：其一，五行中的所不胜一行过于亢盛，对其所胜一行克制太过，引起所胜一行不及，从而导致五行之间生克制化的异常。例如，正常情况下，木克土，若木气过于亢盛，则对土克制太过，从而导致土的相对不足，此即“木乘土”。其二，由于五行中的所胜一行过于不足，会引起所不胜一行相对亢盛，导致对其所胜一行克制太过，使其本身更加虚弱。仍以木和土为例，若土气过于虚弱，木虽然处于正常水平，但土仍难以

承受木的克制，因而导致木克土的力量相对增强，使土更显不足，此即为“土虚木乘”。

“相克”与“相乘”尽管在次序上相同，但是两者所反应的五行之间关系的本质是不同的。相克是五行之间递相制约的正常关系，而相乘则是五行之间的异常的制约现象。就人体而言，相克是机体的生理常态，相乘为机体的病机变化。

2. 五行相侮

“侮”有欺侮的意思。五行相侮，是指五行中的某一行对其所不胜一行的反向克制，又称“反克”“反侮”。其次序与相克相反，即土侮木，水侮土，火侮水，金侮火，木侮金。

导致五行相侮的原因也有两个方面：其一，由于五行中的所胜一行过于亢盛，使原来克制它的一行不仅不能克制它，反而受到它的反向克制，即对其所不胜一行进行反克。例如，木气过于亢盛，其所不胜的金不仅不能来克制木，反而被木所欺侮，出现反向克制的现象，此即“木侮金”。二是由于五行中的所不胜一行过于不足，不仅不能制约其所胜的一行，反而因其所胜一行相对亢盛，而出现反侮。 例如，在正常情况下，金克木、木克土，但当木过于虚弱时，土也会因木之衰弱而反克于木，此既“土侮木”。

五行之间的相乘与相侮，均为五行之间生克制化关系遭到破坏后出现的异常相克现象，都可以因五行中的任何一行的“太过”或“不及”而引起。两者既有区别，又相互关联。相乘与相侮的主要区别在于：相乘是顺五行递相克制的次序发生的克制太过，相侮是逆五行相克次序而出现的反克；其相互关联表现在：在发生相乘时，也可同时出现相侮现象；同样，在产生相侮的同时也可出现相乘的现象。如木气过于强盛时，不仅会过度克制其所胜之土即“木乘土”，而且可以持己之强反向克制己所不胜的金即“木侮金”；反之，木气虚弱时，则不仅金来乘木即“金乘木”，而且其所胜之土也乘其虚而反侮之即“土侮木”。

3. 五行母子相及

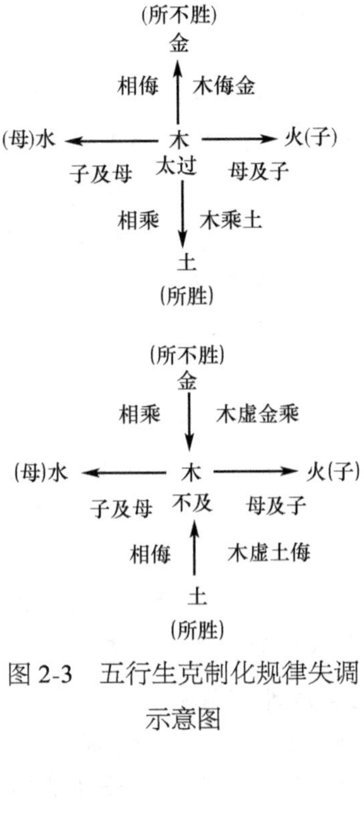

图 2-3 五行生克制化规律失调示意图

母子相及是五行相生关系的异常，包括母及子和子及母两种情况。

（1）母及子：指五行中母的一行异常，影响到其子行，引起母子两行皆异常。其与相生次序一致，例如，水生木，水为母，木为子，水不足则不能生木，导致母子俱虚，水竭木枯。

（2）子及母：指五行中子的一行异常，影响到其母行，引起母子两行皆异常。其与相生次序相反，例如，木生火，木为母，火为子，火旺引起木亢，导致木火俱亢。木不足，生火无力，则火势亦衰，而致母子皆不足。

因此，五行中任何一行出现“太过”或“不及”时，都可能对其他四行产生“相乘”或“相侮”或“相及”的异常作用（图 2-3）。

总之，五行相生相克及制化，是自然界事物协调发展的正常状态，必须注意顺应和维持；而五行的相乘相侮及母子相及，是自然界事物或现象之间的关系失去平衡的异常现象，应当尽量避免和纠正。

三、五行学说在中医药学的应用

中医药学应用五行分类方法和生克乘侮的变化规律，具体地解释人体生理功能、临床现象，并指导着临床诊断与治疗。

（一）在人体结构与功能中的应用

中医学根据五脏生理功能，以五行特性进行归类，将五脏分别归属于五行。肝主疏泄，喜条达舒畅，合于木的生长、升发之特性，故肝属木；心阳有温煦作用，合于火的阳热、上升之特性，故心属火；脾主运化，为气血生化之源，合于土的生化万物之特性，故脾属土；肺气主肃降，合于金的清肃、收敛之特性，故肺属金；肾有主水、藏精的功能，合于水的润下之特性，故肾属水。

五行学说应用于说明脏腑之间生理功能的内在联系。五脏相生的关系：肾（水）之精以养肝，肝（木）藏血以济心，心（火）之热以温脾，脾（土）化生水谷精微以充肺，肺（金）清肃下行以助肾水。五脏相克的关系：肺（金）气清肃下降，可以抑制肝阳的上亢；肝（木）的条达，可以疏泄脾土的壅郁；脾（土）的运化，可以制止肾水的泛滥；肾（水）的滋润，可以防止心火的亢烈；心（火）的阳热，可以制约肺金清肃的太过。

此外，运用五行学说还应用于说明人体与外在环境之间相互联系的统一性，如人体与外界环境四时五气以及饮食五味等的关系等。

（二）在疾病诊断中的应用

五行学说，不仅应用于说明在生理情况下脏腑间的相互联系，而且也可以说明在病变情况下脏腑间的相互影响。某脏有病可以传至他脏，他脏疾病也可以传至本脏，这种病变上的相互影响称之为传变。

1. 阐释疾病传变

相生关系的传变：包括“母病及子”与“子病及母”两个方面。母病及子，即母脏之病传及子脏。如肾精亏虚不能资助肝血而致的肝肾精血亏虚证，肾阴不足不能涵养肝木而致的肝阳上亢证等。子病及母，即子脏之病传及母脏。如心血不足累及肝血亏虚而致的心肝血虚证，心火旺盛引动肝火而形成心肝火旺证等。

相克关系的传变：包括“相乘”和“相侮”两个方面。相乘，是相克太过致病。如由于肝气郁结或肝气上逆，影响脾胃的运化功能，即木旺乘土，或先有脾胃虚弱，不能耐受肝气的克伐，即土虚木乘，而致肝脾不调或肝胃不和证。相侮，是反向克制致病。如暴怒而致肝火亢盛，肺金不仅无力制约肝木，反遭肝火之反向克制，称为“木火刑金”；或脾土虚衰不能制约肾水，出现全身水肿，称为“土虚水侮”。

2. 指导疾病诊断

脏腑皆具有五行属性，因此从本脏所主的色、味、脉等外在表现，可以用来诊断脏腑疾病。例如，诊断本脏病：面见青色，喜食酸味，脉见弦象，诊断为肝病；面见赤色，口味苦，脉象洪，诊断为心火亢盛。诊断疾病传变：脾虚病人，脉见缓象，而面见青色，为木来乘土；心脏病人，脉象洪，而面见黑色，为水来乘火等。并且，可以从色与脉之间的生克关系来判断疾病的预后。如肝病，面色青，见弦脉，色脉相符；或色脉不符，若见沉脉，则属生色之脉（水生木），为顺，主预后良好；若不见弦脉，反见浮脉，则属相胜之脉，即克色之脉（金克木），为逆，主预后不良。其他四脏亦可据此判断。

五脏中任何一脏有病，都可以传及其它四脏，用五行学说来分析，存在着相乘、相侮、母病及子和子病及母四种传变关系。

（三）指导疾病治疗

临床在确定治疗原则和治疗方法时，五行相生相克规律亦有重要的指导意义。

1. 根据相生规律确定的治则治法

根据相生规律确定的基本治则，包括补母，或泻子两个方面，即“虚则补其母，实则泻其子”。补母，适用于母子关系失调的虚证；泻子，适用于母子关系失调的实证。

根据相生规律确定的治法，主要有滋水涵木法、培土生金法、金水相生法、益火补土法等。

滋水涵木法：通过滋补肝肾之阴，以涵敛潜制肝阳的治法，又称滋肾养肝法、滋补肝肾法。适用于肾阴亏虚，不能涵养肝木，而致肝阴不足，阴不制阳，肝阳偏亢之“水不涵木”证。临床可见头目眩晕，眼目干涩，颧红耳鸣，五心烦热，腰膝酸软，男子遗精，女子月经不调，舌红少苔，脉弦细而数等症。

金水相生法：滋补肺肾阴虚的治法，又称补肺滋肾法、滋养肺肾法。适用于肺阴虚不能布津以滋肾，或肾阴亏虚，不能上荣于肺，而致肺肾阴虚的病证。临床可见咳嗽气逆，干咳少痰或咳血，音哑，潮热盗汗，腰膝酸软，遗精，体瘦，口干，舌红少苔，脉细数等症。

培土生金法：通过补脾益气而补益肺气的治法，又称补养脾肺法。适用于脾胃气虚，生化减少，而致肺气失养的肺脾气虚证。临床可见久咳，痰多清稀，食欲减退，大便溏薄，四肢无力，舌淡脉弱等症。

益火补土法：温肾阳以补脾阳的治法，又称温肾健脾法。（火，在此是指命门之火，而非心火。益火，补益命门之火，即温肾阳之法。）适用于肾阳衰微而致脾阳不振的脾肾阳虚证。临床可见畏寒肢冷，腰膝冷痛，腹泻，完谷不化，或五更泄泻，舌淡胖边有齿痕，苔白滑，脉沉无力等症。

2. 根据相克关系确定的治则治法

根据相克关系确定的基本治则，包括抑强，或扶弱两个方面，即泻其乘侮之太过，补其乘侮之不及。抑强，适用于抑强，适用于相克太过引起的相乘和相侮。扶弱，适用于适用于相克不及引起的相乘和相侮。

根据五行相克规律确定的治法，主要有抑木扶土法、培土制水法、佐金平木法、泻南补北法等。

抑木扶土法：疏肝健脾或平肝和胃的治法，又称疏肝健脾法、调和肝胃法，适用于木旺乘土或土虚木乘之证。具体应用时，对木旺乘土之证，以抑木为主，扶土为辅；对土虚木乘之证，以扶土为主，抑木为辅。

培土制水法：健脾利水以制约水湿停聚的治法，又称敦土利水法，适用于脾虚不运，水湿泛溢而致水肿胀满的证候。

佐金平木法：滋肺阴、清肝火的治法，又称滋肺清肝法，适用于肺阴不足，肝火上逆犯肺之证。若因肝火太盛，耗伤肺阴的肝火犯肺之证，又当清肝火为主，兼以滋肺降气。

泻南补北法：泻心火、补肾水的治法，又称泻火补水法、滋阴降火法，适用于肾阴不足，心火偏旺，水火不济，心肾不交之证。

五行学说，在临床实践中有非常广泛的应用。如针灸疗法，依据十二经脉及其“五输穴”的五行属性及其生克关系来进行选穴治疗等。情志疗法，利用情志之间的五行相胜关系，调节异常情志变化，恢复其正常的情志活动。如恐可以胜喜，是因为恐为肾志属水，喜为心志属火的缘故。

在实际运用的过程中，阴阳、五行学说相互结合，关系密切。论阴阳则联系到五行，论五行又离不开阴阳。阴阳五行学说的结合应用，不仅可以说明事物双方的一般关系，而且可以说明事物间相互联系、相互制约的较为具体和复杂的关系，从而有利于解释复杂的生命现象和病变过程。

复习与思考请扫二维码

第三章 藏 象

藏象是中医学特有的关于人体生理病理的系统理论，是中医学理论体系的核心部分，也是临床辨证论治的理论基础。

藏象学说是对人体各脏腑的形态结构、生理功能、病机变化及其系统联系、脏腑相互关系的认识。藏象学说贯穿于中医学的解剖、生理、病理、诊断、治疗、康复、方剂、药物、预防等各个方面，对养生保健、防病治病具有重要的指导意义，在中医学理论体系中处于非常重要的地位。

本章主要内容包括：五脏、六腑和奇恒之腑的概念，各自的生理特性、生理功能，及其相互关系，并对于五脏与五志、五体、官窍、五液的联系，五脏与自然界之间的相互关系进行论述。

第一节 概 述

藏象学说是通过以象测藏的方法，概括人体形态结构和生理功能，不仅详细地论述了各脏腑的功能活动与系统联系，同时还阐述了与自然环境的密切联系，突出体现了中医学以系统、宏观、整体、恒动为基本理念的人体生命观。

一、藏象和藏象学说的概念

藏象，是指藏于体内脏腑及其生理功能、病机变化表现于外的征象，也包括与自然界相通应的事物和现象。“藏象”一词，始见于《素问·六节藏象论》，“藏”，藏也，内脏（藏），即隐藏于体内的内脏；“象”其义有二，一指脏腑的解剖形态，二指可以从外部察知的生理病理现象、征象。“藏”是“象”的内在本质，“象”是“藏”的外在反映。因此，藏象一词，既揭示了人体内在脏腑本质与外在征象之间的有机联系，又体现了中医学“以象测藏”的认识方法。藏象，也可写作“脏象”。

藏象学说，是研究人体各脏腑的形态结构、生理功能、病机变化规律及其相互关系与外在征象的学说。中医学认为，人体以五脏为中心，与六腑相配合，以精气血津液为物质基础，通过经络的联系沟通，内而五脏六腑，外而形体官窍，构成了五个功能系统。这五个系统之间不仅紧密联系，而且受天地四时阴阳及社会环境因素的影响，从而使人体局部与局部、局部与整体、人体与外界环境成为密切相关的统一体。

二、藏象学说的形成

藏象学说是古代医学家在长期的生活观察和医疗实践中所积累的经验和体会，结合当时粗略的解剖知识，并经过哲学的归纳和提炼而形成。我国现存最早的医学著作《黄帝内经》，全面系统地总结了秦汉以前的医学经验和理论，奠定了中医学的理论基础。自《黄帝内经》确立了藏象学说的基本内容和学术思想后，历代医家多有发展，使之不断趋于完善。

藏象学说的形成主要包括以下四个方面：

（一）古代解剖学的观察

解剖学方法是医学研究的基本方法，中医学也不例外。古代解剖知识为藏象理论的产生奠定了形态学基础。春秋战国时期，古人对脏腑的形态已有了一定粗略分析，并应用于医疗实践。《黄帝内经》首次提出“解剖”的概念，对人体形态结构方面有很多研究，例如，记载食管与肠的比例为 1 ∶ 35，现代解剖学测量的结构为 1 ∶ 37。《难经》更详细论述了脏腑的形态、重量、容量、色泽等，例如，《难经·四十四难》记载了“七冲门”的名称与部位，这些记载与现代解剖学相似，这也反映出汉代以前中医学在形态学方面的认识已经达到较高的水平。由于历史条件的限制，尽管古代医家对于解剖形态学的认识比较粗略，但其意义在于通过解剖观察建立了脏腑的概念，其理论构建以这些初始解剖观察为起点，解剖实践促进了人们对脏腑生理功能的认识。因此，古代的解剖学知识，对于藏象学说的确立奠定了一定的基础。

（二）脏腑功能活动的认识

在古代的医学解剖学观察的基础上，形成了中医学对人体脏腑某些生理功能的认识，如心主血脉、肺主呼吸、胃为水谷之海、大肠主传化糟粕、胆贮藏胆汁等。对于人体更为复杂的生理病理现象的解释，中医学则使用了“有诸内者，必形诸外”，“视其外应，以知其内脏”的思维方法，通过长期生活观察人体对外界刺激的反应，来逐步发现和认识人体生理功能、病机变化以及疾病规律，例如，在已知心主血脉的基础上，发现情绪紧张、激动、恼怒时，常伴有心跳、脉搏加快、汗出等症状，由此推理“心主神明”，“心在液为汗”的理论等。

（三）长期医疗实践的总结

通过长期医疗实践的反复验证，不断总结提高，上升为理论，使藏象学说内容不断得到丰富和充实，使其逐步发展成为具有临床实际指导意义的理论。例如，使用养肝明目的方法，能够治疗两目干涩，从而佐证了“肝开窍于目”的理论；对于口舌生疮、舌尖碎痛的治疗，运用清利小便的方法，取得好的疗效，证明心与小肠具有表里关系，脏病可通过泻腑来治疗的结论。使用补肾填精的方法，治疗生长发育迟缓、生殖功能减退、早衰，以及促进骨骼愈合等，反证了肾有藏精、促进生长发育、生殖和主骨的功能。

（四）古代哲学思想的影响

藏象学说的形成受到古代哲学气一元论、阴阳学说和五行学说的深刻影响，以哲学思想为指导，构建藏象理论。中医学以气一元论阐明物质世界的本源，以无形之气的聚、散等来阐释物质—能量—信息之间的内在联系，揭示事物的整体性、过程性、统一性；以阴阳学说阐明脏腑的阴阳属性和五脏气血阴阳之间既相互制约、又互根互用的动态平衡关系；以五行学说阐明五脏的生理特性及其与自然界的内在联系，解释五脏功能之间的既相互制约、又相互资助的协调统一关系。藏象学说强调了从整体、宏观、动态的角度去研究脏腑结构及其功能关系，因此，其理论形成经历了从实体向功能演化的过程。藏象学说重在研究脏腑器官的功能活动以及相互关系，而略于对形态结构的认识，主张物质构成和功能活动的统一。

总之，藏象学说的形成是以古代解剖知识、长期的生活实践、反复的临床观察为基础，运用了类比、归纳、演绎等逻辑方法，对事物和现象进行了高度的抽象、推理，不断深化对人体脏腑生理功能的研究，抽提并凝炼为科学理论，并有效地指导临床实践。

三、脏腑的分类和依据

脏腑是内脏的总称，依据其生理功能和形态结构特点分为脏、腑和奇恒之腑。心、肺、肝、脾、肾，合称五脏；胆、胃、小肠、大肠、膀胱、三焦，合称六腑；脑、髓、骨、脉、胆、女子胞，合称奇恒之腑。

五脏，在形态上多属于实体性器官；共同的生理功能是化生和贮藏精气，主“藏精气而不泻”，主司精神意识思维，调控复杂的生理功能活动。五脏的功能特点概括为：“藏而不泻，满而不实”，五脏所藏的精气最为珍贵，故不得宣泄；其状态是精气充满，但不应被有形之水谷充填其中。

六腑，在形态上多属于管腔性器官；共同的生理功能是受纳和传化水谷，主“传化物而不藏”，除胆以外，不参与精神意识思维活动，主要起到对饮食物的消化、吸收、传导和排泄的作用。六腑的功能特点概括为：“泻而不藏，实而不满”，六腑上下相连，水谷从上向下传泻，食入则胃实肠虚，食下则胃虚肠实，其状态是有形之水谷通行其中，但不是充满精气。六腑的生理特性为“以通为用，以降为顺”，六腑宜通畅下降，才能完成消化、吸收、传导和排泄的功能。

此外，五脏与六腑功能密切配合，相互补充，不可截然分开。五脏功能活动的代谢产物化生浊气，通过六腑的传导而排出；而六腑功能活动所生成的精气又将输送于五脏而贮藏。

奇恒之腑，在形态方面多属于管腔性器官，与六腑类似；而在功能方面又主“藏精气”与五脏类似；由于在功能和形态上，似脏非脏，似腑非腑，同时又无脏与腑之间的阴阳表里关系，故称之为奇恒之腑。奇恒之腑中只有胆与肝相为表里，故胆既属于六腑，又属于奇恒之腑。

四、藏象学说的基本特点

藏象学说的基本特点体现在两个方面，一是以五脏为中心的整体观，二是五脏为综合性功能单位。

（一）以五脏为中心的整体观

藏象学说认为，人体是一个以五脏为中心的极其复杂的有机整体，强调人体结构与功能、物质与代谢、局部与整体、人体与环境的统一，体现了中医学从外知内、以象测脏的思维方法。从系统、宏观、整体的角度来认识人体，主要包括四个层次的内容：其一，脏腑关系的五脏一体观。例如，脏与脏、腑与腑、脏与腑、脏与奇恒之腑之间功能上的有机联系，密切配合，表现出以五脏功能为中心，六腑、奇恒之腑功能从属于五脏的脏腑关系。其二，人体自身的整体观。藏象学说运用五行学说构建了其理论框架，形成以五脏为中心，通过经络系统，分别与五体、五官九窍、五华、五液、五志、五神等构成密切联系，构成了五脏功能结构系统。其三，形神合一的整体观。五脏既是贮藏精气血津液之“形脏”，又是藏神之“神脏”。五脏所藏的精气血当液是意识、思维、情志等神志活动的物质基础，故五脏对人的意识、思维、情志等神志活动具有整体调节作用，称为“五神脏”。如《素问·宣明五气篇》将人的意识、思维活动分属五脏，而有“心藏神，肺藏魄，肝藏魂，脾藏意，肾藏志”之说。情志活动也分别由五脏所司，如《素问·阴阳应象大论》所谓“心在志为喜”“肝在志为怒”“脾在志为思”“肺在志为忧”“肾在志为恐”。其四，内外环境的天人一体观。人体与自然环境是一个有机的统一整体，将自然界的五时、五方、五气、五化等与人体五大功能系统相联系，构成了人体与内外环境相应的统一体。五脏功能的虚实盛衰与四时气候变化有密切关系，因此在养生、预防、治疗等方面必须顺应四时季节的变化。

（二）五脏为综合性功能单位

五脏的名称心、肺、脾、肝、肾与西医学的器官名称完全相同，但其内涵差异很大。西医学的心、肺、脾、肝、肾，主要是内脏器官及其功能的概念，而中医学的心、肺、脾、肝、肾，早已超出了解剖学的范畴，形成了关于人体功能系统的特殊单位。例如，中医学中的肾，主管人体的生长发育、生殖功能、水液代谢以及呼吸功能；而西医学中的肾主要是泌尿器官。再如，中医学中的脾，主管人体饮食水谷的消化吸收、气血化生、并统摄血液等多种生理功能，而西医学中的脾主要是免疫器官等。因此，中医学的五脏，是高度概括的综合性功能单位，宏观、整体地认识人体的功能系统，并与外界自然环境浑然一体，相互作用，相互影响，形成了独具特色的理论体系。

第二节　五　　脏

五脏，即心、肺、肝、脾、肾的合称。在经络学说中，心包络也作为脏，故有六脏之称。五脏的共同生理功能是化生和贮藏精气，并主宰、参与人的精神活动。五脏具有各自的生理特性、生理功能，各司其职，不可或缺，与密切相关的志、形、窍、液形成五大系统。五大系统在功能上相互配合，以心为主宰，构成了五脏之间各种生理活动相互依存、相互制约和相互协调，又与自然界的变化密切相关的整体。

一、心

心位于胸中，两肺之间，膈膜之上，外有心包卫护。形态圆而下尖，如倒垂未开的莲蕊，色红，中有孔窍。

心的生理特性为阳脏而恶热。心的主要生理功能是主血脉、主藏神。由于心的主血脉和主藏神这一功能，主宰了人体整个生命活动，因此古代又称之为“君主之官”“五脏六腑之大主”。

心的系统联系：心在志为喜，在体合脉，其华在面，开窍于舌，在液为汗。心在五行中属火，阴阳属性为阳中之阳，与自然界夏气相通应。在经络的络属关系上，手少阴经属心，络于手太阳小肠经，两者构成表里关系。

（一）心的生理特性

1. 心为阳脏而恶热

心的生理特性主要体现在心为阳脏，主一身之阳气。心居膈膜之上，在五行属火，为阳中之太阳，因此称为阳脏。心之阳气的生理作用能够兴奋精神、推动和鼓舞人的精神活动，使人精神振奋，精力充沛，思维敏捷，运动灵活。同时，除生血和行血外，对人体还具有温养作用。心的病变常表现为阳气盛衰变化，如心的阳气衰弱，可致血脉凝涩，精神委顿，甚至昏迷；如阳气亢盛则化火生热，导致心火亢盛，或痰火扰心的病机变化。

2. 心与夏气相通应

夏季主火，暑为夏令主气，心阳在夏季得时气之助而最旺，同气相应。心对夏季的暑邪和火热邪气有特殊的易感受性，易致火盛之证。温热病邪最易影响到心，导致心血受损，心神被扰，出现轻则心烦、失眠、多梦、舌赤，重则神昏谵语。故《素问・宣明五气》说：“心恶热”。

（二）心的生理功能

1. 心主血脉

心主血脉，是指心气推动血液运行于脉中，流注全身，循环不休，发挥营养和濡润作用的生理功能。脉，即血脉，脉为血之府，是血液运行的通路，与心脏相连，网络于周身；而全身之血液又要靠心脏的搏动运行于周身。

心主血脉包括两方面的内涵：一是心行血，即指心气维持心脏的搏动，推动血液在脉管中运行，使血液被输送到各脏腑形体官窍，流行全身，发挥濡养作用，以维持人体正常的生命活动。二是心生血，即指心阳（火）将水谷精微等物质“化赤”生血的功能。饮食水谷经脾胃之气的作用，化生水谷精微，水谷精微上输于心肺，转化为营气和津液，营气和津液入于脉中，经心阳（火）的温煦变化而赤成为血液。

心、脉、血三者密切相连，构成一个血液循环系统。血液在脉中正常运行，必须以心气充沛、血液充盈、脉道通利为基本条件。其中心气充沛，心脏的搏动有力，频率适中，节律一致，血液才能正常地输布全身，发挥濡养全身的作用，因此，心主血脉对血液循环系统生理功能的正常发挥起着主导作用。

心主血脉的功能正常与否，常表现于面色、舌象、脉象以及心胸部感觉等方面。心气充沛，心血充盈，脉道通利，则心主血脉的功能正常，常见面色红润有光泽，舌色淡红荣润，脉象和缓有力，节律均匀，心胸部感觉舒适。若心气不充或心阳不足，血液亏虚，或血流不畅，常见面色无华或晦滞，舌色淡白或紫暗，心悸怔忡等；若心脉痹阻，则见面、舌青紫，脉细涩或结代等，心前区憋闷，严重则刺痛；若心阴虚火旺，可见两颧潮红，舌红少苔，脉细数，胸部隐痛等症。

2. 心藏神

心藏神，是指心具有主宰五脏六腑、形体官窍的一切生理活动和精神意识思维活动的生理功能，又称心主神明。

神，有广义与狭义之分。广义之神，是整个人体生命活动的外在表现，包括生理与心理活动两个方面，一般通过人的意识、面色、眼神、言语、形体动作和对外界的反应等得以体现。狭义之神，是指人的精神意识思维活动等。

心主宰和调节着人体五脏六腑、四肢百骸、形体官窍等不同功能，使它们协调一致共同完成整体生命活动。若心神功能正常，人体各部分的功能相互协调，彼此合作，则身体安泰。若心神不明，人体各部分功能失去心之主宰协调，即会产生紊乱，疾病由此而产生，严重会危及生命。故又有“心为五脏六腑之大主”之称。心主藏神功能正常，直接影响全身脏腑生理功能及言、听、视、动等功能活动的正常，也决定着生命的存亡。

心主精神意识思维活动。心之所以能主神明，是以心血为基础的。在正常情况下，神明之心接受和反应外界事物，并作出分析判断。心藏神的功能活动正常，则表现为精神振奋、意识清楚、思维敏捷、反应灵活。若心不藏神，则会出现精神思维活动异常的表现，如神志不宁、失眠多梦、谵语、狂乱；或精神委靡、反应迟钝、昏迷等。

心藏神理论的建立，与中国古代哲学的“心之官则思（孟子）”观点密切相关。同时，古代医学家在解剖学方面对心脏和大脑都有观察，但对心的生理功能的认识更加充分。心脏的跳动触之可及，心脏的跳动和神志活动是生命的重要指征。精神紧张时，心跳加快、血行加速；大量失血时，心脏跳动异常，神志模糊，乃至于死亡；此外，长期的慢性失血，会出现心悸、失眠、健忘、记忆力下降等。基于长期生活实践与临床经验，使人们认识到，心脏能推动血行，而血液是精神意识思维活动的物质基础，心与神密切相关，从而深化了“心藏神”的概念。“心”已不再局限于解剖学上的血肉之心，还涵盖了大脑等功能在内，中医学称之为“神明之心”。

因此，中医学中的“心”是对“主血脉”和“主藏神”功能的概括，神包括生理和心理活动，如人的形象、面色、眼神、言语、应答、肢体姿态和人的精神、意识、思维活动，这些活动都由心主宰。所以《素问·灵兰秘典论》说：“心者，君主之官，神明出焉。”

心主血脉与心藏神密切相关，因血液是神志活动的物质基础，心具有主血脉的功能，所以才具有主藏神的功能。心主血脉功能正常，才能保持良好的神志活动。若心的功能失常，常可影响心神，使神失所养，出现精神、情志、思维和睡眠的异常；反之，心神的异常也可影响血脉，如紧张、愤怒、焦虑等心神变化，常可导致面色、脉象的改变和心胸部感觉的异常。

（三）心的系统联系

1. 心在志为喜

心在志为喜，是指心的生理功能与情志“喜”相关。喜，一般来说属于对外界刺激产生的良性反应。喜乐愉悦有益于心主血脉的功能，人体保持喜悦的心情，可使气血和调，营卫通利，全身舒适，对健康大有裨益；反之喜乐过度则可使心神受伤，从心主神志的功能状况来分析，又有太过与不及的变化。精神亢奋可使人喜笑不休，神涣散不收，注意力难以集中；重者可见精神错乱，甚或心气暴脱而亡等；精神委靡可使人易于悲哀。另外，心为神明之主，不仅喜能伤心，而且五志过极均能损伤心神。

2. 心在体合脉，其华在面

心在体合脉，是指全身的血脉统属于心，由心主管。脉为血液运行的通道，具有约束和促进血液运行的功能，心与脉直接相连，形成一个密闭的系统，使血液在心与脉之中循环往复的运行，因此，心的功能正常，则血脉流畅；反之，若心的功能异常，则血液运行障碍，如心血不足，血液不充，则脉象细小；若心气不足，推动无力，则脉象虚弱；若心脉瘀阻，则脉涩、结、代。

心其华在面，是指心的气血盛衰，可从面部的色泽光彩表现出来。华，是荣华，光彩之意。“有诸内者，必形诸外”，内在脏腑精气的盛衰及其功能的强弱，可显露于外在相应的体表组织器官。由于头面部的血脉极其丰富，全身血气皆上注于面，因此通过观察面部的色泽光彩变化，可以推测心之气血的盛衰。心气旺盛，血脉充盈，则面部红润光泽。若心气不足，可见面色㿠白、晦滞；心血亏虚，则见面色无华；心脉痹阻，则见面色青紫；心火亢盛，则见面色红赤；心阳暴脱，可见面色苍白、晦暗。

3. 心开窍于舌

心在窍为舌，是指心之气血盛衰及其功能常变可从舌的变化反应出来。因而，观察舌的变化可以了解心的主血脉及藏神功能是否正常，又称“舌为心之苗”。

舌为心之窍，其理论主要依据四个方面：①心主血脉，舌体血管丰富，且外无表皮覆盖，故舌色能灵敏地反映心主血脉的功能状态；②心与舌体通过经脉相互联系，手少阴之经别，循经入于心中，系舌本；③舌与语言、声音有关。舌体运动及语言表达功能依赖心神的统领；④舌还具有感受味觉的功能。心主血脉，心之气血通过经脉上荣于舌，使之发挥鉴别五味的作用。

心主血脉、藏神功能正常，则舌体红活荣润，柔软灵活，味觉灵敏，语言流利。若心有病变，亦可从舌色上反映出来。如心血不足，则舌质淡白；心阴不足，则舌红瘦瘪；心火上炎，则舌尖红，或口舌生疮；心血瘀阻，则舌质紫暗，或见瘀点瘀斑。若心神失常，还可见舌强、语謇，甚或失语等症。因此心开窍于舌，成为望舌的理论根据之一。

舌为口中的实体感觉器官，不是“孔窍”，与耳、目、鼻、口等有所不同。因此，中医学又有“心寄窍于耳”之说，认为耳之听觉与心神相关。此外，舌通过经络与脾、肝、肾等脏也有联系，与心为五脏六腑之大主之说相合。

4. 心在液为汗

汗是津液通过阳气的蒸化后，经汗孔排于体表的液体。心在液为汗，是指心血与汗液同源，汗液的生成、排泄与心血、心神的关系十分密切。

汗液的作用有：①调节体温，保持阴液与阳气的平衡；②排出废物与邪气；③滋润体表，润泽皮肤。心在液为汗的理论依据主要有两个方面：第一，心主血脉，“汗血同源”。血液与津液同源互化，血液中的液体部分渗出脉外则为津液，津液是汗液的物质基础。心血充盈，津液充足，则汗液可滋润皮肤，又可排出体内代谢后的废物。汗出过多，津液大伤，必然耗及心气、心血，可见心悸、心烦。第二，心藏神，汗液的生成与排泄又受心神的主宰与调节。心主神明，对体内外各种刺激反应灵敏，故情绪紧张、激动时均可见汗出现象，卒惊伤神也可导致大量汗出。在病理状态下，心之阳气虚，则因气虚不能固摄而见自汗；心之阴血虚，则因阴虚内热不能内守而盗汗。汗多又可耗散心气或心阳，大汗可致心气、心阳暴脱而出现气脱或亡阳的危候。此外，汗液的排泄是比较复杂的，不仅与心关系密切，还与肺的宣发和卫气司开合的功能相关。

5. 心在时为夏

夏季，为一年之中炎热的季节，属阳中之阳的太阳。心为火脏，阳气最盛，同气相求，故与夏季相通应。人体的阳气有着随自然界阴阳升降而发生相应变化的活动规律。中医养生理论重视因时调摄，主张在夏三月“夜卧早起，无厌于日”（《素问·四气调神大论》），尽量延长户外活动时间，使人的身心符合阳气隆盛状态，使心的功能达到最大限度的扩展，发挥生命的潜能。在疾病方面，心脏疾患，尤其是心阳虚衰的患者，其病情多在夏季缓解。而阴虚阳盛之体的心脏病和神志病，又往往在夏季加重。在治疗方面，中医学提出了“冬病夏治”理论。如阳虚性心脏病在冬季易于发作，而在夏季内外阳气隆盛之时给以适当调理，可收事半功倍之效。

附：心包络

心包络，简称心包，亦称“膻中”，是心脏外围的包膜，有保护心脏的作用。在经络学说中，手厥阴心包经与手少阳三焦经相为表里，故心包络属于脏。古人认为，心为人身之君主，不得受邪，所以若外邪侵心，则心包络当先受病，故心包有“代心受邪”之说。例如，在外感热病中，因温热之邪内陷，出现高热、神昏、谵语、发狂等心神昏乱的病症，则多称为“热入心包”。由痰浊引起的神志异常，如神昏模糊、意识障碍等心神昏愦的病症，又常称为“痰蒙心包”。实际上，心包受邪所出现的病证，即是心的病证，因此，治疗心包络的病证，则多从心论治。

二、肺

肺位于胸腔，左右各一，覆盖于心之上。肺与喉、鼻相连，故称喉为肺之门户，鼻为肺之窍。

肺的生理特性为：肺为华盖，肺为娇脏，不耐寒热。肺的主要生理功能为肺主气司呼吸，肺主宣发肃降，肺主通调水道，肺朝百脉，肺主治节。肺与心皆居膈上，位高近君，犹之宰辅，故称肺为“相傅之官”。

肺的系统联系：肺在志为悲（忧），在体合皮，其华在毛，开窍于鼻，在液为涕。肺在五行中属金，为阳中之阴，与自然界秋气相通应。在经络的络属关系上，手太阴经属肺，络手阳明大肠经，两者构成表里脏腑。

（一）肺的生理特性

1. 肺为华盖

“华盖”，原指古代帝王的车盖。肺有“华盖”之称，一是在五脏六腑中位置最高，覆盖诸脏；二是宣发卫气于体表，具有保护诸脏免受外邪侵袭的作用。

2. 肺为娇脏，不耐寒热

娇脏，即娇嫩之脏。肺为娇脏是对肺的生理特征的概括。

肺脏清虚而娇嫩，吸之则满，呼之则虚；肺上通鼻窍，外合皮毛，与自然界大气息息相通；且肺叶娇嫩，不耐寒热燥湿诸邪之侵，故有“娇脏”之称。

肺为清虚之脏，清轻肃静，不容纤芥，不耐邪气之侵。外感六淫之邪从皮毛或口鼻而入，常易犯肺而为病；又因肺为脏腑之华盖，百脉之所朝会，因而，五脏六腑、气血津液的病变，常累及于肺。无论外感、内伤或其他脏腑病变，皆可病及于肺，而发生咳嗽、气喘、咯血、失音、肺痨、肺痿等病症。

（二）肺的生理功能

1. 肺主气司呼吸

肺主气是对肺主呼吸之气和主一身之气的概括。肺司呼吸，是指肺具有主司人体呼吸运动的生理功能。

（1）主呼吸之气：肺是体内外气体交换的场所。通过肺的呼吸作用，不断吸进清气，排出浊气，吐故纳新，实现机体与外界环境之间的气体交换，促进气的生成，调节气的升降出入，因此保证人体新陈代谢的正常进行，以维持人体的生命活动。

肺主呼吸的功能正常，则清气得以吸入，浊气得以呼出，呼吸均匀，气息平和。肺主呼吸的功能失常，常出现胸闷、气短、咳嗽、喘促等呼吸异常的表现。

（2）主一身之气：肺主一身之气，是指肺有主司一身之气的生成和气机调节的作用。

肺主一身之气的作用，一是关于气的生成。肺吸入自然界的清气和脾胃运化而产生的水谷之精气在肺中结合，生成宗气。宗气积于胸中“上气海”，上出喉咙，以行呼吸；下贯心肺以行气血；并下行脐下丹田“下气海”以资先天之气。由先天之气和肺吸入自然界的清气，以及脾胃运化而产生的水谷之精气构成一身之气。宗气的生成关系着一身之气的盛衰。肺的呼吸功能健全与否，不仅影响着宗气的生成，也影响着一身之气的盛衰。二是调节全身气机。肺不断的、有节律的呼吸，对全身之气的升降出入运动起着重要的调节作用。肺的呼吸均匀通畅，和缓有度，则各脏腑经络之气升降出入运动通畅协调，才能保证机体处于正常状态。

肺的呼吸失常，不仅影响宗气的生成及一身之气的生成，导致一身之气不足，即所谓“气虚”，出现少气不足以息、声低气怯、肢倦乏力等症，并且影响一身之气的运行，导致各脏腑经络之气的升降出入运动失调。

肺的呼吸调匀是气的生成和调节的根本条件。如果肺的呼吸功能失常，势必影响一身之气的生成和运行。若肺丧失了呼吸功能，清气不能吸入，浊气不能排出，新陈代谢停止，人的生命活动也就终结了。因此，肺主一身之气的作用，主要取决于肺的呼吸功能。

2. 肺主宣发肃降

肺主宣发，是指肺气具有向上向外升宣和布散的作用；肺主肃降，是指肺气具有向内向下清肃和通降的作用。故又有“肺气宣发”和“肺气肃降”之称。

肺气的宣发作用，能向上向外布散气与津液，主要体现在三个方面：一是呼出体内代谢后产生的浊气，而完成气体交换；二是将脾转输至肺的津液和部分水谷精微上输头面，外达于皮毛；三是宣发卫气于皮毛肌腠，以温分肉，充皮肤，肥腠理，司开阖，将代谢后的津液化为汗液，以防御外邪，温养肌表，维持恒定的体温，调节汗孔开合，控制汗液排泄。肺失宣发，则可见鼻塞喷嚏，呼吸不畅，喉痒咳嗽；卫气被遏，腠理闭塞，可致恶寒无汗等症状。

肺气的肃降作用，能向内向下布散气和津液，主要体现在三个方面：一是吸入自然界之清气，下纳于肾；二是将脾转输至肺的津液及部分水谷精微向下向内布散于其他脏腑以濡润之，将脏腑代谢后产生的浊液下输于肾；三是肃清肺和呼吸道内的异物，以保持呼吸道的洁净。此外，肺气通降，也有促进大肠气机通降的功能。肺失清肃，则可见呼吸短促，咳喘痰多等，或易导致大便排出不畅。

肺气的宣发和肃降，是相互制约、相互为用的两个方面。宣发与肃降协调，则呼吸均匀通畅，水液得以正常的输布代谢。肺气宣发肃降，包括气机的升降出入运动，但肺气运动总的趋势是以清肃下降为顺。

若肺气宣发与肃降失调，则见呼吸运动失常和水液代谢障碍。例如，外感风寒，首先导致肺的宣发功能障碍，而出现鼻塞喷嚏、恶寒发热、无汗等，同时也可引起肺的肃降功能失常，而伴有咳喘痰多等症状。

3. 肺主通调水道

肺主通调水道，是指通过肺气的宣发和肃降，对体内水液的输布、运行和排泄具有疏通和调节作用的生理功能。肺主通调水道体现在两个方面：一是通过肺气的宣发作用，将津液输布于全身各脏腑与皮毛，以发挥滋润濡养作用；宣发卫气，调节汗孔开合，控制汗液的排泄；并呼出浊气而排出少量水分。二是通过肺气的肃降作用，可使津液经三焦随气下行布散，发挥滋润濡养作用；同时将代谢后的水液下输于肾，通过肾的气化作用，生成尿液，并经膀胱排出体外。

由于肺具有行水的功能，且在调节水液代谢的诸脏腑中的位置最高，故有“肺为水之上源”之说。若肺的宣发肃降失常，不仅可影响呼吸功能导致咳喘，而且可影响其肺主行水的功能，导致水液输布排泄障碍，则汗、尿不能正常排泄，可出现多汗或无汗，多尿或小便不利等病症；或水液停聚，形成痰饮，水泛肌肤而为水肿。所以临床上常用宣肺利水的方法治疗水肿等病症，即是肺主行水理论的具体应用。这种宣肺利水消肿的治法被形象地喻为“提壶揭盖法”。

4. 肺朝百脉

肺朝百脉，是指肺气具有助心行血于周身血脉的生理功能，全身的血液，都要通过经脉而会聚于肺，经肺的呼吸进行气体交换，而后输布于全身。

全身的血脉均统属于心，心气是血液循环运行的基本动力。而血液的运行，又赖于肺气的推动和调节，即肺气具有助心行血的作用。由于肺主气，司呼吸，通过肺的呼吸运动吸入清气，生成宗气，宗气具有贯心肺之脉而行气血的作用。肺通过呼吸运动，调节全身气机，气机调畅则有助于血液的运行。因此，肺气能协助心脏推动血液的循行。肺气充沛，宗气旺盛，气机调畅，则血运正常。若肺气虚弱或壅塞，不能助心行血，则可导致心血运行不畅，甚至血脉瘀滞，出现心悸胸闷，唇青舌紫等症；反之，心气虚衰或心阳不振，心血运行不畅，也能影响肺气的宣通，出现咳嗽、气喘等症。

综观肺的生理特性和生理功能，体现了肺对基本生命物质气、血、津液的治理调节的作用，称之为“肺主治节”。肺主治节的生理作用主要表现在：一是通过肺主呼吸的作用，调节通畅呼吸运动，使体内外气体交换达到动态平衡，以此促进宗气的生成；二是调节全身气机，平衡一身之气的升降出入运动，保持全身气机调畅；三是治理调节血液的运行，通过肺朝百脉，辅助心脏，推动血液运行；四是通过肺气的宣发肃降，治理和调节全身水液的输布、运行与排泄。因此，肺主治节是对肺的生理功能的高度概括和总结。

（三）肺的系统联系

1. 肺在志为悲（忧）

悲和忧虽然略有不同，但是由于悲哀、忧愁两者近似，对人体生理活动的影响大致相同，因而忧和悲同属肺志。过度悲哀或忧愁，属于不良的情志变化，对人体的影响主要是损伤肺气，或导致肺气的宣降运动失常。

肺主一身之气，悲忧易伤肺气，使机体的抗病能力下降，娇嫩的肺脏更易受外邪的侵袭，故悲忧过度，可出现胸闷不舒、叹息、精神委靡、意志消沉、少气懒言、倦怠乏力等肺气不足的症状。反之，若肺气虚衰或肺气宣降失常时，机体对外来非良性刺激的耐受能力下降，易于产生悲忧的情绪变化。

2. 肺在体合皮，其华在毛

肺在体合皮，其华在毛，是指皮毛赖肺的精气以滋养和温煦，皮毛的荣枯与汗孔的开合也与肺之宣发功能密切相关。

皮，即皮肤；毛，即毫毛。皮肤上的汗孔，称为玄府、气门，是汗液排泄的孔道。皮肤与肌肉的纹理、缝隙，称为腠理，腠理是元气和津液输布流通的道路。毫毛、皮肤、腠理共同构成了人体一身之表。皮毛依赖于卫气温养和津液润泽，具有防御外邪、辅助呼吸、调节津液代谢、调节体温的作用。

皮毛的作用体现在两个方面：一是防御外邪。皮肤是人体防御外邪入侵的主要屏障。皮肤抵御外邪能力的强弱，主要依靠卫气的强弱和腠理的疏密。若卫气充盛，皮肤腠理致密，则外邪不易侵入；卫气虚弱，不能温养皮肤，或腠理疏松，汗孔开合异常，外邪易乘虚而入内犯于肺而致病。二是调节呼吸。汗孔不仅是排泄汗液之门户，而且也是随着肺的宣发和肃降进行体内外气体交换的部位，故可辅助肺进行呼吸。若寒邪客表，卫气郁遏，可见恶寒发热、头身疼痛、无汗、脉紧等症；如果伴有咳喘等症，则表示病邪已伤及肺脏。故治疗外感表证时，解表与宣肺常同时并用。

肺主皮毛体现在两个方面：一是调节津液代谢。通过肺的宣发作用，输精于皮毛，即将津液和部分水谷之精微向上向外布散于全身皮毛肌腠以滋养之，使皮肤毛窍濡润且有光泽。发挥卫气司开合的功能，控制汗液的排泄，来调节人体津液的代谢。若肺气虚，既可致卫表不固而见自汗或易感冒，又可因皮毛失濡而见憔悴不泽。二是调节体温。通过卫气调节汗孔开合，汗液的排泄，维持着体温的相对恒定。若卫气被遏，汗孔闭塞，散热受阻，则郁而发热；反之，若汗出过多，气随津泄，甚至可出现大汗亡阳的危候。

3. 肺开窍于鼻

鼻为呼吸之气出入的通道，与肺直接相连，故称鼻为肺之窍。鼻为呼吸道之最上端，通过肺系（喉咙、气管等）与肺相连，具有主通气和主嗅觉的功能。鼻的通气和嗅觉功能，都必须依赖肺气的宣发作用。肺气宣畅，则鼻窍通利，呼吸调匀，嗅觉灵敏；反之，肺气虚或肺气壅闭、肺失宣降，则鼻塞不通，呼吸不利，嗅觉迟钝，严重可以丧失嗅觉。此外，鼻与自然界直接相通，尤为外邪侵袭之门户，鼻与肺有着直接的关系外，其他脏腑也间接地影响于肺。临床上常把鼻的异常变化作为诊断肺病的依据之一，而治疗鼻塞喷嚏、嗅觉失常等病证，又多用辛散宣肺之法。

4. 肺在液为涕

涕，即鼻涕，为鼻黏膜的分泌液，有润泽鼻窍的作用。鼻为肺窍，故涕为肺之液。鼻涕由肺精所化，由肺气的宣发作用布散于鼻窍。肺的功能正常，则鼻有少量涕液以润泽鼻窍，且不外流。若寒邪袭肺，肺气失宣，则鼻流清涕；风热犯肺，则鼻涕黄浊；燥邪犯肺，则涕少鼻干。

5. 肺在时为秋

秋季，暑去而凉生，草木皆凋，属阳中之阴的少阴。肺为金脏，与秋季相通应，人体之肺气清肃下降，同气相求，应秋而旺；而秋季也多见肺系病变。养生家主张秋三月“早卧早起，与鸡俱兴”（《素问·四气调神大论》），使心志安宁，收敛神气。秋季气候多清凉干燥，而肺为清虚之脏，喜润恶燥，故秋季易见肺燥之证，临床常见干咳无痰、口鼻干燥、皮肤干裂等症。治疗肺病时，秋季不宜过于发散，而应顺其敛降之性。

三、脾

脾位于中焦，居于上腹部。

脾的生理特性是脾喜燥恶湿，脾气主升。脾的主要生理功能是主运化和主统血。由于脾主管饮食物的消化和营养物的吸收以及转输布散，故称之为“仓廪之官”，又因其为气血生化之源，是维持后天生命活动的根本所在，故又称脾为“后天之本”。

脾的系统联系：脾在志为思，在体合肉，其华在唇，开窍于口，在液为涎。脾在五行中属土，在阴阳属性上，为阴中之至阴，与自然界长夏相通应。在经络的络属关系上，足太阴经属脾，络足阳明胃经，两者构成表里脏腑。

（一）脾的生理特性

1. 脾气主升

脾气主升，是指脾气的运动特点以上升为主。包括升清和升举内脏两个方面。

（1）升清：脾主升清，是指脾气有运输水谷精微等营养物质，上输心肺、头目，并通过心肺的气化作用，化生气血，以营养濡润全身。脾主升清的功能正常，水谷精微等营养物质才能吸收和正常输布，上输心肺、头目并布散全身，进而使元气充沛，生机盎然。脾不升清，水谷精微等营养物质输布运行失常，气血生化输布障碍，则可见头目眩晕，神疲乏力，腹胀泄泻等症。

（2）升举：脾气具有升举内脏，以维持内脏相对恒定位置，防止其下垂的作用。脾气主升，脾气上升是防止内脏下垂的重要保证。脾升举内脏功能正常，可使机体内脏位置相对恒定而不致下垂。脾气虚弱，无力升举，反而下陷，可导致某些内脏下垂，如胃下垂、肾下垂、子宫脱垂、脱肛等。临床治疗内脏下垂病证，常采用健脾升陷的补中益气汤治之。

2. 脾喜燥恶湿

脾喜燥恶湿，是与胃的喜润恶燥相对而言。脾之所以有喜燥恶湿的特性，与其运化水液的生理功能密不可分。脾气健旺，运化水液功能发挥正常，水精四布，就无水湿痰饮的停聚。脾气升清，将水液上输于肺，而脾气升运的条件之一就是脾脏干燥而不被水湿痰饮所困。脾气虚衰，运化水液功能障碍，水湿痰饮内生，即所谓“脾生湿”。外界湿邪侵入人体，困遏脾气，致使脾气不得上升，也称为“湿困脾”。由于内湿、外湿皆易困遏脾气，致使脾气不升，影响正常功能的发挥，故脾欲求干燥清爽，即所谓“脾喜燥恶湿”。

（二）脾的生理功能

1. 脾主运化

脾主运化，是指脾具有将饮食水谷化为精微，并将精微物质转输至全身各脏腑组织的生理功能。脾主运化，包括运化水谷和运化水液两个方面。

（1）运化水谷：即是对饮食物的消化，吸收水谷精微，并转输、布散到全身的生理功能。①消化谷物，吸收精微。谷物入胃，经胃的受纳腐熟，被初步消化后，变为食糜，下送于小肠作进一步消化。谷物的消化虽在胃和小肠中进行，但必须依赖脾气的推动激发作用，谷物才能被消化，并转化为水谷精微。②转输和布散水谷精微。主要途径有二：一是脾将精微物质上输于肺，注入心脉，化生气血，营养全身；二是通过脾的直接布散作用，以充养五脏六腑、四肢百骸。

脾的运化功能正常，水谷精微充盛，则能为化生精、气、血等提供充足的物质基础，脏腑、经络、四肢百骸等组织就能得到充分的营养而发挥正常的生理活动。脾主运化食物功能减退，必然影响谷物的消化，可出现腹胀、便溏、食欲不振等消化不良的症状；并可因精微吸收减少，不能营养全身，出现身体倦怠、日渐消瘦以及气血生化不足等病变。

（2）运化水液：即指脾对水液的吸收、转输和布散作用。一是脾将吸收的津液，经脾气的转输作用上输于肺，通过肺的宣发肃降作用布散于全身。同时，还把人体所需要的津液吸收布散到全身各组织器官中，以起到滋养濡润作用。二是脾居中焦，为津液升降输布的枢纽。“脾气散精，上归于肺”，津液通过肺的宣发作用和肾的蒸腾气化作用，以汗液和尿液的形式排出体外。由于脾气的转输作用，使水液上行下达，畅通无阻，从而维持了水液代谢的平衡。若脾主运化水液的功能减退，则可导致水液在体内停聚，出现痰饮、水肿、泄泻等病变。

运化水谷和运化水液是脾主运化功能的两个方面，往往同时进行，不可分割，而且又互相影响。人出生以后，饮食水谷是机体所需营养的主要来源，是生命活动的根本，而饮食物的消化，水谷精微的吸收、转输和布散，主要依赖于脾的运化功能。同时，肾中之精气必须依赖脾所运化的水谷精微给予供养，才不致枯竭，从而发挥促进人体生长发育与生殖的重要作用。脾主运化，将饮食物化为水谷精微，进而转化为精、气、血、津液，以滋养濡润五脏六腑、四肢百骸等。由于脾在后天生命活动中起着主导作用，故被称“脾为后天之本”“气血生化之源”。“脾为后天之本”的理论，对养生防病有着重要意义。脾气充实，运化功能健全，则正气充足，不易受到邪气的侵袭；若脾失健运，则气血亏虚，人体易病。

2. 脾主统血

脾主统血，是指脾有统摄、控制血液在脉中正常运行而不逸出脉外的生理功能。

脾统血的作用是通过气的固摄作用而实现的，即脾气对血的统摄作用。脾主运化，为气血生化之源；气为血之帅，血随气行，气能摄血。脾气健旺，则水谷精微化源充足，气血充盈；气旺则固摄作用亦强。气能摄血，血液能正常在脉内循行而不会逸于脉外发生出血现象。脾气虚弱，运化水谷精微的功能减弱，则气血化源不足而气血亏虚；气虚则固摄作用减弱，统摄无权，则会发生血逸脉外而导致出血，称为“脾不统血”。由于脾气的运动特点以升为主，并与肌肉有密切的关系，所以习惯上把下部和皮下出血，如便血、尿血、崩漏及肌衄等，称为脾不统血。脾不统血由气虚所致，属虚性出血，一般出血色淡质稀，如果便血，可呈黑色柏油样，并常伴有腹胀、乏力、纳呆等脾气不足之征象。

（三）脾的系统联系

1. 脾在志为思

脾在志为思，是指脾的生理功能与思相联系。思即思虑，思虽为脾志，但亦与心主神明有关，故有“思发于脾而成于心”之说。正常的思虑对机体的生理活动包括脾的运化功能并无不良影响。但思虑过度或所思不遂，则可影响机体正常的生理活动，并且主要影响气的正常升降出入运动，导致气滞或气结。从影响脏腑的生理功能来说，思虑过度，最易影响脾气的运化功能，导致脾胃之气郁结，表现为运化功能失常，不思饮食，脘腹胀闷，亦可影响脾的升清功能，导致头目眩晕、心悸、气短等。

2. 脾在体合肌肉、主四肢，其华在唇

脾主肌肉，是指脾能维持人体肌肉的丰满健壮和功能活动的正常。脾主运化，为气血生化之源。脾气健运，将水谷精微运送、布散于肌肉，肌肉得水谷精微滋养则丰满健壮，功能活动健全，故称脾主肌肉。脾气的运化功能与肌肉的壮实及其功能发挥之间有着密切的关系，全身的肌肉，都有赖于脾胃运化的水谷精微及津液的营养滋润，才能壮实丰满，并发挥其收缩运动的功能。若脾胃的运化功能失常，水谷精微及津液的生成和输布障碍，则肌肉得不到水谷精微和津液的营养及滋润作用，必导致肌肉瘦削，甚至痿废不用。

四肢，又称“四末”。脾主四肢，是指脾有供给营养以主持四肢功能活动的作用。四肢活动需要水谷精微等营养物质，而营养物质的输送有赖于脾的运化功能。因此，脾气健运，则四肢营养充足，才能维持正常的活动。脾气健运，气血充足，则四肢活动轻劲有力；若脾失健运，清阳不升，气血不足，则四肢软弱无力。

脾其华在唇，是指口唇的色泽变化与脾的运化功能密切相关。口唇的色泽变化，与全身气血的盛衰有关。脾为气血生化之源，全身气血充盈，口唇肌肉得养，则口唇红润而有光泽。脾失健运，气血亏虚，唇失所养，则口唇色泽淡白无华。

3. 脾在窍为口

脾在窍为口是指人的饮食口味与脾主运化的功能密切相关，口味的正常与否，有赖于脾胃的运化功能。脾气健运，则口味正常。脾气虚弱，失于健运，则口淡；脾热则口酸、口臭、口苦；脾有湿热可觉口甜、口腻等。

4. 脾在液为涎

涎是口腔津液中较为清稀的部分。脾在液为涎，是指脾能产生和控制涎液的分泌。涎具有保护和润泽口腔的作用。进食时涎的分泌较多，有助于食物的吞咽和消化。涎分泌量与脾的运化功能有直接的关系。脾的运化功能正常，则涎液上行于口，分泌适量而不溢出口外。脾胃不和或脾虚失摄，则可导致涎液的分泌量的异常增多，可见口涎自出。脾精不足，津液不充，则见涎液分泌量减少，口干舌燥。

5. 脾在时为长夏与脾主四时

脾属土，与长夏相通应。长夏（夏至～处暑）之季，气候炎热，雨水较多，天气下迫，地气上腾，湿为热蒸，蕴酿生化，万物华实，合于土生万物之象；而人体的脾主运化，化生精气血津液，以奉生身，类于“土爰稼穑”之理，故脾与长夏，同气相求而相通应。夏秋之交，脾弱者易为湿伤，诸多湿病由此而起。又因时逢炎夏，湿与热兼，湿热交相为病，多见身热不扬、肢体困重、脘闷不舒、纳呆泄泻等湿热交结不解等症。治疗时应重在除湿，所谓“湿去热孤”。

中医学理论中，亦有“脾主四时”之说，或称“脾不主时”。如《素问·太阴阳明论》说：“脾者土也，治中央，常以四时长四脏，各十八日寄治，不得独主于时也。”脾属土，居中央，主四时，以四季之末各十八日统领人体肝、心、肺、肾四脏，表明四时之中皆有土气，故脾不独主某一时令。脾气健运，则四脏得养，功能正常发挥，人体康健，正气充足，不易得病，既病也易于康复，即所谓“四季脾旺不受邪”。

四、肝

肝居于右胁，横膈之下，腹腔之中。

肝的生理特性是肝为刚脏，体阴用阳，肝生发，肝喜条达恶抑郁。肝的主要生理功能是主疏泄和主藏血。由于肝主升主动，为“将军之官”，故有“刚脏”之称。

肝的系统联系：肝在志为怒，在体合筋，其华在爪，肝开窍于目，在液为泪。肝在五行中属木行，在阴阳属性上，为阴中之阳，与自然界春气相通应。在经络的络属关系上，足厥阴肝经属肝，络足少阳胆经，两者构成表里脏腑。

（一）肝的生理特性

1. 肝为刚脏，体阴用阳

肝为刚脏，是指肝气主升主动，故被称为“将军之官”。肝在五行属木，肝气具有木的冲和条达、伸展舒畅之性；肝有疏泄的生理功能，肝气性喜条达而恶抑郁；肝气主升主动，皆反应了肝为刚脏的生理特性。

肝藏血，肝血属阴，其体阴柔；而肝气疏泄，肝气属阳，其用主升主动，故谓之“体阴用阳”。在生理情况下，肝之体阴赖肾之阴精以涵养，方能充盈，故肝之阴血常不足，而肝之阳气常易亢。临床多出现头晕目眩，面红目赤，烦躁易怒，甚则抽搐、角弓反张等症状，反映了肝脏本身具有刚强躁急的特性。

肝为刚脏与肺为娇脏相对而言，肝气主左升，肺气主右降，左升与右降相反相成，刚脏与娇脏刚柔相济。若肝气升动太过，肺气肃降不及，则出现“木侮金”或“金虚木侮”的病机变化。

2. 肝气升发

肝气升发是指肝具有生长升发，生机不息之性。肝在五行属木，其气通于春，春木内孕生升之机，以春木生长升发之性而类比。肝气通于春，内藏生升之气，肝气升发则诸脏之气生生有由，气血冲和，五脏安定，生机不息。人体气机的升降出入运动，具体体现在脏腑经络的各种功能活动中。其中肝对气机的影响主要表现为升举、疏泄之作用。由于肝气主升发之特性，故肝之病变以升发太过为多见，临床多表现肝阳上亢、肝气上逆的病机变化，故前人有“肝气肝阳常有余”之说。

3. 肝喜条达而恶抑郁

肝为风木之脏，其气升发，喜条达而恶抑郁，肝气宜保持柔和、舒畅、升发、条达的特性，才能维持其正常的生理功能。在正常生理情况下，肝气升发、柔和、舒畅，既非抑郁，也不亢奋，以冲和条达为顺。若肝气升发不及，郁结不舒，就会出现胸胁满闷、胁肋胀痛等症状。如肝气升发太过，则可见急躁易怒、头晕目眩、头痛头胀等症状。

（二）肝的生理功能

1. 肝主疏泄

肝主疏泄，是指肝具有疏通畅达全身气机，进而促进精血津液的运行输布、脾胃之气的升降、胆汁的分泌排泄以及情志的调畅等生理功能。

肝主疏泄生理功能的中心环节是调畅气机。机体脏腑、经络、形体、官窍的功能活动，全赖气的升降出入运动。肝的疏泄作用主要在于调畅全身气机，气机调畅，气的升降出入正常，就能维持脏腑组织器官功能的协调平衡，经络之气通利，经脉调和，则经络通畅而不郁滞，脏腑形体官窍功能活动也稳定有序。肝主疏泄功能异常，除了可影响其他脏腑的功能外，还可出现两个方面的病机变化：一是肝的疏泄功能减退，即疏泄不及，则气的升发不足，气的疏通和畅达受到阻碍，从而形成气机郁结等病机变化，出现肝经循行所过的胸胁、两乳及少腹等部位胀痛不适；二是肝的升发太过，从而形成肝气上逆的病机变化，表现为头目胀痛、面红目赤、急躁易怒等症状。

在肝调畅气机生理功能的主导下，派生以下四个方面的作用。

（1）促进血液和津液的运行输布：气行则血行，血液运行畅通无阻；气行则水行，津液在体内的输布和排泄正常。肝主疏泄功能正常，全身气机调畅，有利于血液和津液的运行。肝主疏泄功能失常，肝气郁结，会导致血行障碍，气滞血瘀，出现胸胁刺痛，或为癥积、肿块，在妇女则可导致经行不畅、痛经、闭经等。肝气升发太过，血随气逆，可致吐血、咯血，甚则“血菀于上”，可导致“薄厥”，猝然昏倒，不知人事。气滞水停，还会导致津液输布代谢障碍，产生水湿、痰饮等病理产物。

（2）促进脾胃运化和胆汁分泌排泄：肝的疏泄功能正常可促进饮食物的消化吸收。具体体现在两个方面：一是协调脾升胃降。脾气主升，运化水谷精微，胃气主降，受纳和腐熟水谷，脾升胃降，才能保持饮食物消化，水谷精微的吸收、转输、布散功能正常。肝气犯脾，导致脾失健运，可出现胸胁胀满、腹胀、腹痛；影响脾之升清功能，则上为眩晕，下为泄泻。肝气犯胃，导致胃失受纳，可出现胁肋、脘腹胀满或疼痛，食少纳呆等症；导致胃气不降，可出现恶心、呕吐、呃逆、嗳气等。二是有助于胆汁的分泌和排泄。胆附于肝，胆汁由肝之余气所化，具有促进饮食物消化的作用。胆汁的分泌和排泄受肝的疏泄功能的影响，肝的疏泄功能正常，气机调畅，胆汁则能正常分泌和排泄，饮食物的消化与吸收功能则正常。若肝失疏泄，胆汁的分泌和排泄失常，可出现胁下胀痛、口苦、纳食不化、厌油腻，甚则皮肤、目睛黄染等症。

（3）调畅情志：情志活动是人的情感、情绪变化。情志活动与气血的正常运行密切相关。血的正常运行，依赖于气机的调畅，肝主疏泄，调畅气机，所以，肝具有调畅情志的功能。肝气的疏泄功能正常，则气机调畅，气血和调，能使人的心情舒畅，既无亢奋，也无抑郁。肝气郁结，则心情抑郁，稍受刺激就会抑郁难解，胸闷，喜太息等；肝之升发太过，则性情急躁，稍有刺激即易发怒，烦躁不安。反之，反复或持久的情志异常，也可影响肝的疏泄功能，从而产生肝气郁结或升发太过的病机变化。

（4）调节生殖功能：肝的疏泄功能具有调节女子排卵及月经来潮和男子的排精等生殖功能。冲为血海，任主胞胎，冲任二脉与女子月经来潮密切相关。肝疏泄气机，参与冲任气血的调节，故妇女的排卵和月经来潮与肝的疏泄功能有关。女子的按时排卵，是肝气疏泄和肾气闭藏功能的体现，气机调畅又是女子行经能否通畅有度的重要条件。肝的疏泄正常，则正常排卵，月经调畅；肝失疏泄，冲任失调，气血不和，则排卵异常，月经不调，甚则经行不畅、痛经、闭经。

男子之精闭藏于肾、疏泄于肝，肝肾协调则藏泄有度。男子精液的贮藏与施泄，是肝肾二脏之气的闭藏与疏泄作用相互协调的结果。肝的疏泄功能异常，则可致遗精滑泄，或阳强排精困难，涩滞不畅等症。

2. 肝主藏血

肝主藏血，是指肝有贮藏血液、调节血量和防止出血的生理功能。

（1）贮藏血液：血液来源于水谷精微，生于脾胃，贮藏于肝。肝脏能够储藏血液，故谓之“血海”。肝贮藏一定的血量，使肝血、肝阴充足，涵养肝气、肝阳，防止肝气升动太过，抑制肝阳亢逆，保证肝气发挥正常疏泄功能，维持柔和条达的生理常态。

（2）调节血量：在正常生理状态下，人体各部分的血液需求量是相对恒定的，但是随着机体活动量的增减、情绪的变化，以及外界气候的变化等因素的影响，人体各部分的血液需求量也随之而有所增减。当机体活动剧烈或情绪激动时，外周血液需要量增加，肝脏通过肝的疏泄功能，将所贮存的血液向外周输布，以供需求；当人体处在安静休息状态及情绪稳定时，全身活动量小，机体外周的血液需求量相应减少，多余的部分血液便回藏于肝。

（3）防止出血：肝气充足，则能固摄血液而不致逸出脉外。肝不藏血，固摄失权，则会导致吐血、咳血、衄血，妇女月经过多、甚则崩漏等各种出血病症。

肝的贮藏血液、调节血量和防止出血之间有密切关系。调节血量以贮藏血液为前提。只有血量贮备充足，才能对外周血量发挥有效调节作用，肝对血液的贮藏，又依赖于肝对外周血量的调节作用。肝气固摄血液，防止出血，则肝血充足，调节血量正常。

肝藏血功能失常，会引起血虚或出血等病证。肝血不足，目失濡养，则两目干涩昏花、夜盲；筋失濡养，则筋脉拘急、肢体麻木、屈伸不利；妇女则表现为月经量少、甚则经闭。

肝的生理功能包括肝主疏泄与肝藏血，两者之间相辅相成。肝的疏泄正常，则气机调畅，血运通达，肝就能有效地贮藏血液、调节血量。而肝的疏泄正常，亦有赖于肝藏血的功能正常。肝的疏泄功能失常，会影响肝的藏血功能，例如，肝气升发太过，血随气逆，可表现为头胀头痛，甚则迫血妄行，出现吐血、咯血等病证；肝气疏泄不及，气机郁滞，则可导致肝血瘀阻，出现胁下胀满刺痛，或积聚肿块。肝的阴血不足，不能制约肝阳，阳亢无制，易致肝阳上亢，肝风内动。

（三）肝的系统联系

1. 肝在志为怒

怒是人的情绪激动时所产生的一种情志变化。一般来说，发怒人人皆有，一定限度的情绪发泄对维持机体的心理平衡有重要意义。病理上，怒有愤怒和郁怒之分：愤怒、暴怒，多激动亢奋，烦躁发泄；郁怒，多心情抑郁，敢怒不敢言。愤怒暴怒，可导致肝气升发太过，气机上逆，称为“大怒伤肝”；郁怒不解，则易致肝气疏泄不及，气机郁结，称为“郁怒伤肝”。肝气升发太过，气血上逆而见面红目赤，头痛，烦躁易怒，呕血，甚至猝然昏不知人。肝气郁结，气机不畅，精血津液运行输布障碍，痰饮瘀血及癥瘕积聚内生。反之，肝病令人善怒。例如，各种肝病，疏泄气机失常，或肝阴不足，阳气偏亢，则稍有刺激，即易发怒。

2. 肝在体合筋，其华在爪

筋即筋膜、肌腱，附着于骨而聚于关节，联结关节、肌肉和骨骼。筋膜的正常活动有赖于肝血的滋养。肝血充足，筋得血养，则运动自如，灵活柔韧，能耐疲劳。由于肝具有耐受疲劳的作用，所以称肝为“罢极之本”。若肝血衰少，或调节血量功能失常，筋膜失养，则表现为筋脉拘急，屈伸不利。热邪耗伤肝血，筋失所养，可见四肢抽搐，甚则角弓反张。

爪，指爪甲，包括指甲和趾甲，乃筋的延续，故有“爪为筋之余”的说法。肝血的盛衰，可影响爪甲的荣枯。肝血充足，筋力强健则爪甲坚韧，颜色红润而有光泽。肝血不足，筋力衰弱，则爪甲软薄，枯而色夭，甚则变形或脆裂。

3. 肝在窍为目

目又称“精明”，为视觉器官，具有视物功能。五脏六腑的精气，皆可上注于目，但其中与肝的关系最为密切。肝的经脉上联于目系，目的视力有赖于肝血的营养作用。肝的功能正常，则视物清晰，能辨五色、别长短，故有“肝受血而能视”的理论。肝之阴血不足，目窍失养，则两目干涩，视物不清或夜盲；肝经风热，则目赤痒痛；肝火上炎，则目赤生翳；肝阳上亢，则头目眩晕；肝风内动，则目睛上视或斜视，因此临床上某些目疾从肝辨证论治，常获良效。

4. 肝在液为泪

泪从目出，目为肝窍。泪有濡润、保护眼睛的作用。正常情况下，肝阴充足，滋润目窍，视物清晰，而不外溢。在病理情况下，则可见泪液分泌异常。肝的阴血不足，泪液分泌减少，则两目干涩，甚则视物不清；风火赤眼，肝经湿热，则可见目眵增多，迎风流泪，甚则目赤肿痛等。此外，在极度悲哀时，泪液的分泌液可大量增多。

5. 肝在时为春

春季，阳气始生，万物欣欣向荣，属阴中之阳的少阳。肝为风木之脏，肝气升发主疏泄，喜条达而恶抑郁，故与春气相通应。养生家主张春三月“夜卧早起，广步于庭”（《素问·四气调神大论》），保持心情开朗舒畅，力戒暴怒忧郁等，以顺应春气的生发和肝气的畅达之性。若素体肝气偏旺、肝阳偏亢或脾胃虚弱之人在春季易于发病，可见眩晕头痛，烦躁易怒，中风昏厥，或情志抑郁，或胁肋胀痛，胃脘痞闷，嗳气泛恶，腹痛腹泻等症状。

五、肾

肾居于腰部，左右各一，故有“腰为肾之府”之说。

肾的生理特性是主蛰藏，为“封藏之本”。肾的主要生理功能是主藏精、主水和主纳气。由于肾藏“先天之精”，为脏腑阴阳之本，生命之源，故称为“先天之本”“生命之根”。肾藏精，精生髓，髓充于骨，骨骼健壮，作用强力，故谓之“肾为作强之官”。

肾的系统联系：肾在志为恐，在体合骨，其华在发，开窍于耳与二阴，在液为唾。肾在五行中属水，在阴阳属性上，为阴中之阴，与自然界冬气相通应。在经络的络属关系上，足少阴经属肾，络足太阳膀胱经，两者构成表里关系。

（一）肾的生理特性

肾主蛰藏：蛰藏，即蛰伏闭藏之意。肾主蛰藏是对肾的生理特性的高度概括，体现于肾的藏精、主水、纳气、固胎等各方面的作用。例如，精藏于肾，气纳于肾，水主于肾，以及妇女冲任和调、月经时至、胎儿孕育、二便排泄等，均为肾主封藏之所及。肾气封藏则精气盈满，人体生机旺盛；若肾气封藏失职，则会出现滑精、喘息、遗尿，甚则小便失禁、多汗、大便滑脱不禁及女子带下、崩漏、滑胎等。肾藏精，肾精宜藏不宜泄；肾主命门火，真火宜潜不宜露。故治肾多言其补，不论其泻，或以补为泻。肾精宜蛰伏闭藏，故其病虚多实少，纵然有实邪存在，也是本虚标实，所以，治疗肾病以多补少泻为宜。

（二）肾的生理功能

1. 肾藏精

肾藏精，是指肾具有贮存、封藏人体精气的生理功能，故称肾为“封藏之本”，即肾有封固闭藏脏腑精气而不妄泄的作用。

肾所贮藏之精包括“先天之精”和“后天之精”。先天之精，禀受于父母，与生俱来，是构成胚胎的原始物质；后天之精，来源于水谷精微。先天之精和后天之精虽然来源有异，但均同归藏于肾，两者相互依存，相互为用，关系密切。先天之精只有得到后天之精的不断补充滋养，才能发挥其生理功能；后天之精也必须依赖先天之精的活力资助，才能源源不断地化生。两者相辅相成，在肾中密切结合组成肾中精气。此外，五脏六腑之精充盛，亦可藏之肾，故《素问·上古天真论》说：“肾者主水，受五脏六腑之精而藏之，故五脏盛乃能泻。”肾脏所藏之精谓之肾精，精化气，肾精所化之气谓之肾气。肾精足则肾气充，肾精亏则肾气衰。

肾中精气包括肾精、肾气。肾精，即肾中之精，来源于先天之精，又依赖后天之精的滋养而充盛，为肾之功能活动的物质基础。肾气，是指肾精所化生之气，是肾促进机体的生长、发育和生殖，以及气化等功能活动。肾精足则肾气充，肾精亏则肾气衰。

肾中精气的生理功能是多方面的，主要是促进机体的生长发育和逐步具备并维持生殖能力。

（1）促进生长发育：人体的生命过程，可分为幼年期、青年期、壮年期和老年期。机体的生长发育或衰退情况都取决于肾精及肾气的盛衰。幼年期，肾精及肾气逐渐充盛，表现出头发生长较快而渐稠密，更换乳齿，骨骼逐渐生长而身体增高；青年期，肾精及肾气更加充盛，表现为长出智齿，骨骼长成，人体达到一定高度，开始具有生殖能力；壮年期，肾精及肾气充盛至极，表现出筋骨坚强，头发黑亮，身体壮实，精力充沛的状态；老年期，随着肾精及肾气的逐渐衰减，表现出面色憔悴，头发脱落，牙齿枯槁及生育能力丧失等现象。由此可见，机体生、长、壮、老、已的生命过程，取决于肾精及肾气的盛衰。肾精及肾气在人体生长发育过程中起着十分重要的作用。人体生长发育情况，可从头发、牙齿、骨骼以及生殖功能等方面表现出来。肾精及肾气不足，则表现为小儿生长发育不良，五迟（站迟、语迟、行迟、发迟、齿迟），五软（头软、项软、手足软、肌肉软、口软）；在成人则为早衰。

（2）促进并维持生殖功能：肾精的生成、贮藏和排泄对繁衍后代起着重要的作用。当肾中精气充盛到一定阶段，产生一种具有促进生殖功能成熟并继续维持其功能的精微物质，称之为“天癸”。肾精既是天癸形成的物质基础，又能促进和维持生殖功能。进入青春期，人体的生殖器官在肾中精气的滋养下逐渐发育成熟，在女子则按期排卵，月经来潮；男子则产生和排泄精液。生殖器官发育成熟，则具备了生殖能力。由中年期进入老年期，随着肾中精气由充盛而逐渐趋向衰退，天癸的生成亦逐渐减少，甚至逐渐耗竭，生殖能力亦随之而下降，乃至消失。可见，肾中精气对生殖能力起着重要的作用，为生殖繁衍的根本。

2. 肾主调节全身阴阳

肾中精气是机体生命活动的根本，对机体各方面的生理活动均起着极其重要的作用。以阴阳学说的理论为指导，肾中精气又可分为肾阴、肾阳。肾阴，又称元阴、真阴、真水，是指肾之阴气，与肾阳相对而言，具有宁静、滋润、濡养和成形的功能，并可制约过亢的阳热。肾阳，又称元阳、真阳、真火，是指肾之阳气，与肾阴相对而言，具有温煦、推动、兴奋和气化的功能。

肾阴，为人体阴液的根本，对机体各脏腑组织起着滋养、濡润、宁静的作用；肾阳，为人体阳气的根本，对机体各脏腑组织起着推动、温煦、激发的作用。肾阴和肾阳，是机体各脏腑阴阳的根本，两者相互制约、相互依存、相互为用，维持着脏腑阴阳的相对平衡。由于某些原因，破坏这种相对平衡而又不能及时恢复时，则形成肾阴虚或肾阳虚，导致各脏腑的病机变化。肾阴虚可出现腰膝酸软、头晕耳鸣、手足心热、潮热盗汗、遗精、舌质红而少津等；肾阳虚可出现腰膝冷痛、形寒肢冷、神疲乏力、小便清长或不利，或遗尿、失禁、舌质淡，以及性功能减退和水肿等。

肾阴和肾阳均以肾中精气为物质基础，肾的阴虚和阳虚实质上是肾中精气不足、属性相反的两种形式，两者在一定程度上可相互转化。肾阴虚到一定程度可累及肾阳，发展为肾阴虚为主的阴阳两虚，称作“阴损及阳”；肾阳虚发展到一定程度也会累及肾阴，发展为以肾阳虚为主的阴阳两虚，称作“阳损及阴”。

此外，肾中精气亏损的表现形式是多种多样的，并不仅局限于肾阴虚和肾阳虚。在一定条件下，肾中精气虽已亏损，但其阴阳失调的状况却不一定十分明显，对此，可概括地称为肾中精气亏损，或可分别称为肾精不足或肾气虚衰。

3. 肾主水

肾主水，是指肾的气化功能对于体内津液的输布和排泄以及维持体内津液代谢平衡，起着重要的调节作用。在生理情况下，津液的代谢主要是通过脾的运化和转输、肺的宣发肃降和通调水道、肾中阳气的蒸腾气化及膀胱、大小肠的协同作用，以三焦为通道输送到全身。肾主水主要体现在两个方面：

（1）对参与水液代谢脏腑的促进作用：水液代谢过程中，胃、小肠、大肠吸收的水液，经脾气的运化转输作用，输送至肺，再经肺气的宣发肃降作用输布周身，以发挥滋润和濡养作用，并将宣发至皮毛肌腠的水液化为汗液排泄；经肺的肃降作用输送至肾。三焦则为水液运行的通路。可见，机体水液的输布与排泄，主要是在脾、肺、肾、三焦等脏腑的共同参与下完成的。但是，各脏腑之气必须在阴阳协调平衡的状态下才能正常参与水液代谢，而肾阴、肾阳为各脏腑阴阳之根本，肾的气化作用对各脏腑参与水液代谢功能具有促进和调节作用。因此，肾主持和调节着机体水液代谢的各个环节。

（2）肾的气化升清降浊作用：水液代谢过程中，肺通过肃降作用，将水液经三焦水道下输于肾，在肾的蒸腾气化作用下，水液之清者上升，重新通过三焦水道上达于肺，参与水液代谢；水液之浊者生成尿液，下输膀胱，在肾与膀胱之气的气化作用下排出体外。尿液的生成和排泄是水液代谢的一个重要环节，在维持水液代谢平衡中起到极其关键的作用。只有肾阴肾阳协调平衡，肾的蒸腾气化作用发挥正常，输布于肾的水液才能升清降浊，化生尿液和排泄尿液。

肾的蒸腾气化作用对机体水液代谢起着主持和调节的作用。肾阴肾阳的推动和调控作用失常，肾的蒸腾气化失司，既可引起固摄无权，出现小便清长、尿量增加，以及遗尿、失禁等症状，又可导致推动无力，排尿减少，则水液停于体内，上下溢于皮肤，发为水肿。

4. 肾主纳气

肾主纳气，是指肾有摄纳肺所吸入的清气，使吸气维持一定的深度，防止呼吸表浅的作用。

人的呼吸虽由肺所主，但必须依赖于肾的摄纳功能。故有“肺为气之主，肾为气之根”之说。肺主出气，肾主纳气，阴阳相交，呼吸乃和。因此，无论是肾气虚衰，摄纳无权，气浮于上，还是肺气久虚，久病及肾，均可导致肾的纳气功能失常。

肾的纳气功能实际上是肾的封藏作用在呼吸运动中的具体体现，主要靠肾中精气的作用。肾精充足，肾气充沛，摄纳有权，则呼吸均匀、和调深长。肾精亏虚，肾气衰減，摄纳无力，肺吸入的清气不能下纳于肾而上浮，则可见呼吸表浅，呼多吸少，动辄气喘等，称之为“肾不纳气”。

肾的生理功能中，封藏精气为基本功能。肾主生长发育和生殖、主水及主纳气等功能，都是肾藏精功能的延伸。肾精化肾气，肾精与肾气主司人体的生长发育和生殖；肾中精气分阴阳，肾阴与肾阳是脏腑阴阳的根本，对脏腑气化具有促进和调节作用；肾的气化作用主司和调节全身水液代谢；肾气的封藏与摄纳作用，维持呼吸的深度，以利气体交换。所以，在认识肾的各种生理功能时，必须把藏精作为最根本的功能来理解和把握。

（三）肾的系统联系

1. 肾在志为恐

恐是人体对事物惧怕的一种情志活动，与肾的关系密切。惊、恐皆有畏惧之意，但有所不同：惊多从外受，事出突然，并不自知；恐多从内生，事先自知。惊多伤心，导致心气紊乱；恐则伤肾，导致气机下陷。在某种情况下，惊恐亦可同时发生。

恐惧过度，“恐则气下”，气机迫于下焦，肾失封藏，则下焦胀满，甚至遗尿、遗精，或二便失禁等。反之，肾中精气空虚，则可见畏惧善恐。

2. 肾在体合骨，其华在发

肾藏精，精能生髓，髓居骨中，骨的生长发育，有赖于骨髓的充盈及其所提供的营养。肾精具有促进骨骼生长、发育和修复的作用。故《素问·六节藏象论》说：肾“其充在骨”。只有肾精充足，骨髓生化有源，骨骼得到髓的滋养，则坚固有力。肾精不足，骨髓生化无源，不能营养骨骼，便会出现小儿囟门迟闭，骨软无力以及老年骨质疏松，易于骨折等。

髓有骨髓、脊髓和脑髓之分。骨髓藏于骨腔内。脊髓居于脊椎管，上通于脑。脑由髓聚而成，故称脑为“髓海”。肾中精气充盈，髓海得养，则脑的发育健全，发挥正常生理功能。反之，肾精亏损，髓海不足，则可见健忘、头晕、耳鸣、腰膝酸软等症状。

齿为骨之余。齿与骨同出一源，由肾中精气所充养，同为肾所主。牙齿的生长、脱落等与肾中精气的盛衰有着密切关系。温热病诊断中望齿的润燥和有无光泽，是判断肾精及津液盛衰的重要标志。肾中精气充沛，则牙齿坚固而不易脱落；肾中精气不足，在小儿则表现为牙齿生长迟缓，成人则表现为牙齿松动或易于脱落。

发的生长润泽依赖精和血的濡养。“发为血之余”，是指发的生长润泽，需要血的滋润濡养。肾藏精，精化血，精血同源。精血旺盛，则发浓密而润泽。因此，发的生机根源于肾。由于发为肾之外候，所以发之生长与脱落，润泽与枯槁，常能反映肾精的盛衰。青壮年时，由于肾精充沛，精血充盈，则发长而有光泽，不易折断或脱落；临床所见未老先衰，头发枯萎，早脱早白者，均与肾中精气不足和血虚有关。

3. 肾在窍为耳及二阴

耳是听觉器官，耳的听觉功能灵敏与否，与肾中精气盛衰密切相关，故称“肾开窍于耳”。肾藏精，主骨生髓而通于脑，肾精充足，髓海得养，则听觉灵敏，分辨力高；反之，肾中精气亏虚时，髓海失养，脑髓不足，则听力减退，或耳鸣，甚则耳聋。

二阴，即前阴（尿道口、外生殖器）和后阴（肛门）。前阴是排尿和生殖的器官。尿液的贮存和排泄主要是膀胱的作用，但必须依赖于肾的蒸腾气化作用的协作才能完成。因此，尿频、遗尿、尿失禁、尿少或尿闭，均与肾的气化功能失常有关。肾中精气具有促进人体生殖功能的作用，故前阴的生殖功能也与肾中精气有密切关系。后阴是排泄粪便的通道。排泄大便本是大肠的传化糟粕功能，但亦与肾有关。肾阴不足，肠失濡润，则便秘；肾阳虚损，气化无权，无以温暖鼓动大肠，则致阳虚便秘，或致阳虚泄泻；肾的封藏失司，则致久泻滑脱，故称“肾主二便”。

4. 肾在液为唾

唾是口腔津液中较为稠厚的部分。唾为肾精所化，出于舌下，有润泽口腔，帮助食物消化，滋养肾中精气的作用。若多唾或久唾，则易耗损肾中精气；肾阴不足，则唾液分泌减少，口干舌燥；肾水泛溢，则多唾、常欲饮。

5. 肾在时为冬

肾五行属水，为阴中之阴，与冬气相通应。自然界的物类，则静谧闭藏以度冬时。肾为水脏，藏精而为封藏之本，故与冬季相通应。养生家主张冬三月“早卧晚起，必待日光”（《素问·四气调神大论》），保持肾精静谧内守，皮肤腠理致密，避寒就温，以利阴精积蓄，阳气潜藏。若素体阳虚，或久病肾阳不足，多在阴盛之冬季发病；或冬季不慎保养肾精，则“春必病温”，易发外感热病。

附：命门

命门，有生命关键、根本的意思。命门一词，最早见于《灵枢·根结》：“命门者，目也”，即指眼睛而言。《内经》以降，历代医家对命门的形态、部位及其生理功能等问题提出不同的见解，至今未有定论。

1. 关于命门的形态

从形态言，分有形与无形之论。《难经》以右肾为命门，是谓有形。明代张介宾认为命门为子宫，为精室，亦为有形。明代孙一奎则认为命门只是两肾中间存在的一种元气发动之机，并不是一个具有形质的脏腑。

2. 关于命门的部位

从部位言，有右肾与两肾及两肾之间之区别。

（1）右肾为命门说：《难经》首先提出右肾为命门说。《难经》之后，晋代王叔和、明代李梴等人均认为右肾为命门。

（2）两肾总号为命门说：元代滑寿首倡此说，认为“命门其气与肾通，是肾之两者，其实一耳。”明代虞抟明确提出“两肾总号为命门”，虞氏否定了左为肾、右为命门之说，认为“若独指乎右肾为相火，以三焦之配，尚恐立言之未精也”。

（3）两肾之间为命门说：此说首推明代赵献可，《素问·灵兰秘典论》说“主不明，则十二官危”，据此认为十二官之外，还有一个人身之主，即是命门。赵氏之说对后世影响很大，清代医家陈士铎、陈修园、林珮琴等皆认为命门部位在两肾之间。

3. 关于命门的功能

从功能言，有主火、水火共主、非水非火为肾间动气之不同。例如，明代赵献可认为命门即是真火，主持一身阳气。清代陈士铎在《石室秘录》中也认为：“命门者，先天之火也”。

明代张介宾则强调了命门之中具有阴阳水火二气，从而发挥对全身的滋养、激发作用。明代孙一奎则认为命门在两肾中间，非水非火，只是存在者的一种元气发动之机，是一种生生不息造化之机枢而已，即《难经·八难》所谓的“肾间动气”。

纵观以上各种观点，虽对命门的形态、部位有不同见解，但对命门的主要生理功能的认识大同小异，即命门的生理功能与肾息息相通。肾为五脏之本，内寓真阴和真阳，人体五脏六腑之阴皆由肾阴来滋养，五脏六腑之阳又皆由肾阳来温煦。可以认为：肾阳亦即“命门之火”（或称“命火”）；肾阴亦即“命门之水”。古代医家之所以称肾为命门，旨在强调肾中阴阳的重要性，由此对肾阴、肾阳的研究也更加深入。

第三节 六 腑

六腑，即胆、胃、小肠、大肠、膀胱、三焦的总称。其共同的生理功能是：受纳腐熟消化饮食物，传化糟粕。具有“泻而不藏”“实而不满”的生理特点。六腑要完成传化水谷的生理功能，依赖其虚实更替、通降下行的生理特性，故有“六腑以通为用，以降为和”的说法。但是，六腑“通”和“降”的不及与太过，均属于病态，都会影响饮食水谷的传化。

饮食物自进入人体至排出体外，要通过七道关隘，以利于对饮食物的消化吸收。这七道关隘，《难经》称之为“七冲门”。即唇为飞（扉）门，齿为户门，会厌为吸门，胃上口为贲门，胃下口为幽门，大肠与小肠会合处为阑门，肛门为魄门。

一、胆

胆位于腹腔之中，右胁之内，附于肝之短叶间，与肝紧密相连。肝与胆还通过经脉相互络属，互为表里。

胆为中空的囊状器官，内藏胆汁。胆汁是一种精纯、清净、味苦而呈黄绿色的精汁，所以胆有“中精之腑”“中清之腑”“清净之腑”之称。

胆为中空器官，形态与其他的腑相类似，其内藏的胆汁适时排泄，参与食物的消化，故胆为六腑之一，又因其内藏精汁，与五脏“藏精气”特点相似，与六腑传化水谷，排泄糟粕的作用有别，故又属奇恒之腑。

胆的生理特性是胆气主升；生理功能是贮藏和排泄胆汁、主决断。

（一）胆的生理特性

胆的生理特性是胆气主升，胆为阳中之少阳，主少阳春生之气。胆气主升，是指胆具有升发条达之性。胆应春时，春气升则万物皆安，在人体胆气升发条达，疏泄正常，则脏腑气机条畅，升降出入协调，从而维持正常的生理功能活动。

（二）胆的生理功能

1. 贮藏和排泄胆汁

胆汁为肝之精气所化生。如《东医宝鉴》说：“肝之余气，泄于胆，聚而成精。”胆汁在肝内生成后，在肝的疏泄功能作用下，流入胆囊，贮藏起来，进食时贮存于胆囊的胆汁又流入小肠，以助消化。肝胆对消化的影响，不仅表现在胆汁的生成及排泄上，还表现为肝胆的疏泄功能对脾胃升降的促进作用，只有肝胆的疏泄功能正常，胆汁的生成和排泄通畅，脾胃升降有序，饮食物消化吸收才得以正常进行。反之，则会引起相应的病机变化。如肝胆的疏泄功能失常，胆汁不能得以正常生成和排泄，脾胃升降紊乱，可见胁痛、腹胀、食欲不振、恶心、呕吐；胆汁上逆，可见口苦、呕吐黄绿苦水等；若胆汁外溢肌肤，则出现身、面、目俱黄的黄疸证。

2. 主决断

胆主决断，是指胆在精神意识思维活动中，具有判断事物、作出决定的作用。《素问·灵兰秘典论》说："胆者，中正之官，决断出焉。"胆主决断的功能，与人体的精神和情志密切相关。胆气豪壮之人，剧烈的精神刺激对其所造成的影响较小，且恢复也较快；胆气虚怯之人，在受到不良精神刺激的影响时，则易于形成疾病，出现胆怯易惊、善恐、失眠、多梦等精神情志异常的病变。胆的功能失常，还易导致情志方面的变化。如胆火过盛，则见口苦、烦躁易怒、胁痛等。胆虚痰扰，则见口苦、呕逆、心烦不寐、惊悸不宁等。

二、胃

胃位于腹腔上部，上连食道，下通小肠。胃又称胃脘，分上、中、下三部。胃的上部称为上脘，包括贲门；胃的中部称为中脘，即胃体；胃的下部称为下脘，包括幽门。贲门上接食管，幽门下接小肠。

胃是机体对饮食物进行消化、吸收的重要脏器，主受纳腐熟水谷，被称之为"水谷之海""太仓"。胃与脾同居中焦，脾与胃通过经脉相互属络，互为表里。胃与脾在五行中皆属土：胃为阳明燥土，属阳；脾为太阴湿土，属阴。胃的生理特性是主通降、喜润恶燥。生理功能是主受纳和腐熟水谷。

（一）胃的生理特性

1. 主通降

胃主通降与脾气主升是相对的。胃主通降是指胃的气机宜保持通畅下降的特性。饮食物入胃，经胃腐熟后，必须下行于小肠，才能将食物作进一步消化，并将其中的营养物质彻底吸收，化为精气血津液，输送至全身，其浊者下移入大肠，然后形成粪便排出体外。因此，胃的通降作用，还包括小肠将食物残渣下输于大肠，以及大肠传化糟粕的功能活动在内。在这一过程中，胃必须保持"通"的状态，才能使饮食物的运行通畅无阻，从而保持胃与肠虚实更替的生理状态，所以说胃主通降，"以通为和""以降为顺"。藏象学说还以脾胃之气的升降运动来概括整个消化系统的生理功能。脾宜升则健，胃宜降则和，脾升胃降协调，共同促进饮食物的消化吸收。

胃主通降的功能失常，可形成胃失和降及胃气上逆等病理改变。胃失和降，则出现纳呆脘闷，胃脘胀满或疼痛、大便秘结等症。若胃气上逆，则出现恶心、呕吐、呃逆、嗳气等症。

2. 胃喜润恶燥

胃生理特性是喜润恶燥，胃在对饮食物的受纳和腐熟过程中，具有喜津液的滋润而恶燥烈的特性。胃的受纳腐熟，不仅依赖胃气的推动和蒸化，也需要胃中津液的濡润。胃中津液充足，则能维持其受纳腐熟的功能和通降下行的特性。胃为阳土，燥热之邪，多易损伤胃中津液。

（二）胃的生理功能

1. 主受纳水谷

受纳，是接受、容纳之意。胃主受纳水谷，是指胃气具有接受和容纳饮食水谷的作用。饮食入口，经过食管（咽）进入胃中，在胃气的通降作用下，由胃接受和容纳，故胃有“太仓”“水谷之海”之称。胃气的受纳水谷功能，既是腐熟功能的前提，又是饮食物消化吸收的基础。因此，胃气的受纳功能对于人体的生命活动十分重要。胃气受纳水谷功能的强弱，可以通过食欲和饮食多少反映出来。若胃的受纳功能障碍，则可出现纳呆、厌食、胃脘胀闷等症状。

2. 主腐熟水谷

腐熟，既消化、消磨之意。胃主腐熟水谷是指胃将饮食物进行初步消化，并形成食糜的作用。容纳于胃中的水谷，经胃的消磨腐熟后，精微物质被吸收，并由脾气转输而营养全身，未被消化的食糜则下传于小肠作进一步的消化吸收。

胃气的受纳、腐熟水谷功能，必须与脾气的运化功能相互配合，纳运协调才能将水谷化为精微，进而化生精气血津液，供养全身。后天的饮食营养和脾胃对饮食水谷的运化功能，对于气血的生成以及维持机体的生命活动至关重要，故把脾胃称之为“后天之本”，“气血生化之源”。

三、小肠

小肠，包括十二指肠、空肠和回肠，它是一个狭长的管状器官，位于腹中，呈迂曲回环迭积之状，其上口与胃之幽门相接，下口与大肠相连，大小肠相接处称为阑门。小肠与心通过经脉互相络属，互为表里。小肠是机体对饮食物进行消化、吸收，并输布其精微，下传其糟粕的重要脏器。小肠的主要生理功能是主受盛化物、泌别清浊。

小肠的生理功能

1. 主受盛化物

受盛，即接受，盛载之意。化物，即消化、转化、化生之意。小肠的受盛化物功能主要体现在两个方面。

（1）经过胃初步腐熟的饮食物要适时下降到小肠，由小肠接受容纳。

（2）下降到小肠的饮食物要在小肠内停留一定的时间，以便做进一步充分的消化和吸收。小肠的化物功能，是指将饮食水谷化为精微和糟粕两部分，并将精微物质，经脾运化转输，以营养周身。故《素问·灵兰秘典论》说：“小肠者，受盛之官，化物出焉。”在病理上，若小肠的受盛功能失常，传化阻滞，则可见腹部胀闷疼痛。如化物功能失常，可致消化、吸收障碍，出现腹胀、腹痛、腹泻等症状。

2. 泌别清浊

泌，即分泌；别，即分别。清，指水谷精微及津液；浊，包括食物残渣及废水。小肠泌别清浊的功能，具体表现为以下三个方面。

（1）由胃下降到小肠的饮食物，在小肠“化物”功能的作用下，分为水谷精微和食物残渣两部分。

（2）吸收水谷精微和津液，通过脾的运化功能，转输于心肺，并布散于周身，以维持人体正常的生理功能。小肠能够吸收水液，参与水液的生成，故称“小肠主液”。

（3）饮食物的糟粕，分为食物残渣及废水两部分。食物残渣下降到大肠，形成粪便而排出体外；多余的水液则形成尿液排出体外。

小肠泌别清浊的生理功能正常，则饮食物得以充分的消化吸收，清浊各走其道。若小肠泌别清浊的功能失常，不仅引起消化吸收功能障碍，出现腹胀、腹痛、消化不良，还可导致二便排泄的异常，出现便溏泄泻、小便短少等症。

四、大肠

大肠居于腹中，包括结肠和直肠，为一管道器官，其上口在阑门处与小肠相接，其下端为肛门。大肠与肺有经脉相互络属，互为表里。大肠是机体对食物糟粕中的多余水分进行吸收，并排出糟粕的脏器。其主要功能是传导糟粕、吸收津液。

大肠的生理功能

1. 传导糟粕

大肠接受由小肠下移的食物残渣，再吸收其中多余的水液，使之形成粪便，经肛门排出体外，故《素问·灵兰秘典论》说：“大肠者，传导之官，变化出焉。”若大肠的传导功能失常，则可出现大便质与量的异常和排便次数的改变，如大便秘结或腹痛、泄泻、下痢脓血、里急后重等。

大肠的传导作用，是胃的降浊功能的延伸，同时也与肺气的肃降及肾的气化功能有关。

2. 吸收水分

大肠在传导糟粕的过程中，将其中多余的水分重新吸收，以供机体再次利用，从而使糟粕燥化，变为成形的粪便而排出体外。由于大肠吸收水分，参与调节机体的水液代谢，故称“大肠主津”。若大肠主津的功能失常，剩余的水液不能吸收，水与糟粕俱下，则出现腹泻；若大肠有热，灼伤津液，肠道失润，又会出现肠燥便秘。

五、膀胱

膀胱位于小腹部，为囊性器官。膀胱上通于肾，下连尿道，与外界直接相通。膀胱又称“脬”，是贮存和排泄尿液的器官。膀胱与肾通过经脉相互络属，构成表里关系。膀胱的功能是贮存尿液和排泄尿液。

膀胱的生理功能

1. 贮存尿液

人体的津液通过肺、脾、肾等脏的作用，布散全身，发挥其滋养濡润机体的作用。代谢后的水液则下归于肾，经肾的气化作用，升清降浊。清者回流体内，重新参与水液代谢；浊者下输于膀胱，变成尿液，由膀胱贮存。所以《素问·灵兰秘典论》说：“膀胱者，州都之官，津液藏焉，气化则能出矣。”

2. 排泄尿液

在肾的气化作用下生成的尿液，不断下输而贮存于膀胱，当膀胱中的尿液积存到一定量时，便产生尿意，通过膀胱的气化作用从尿道排出体外。

膀胱的贮尿和排尿功能，主要由肾及膀胱的固摄和气化作用来调节。肾气与膀胱之气的作用协调，则膀胱开合有度，排尿正常。反之，可出现小便不利、癃闭、尿频、尿急、遗尿、小便失禁等症。

六、三焦

三焦，是上焦、中焦、下焦的合称，是藏象学说中的一个特有名称。一般认为三焦是分布于胸腹腔的一个大腑，在脏腑中最大，又与五脏没有直接的阴阳表里联系，故又称之为“孤府”。如张介宾《类经·脏象类》所说：“三焦者，确有一腑，盖脏腑之外，躯壳之内，包罗诸脏，一腔之大腑也。”但在经络学上，三焦与心包络有经脉相互络属，互为表里。

三焦在人体的分部：膈以上为上焦，包括心与肺；膈至脐为中焦，包括脾与胃；脐以下至二阴为下焦，包括肝、肾、大肠、小肠、膀胱和女子胞等。

（一）三焦的生理功能

三焦作为六腑之一，其主要生理功能是通行元气和运行水液。

1. 通行元气

元气根源于肾，由先天之精所化，通过三焦而输布到五脏六腑，充沛于全身，以激发和推动各脏腑组织的功能活动，故说三焦是元气运行的通道。如《难经·三十六难》说：“三焦者，原气之别使也。”由于元气是人体最根本、最重要的气，脏腑之气、经络之气等均是由元气所派生，因此，三焦通行元气的功能关系到整个人体之气的升降出入运动和气化的进行，故又有三焦主持诸气、总司全身气机和气化之说。

2. 运行水液

《素问·灵兰秘典论》说：“三焦者，决渎之官，水道出焉。”认为三焦具有疏通水道、运行水液的功能。人体的水液代谢，是由肺、脾、肾等多个脏腑的共同协作而完成，但必须以三焦为通道，才能正常地升降出入。若三焦水道不利，则肺、脾、肾等脏输布调节水液的功能也将难以实现。

三焦通行元气和运行水液的功能是相互关联的。这是因为津液的运行，全赖气的升降出入运动，而津液是气的载体，气又依附于津液而运行。

（二）上、中、下三焦的生理功能特点

1. 上焦如雾

雾，是形容水谷精气在体内弥漫的状态。上焦如雾，实际上是指上焦的输布功能。即上焦主宣发卫气，以及通过心肺的输布作用，将饮食物化生的水谷精微布散于全身，有如“雾

露之溉”，以营养滋润全身脏腑组织。

2. 中焦如沤

沤，是形容水谷被消化腐熟为乳糜的状态。中焦如沤，是指脾胃运化水谷，化生气血的作用。摄入到体内的水谷，在胃的受纳腐熟和脾主运化功能的共同作用下，形成水谷精微，化生为气血，并通过脾的升清作用将水谷精微上输于心肺以布散全身。

3. 下焦如渎

渎，即沟渠、水道之意。是形容水液不断地向下、向外排泄的状态。下焦如渎，是指肾、膀胱、大小肠等脏腑具有分别清浊，排泄体内废料的作用。将饮食物中的糟粕传送到大肠，形成粪便排出体外；将体内剩余的水液，通过肾和膀胱的气化作用，生成尿液排出体外。

第四节　奇恒之腑

奇恒之腑，包括脑、髓、骨、脉、胆、女子胞。其中，胆既是六腑之一，又属奇恒之腑。奇恒之腑的特点是形态上与六腑相似，多为中空的管腔状器官；而功能上与五脏相似，藏而不泻。似脏非脏，似腑非腑，与正常的脏腑有别，故名。奇恒之腑中除胆为六腑之一外，都没有表里配合关系，也没有五行配属，而与奇经八脉关系密切。

一、脑

脑居于颅内，由髓汇集而成，故《灵枢·海论》说：“脑为髓之海”。脑与脊髓相通，脊髓居于脊椎管内。脑的生理功能是主宰生命活动、主管精神思维、主持感觉运动。

脑的生理功能

1. 主宰生命活动

脑由髓汇集而成，是一身精华之所在，生命的枢机，统领人体的一切生命活动。脑是人体内的一个重要器官，如受到损伤，可致人于死命。所以《素问·刺禁论》说：“刺头，中脑户，入脑，立死”。突出了脑在人体生命活动中的重要地位。

2. 主管精神思维

人的精神思维活动，是客观外界事物反映于脑的结果，所以李时珍在《本草纲目》中提出“脑为元神之府”，王清任在《医林改错》中又说：“灵机记性不在心在脑”。脑主管精神思维的功能正常，则表现为精神饱满，意识清楚，语言清晰，思维灵敏，记忆力强，情志活动也正常。若脑病，主管精神思维的功能失常，则可出现精神委靡，记忆力下降，反应呆滞，思维迟钝，或狂躁失眠，或神识错乱，或意识不清，甚至昏厥等症。

3. 主持感觉运动

脑主持感觉运动，是指脑与人体的视、听、嗅等感觉功能以及肢体的运动功能密切相关。早在《内经》中对此已有相关记载。如《灵枢·口问》说：“上气不足，脑为之不满，耳为之苦鸣，头为之苦倾，目为之眩。”《灵枢·海论》说：“髓海有余，则轻劲多力，自过其度；髓海不足，则脑转耳鸣，胫酸眩冒，目无所见，懈怠安卧。”若脑主感觉的功能正常，则视物明晰，听觉及嗅觉灵敏，感觉正常；主运动的功能正常，则动作灵巧，反应敏捷，肢体运动自如。反之，则可出现听觉减退，视物不明，嗅觉不灵，感觉迟钝，动作迟缓，肢体软弱无力，甚至废用等症。

二、髓

髓是分布于骨腔内的精微物质。由于在人体的分布部位不同，名称各异。藏于骨者为骨髓，藏于颅者为脑髓，藏于脊柱者为脊髓。髓以先天之精为物质基础，并依赖后天之精的不断充养。因此先天禀赋不足或后天失于充养，都可影响髓的生成。髓的生理功能是濡养脑髓、充养骨骼、化生血液。

髓的生理功能

1. 濡养脑髓

肾藏精生髓，脑为髓之海，肾精足则髓充脑健，精力充沛，耳聪目明，以维持脑的正常生理功能。若肾精不足，不能生髓充脑，可导致髓海空虚，出现头晕耳鸣、两目昏花、腰膝酸软无力、记忆力减退，或小儿发育迟缓、囟门迟闭、智力低下等症。

2. 充养骨骼

髓藏于骨中，骨赖髓以充养，肾精足则骨髓生化有源，骨骼得到髓的滋养，则生长发育正常，骨骼坚韧有力。若肾精不足，不能生髓养骨，可出现骨骼发育不良，脆弱无力，甚或骨质疏松易折。

3. 化生血液

肾藏精，精充则髓满，血液化生有源。《素问·生气通天论》说："骨髓坚固，气血皆从"。说明骨髓可以生血，精髓为化血之源。这一理论在临床中被广泛运用，如对于某些血虚证，常用补肾填精之品治疗。

三、女子胞

女子胞，又称"胞宫""子脏"，位于小腹部，在膀胱之后，直肠之前。其下口与阴道相连，呈倒置的梨形，是女性的内生殖器官。女子胞的生理功能是主持月经和孕育胎儿。

女子胞与脏腑经脉的关系

1. 肾中精气的作用

女性生殖器官的发育以及生殖功能的维持，全赖于肾中精气的作用。女子到了"二七"，随着肾中精气的不断充盈，便产生了具有促进性腺发育而至成熟的物质，即天癸。在天癸的促发下，女子生殖器官才能发育成熟，月经来潮，为孕育胎儿准备条件。当女子到了"七七"，由于肾中精气的不足，天癸亦随之而衰少，甚至衰竭，而进入绝经期，同时丧失了生殖能力。

2. 冲、任二脉的作用

冲、任二脉同起于胞中，"冲为血海"，能调节十二经脉的气血；"任主胞胎"，与妊娠有关。人体气血通过冲、任二脉的调节，注入胞宫。冲、任二脉气血充盛，蓄溢正常，是女子胞主持月经、孕育胎儿的基础。若冲任二脉气血衰少或功能失调，则可出现月经周期紊乱、月经量少、甚至闭止不行，以及不孕等病证。

3. 心、肝、脾三脏的作用

心主血、肝藏血、脾为气血生化之源而统血，对于全身血液的化生和运行均有调节作用。月经的来潮和周期，以及孕育胎儿，均离不开气血的充盈和血液的正常调节。因此，女子胞的功能与心、肝、脾三脏的生理功能密切相关。若肝不藏血或脾不统血，可引起月经量多，周期缩短，行经期延长，甚至崩漏等症。若脾的化生气血功能减弱，可导致月经量少，周期延长，甚至经闭。若因情志所伤，损伤心神或影响肝的疏泄，还能导致月经失调、痛经等病证。

附：精室

精室，是男性的生殖器官，包括睾丸、附睾、精囊和前列腺等，具有化生贮藏精液、生育繁衍的功能。精室的功能主要与肾中精气的盛衰及肝的疏泄功能关系密切，并与奇经八脉中的冲、任、督等经脉的功能等有关。

第五节　脏腑之间的关系

人体是一个由脏腑、经络、形体和官窍等构成的有机整体。各脏腑组织器官之间，以气血津液为物质基础，通过经络系统的沟通作用而相互联系，各脏腑的功能活动并不是孤立的，而是在生理上存在着相互制约、相互依存和相互为用的关系，在病机上又往往按一定的规律相互影响、相互传变。脏腑之间的关系主要有脏与脏之间的关系、脏与腑之间的关系、腑与腑之间的关系。

一、脏与脏之间的关系

脏与脏之间的关系，除了五行之间存在着相互资生、相互制约、相互传变的关系外，主要是根据各脏的生理功能及其生理特性，还存在着阴阳的联系以及在精、气、血、津液、神等方面的密切关系。

（一）心与肺

心肺同居上焦。心主血，肺主气；心主行血，肺主呼吸。心与肺之间的关系，主要反映在气与血、血液循环与呼吸运动方面的相互依存、相互为用的关系。

心主一身之血，肺主一身之气，心主血脉，肺朝百脉，心肺两脏功能协调，才能保证气血的正常运行。“气为血之帅”，血液的运行，主要依靠心气的推动，但心主血脉的功能要依靠肺气的资助才能得以正常发挥。肺主气司呼吸，肺吸入的清气与水谷精微之气相合而生成宗气，宗气又贯注到心脉而助心行血。只有肺主呼吸的生理功能正常，宗气生成充足，心脉得到宗气的资助，才能维持正常的血液循环。“血为气之母”，肺在进行体内外气体的交换时，吸入的清气又必须依附于血液，依靠心血的运载才能布达周身，浊气也要依附于血液，汇聚于肺而呼出体外。所以，只有心主血脉的生理功能正常，血液运行通利，则气机通畅，呼吸才能通畅、均匀，体内外气体得以正常交换。联结心主行血和肺主呼吸之间的中心环节主要是积于胸中的“宗气”。由于宗气具有上出息道而行呼吸、下贯心脉而行气血的作用，从而有利于维持血液循环与呼吸运动之间的协调平衡。

心肺两脏病变也常互相影响。若肺气虚弱，行血无力，或肺失宣肃，肺气壅塞，均可影响心主行血的功能，从而出现胸闷、唇青、舌紫等心血瘀阻的病证；反之，若心气不足，心阳不振，血液运行不畅，也会影响肺主宣发和肃降的功能，从而出现咳嗽、喘促等肺气上逆的病证。

（二）心与脾

心主血脉，脾主化生血液；心主行血，脾主统血。因此心与脾的关系，主要表现在血液生成和血液运行方面。

1. 血液生成

脾主运化，为气血生化之源。脾气健运，则水谷精微得以化生气血并注之于经脉，则心血充盈，心神得养，心的生理功能才能正常发挥。

若脾虚不运，血液生化不足，或统血无权，慢性失血等，均可导致心血不足而心失所养；若劳神思虑过度，不仅暗耗阴血，且可影响脾的运化功能，最终导致心脾两虚之候。出现面色无华、心悸、失眠、多梦、健忘，腹胀、食少、体倦等症。

2. 血液运行

心主血，是推动血液运行的动力；脾统血，是血液循经而行的保障。人体血液的运行，除了依靠心气的推动外，还依赖于脾气的统摄。心脾两脏相互配合，保证血液在脉内的正常运行。

若心气不足，推动血液运行无力，则血行迟缓，甚至发生血液瘀滞的病机变化；若脾气虚损，统摄无权，血不循经，则出现各种出血的病证。

（三）心与肝

心主行血而肝主藏血，心藏神而肝主疏泄，调畅情志。心与肝的关系，主要表现为血液运行和精神情志方面。

1. 血液运行

心主血，推动血液在经脉内运行不息；肝藏血，贮藏血液并调节全身血量的分布。心的行血功能正常，血运通畅有序，则肝有所藏；肝所藏之血充盈，疏泄有度，也有利于心主行血，推动血液正常运行的功能。心肝两脏相互配合，共同维持血液的正常运行。

心血与肝血之间病变互相影响。肝血不足，常可引起心血亏虚；心血不足，亦可引起肝血亏虚，最终导致心肝血虚。临床表现为心悸、失眠、多梦、眩晕、肢体麻木、女子月经量少、爪甲不荣等。此外，肝又主疏泄，调畅气机，有利于心血的运行。若肝失疏泄，气机阻滞，血运不畅，可导致心血瘀阻，表现为心前区憋闷、刺痛，甚则口唇青紫、脉涩等。

2. 精神情志

心藏神，主管人的精神意识思维活动；肝主疏泄，调节人体的情志活动。心肝两脏协同为用，以维持精神情志活动的正常。精神和情志活动，均以血液为物质基础，而心肝两脏在血液运行方面关系密切。故心肝两脏协同为用，共同调节人的精神情志活动。

心神不安与肝气郁结，心火亢盛与肝火偏旺，常两者并存或相互引动，前者出现精神恍惚、情志抑郁等症，后者出现面红目赤、急躁易怒、心烦失眠，甚则哭笑无常、失神狂乱等症。

（四）心与肾

心居胸中，属阳，在五行属火；肾在腹中，属阴，在五行属水。心主血而藏神，肾藏精而舍志。心与肾之间的生理联系，是以阴阳、水火、精血、神志方面的协调平衡为其重要条件。心与肾的关系，主要体现在水火既济、精血互生、精神互用三个方面。

1. 水火既济

心居上焦属阳，其性属火；肾居下焦属阴，其性属水。从阴阳水火的升降理论来说，在上者宜降，在下者宜升，升已而降，降已而升。心位居于上，故心火必须下降于肾，以温暖肾水而使肾水不寒；肾位居于下，故肾水必须上济于心，以滋润心阴而使心火不亢。这种心肾阴阳水火彼此交通、相互制约，升降协调的关系，称为“水火既济”“心肾相交”。

若肾阴不足，不能上济于心，或心火亢盛下劫肾阴，导致心肾阴阳水火的关系失去协调平衡，则形成心肾阴虚火旺的“心肾不交”证，表现为心烦、失眠、心悸、怔忡、头晕耳鸣、腰膝酸软等。

2. 精血互生

心主血，肾藏精，精和血都是维持人体生命活动的重要物质。精血之间相互资生，相互转化，血可以化而为精，精亦可化而为血。精血之间的互生互化，为心肾相交以及精神互用奠定了物质基础。

3. 精神互用

心藏神，为人体生命活动的主宰，神全可以益精。肾藏精，心主血，精血之间互生互化，是神志活动的物质基础，积精可以全神。精舍志，精能生髓，髓汇聚于脑，脑为元神之府。神能驭精役气，为精气之主。精能化气生神，使精神内守，为神气之本。人的精神、神志活动，不仅为心所主，而且与肾也密切相关。

（五）肺与脾

肺司呼吸，主一身之气，脾主运化，为气血生化之源；肺主通调水道，为水之上源，脾主运化水液，为水液代谢枢纽。故肺脾之间的关系主要体现在气的生成和水液代谢两个方面。

1. 气的生成

肺主气而司呼吸，通过肺的呼吸，吸入自然界清气；脾主运化而化生水谷精微。清气和水谷精微，是气的生成尤其是宗气生成的主要物质基础。因此，肺脾两脏功能协同配合，就保证了宗气生成的正常。肺脾两脏的气虚常相互影响，肺气虚可累及于脾，脾气虚亦可影响至肺，最终导致脾肺两虚证。临床可见少气懒言、语声低微、咳喘无力、食少纳呆、腹胀便溏、倦怠乏力等。

2. 水液代谢

肺主宣降而通调水道，使水液能正常地布散和排泄；脾主运化，使水液能正常地生成和输布。肺脾两脏协调配合，相互为用，是保证津液正常生成、输布和排泄的重要环节。若脾失健运，水液不化，聚湿生痰，上干于肺，则可导致肺失宣降，临床出现咳嗽、气喘、痰多等症，故有“脾为生痰之源，肺为贮痰之器”之说。

（六）肺与肝

肝主升发，肺主肃降，肝升肺降，气机调畅，脏腑安和，所以两者关系到人体的气机升降运动。肺与肝的关系主要体现在人体气机升降的相反相成、相互协调方面。

肺居上焦，其气肃降；肝居下焦，其气升发。肝气从左而升，肺气从右而降，肝升肺降，升降协调，对维持全身气机的调畅、气血的调和，起着重要的调节作用。若肝气郁结，肝郁化火，灼伤肺金，则可出现胸痛、咳嗽、咯血等症，称之为“肝火犯肺”或“木火刑金”。相反，肺失清肃，燥热内盛，也可伤及于肝，导致肝失条达，疏泄不利，出现咳嗽咽干、胸胁引痛、头痛头晕、面红目赤等症。

（七）肺与肾

肺为水之上源，肾为主水之脏；肺主呼吸，肾主纳气。故肺肾之间的关系主要表现为呼吸运动和水液代谢两方面。

1. 呼吸运动

肺主呼吸，肾主纳气。人体的呼吸运动，虽由肺所主，但亦需肾的纳气功能以协助，才能保持呼吸的深度。在呼吸运动过程中，肺气肃降，有利于肾的纳气；肾气充足，摄纳有权，也有利于肺之肃降，吸入清气。所以说：“肺为气之主，肾为气之根”。若肾气不足，摄纳无权，气浮于上，或肺气久虚，久病及肾，均可导致肾不纳气，临床表现为呼吸表浅，动则喘息等症。

2. 水液代谢

肺主通调水道，为水之上源；肾总司气化，为主水之脏。肺的通调水道功能，有赖于肾阳的蒸腾气化作用；而肾的主水功能，亦有赖于肺的宣发肃降。肺肾功能协调，对保证水液代谢的正常进行起到重要作用。若肺肾功能失调，水液宣散排泄障碍，不仅可引起水肿，而且水气上迫于肺，可出现咳嗽、喘息、不能平卧等症。

3. 金水相生

肺与肾在阴液方面具有相互滋养的作用。从五行关系来看，肺属金，肾属水，金能生水，水能润金。肺阴充足，则能滋养于肾，使肾阴充盈；肾阴为全身阴液的根本，肾阴充盛，又可上滋于肺，使肺阴充足。肺阴虚与肾阴虚可相互影响，互为因果。肺阴虚损，日久可累及于肾，导致肾阴不足；而肾阴虚衰，不能滋养肺阴，也可导致肺阴虚损，最终可形成肺肾阴虚证，出现两颧潮红、潮热盗汗、干咳喑哑、痰中带血、腰膝酸软等症。

（八）肝与脾

肝主疏泄，脾主运化；肝主藏血、调血，脾主统血、生血。肝与脾的生理联系主要表现在疏泄与运化功能对消化方面的协同作用以及藏血与统血功能对血液的调控作用。

1. 消化方面

肝主疏泄，调畅气机，能协调脾胃气机的升降，并疏利胆汁，促进脾胃对饮食物的消化吸收及精微物质的转输；脾主运化，吸收精微，气血生化有源，肝体得以濡养而使肝气冲和条达，有利于疏泄功能的发挥。

肝脾两脏的病变常相互影响。若肝失疏泄，气机郁滞，易致脾失健运，表现为精神抑郁、胸闷太息、纳呆腹胀、肠鸣腹泻等肝脾不调之候，即“木不疏土”；反之，脾失健运，也可影响肝失疏泄，导致“土壅木郁”之证。或因脾虚生湿化热，熏蒸肝胆，出现胁痛、黄疸等病证。

2. 血液运行

肝主藏血，调节血量；脾主统血，化生血液。脾气健旺，生血有源，统血有权，则肝有所藏；肝血充足，疏泄有度，血量得以正常调节，气血才能运行无阻。肝脾协调，共同维持血液的正常运行。

若脾气虚弱，则血液生化无源而血虚，或统摄无权而出血，均可导致肝血不足，肝无所藏。此外，肝不藏血或脾不统血，均会影响血液的正常运行，出现各种出血现象。

（九）肝与肾

肝藏血，肾藏精；肝主疏泄，肾主闭藏。肝肾之间的关系极为密切，主要表现在精血同源、阴液互养、藏泄互用等方面。

1. 精血同源

肝藏血，肾藏精。精血之间相互滋生，相互转化。肝血依赖肾精的滋养，肾精又依赖肝血的不断补充，精能生血，血能生精，且两者均化源于脾胃运化的水谷精微，故称为“精血同源”“肝肾同源”。又因脏腑配合天干，以甲乙属木，甲为阳干，乙为阴干，故肝属乙木；壬癸属水，壬为阳干，癸为阴干，故肾属癸水。所以肝肾同源又称为“乙癸同源”。

肝血不足和肾精亏损常可相互影响。肝血不足可致肾精亏虚，肾精不足可致肝血亏虚，出现头昏目眩、耳聋耳鸣、腰膝酸软等肝肾精血两亏之证。临床上多以养肝补肾法治之。

2. 阴液互养

肝属木，肾属水，肾水生肝木。肾阴充盛能滋养肝阴，使肝阳不致上亢；肝阴又可资助肾阴，使之充盈，肝肾之阴相互滋养。在肝阴和肾阴之间，肾阴是五脏阴液的根本，只有肾阴充足，才能维持肝阴与肝阳之间的动态平衡。

若肝肾阴虚，阴不制阳，可致肝阳上亢，临床出现眩晕、头痛、颧红、盗汗、两目干涩、腰膝酸软等，称为“水不涵木”。

3. 藏泄互用

肝主疏泄，肾主闭藏，肝肾之间存在着相互为用，相互制约的关系。肝气疏泄可使肾气开合有度，肾气闭藏可防止精血妄失。肝肾藏泄互用，相反相成，从而调节女子的月经和男子的排精功能。

若肝肾藏泄失职，女子可见月经周期紊乱、月经量过多或过少、甚至闭经，男子可见遗精、滑泄或阳强不泄等。

（十）脾与肾

脾主运化，为后天之本，肾主藏精，为先天之本；脾主运化水液，肾为主水之脏。脾与肾之间的关系主要表现在先天与后天相互滋生及水液代谢方面。

1. 先后天相互滋生

脾主运化水谷精微，化生气血，为后天之本；肾藏精，主生长发育与生殖，寓命门真火，为先天之本。脾主运化，需依赖肾阳的温煦蒸化，始能健旺，即先天温养激发后天；肾中精气需依赖脾胃运化的水谷精微的不断补养，方能充盈，即后天补养培育先天。先天与后天相互滋生、相互促进。

若脾气虚弱，运化失职，水谷精微化生不足，无以滋养先天，则肾精虚衰，临床可见生长发育迟缓，以及早衰、阳痿不育、经少不孕等；若肾阳虚不能温煦脾阳，则脾阳虚衰，运化不利；或由于脾阳虚衰，日久及肾，导致肾阳虚衰，最终形成脾肾阳虚。临床表现为腰膝酸冷、脘腹冷痛、食少便溏、五更泄泻等。

2. 水液代谢

脾主运化水液；肾主水而司开合。脾主运化依赖肾阳的温煦蒸化；肾司开合，主持全身水液代谢的平衡，又依赖脾气的协助。脾肾两脏相互协作，在人体水液代谢的过程中，发挥重要作用。

若脾阳不足累及于肾阳，或肾阳虚衰不能温煦脾阳，均可导致脾肾阳虚，水液代谢障碍。临床出现腹满、泄泻、小便不利、水肿、痰饮等病证。

二、脏与腑之间的关系

脏与腑的关系，即是脏腑阴阳表里相合的关系。五脏属阴，六腑属阳；五脏为里，六腑为表。一脏一腑，一阴一阳，一表一里，相互配合。脏与腑之间在经络上相互络属，在功能上相互协调，在病理上相互影响，从而形成心合小肠、肺合大肠、脾合胃、肝合胆、肾合膀胱的密切联系。

（一）心与小肠

手少阴经属心络小肠，手太阳经属小肠络心，心与小肠通过经脉相互络属构成了表里关系。在生理上，心的阳气温煦、阴血濡养，有助于小肠化物功能的正常；反之，小肠受盛化物，泌别清浊，将清者吸收，经脾气升清而上输于心肺，滋养于心，也有助于心的生理功能的发挥。

心经实火可循经下移于小肠，引起尿少、尿赤、尿痛、血尿等小肠实热的症状。反之，小肠有热也可循经上熏于心，出现心烦、失眠、舌红、口舌糜烂等症。

（二）肺与大肠

手太阴经属肺络大肠，手阳明经属大肠络肺，肺与大肠通过经脉的相互络属构成表里关系。肺与大肠的生理联系，主要体现在肺气肃降与大肠传导功能之间的相互为用关系。肺气清肃下降，布散津液于大肠，调畅气机，以促进大肠的传导，有利于糟粕的排出。大肠传导正常，糟粕下行，也有利于肺气的清肃下降，呼吸通利。两者配合协调，使肺主呼吸及大肠传导功能得以正常进行。

肺与大肠的病变可相互影响。肺气壅塞，失于肃降，气不下行，津不下达，可引起腑气不通，肠燥便秘；肺气虚弱，推动无力，则可见大便艰涩难行，称之为“气虚便秘”。若大肠实热，传导不畅，腑气不通，也可影响到肺的宣降，出现胸满、咳喘、气短等症。

（三）脾与胃

脾与胃同居中焦，以膜相连，通过经脉的相互络属而构成表里关系。脾主运化，胃主受纳，两者相互配合，共同完成人体对饮食物的消化、吸收及其精微的输布，故脾胃共称为“后天之本”“气血生化之源”。脾与胃的生理联系，主要体现在纳运相助、升降相因、燥湿相济等方面。

1. 纳运相助

胃主受纳、腐熟水谷，是脾主运化的前提；脾主运化、消化食物，转输精微，为胃的继续受纳提供条件。脾与胃密切配合，才能完成饮食物的消化、吸收以及将精微物质转化为气血输布于全身的生理功能。

脾主运化与胃主受纳相互影响。脾失健运，可导致胃纳不振；胃纳失和，也可导致脾失健运，出现纳少、脘痞、腹胀、泄泻等脾胃纳运失调之病症。

2. 升降相因

脾胃是气机升降的枢纽，其气机运动的基本特点是脾气宜升，胃气宜降。脾气升，水谷精微得以上输心肺；胃气降，水谷及糟粕得以下行排出。故《临证指南医案》说："脾宜升则健，胃宜降则和。"脾胃之气一升一降，相反相成，升降相因，既保证了饮食纳运功能的正常进行，又维持着内脏位置的相对恒定。

胃气不降反而上逆，可见嗳气，恶心，呕吐，呃逆等胃气上逆之证；脾气不升，可见头晕目眩、神疲乏力，完谷不化，甚至内脏下垂，久泻脱肛等。

3. 燥湿相济

脾属阴土，喜燥而恶湿；胃属阳土，喜润而恶燥。脾胃燥湿喜恶之性不同，相互制约，相互为用。脾易生湿，得胃阳以制之，使脾不至于湿；胃易化燥，得脾阴以制之，使胃不至于燥。脾胃阴阳燥湿相济，相互为用，是保证纳运、升降协调的必要条件。正如《临证指南医案》说："太阴湿土，得阳始运，阳明燥土，得阴自安。以脾喜刚燥，胃喜柔润故也。"

脾阳易损，而导致水湿不运，胃阴易伤，而致受纳异常。湿困脾运，可导致胃纳不振；胃津不足，也可影响脾运功能。

（四）肝与胆

胆附于肝，以胆管相连，有经脉相互络属而构成表里关系。肝与胆在生理上的关系，主要体现在促进消化与调节情志等方面。

1. 促进消化

肝与胆在消化方面的联系，主要表现在胆汁的生成和排泄方面。肝主疏泄，分泌和排泄胆汁；胆附于肝，贮藏胆汁。胆汁来源于肝而排泄于小肠。两者协调合作，胆汁疏利通畅，共同发挥协助脾胃消化的作用。

若肝失疏泄，可影响胆汁的生成、排泄并引起消化功能异常。若胆汁排泄障碍，亦可引起肝之疏泄异常，临床可见口苦、纳呆、腹胀、胁肋胀痛，甚或出现黄疸。

2. 调节情志

肝主谋虑，胆主决断，共同调节精神情志活动。胆主决断功能，与人的勇怯有关，但决断又来自肝之谋虑。肝胆相互配合，人的情志活动才能正常，遇事才能作出决断。正如《类经·藏象类》所言："肝气虽强，非胆不断。肝胆相济，勇敢乃成。"肝胆气滞，或胆郁痰扰，均可导致情志抑郁、多疑善虑、惊慌胆怯等。

（五）肾与膀胱

肾与膀胱通过经脉相互络属，构成表里关系。肾与膀胱的生理关系，主要体现在尿液排泄过程中的相互配合关系。肾司开合，为主水之脏，开窍于二阴；膀胱贮藏和排泄尿液。人体代谢后的水液经肾的气化作用，其浊者形成尿液下降于膀胱，膀胱的贮尿和排尿功能，均依赖于肾气的盛衰。肾气充足，固摄有权，则膀胱开合有度，尿液正常排泄；膀胱开合有度，也有利于肾的气化主水功能。因此肾与膀胱密切配合，相互协作，共同完成尿液的生成、贮藏和排泄。

肾与膀胱的病变常相互影响。如肾气虚弱，气化失常，或固摄无权，可影响膀胱的贮尿和排尿功能，出现小便不利或遗尿、失禁等；膀胱湿热，又可影响到肾，出现尿频、尿急、尿痛、腰腹疼痛等。

三、腑与腑之间的关系

六腑的生理功能是传化水谷，六腑之间的相互关系，主要体现在饮食物的消化、吸收和排泄糟粕过程中的密切配合。

饮食摄入于胃中，经过胃的腐熟消化后，下传于小肠进一步消化吸收。胆排泄胆汁于小肠以助饮食的消化。小肠泌别清浊，其清者为饮食物中的精微物质，经脾的运化，输布营养全身。食物残渣由小肠进入大肠，大肠吸收多余的水分进行燥化，形成粪便排出体外。被机体利用后的水液下渗于肾，通过肾的气化作用，生成尿液贮存于膀胱，经尿道排出体外。在饮食物的消化、吸收和排泄过程中，还有赖于三焦的气化和通行水液的作用。因此，六腑之间相互配合，共同完成对饮食物的消化、吸收以及糟粕的排泄。

复习与思考请扫二维码

第四章 精气血津液

精、气、血、津液是人体脏腑经络、形体官窍进行生理活动的物质基础，是构成人体和维持人体生命活动的基本物质。精、气、血、津液的生成和代谢，有赖于脏腑、经络、形体、官窍的生理活动，而脏腑、经络、形体、官窍的生理活动，又依靠气的推动、温煦和固摄，血与津液的濡润和滋养，与精的功能有密切的关系。因此，无论是生理还是病理状态，精、气、血、津液与脏腑经络、形体官窍之间，始终存在着相互依赖、相互影响的密切关系。

精、气、血、津液学说，是研究人体基本物质的生成、输布、代谢及其生理功能和相互关系的学说。精、气、血、津液学说从整体角度研究构成人体和维持人体生命活动的基本物质，着重揭示脏腑经络等组织器官生理活动和病机变化的物质基础。

第一节 精

精是由禀受于父母的生命物质与后天水谷精微相结合而形成的一种精微物质，是人体生命的本原，是构成人体和维持人体生命活动的物质基础。

一、精的概念

1. 精的哲学含义

在中国古代哲学思想发展史上，在气的概念的演变过程中，以《管子》为代表提出精气学说，认为精气是细微而能变化的气，是细微的物质存在，是世界的本原，是生命的来源。在《管子》精气学说中，精、精气即是气，精、精气的概念与气一元论的气范畴含义大致相同。因此，精气学说是气一元论的早期概念表述。

2. 精的医学含义

中医学有关人体之精的概念，受古代哲学精气学说的影响，但与古代哲学范畴上抽象精的概念不同。

中医学对精的基本概念有广义和狭义之分：①广义之精为人体一切有形精微物质，包括气、血、津液和水谷精微；②狭义之精专指男女生殖之精。

二、精的生成

人体之精根源于先天而充养于后天，从精的生成来源而言，有先天之精和后天之精之分。

1. 先天之精

先天之精禀受于父母，是构成人体胚胎的原始物质。古人通过对人类生殖过程的观察，发现男女两性生殖之精的结合，便可产生一个新的生命个体。父母的生殖之精相结合，在形成胚胎的过程中，逐渐形成新生命体的所有脏腑组织器官，成为生命的原始物质，即新生命体的先天之精。可见，父母遗传的生命物质是与生俱来的精，谓之先天之精。故《灵枢·决气》说："两神相抟，合而成形，常先身生，是谓精"。

2. 后天之精

后天之精来源于水谷，又称"水谷之精"。古人通过饮食水谷消化吸收乃至糟粕排泄过程的观察，认识到生命出生后，依赖于饮食水谷所化生的水谷之精的滋养才得以维持生命。胃受纳水谷，脾气运化，则饮食水谷转化为水谷之精，作为出生后赖以维持生命的精微物质，故称为后天之精。

人体之精的来源，以先天之精为本，出生后得到后天之精的不断充养，先后天之精相互依存、相互促进、相互结合，共同构成了人体之精。在人体生命过程中，人体之精不断地被消耗，又不断地得到充养，保持着人体之精的充盈，维持其代谢的平衡。

三、精的功能

人体之精的生理功能主要体现在四个方面：

1. 繁衍生殖

由先天之精和后天之精结合而成的生殖之精，具有繁衍生命的作用。先天之精与后天之精的互根互用和相辅相成，使肾中精气逐渐充盈，激发、推动和促进了生殖功能的成熟。男子二八天癸至，精气溢泻；女子二七而天癸至，月事应时而下，使人体具备生殖功能，有利繁衍后代。至老年期，肾中精气衰减，天癸竭尽，女子停经，男子精少，则丧失生殖和繁衍能力。可见，肾中精气充实，则生殖和繁衍功能强；肾中精气不足，则生殖和繁衍功能衰退。

2. 生长发育

人体的精具有推动和促进脏腑形体生长、发育的重要作用。人之生，始于精，由精而成形。人出生后，依赖精的充养，才能维持正常的生长发育。随着人体之精由弱而盛，由盛而衰的变化，人则从幼年到青年，再由壮年步入老年，呈现出生长壮老已的生命运动规律。

3. 生髓化血

肾藏精，精生髓，髓充于骨，脑为髓海。故肾精充盛，则骨骼强健、脑髓充足而肢体行动灵活、耳目聪敏。精盈髓充则脑自健，脑健则能生智慧，强意志，利耳目，轻身延年。"肾生骨髓"（《素问·阴阳应象大论》），髓居骨中，骨赖髓养，肾精充足，则骨髓充满，骨髓因而得髓之滋养而坚固有力，运动轻捷。

精髓可以化血，是血液生成的来源之一。精足则血充，精亏则血少。

4. 濡润脏腑

人体之精具有滋养、濡润脏腑组织器官的作用，从而推动、促进和维持脏腑的生理功能。先天之精禀赋充足，后天之精化生旺盛，则脏腑之精充盈，肾精旺盛，脏腑组织官窍得到精的滋养和濡润，各种生理功能得以正常发挥。若先天禀赋不足，或后天之精化生减少，脏腑组织官窍失去滋养和濡润，其功能则不能维持正常，甚至衰败。

此外，精具有保卫机体，抵御外邪入侵的能力。精足则正气旺盛，抗病力强，不易受病邪侵袭。

第二节　气

一、气的概念

气在中国哲学史上是一个重要命题。古代哲学家认为，气是物质，是构成世界万物的本原，由气的运动变化而形成世界万物的新生、发展、消亡。《内经》继承发展了古代哲学“气一元论”的思想，并将其应用到医学中来，促使古代医家结合具体的医学知识，逐渐形成了中医学的气的理论。

1. 气的哲学含义

气是构成宇宙和天地万物的最基本物质，运动是气的根本属性。宇宙间一切事物，都是由气的运动变化而产生，“天地氤氲，万物化醇”（《周易·系辞》）。这种朴素的唯物主义哲学认识观引入中医学，认为人是天地自然的产物，人体也是由气构成的。人体是一个不断发生着升降出入、运动的机体，并以此阐述了人体内部气化作用的规律。

2. 气的医学含义

气是体内活力很强、运动不息的精微物质，是构成人体和维持人体生命活动的最基本物质。

气是构成人体的最基本物质。古人认为万物由气构成，人和万物一样，都是天地自然的产物。人的形质躯体，是以气为最基本物质。故《素问·宝命全形论》说：“人以天地之气生，四时之法成”“天地合气，命之曰人”。

气是维持人体生命活动的最基本物质。人类必须从自然界摄取清气、食物等物质，才能维持生命活动。人体内的一切生理活动变化，都是在气的作用下得以进行的。《素问·六节藏象论》说：“天食人以五气，地食人以五味，五气入鼻，藏于心肺，上使五气修明，音声能彰，五味入口，藏于肠胃，味有所藏，以养五气。气和而生，津液相成，神乃自生”。故气对生命活动至关重要。

由于气具有活力很强、运行不息的特性，对人体生命活动有推动和温煦等作用，激发脏腑功能，推动血、津液的运行，人的生命活动才得以生机勃勃。

二、气的生成

人体之气，源于先天之精气、后天摄取的水谷之精气和自然界的清气，三者结合而成，气的生成有赖全身各脏腑组织生理功能的综合作用，其中与肺、脾胃和肾等脏腑的关系尤为密切。

（一）气的来源

构成和维持人体生命活动之气，来源有：

1. 先天之精气

先天之精气来源于父母生殖之精，先天之精化生先天之气，先天之精气是构成胚胎生命活动的最基本物质。人之始生，由父母之精相合，形成胚胎，故先天之精气是构成生命活动的物质基础，是人体气的重要组成部分。

2. 后天之精气

后天之精气包括饮食物中的水谷精气和存在于自然界的清气。此类精气是人出生以后所获得的，故称之为后天之精气。

水谷精气，又称谷气、水谷精微，是饮食物中的营养物质。人摄取饮食之后，经过胃的腐熟、脾的运化，将饮食物中的营养成分形成水谷精微，输布于全身，滋养脏腑，化生气血，成为人体生命活动的主要物质基础。

自然界的清气，又称天气，依赖肺的呼吸功能而进入体内，推动和促进人体新陈代谢，参与气的生成。

（二）气的生成与脏腑的关系

气的生成，不仅需要物质条件，即先天之精气、水谷之精气和自然界的清气，而且需要全身各脏腑组织的综合作用，尤其与肺、脾胃和肾等脏腑的关系最为密切。

1. 肺为气之主

肺为体内外气体交换的场所，自然界清气依赖肺的呼吸功能，实现体内外之气的交换；肺主一身之气，肺吸入的自然界清气与脾胃运化而成的水谷精气结合生成宗气，同时又与调节气机升降出入密切相关。

2. 脾胃为生气之源

水谷之精气的化生有赖于胃的受纳腐熟、脾的运化功能，水谷之精气对生命活动的维系至关重要。因此，在气的生成过程中，与脾的运化关系最为密切。

3. 肾为气之根

先天之精气，藏之于肾。元气以先天之精气为基础，依赖于肾藏精气的生理功能，才能充分发挥其生理效应；肾主纳气，摄纳肺吸入的自然界清气，保持吸气的深度，具有防止呼吸表浅的作用。

因此，从气的生成来看，除与先天禀赋、后天饮食营养以及自然环境等状况有关外，肺、脾胃、肾的生理功能正常与否，三脏相互间协调平衡与否，都会影响气的来源和生成。

三、气的功能

气通过多种重要的生理功能，维系着人体生命活动。故《类经·摄生类》说：“人之生死，全赖此气”。气的生理功能主要有以下几方面：

1. 推动作用

气的推动作用，是指气有激发和推动的功能。气是活力很强的精微物质，能激发和促进人体的生长发育以及各脏腑、经络等组织器官的生理功能，能推动血液的生成、运行，以及津液的生成、输布和排泄等。若体内之气充沛，则各项功能健旺，人体表现为生机勃勃；反之，气虚推动无力，则常见脏腑功能减退，血与津液的运行代谢失常，生长发育迟缓等以功能衰弱不足为特征的各种病理状态。

2. 温煦作用

气的温煦作用，是指气对人体有温煦作用。“气主煦之”（《难经·二十二难》），气是机体热量的来源，是体内产生热量的物质基础。其温煦作用表现在维持人体体温的相对恒定，促进脏腑、经络、形体、官窍等组织器官的功能活动，血和津液等液态物质的正常循行，“血得温而行，得寒而凝”。若气虚，温煦作用失常，则可见畏寒喜暖，四肢不温，脏腑、经络等组织器官的功能活动减弱，血和津液运行迟缓等寒象。

3. 防御作用

气的防御作用，是指气具有卫护肌表，防御外邪入侵，或驱除入侵人体之外邪的功能。机体具有抵御外邪和抗病愈病的复杂机制，涉及各脏腑组织、生命物质等多方面的综合作用，但其中最重要的是气的防御作用，故《素问·遗篇·刺法论》说：“正气存内，邪不可干”；《医旨绪余·宗气营气卫气》说：“卫气者，为言护卫周身，温分肉，肥腠理，不使外邪侵袭也”。若邪气侵入机体，机体的正气奋起与之抗争，正盛邪却，邪气迅速被驱除体外，疾病便不易发生。因此，气的防御功能正常，则邪气不易入侵；或虽有邪气侵入也不易发病；即使发病，也易于治愈。若气虚防御作用减弱，则抗病能力减弱，易感受外邪侵袭而生病，且得病后，亦难痊愈。

4. 固摄作用

气的固摄作用，是指对血、津液、精等液态物质具有固护、统摄和控制作用，以防止其无故流失的功能。气能固摄血液，使之循行于脉中，而不致于逸出脉外；固摄津液，如汗液、尿液、唾液、胃液、肠液等，调控其分泌、排泄量，防止其异常丢失；固摄精液，防止无故遗泄。若气的固摄作用失常，常见多汗、多尿、遗尿、尿失禁、遗精、滑泄及各种出血。此外，大便滑脱、妇女白带过多及孕妇胎儿不固、习惯性流产等，也与气的固摄作用失常有关。

5. 气化作用

气化，是一个含义很广的术语。广义的“气化”，泛指通过气的运动所产生的各种变化，在人体则包括各脏腑经络等组织器官生理功能的产生和维持，气、血、津液等物质的新陈代谢及其相互转化的过程等。脏腑经络的功能活动、生命物质的新陈代谢，都与气化作用密切相关，都是气化作用的结果。若气化作用失常，就能影响脏腑组织的功能活动，影响饮食物的消化吸收，影响气、血、津液的新陈代谢和相互转化，影响汗液、尿液的生成与排泄等，从而产生种种相应的病变。

狭义的气化，主要指在气的作用下，津液的输布、转化及排泄过程，包括转化为血、汗、尿液、体液，输布全身并排出的全过程。气化对津液的代谢作用，与肺、脾、肾、三焦、膀胱关系密切。

6. 营养作用

气的营养作用，是指气对脏腑经络等组织器官有营养作用。气的营养作用体现在通过卫气以温养肌肉、皮毛组织；通过经络之气，以输送营养，濡养脏腑经络；通过营气化生血液，以营养五脏六腑、四肢百骸等。若气虚营养不足，使脏腑组织器官失养，则出现皮毛枯槁，脏腑功能活动减弱等病变。

气的推动、温煦、防御、固摄、气化、营养等功能，虽然各不相同，但密不可分，在生命活动中相互促进、相互为用、协调配合，共同维系着人的生命过程。

四、气的运动

1. 气机的概念

气的运动称为气机，可归纳为升、降、出、入四种基本形式。

人体之气是不断运动着的活力很强的精微物质，流行于全身各脏腑、经络等组织器官，无处不有，时刻推动和激发脏腑经络等组织器官的功能活动，维系着人体生机。气的运动一旦停止，就失去了其维持生命活动的作用，人的生命活动也将终结。

2. 气的运动与脏腑的关系

气的运动，概括归纳为升、降、出、入四种基本形式。其中升，是指气自下而上的运行；降，是指气自上而下的运行；出，是指气由内向外的运行；入，是指气自外向内的运行。气的升降出入之间协调为用，密切联系。

升降出入是机体维持生命活动的基本过程。诸如呼吸运动、水谷的消化吸收、津液代谢、气血运行等，无不赖于气的升降出入才能实现。虽然从某个脏腑的局部生理特点来看，有所侧重，如肝、脾主升，肺、胃主降等，但从整个机体的生理活动而言，升与降、出与入必须协调平衡。因此，气机升降出入协调平衡是维持生命活动正常进行的一个重要环节。失去平衡，就会出现各种病机变化。故《读医随笔·升降出入论》说：“无升降则无以为出入，无出入则无以为升降，升降出入，互为其枢者也”。

气的升降出入运动，只有通过脏腑经络的生理活动才能具体体现出来。脏腑气机升降的一般规律：五脏的气机运动是升已而降，降已而升。心肺在上，在上者宜降；肝肾在下，在下者宜升；脾居中焦而通连上下，为升降的枢纽。六腑的气机运动是降中寓升。六腑以通为用，以降为顺，但在饮食物的消化和排泄过程中，也有吸收水谷精微和津液的作用，例如，小肠泌别清浊、大肠主津等。

脏与脏，脏与腑，腑与腑之间处于升降的统一体中。以某一脏腑而言，其本身也是升降出入的统一体，如肺主气，司呼吸的过程，既有气的出入，又有气的升降。人体各脏腑之气的运动调畅，各脏腑之间的气机升降出入处于一个协调的对立统一体中，维持物质代谢和能量转换的动态平衡，共同完成整个机体的新陈代谢，促进生命活动的正常进行。

气的运行通畅无阻，升降出入之间协调平衡，称作“气机调畅”。当气的运行受阻，升降出入之间失去协调平衡概称为“气机失调”。气机失调的病机变化，常见有五种表现形式：气的运行不畅，或在局部发生阻滞不通，称作“气滞”；气上升太过，或下降不及，或横行逆乱，称作“气逆”；气上升不及，或下降太过，称作“气陷”；气不能内守，而大量外逸，称作“气脱”；气不能外达，而郁结闭塞于内，称作“气闭”。

五、气的分类

从气一元论的观点出发，人体的生理功能、病变状态，皆由气的运动变化；精、气、血、津、液等生命物质，皆由一气所化。气本身有多种分类，根据气的生成来源、分布部位和功能特点的不同，气的名称因之而异。本节重点阐述常用的元气、宗气、营气和卫气。

（一）元气

元，有本原之意。元气，又名“原气”“真气”，是人体最根本、最重要的气，是人体生命活动的原动力。

1. 生成

元气根于肾，依赖于肾中精气所化生。肾中精气以禀受于父母的先天之精为基础，又赖后天水谷精气的培育。元气的盛衰，并非完全取决于先天禀赋，与脾肾运化水谷精气的功能密切相关。

2. 分布

元气根于肾，通过三焦，循行全身，内而五脏六腑，外而肌肤腠理，无处不到，作用于机体各部分。

3. 生理功能

元气的生理功能主要表现两个方面：

（1）推动人体的生长发育与生殖：人体从幼年开始，肾精以先天之精为基础，得到后天之精的补充而渐充盛，化生元气，促进生长发育。从婴幼儿成长到青壮年，由于肾精充盛到一定程度，化生充足的元气，使机体发育，形体壮实，筋骨强健，同时具备生殖能力。待到老年，由于肾精渐衰，化生元气渐少，形体出现衰老之象，生殖功能也随之衰退，直至元气衰亡，生命终止。因此，肾精亏少，元气不足则易出现生长发育和生殖功能的障碍及未老先衰的病理改变。

（2）推动、调节各脏腑经络的生理活动：元气可分元阴、元阳：元阳调节各脏腑发挥推动、兴奋、化气、温煦等功能；元阴调节各脏腑发挥宁静、抑制、成形、凉润等功能。故《景岳全书·传忠录下》说："命门为元气之根，为水火之宅，五脏之阴气非此不能滋，五脏之阳气非此不能发"。命门之水火，元气之阴阳协调平衡，脏腑功能才能维持"阴平阳秘"的健康状态。

总之，机体的一切生命活动都是元气推动和激发下进行，元气是生命活动的原动力。若元气不足或元阴元阳失衡，则可能导致病变。

（二）宗气

宗气是由水谷之精气与自然界清气相结合而聚于胸中的气，又名"大气""动气"。宗气在胸中积聚之处，称作"气海"，又名为"膻中"。

1. 生成

宗气是由脾胃运化的水谷之精气和肺从自然界吸入的清气相结合而成。因此，肺和脾胃在宗气的形成过程中起着重要的作用。肺的呼吸功能和脾的运化功能正常与否，直接影响宗气的盛衰。

2. 分布

宗气积于胸中，贯注心肺之脉。其上出于肺，循喉咙而走息道，向下注于丹田（下气海），并注入足阳明之气街穴（在腹股沟部位），而下行于足。故曰："宗气留于海，其下者，注于气街；其上者，走于息道"（《灵枢·刺节真邪》）。

3. 生理功能

宗气的主要生理功能有两个方面：

（1）走息道以司呼吸：宗气上走息道，推动肺的呼吸。凡语言、声音、呼吸皆与宗气盛衰有关。

（2）贯心脉以行气血：宗气贯注入心脉之中，助心脏推动血液循行。凡气血的运行、心搏的力量及节律等皆与宗气有关。

古代医家还注意到可通过诊察"虚里"（左乳下，心尖搏动处）的搏动和脉象情况，来测知宗气的盛衰。故《素问·平人气象论》说："胃之大络，名曰虚里。贯鬲络肺，出于左乳下，其动应衣（手），脉宗气也……乳之下，其动应衣，宗气泄也"。

宗气旺盛，则语言清晰，声音洪亮，呼吸调匀，脉搏和缓，节律整齐。若宗气虚衰，则语言不清，声音低微，呼吸气短，脉搏节律不齐，或微弱欲绝。

（三）营气

营气，是在脉中营运不休，富有营养作用之气。营气与血同行脉中，是血液的重要组成部分，故常“营血”并称。营气与卫气相对而言，则营气属阴，所以又常称为“营阴”。

1. 生成

营气是脾胃化生的水谷精微中的精粹部分，并进入脉中运行全身。故曰“营者，水谷之精气也”（《素问·痹论》）。

2. 分布

营气运行于脉中，循脉运行全身，内入脏腑，外达肢节，终而复始，营周不休。

3. 生理功能

营气的生理功能主要有两方面：

（1）化生血液：营气与津液和调，注入脉中，化而为血。

（2）营养全身：营气循脉流注全身，以滋养五脏六腑、四肢百骸。

由于营气为全身脏腑经络等组织器官提供了生理活动的物质基础，因此，营气的作用在生命活动中非常重要。

营气化生血液和营养全身的生理功能是互相关联的，若营气亏少，则会引起血液亏虚以及全身脏腑组织失养而造成生理功能减退的病机变化。

（四）卫气

卫气，是行于脉外而具有卫外作用的气。因其有卫护人体，避免外邪入侵的作用，故称“卫气”。卫气与营气相对而言，则卫气属阳，故又有“卫阳”之称。

1. 生成

卫气是脾胃化生的水谷精微中“慓疾滑利”的部分。所谓“慓疾滑利”，即流动迅速，活力很强，运行滑利。故曰：“卫者，水谷之悍气也”。（《素问·痹论》）。

2. 分布

卫气运行于脉外，不受脉道的约束，外而皮肤肌腠，内而胸腹脏腑，布散全身。故云：“卫者……其气慓疾滑利，不能入于脉也，故循皮肤之中，分肉之间，熏于肓膜，散于胸腹”（《素问·痹论》）。

3. 生理功能

卫气的生理功能主要可归纳为三个方面：

（1）防御作用：卫气具有护卫肌表、防御外邪入侵功能。卫气温养肌肤腠理，司汗孔之开合，使皮肤柔润、肌肉壮实、腠理致密，构成抵抗外邪入侵的屏障，使外邪不易侵入机体。

（2）温养作用：卫气充沛于全身，内入脏腑，外达肌肤，对脏腑、肌肉发挥温养作用，使肌肉充实，皮肤润滑，脏腑坚实。

（3）调节作用：卫气具有调节腠理开合，控制汗液排泄，维持体温恒定的作用，从而维持体内外环境的阴阳平衡。卫气的功能失调，可致腠理开合失司，汗液排泄异常，表现为无汗身热；或自汗多汗，身寒而易感外邪。

营气与卫气，在组成、分布和主要功能等方面有明显区别。《灵枢·营卫生会》将营气的柔和之性概括为“清”，卫气的慓疾滑利之性概括为“浊”，指出“清者为营，浊者为卫，营在脉中，卫在脉外，营周不休，五十而大会，阴阳相贯，如环无端”。相对而言，营气柔和，运行脉内，主内守而属阴；卫气刚悍，运行脉外，主卫外而属阳，两者之间的运行必须协调，不失其常，才能发挥其正常的生理作用。

人体的气，还有“脏腑之气”“经络之气”等。所谓“脏腑之气”和“经络之气”，实际上都是由元气所派生的。元气分布于某一脏腑或某一经络，与水谷精气或自然界清气相结合，就为某脏、某腑或某经之气，是构成各脏腑、经络的最基本物质，又是推动和维持各脏腑经络进行生理活动的物质基础。故《医宗金鉴·删补名医方论》说：“诸气随所在而得名，实一元气也”。

“气”在中医学中是一字多义，名称还有很多。例如，致病因素称之为“邪气”；风寒暑温燥火六种正常气候，称之为“六气”；异常状态下的六气，又称之为“六淫之气”；中药的寒热温凉四种性质和作用，称作“四气”等。这些气和构成人体最基本物质的“气”是有区别的。

第三节　血

一、血的概念

血，即血液，是循行于脉中的富有营养的红色液态物质，是构成人体和维持人体生命活动的基本物质之一。血主于心，藏于肝，统于脾，布于肺，根于肾，有规律地在脉内营运不息，充分发挥其生理效应。

脉是血液循行的管道，又称“血府”。在某些因素作用下，血液不能在脉内循行而逸出脉外，称“离经之血”。由于离经之血离开了脉道，失去了其发挥作用的条件，所以，就丧失了血的生理功能。

二、血的生成

1. 血的来源

生成血液的基本物质是水谷精微。《灵枢·决气》指出：“中焦受气取汁，变化而赤，是谓血。”说明中焦脾胃受纳运化饮食水谷，吸取其中的精微物质，包含营气和津液，两者进入脉中，变化而成红色的血液。由水谷之精化生的营气和津液是化生血液的主要物质基础，也是血液的主要组成成分。

肾精也是化生血液的基本物质。肾藏精，精生髓，肾精充盛，亦能化血。精与血之间存在着相互资生和相互转化的关系，肾精化生血液的过程，与肝、心等脏有关。如《张氏医通·诸血门》说：“气不耗，归精于肾而为精；精不泄，归精于肝而化清血；血不泻，归精于心，得离火之化而为真血。”

综上所述，血液以水谷精微化生的营气、津液以及肾精为其化生之源。其生成过程，主要与脾胃、肝、肾、心、肺等脏腑功能活动密切相关。如果某一脏腑功能失调，皆可导致血液的生成不足，从而产生血虚等病机变化。

2. 血液化生与相关脏腑

血液化生是在多个脏腑的共同作用下得以完成的，其中脾胃的生理功能尤为重要。脾胃是血液生化之源。营气和津液是血液化生的主要物质基础，而营气和津液都是脾胃运化转输饮食水谷精微所产生的。因此，脾胃运化功能的强健与否，饮食水谷营养的充足与否，均直接影响着血液的化生。

肾藏精，精生髓，精髓是化生血液的基本物质之一。肾中精气充足，则血液化生有源。同时肾气充，可促进脾胃运化功能，有助于血液的化生。

肝主疏泄而藏血，因精血同源，肝血充足，肾亦有所藏，精有所资，精充则血足。肝木应春日生发之气，有助于脾与心的生血功能，故曰“肝，其充在筋，以生血气（《素问·六节藏象论》）。

心肺的生理功能在血液生成过程中起着重要作用，脾胃运化水谷精微所化生的营气和津液，由脾上输于心肺，与肺吸入的清气相结合，贯注心脉，在心气的作用下变化而成为红色血液。

总之，血液的生成主要依赖脾胃的运化功能，并在肝、肾、心、肺等脏的生理功能配合作用下得以充盈不衰。

三、血的运行

“脉为血之府”。脉道是一个相对密闭的管道系统，血液运行其中，流布全身，环周不休，运行不息，周而复始，以营养人体周身内外上下。

维持血液正常运行的基本条件：气的推动、固摄和温煦作用，血液质量及其充盈，脉管系统的完整性和保持通畅，全身各脏腑发挥正常的生理功能。

血液循行与心、肺、肝、脾四脏的作用密切相关：心主血脉，心动则血行诸经，血液在心气的推动下循环于脉管之中，输送到全身，发挥其濡养作用。

肺朝百脉，肺主一身之气而司呼吸，调节全身的气机，辅助心脏推动和调节血液运行。

脾主统血，脾气健旺则能统摄血液在脉中运行，防止血逸脉外。肝主疏泄，调畅气机，能促进血液的正常循环。

肝藏血，具有贮藏血液、调节血量和防止出血的功能。

四、血的功能

血的生理功能可概括为两个方面：

1. 营养滋润全身

血在脉中循行，内至脏腑，外达皮肉筋骨，对全身各脏腑组织器官起着充分的营养和滋润作用，以维持各脏腑组织器官发挥生理功能。故《难经·二十二难》说：“血主濡之”。

血的营养和滋润作用，具体体现在面色的红润、肌肉丰满壮实、皮肤毛发的润泽有华、感觉和运动的灵活自如等方面。若血虚时，血的营养和滋润作用减弱，机体除脏腑功能低下外，还可见头昏目眩，面色不华或萎黄、毛发干枯、肌肤干燥、肢体或肢端麻木、运动不灵等临床表现。

2. 神志活动的主要物质基础

血是机体精神活动的主要物质基础。故《素问·八正神明论》说：“血气者，人之神，不可不谨养”。血气充盛，血脉通畅，则精力充沛、神志清晰、思维敏捷、活动自如；若血虚、血热或血运失常，则可见精神衰退、健忘、失眠、多梦、烦躁、甚至神志恍惚，惊悸不安，谵狂、昏迷等多种临床表现。

第四节 津 液

一、津液的概念

津液是机体正常水液的总称，包括各脏腑组织的内在体液及其正常的分泌物，如胃液、肠液、关节液、涕、泪、唾等。在机体内，除血液之外，其他所有正常的液体都属于津液的范畴。

津液由津和液组成。两者在性状、功能及其分布部位等方面有一定的区别。一般而言，津的性质较清稀，流动性大，布散于体表皮肤，肌肉和孔窍，并能渗注于血脉，起滋润作用；液的性质较稠厚，流动性小，灌注于关节、脏腑、脑、髓等组织，起濡润作用。

津与液同属水液，两者在运行、代谢的过程中又相互补充，相互转化，故津和液常并称，不予严格区分。但在病机方面，却有“津伤”轻而“液脱”重的不同，临床辨证时须加以区分。

二、津液的代谢

津液的代谢，是指津液的生成、输布和排泄的生理过程，其依赖于多个脏腑生理功能的相互协调与配合。《素问·经脉别论》对此做了简要的概括：“饮入于胃，游溢精气，上输于脾，脾气散精，上归于肺，通调水道，下输膀胱，水精四布，五经并行。”

1. 津液的生成

津液来源于饮食水谷，主要通过脾胃、小肠、大肠等脏腑的气化功能而生成。

食物入胃，胃主受纳，“游溢精气”而吸收饮食水谷的部分精微。小肠主液，泌别清浊，将水谷精微和水液大量吸收，并将食物残渣下送大肠。大肠主津，在传导过程中吸收食物残渣中的水液，使糟粕成形为粪便。胃、小肠、大肠所吸收的水液，均上输于脾，通过脾气的转输作用布散到全身。

若脾的运化及胃肠的吸收功能失常，都会影响津液的生成，导致津液不足的病变。

2. 津液的输布

津液的输布主要是依赖脾、肺、肾、肝和三焦等脏腑生理功能的协调配合而完成。

津液生成之后，借脾之运化，以“灌溉四傍”，将部分津液布散于四周；同时，津液又在脾的升清功能作用下，“上归于肺”。通过肺气的宣发肃降作用将津液输布全身，并下达肾。肾为主水之脏，依赖肾中阳气的蒸腾气化作用，升清降浊，将清者复归于全身，重新参与体内环流循行；剩余之浊者则化为尿液，注于膀胱，通过膀胱的气化作用，适时排出。肾的蒸腾气化作用，是参与津液输布的一个重要环节。

此外，肝主疏泄，调畅气机，气行则水行，保持水道的畅通，促进了津液输布的通畅。三焦为水液运行的通路，三焦通利，维持津液的正常流注布散。

综上所述，津液在体内的正常输布离不开脾气的运化、肺气的宣降、肾阳的蒸腾气化、肝气条达和三焦的通利。其中任何一个脏腑功能失调，都会导致津液的输布障碍，产生水液停聚的病机变化。

3. 津液的排泄

津液的排泄主要依赖肺、肾、大肠、膀胱等脏腑功能协调配合。津液代谢后废物的排泄，主要通过汗、尿和呼气、粪便等途径排出体外。

肾主水，司膀胱开阖，使浊者化为尿，下注膀胱，由膀胱气化而排出，其中，尿液的正常排泄对于维持机体水液代谢的平衡起到关键作用。

肺外合皮毛，通过肺气宣发，促使汗液从皮肤腠理排出；同时肺司呼吸，在呼气时带走部分水液。

大肠在其他脏腑配合下，传化糟粕，从粪便中排出残余的水液。

综上所述，津液代谢是由多个脏腑参与共同完成的一个较为复杂的生理过程。其中，尤与肺、脾、肾三脏关系密切。若相关脏腑，尤其是肺、脾、肾三脏的功能失调，均可影响津液的生成、输布和排泄，从而导致津液代谢的失常，出现津伤、液脱等津液不足以及津液环流障碍、水液停聚的病机变化。

三、津液的功能

1. 滋润营养

津液是液态物质，广泛地布散于脏腑经络、形体官窍等组织器官之中，对全身起着滋润营养作用。津液布散于体表能滋润皮毛肌肉，渗入体内能濡养脏腑，输注于孔窍能滋养鼻、目、耳等官窍，流注骨、脊、脑能充养骨髓、脊髓、脑髓；流入关节能滋润骨节屈伸等。若津液不足，失去滋润与濡养的作用，则会使皮毛、肌肉、孔窍、关节、脏腑以及骨髓、脊髓、脑髓的生理活动受到影响，从而发生病变。

2. 化生血液

津液入脉，成为血液的重要组成部分。津液使血液充盈，并濡养和滑利血脉，而使血液环流不息。故《灵枢·痈疽》说："中焦出气如露，上注溪谷，而渗孙脉，津液和调，变化而赤为血"。

3. 排泄废物

津液在其自身的代谢过程中，能把机体的代谢产物通过汗、尿等方式不断地排出体外，使机体各脏腑的气化活动正常。若这一作用受到损害和发生障碍，就会使代谢产物潴留于体内，产生痰、饮、水、湿、毒等病机变化。

4. 调节阴阳

津液对调节人体的阴阳平衡起着重要作用。人体根据体内的生理状况和外界环境的变化，通过津液的调节使机体保持正常状态。例如，气候炎热时，津液化为汗液向外排泄，小便减少；而天气寒冷时，津液因腠理闭塞而不外泄，小便增多，由此调节机体阴阳平衡，维持人体正常的生命活动。

第五节　精气血津液的关系

精、气、血、津液是构成人体和维持人体生命活动的基本物质，均赖脾胃化生的水谷精微不断地补充。在脏腑组织功能活动的作用下，相互渗透、相互促进、相互转化。在生理功能上，存在着相互依存、相互制约和相互为用的密切关系。

一、气与血的关系

气属阳，主动、主温煦；血属阴，主静，主濡润。气与血的关系常概括为“气为血之帅，血为气之母”。

（一）气为血之帅

气为血之帅，是指气对血的作用，主要表现为以下三个方面。

1. 气能生血

指气参与并促进着血的生成。具体体现在两个方面：一是指气化是血液生成的动力。在脾胃、肝肾及心肺等脏腑之气化作用下，从摄入的饮食物转化成水谷精微；从水谷精微转化成营气和津液，从营气和津液转化成赤色的血，其中每一个转化过程都离不开气化。故有“血不独生，赖气以生”（《医论·三十篇》）之说。二是指气是化生血液的基本物质，主要指营气。营气直接参与血的生成，是血液的重要组成成分。所以气旺则血充，气虚则血少，临床上治疗血虚时，常配合补气药。

2. 气能行血

指血液的运行离不开气的推动。一方面，气可直接推动血行，如宗气。另一方面，气又可促进脏腑的功能活动，通过脏腑之气的作用，推动和促进血液的运行，如心气之推动、肺气的布散及肝气的疏泄等皆是气能行血的表现。临床治疗血行失常，如瘀血、出血等病证，常用益气活血、行气活血、降气止血等治法，其理论依据即在于此。

3. 气能摄血

指气对血的统摄作用，使其正常循行于脉管之中而不逸于脉外。气能摄血主要是通过脾统血的作用来完成的。若气虚，气不摄血，则可导致各种出血病证。

（二）血为气之母

血为气之母，是指血对气的作用。主要表现为以下两个方面。

1. 血能载气

指气存于血中，依附于血而不致散失，赖血之运载而运行全身。所谓：“载气者，血也”（《血证论·阴阳水火气血论》）。若大失血时，血不载气，气将失去依附，浮散无根而脱失。

2. 血能养气

指气的充盛及其功能发挥离不开血液的营养。血在循行过程中，不断为气的生成和功能活动提供营养。故血旺则气旺，血虚则气衰。临床上，治疗血虚日久而致气虚或气血两虚者，常需补气与养血兼顾。

二、气与津液的关系

气属阳，津液属阴。虽然气与津液在属性上有区别，但两者无论是在生理和病变上都密切联系。

（一）气对津液的作用

气对津液的作用主要表现以下三个方面：

1. 气能生津

指气是津液生成的物质基础和动力。津液源于水谷精气，而水谷精气赖脾胃之腐熟运化而生成。气推动和激发脾胃的功能活动，使中焦之气旺盛，运化正常，则津液充足。故《血证论·阴阳水火气血论》说："水化于气"。

2. 气能行津

指津液的输布和排泄，依赖于气的推动和升降出入运动。气的升降出入运动表现为脏腑的升降出入运动，而肺、脾、肾、肝等脏腑的升降出入运动完成了津液在体内的输布、排泄过程。故《医经溯洄集》说："气行则水行，气滞则水滞"。由气虚、气滞而导致的津液停滞，称作气不行水。反之，由于某种原因，使津液的输布和排泄受阻而发生停聚时，则气的升降出入运动亦随之而不利。由津液停聚而导致的气机不利，称作水停气滞。两者互为因果，可形成水湿、痰饮等病理产物，这是临床上治疗水肿时，行气与利水法常常并用的理论依据之一。

3. 气能摄津

指气的固摄作用控制着津液的排泄，使体内津液保持一定的量，以维持津液代谢的平衡。如卫气司汗孔开合，固摄肌腠，不使津液过多外泄；肾气固摄，使膀胱正常贮尿，不使津液过多排泄等，都是气对津液发挥固摄作用的体现。若气虚，固摄作用减弱，可见多汗、多尿、尿频、遗尿，甚至小便失禁等病机变化。临床治疗应注意补气固津。

（二）津液对气的作用

津液对气的作用表现在两个方面：一是津能载气。津液是气的载体之一，必须依附于津液而存在。当高热、大汗、剧烈吐泻时，津液大量外泄，气也随之丧失，形成"气随津脱"之候。二是津液养气。津液在载气的同时，不断为气提供营养，以作为气发挥其功能时的物质补充。《程杏轩医案续录》称"水可化气"，即津液在其输布过程，受相关脏腑之气的作用，可化而为气，并敷布于脏腑组织器官，发挥其滋养作用，以维持脏腑的生理活动。

三、气与精的关系

气与精两者相互依存、相互为用。其关系主要表现为气能生精摄精、精能化气两个方面。

1. 气能生精摄精

气的运行不息能促进精的化生。肾藏之精以先天之精为基础，赖后天之精充养。只有脏腑之气充足，功能正常，才能化生水谷精微，使五脏六腑之精充盈，流注于肾而藏之。因此，精的化生依赖气的充盛。气能摄精，使精聚而充盈，不致无故耗损外泄。因此，气虚则精化生不足，或精失固摄而导致精亏、失精的病机变化。

2. 精能化气

人体之精在气的推动激发下可化生为气。精为气化生的本源，精足则人身之气得以充盛，各脏腑经络之气亦充足；各脏之精充足则各脏之气化生充沛，从而推动和激发各脏腑形体官窍的生理活动。故精足则气旺，精亏则气虚。

四、血与津液的关系

血与津液均为液态物质，皆属于阴，两者关系密切，表现为“津血同源”和“津血互生”两个方面。

1. 津血同源

津血同源，是指血和津液皆由饮食水谷精微所化生，都具有滋润濡养作用，两者生理上相互补充，相互转化。当饮食摄入不足或脾胃功能失调时，皆可引起津血的化生不足而产生津亏血少的病变。因汗为津液所化，故又有“汗血同源”之说。

2. 津血互生

津血互生，是指津血之间在生理上可以相互资生、相互转化。津液渗入脉中，与营气相合，化为血液；脉内的血液，其液态成分释出脉外，便化为津液。两者盛则同盛，衰则同衰。

津血之间在生理上相互联系，病变上也常相互影响。例如，失血过多，脉外津液过多渗入脉内，可造成脉外津液相对亏损，而出现口渴、尿少的症状。若津液大量耗损时，脉内血液的液态成分大量释出，可使血液变稠，而致“津枯血燥”或“津亏血瘀”等病机变化。故《灵枢·营卫生会》说：“夺血者无汗，夺汗者无血”。

五、血与精的关系

精与血由水谷精微化生和充养，精能生血，血能化精，皆具有濡养作用，这种关系称之为“精血同源”。

肾藏精，精生髓，髓养骨，“骨髓坚固，气血皆从”（《素问·生气通天论》）。可见，精髓是化生血液的重要物质基础。精足则血足。例如，肾精化血，濡养头发，故称“发为肾之外华”，又“发为血之余”。若肾精亏耗可见血虚的表现，同时可见头发枯燥脱落之候。

血液以后天水谷精微为主要生成来源，肾赖后天水谷之精不断充养，血液也可化生为精，以不断补充和滋养肾之所藏，使肾精充实。如《赤水玄珠·调经门》说：“血者，水谷之精气也，和调于五脏，洒陈于六腑，男子化而为精，女子上为乳汁，下为经水”。血充则精足，血虚则精亏。

复习与思考请扫二维码

第五章 经 络

经络是中医学理论体系的重要组成部分，与脏腑、形体官窍、精气血津液等共同组成了完整的人体。

经络学说，是研究人体经络的概念、经络系统的构成、循行分布规律、生理功能、病机变化及其与脏腑形体官窍、精气血津液之间相互关系的学说，是中医学理论体系的重要组成部分。

经络学说是古代医家在长期的医疗实践中，在砭刺、推拿、导引、气功等活动中发现了经络的感传现象，积累了丰富的经验，再结合当时的解剖知识，借鉴古代哲学、自然科学如水利学等理论和实践而逐渐形成的。

经络学说与藏象学说、精气血津液学说等共同构成了中医学理论体系的核心，用以阐释人体的生理功能、病机变化，指导临床诊断、疾病防治、养生保健，是中医学阐述人体生命运动规律的基本学说。经络学说不仅是针灸、推拿等学科的理论基础，而且对于指导中医临床各科都具有重要的意义。正如《灵枢·经脉》所说："经脉者，所以决死生，处百病，调虚实，不可不通"。

本章主要介绍经络的概念、经络系统的组成、经络的循行分布、生理功能、临床应用等内容。

第一节 经络的概念和经络系统的组成

一、经络的概念

经络，是经脉和络脉的统称，是人体运行气血、联络脏腑、沟通内外、贯穿上下、传递信息的通路。

经络，即经脉和络脉。《医学入门·经穴起止》说"经者，径也，径直者为经；经之支脉旁出者为络"。经脉是经络系统中的主干，即主要通路；络脉是经脉的分支，有网络之意。经脉大多循行于深部；络脉则多循行于较浅的部位。经脉有一定的循行路径，而络脉则纵横交错，网络全身。经络将五脏六腑、四肢百骸、五官九窍、皮肉筋脉等联接成一个有机的整体，并担负着运行气血、传递信息、沟通联络等作用。

二、经络系统的组成

人体的经络系统由经脉和络脉组成。

（一）经脉

经脉包括十二经脉、奇经八脉，以及附属于十二经脉的十二经别，是经络系统中的主干，全身气血运行的主要通道。

十二经脉又称“十二正经”，包括手三阴经、足三阴经、手三阳经、足三阳经。十二正经与脏腑有直接的络属关系，有一定的起止、一定的循行部位和交接顺序，在肢体的分布及走向有一定的规律，相互之间有表里关系。十二正经是气血运行的主要通道。

奇经有八，故又称为“奇经八脉”，即督脉、任脉、冲脉、带脉、阴跷脉、阳跷脉、阴维脉、阳维脉。奇经八脉与十二经脉不同：与脏腑没有直接的络属关系，相互之间也无表里关系。奇经具有统率、联络十二经脉和调节十二经脉中气血的作用。

十二经别，是从十二经脉中别出的重要分支，又称“十二经别”。分别起于四肢肘膝以上部位，循行于体腔脏腑深部，上出于颈项浅部。阳经的经别从本经别出循行于体内后，仍回到本经；阴经的经别从本经别出循行于体内后，与相为表里的阳经相合。故十二经别的作用主要是加强十二经脉中相为表里的两条经脉在体内的联系，并能通达某些正经循行未到的器官和形体部位，补充十二正经之不足。

十二经筋，是附属十二经脉的筋膜系统，为十二经脉之气濡养筋肉骨节的体系，具有约束骨骼、屈伸关节的功能。

十二皮部，是十二经脉及其所属络脉在体表的分区，为经气布散之所在，具有保卫机体、抗御外邪的功能，并能反映十二经脉的病证。

（二）络脉

络脉，是经脉的分支，有别络、浮络、孙络之分。

别络有本经别走邻经之意，是络脉中较大者。别络有十五支，即十二正经与任督二脉各有一支别络，再加上脾之大络，合称“十五别络”。十五别络具有加强十二经脉相为表里的两经之间在体表的联系，还有统领一身阴阳诸络的作用。

别络与经别有所差别：经别主内，没有所属穴位，也没有所主病证，主要功能是加强表里两经在人体深部的联系；别络则主外，各有一络穴，还有所主病证。主要功能是加强表里两经在体表的联系。

浮络，是循行于人体浅表部位，“浮而常见”的络脉。其分布广泛，起着沟通经脉，输达肌表的作用。

孙络，是最细小的络脉，属络脉的再分支，分布全身，难以计数。即《灵枢·脉度》所谓“络之别者为孙”。孙络在人体内的作用主要是“通荣卫”、“溢奇邪”（《素问·气穴论》）。

经络系统结构如图 5-1 所示。

- 经络系统
  - 经脉
    - 十二经脉（直接络属于脏腑，是气血运行的主要通道）
      - 手三阴经
        - 手太阴肺经
        - 手厥阴心包经
        - 手少阴心经
      - 手三阳经
        - 手阳明大肠经
        - 手少阳三焦经
        - 手太阳小肠经
      - 足三阳经
        - 足阳明胃经
        - 足少阳胆经
        - 足太阳膀胱经
      - 足三阴经
        - 足太阴脾经
        - 足厥阴肝经
        - 足少阴肾经
    - 奇经八脉——督脉、任脉、冲脉、带脉、阴跷脉、阳跷脉、阴维脉、阳维脉
    - 十二经脉的附属部分
      - 十二经别——十二正经的别行部分
      - 十二经筋——十二正经联系的筋膜系统
      - 十二皮部——十二正经及其络脉的体表功能分区
  - 络脉
    - 别络——大的络脉，共十五支
    - 浮络——浮现于浅表部位的络脉
    - 孙络——最细小的络脉

图 5-1　经络系统简表

第二节　十二经脉

十二经脉是经络系统的主干。经络系统的十二经别、十二经筋、以及十二皮部都是从十二经脉中分出，彼此联系，相互配合而协同发挥作用的。

一、命名原则

十二经脉左右对称地分布于人体的两侧，分别循行于上肢或下肢的内侧面或外侧面，每一条经脉又分别隶属于一脏或一腑，因此十二经脉的名称各不相同。每一条经脉的名称，都是据其分布于上肢或下肢，四肢的内侧面或外侧面、所属脏腑的名称和阴阳属性而命名的。具体的命名原则是:

（1）上为手，下为足。行于上肢，起于或止于手指末端的经脉，称“手经”；行于下肢，起于或止于足趾末端的经脉，称“足经”。

（2）内为阴，外为阳。行于四肢内侧面的经脉，称“阴经”； 行于四肢外侧面的经脉，称“阳经”。阴经分为三阴，即太阴、厥阴、少阴。阳经分为三阳，即阳明、少阳、太阳。三阴三阳配合手足，成为手三阴和手三阳、足三阴和足三阳。

（3）脏为阴，腑为阳。阴经隶属于脏，阳经隶属于腑。

胸部三脏，肺为太阴，心包为厥阴，心为少阴，其经脉皆行于上肢，故肺经称为手太阴经，心包经称为手厥阴经，心经称为手少阴经，并依次分布于上肢内侧的前缘、中线、后缘；与

此三脏相表里的大肠、三焦和小肠，则分属阳明、少阳和太阳，其经脉分别称为手阳明大肠经、手少阳三焦经和手太阳小肠经，并依次分布于上肢外侧面的前缘、中线、后缘。

腹部三脏，脾为太阴、肝为厥阴、肾为少阴，其经脉皆行于下肢，故分别称为足太阴脾经、足厥阴肝经和足少阴肾经，并依次分布于下肢内侧的前缘、中线、后缘（在小腿下半部，足厥阴经在前缘，足太阴经在中线）；与此三脏相表里的胃、胆和膀胱，则分属阳明、少阳和太阳，其经脉分别称为足阳明胃经、足少阳胆经和足太阳膀胱经，依次分布于下肢外侧的前缘、中线、后缘（见表 5-1）。

表 5-1　十二经脉名称

	阴经（属脏）	阳经（属腑）	循行部位（阴经行于内侧面，阳经行于外侧面）	
手	手太阴肺经	手阳明大肠经	上肢	前缘
	手厥阴心包经	手少阳三焦经		中线
	手少阴心经	手太阳小肠经		后缘
足	足太阴脾经*	足阳明胃经	下肢	前缘
	足厥阴肝经*	足少阳胆经		中线
	足少阴肾经	足太阳膀胱经		后缘

* 在小腿下半部和足背部，肝经在前缘，脾经在中线；至内踝上八寸交叉后，脾经在前缘，肝经在中线。

二、走向、交接、分布规律

（一）走向规律

手三阴经起于胸中，经上肢内侧面走向手指端；手三阳经从手指端循上肢的外侧，经过肩部上行于头面部；足三阳经起于头面部并下行，经躯干和下肢止于足趾；足三阴经起于足趾，经下肢上行于腹部、胸部。概括为：手之三阴，从胸走手；手之三阳，从手走头；足之三阳，从头走足，足之三阴，从足走腹胸。

（二）交接规律

十二经脉的交接有一定的规律，具体如下：

（1）互为表里关系的阴阳两经在四肢末端相交接。

手太阴肺经在食指末端与手阳明大肠经相交接，手厥阴心包经在无名指端与手少阳三焦经相交接，手少阴心经在小指端与手太阳小肠经相交接。

足阳明胃经在足大趾端与足太阴脾经相交接，足少阳胆经在足大趾与足厥阴肝经相交接，足太阳膀胱经在足小趾端与足少阴肾经相交接。

（2）同名的手足阳经在头面部相交接。

手阳明大肠经在鼻翼旁与足阳明胃经相交接，手太阳小肠经在目内眦与足太阳膀胱经相交接，手少阳三焦经在目外眦与足少阳胆经相交接。

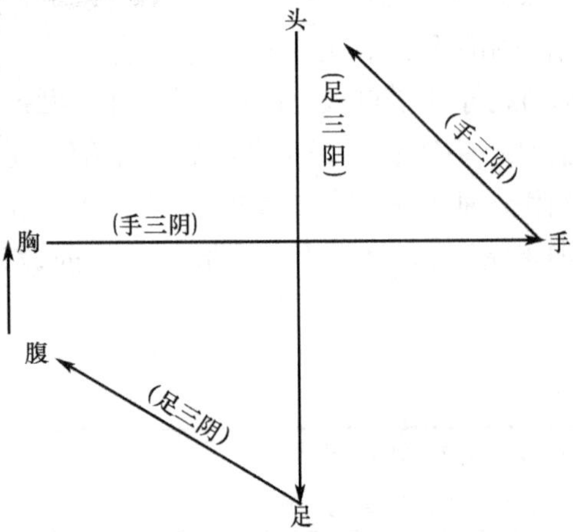

图 5-2　十二经脉走向交接规律示意图

（3）足三阴经与手三阴经交接于胸部。

足太阴脾经在心中与手少阴心经相交接，足少阴肾经在胸中与手厥阴心包经相交接，足厥阴肝经在肺中与手太阴肺经相交接。

十二经脉的走向和交接密切联系，手三阴经从胸走手，交于手三阳经；手三阳经从手走头，交于足三阳经；足三阳经从头走足，交于足三阴经；足三阴经从足走腹到胸，构成一个“阴阳相贯，如环无端”（《灵枢·营卫生会》）的循环路径（见图 5-2）。

（三）分布规律

十二经脉在体表的分布有一定规律，在身体不同部位的分布特点如下。

1. 头面部的分布

手三阳经从手走头，足三阳经从头走足，手足六阳经均循行会合于头面部，故称头面为“诸阳之会”（《难经·四十七难》）。

诸阳经在头面部的分布特点是：阳明在前（面、额），少阳在侧（耳、颞），太阳在后（枕、项）。即阳明经主要行于面部，其中足阳明经行于额部；手太阳经行于面颊部，足太阳经行于头顶、枕部和项部；少阳经主要行于头之两侧耳颞部。

2. 四肢部的分布

十二经脉在四肢分布的一般规律是：手经行于上肢，足经行于下肢；阴经行于内侧面，阳经行于外侧面；太阴、阳明在前（前缘）；厥阴、少阳在中（中线）；少阴、太阳在后（后缘）。

上肢内侧面的分布规律是：手太阴肺经在前，手厥阴心包经在中，手少阴心经在后。

上肢外侧面的分布规律是：手阳明大肠经在前，手少阳三焦经在中，手太阳小肠经在后。

下肢内侧面的分布规律是：足太阴脾经在前，足厥阴肝经在中，足少阴肾经在后（内踝上八寸以下为足厥阴肝经在前，足太阴脾经在中）。

下肢外侧面的分布规律是：足阳明胃经在前，足少阳胆经在中，足太阳膀胱经在后（见表 5-3）。

3. 躯干部的分布

十二经脉在躯干部的分布规律是：手三阴经均从胸部行于腋下；手三阳经行于肩和肩胛部。

足三阳经则阳明经行于前（胸腹面），太阳经行于后（背腰面），少阳经行于体侧。足三阴经均行于胸腹面。

循行于胸腹面的十二经脉，以正中线自内向外依次为足少阴肾经、足阳明胃经、足太阴脾经和足厥阴肝经。

三、表里关系和流注次序

（一）表里关系

以十二经脉的手三阴与三阳经、足三阴与三阳经为主体，通过各自的经别和别络相互沟通，组成六对表里相合关系，即太阳与少阴为表里，少阳与厥阴为表里，阳明与太阴为表里。

十二经脉相为表里的两经，分别循行于四肢内外侧面相对的位置，并在四肢末端相交接，还分别络属于相为表里的脏腑，阴经属脏络腑，阳经属腑络脏，从而构成了六对表里相合关系。

由于十二经脉的表里两经相互衔接而加强了联系，使互为表里的脏腑经气相通，生理相互配合，病变相互影响（见表 5-2）。

表 5-2　十二经脉表里关系表

表	手阳明大肠经	手少阳三焦经	手太阳小肠经	足阳明胃经	足少阳胆经	足太阳膀胱经
里	手太阴肺经	手厥阴心包经	手少阴心经	足太阴脾经	足厥阴肝经	足少阴肾经

（二）流注次序

流注，即流动灌注之意，指人体气血流动不息，循环灌注周身。十二经脉是气血运行的主要通道，它们分布于人体各部，首尾相接，阴阳相贯，因而脉中气血的运行也是循经脉依次循环灌注。十二经脉气血流注始于手太阴肺经，依次流注各经，终于足厥阴肝经，复达手太阴肺经，从而形成如环无端的十二经脉气血流注系统（见图 5-3）。

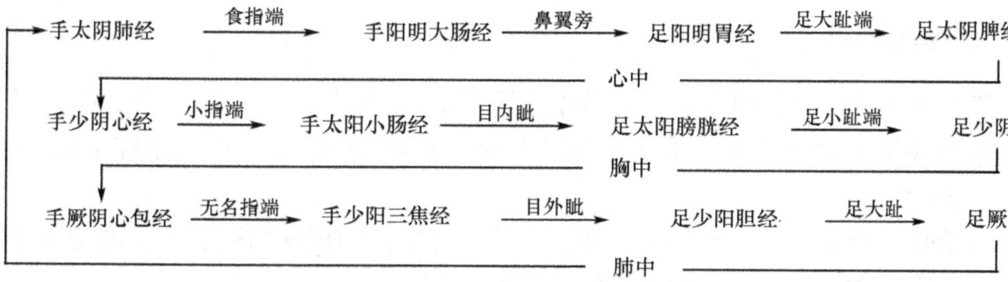

图 5-3　十二经脉流注次序

十二经脉的流注次序是十二经脉气血循环的主要规律。但是，气血在体内除了循十二经脉流注外，还通过多种途径和方式运行往复。如营气行于脉中，按十二经脉以及督脉、任脉走向，循经运行；卫气行于脉外，昼行于阳，夜行于阴，环周运行。经别中的气血着重于表里经内部的循行；络脉中的气血着重于体表的弥漫布散；奇经八脉以蓄溢方式调节气血的运行等。它们之间既有体系上的不同，但又密切联系，共同组成了一个以十二经脉为主体的气血循环流注系统。

四、循行部位

（一）手太阴肺经

起于中焦，向下络大肠，还循胃口（下口幽门，上口贲门），通过膈肌，进入胸腔，属肺。上至喉部，而后横行至胸部外上方（中府穴），出腋下，沿上肢内侧前缘下行，过肘窝，入寸口，上鱼际，直出拇指桡侧端（少商穴）。

分支：从手腕的后方（列缺穴）分出，直行走向食指桡侧端（商阳穴），与手阳明大肠经相交接（见图 5-4）。

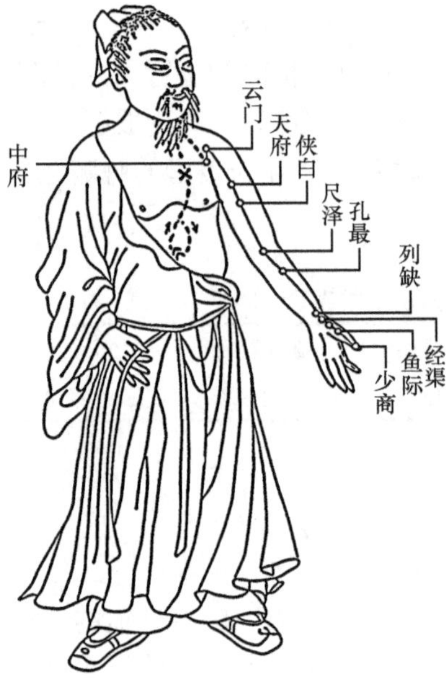

图 5-4　手太阴肺经

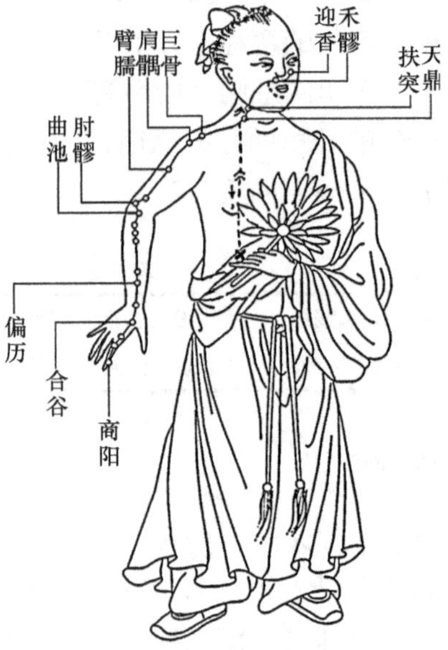

图 5-5　手阳明大肠经

（二）手阳明大肠经

起于食指桡侧尖端（商阳穴），经过手背行于上肢外侧前缘，上肩，至肩关节前缘，向后到第七颈椎棘突下（大椎穴），再向前下行入锁骨上窝（缺盆），进入胸腔络肺，向下通过膈肌下行，属大肠。

分支：从锁骨上窝上行，经颈部至面颊，入下齿龈中，回出挟口两旁，左右交叉于人中，至对侧鼻翼旁（迎香穴），交于足阳明胃经（见图 5-5）。

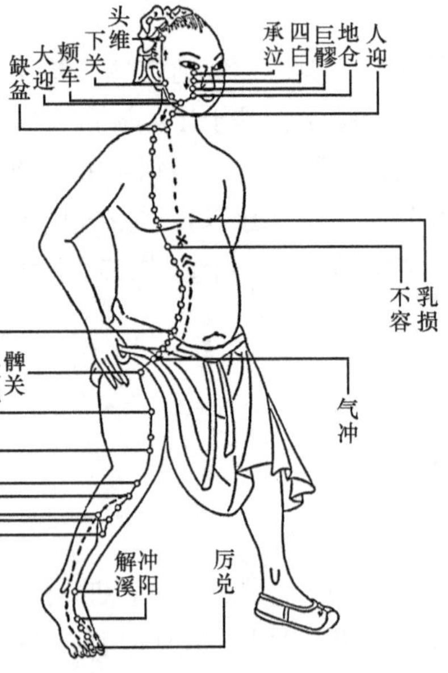

图 5-6　足阳明胃经

（三）足阳明胃经

起于鼻翼旁（迎香穴），挟鼻上行，左右侧交会于鼻根部，旁行入目内眦，与足太阳经相交，向下沿鼻柱外侧，入上齿中，还出，挟口两旁，环绕口唇，左右相交于颏唇沟承浆穴处，再向后沿下颌骨到大迎穴，沿下颌角上行过耳前，经颧弓上行，沿发际，到额前。

分支：从大迎穴前方下行到人迎穴，沿喉咙向下后行至大椎，折向前行，入缺盆，深入体腔，下行穿过膈肌，属胃，络脾。

其直行者，从缺盆出体表，沿乳中线下行，挟脐两旁（旁开 2 寸），下行至腹股沟处的气街穴。

分支：从胃下口幽门处分出，沿腹腔深层，下行到气街穴，与直行之脉会合，而后下行于大腿前侧，至膝膑，沿下肢外侧前缘下行至足背，入足第二趾外侧端（厉兑穴）。

分支：从膝下 3 寸处（足三里穴）分出，下行入中趾外侧端。

分支：从足背（冲阳穴）分出，前行入足大趾内侧端（隐白穴），交于足太阴脾经（见图 5-6）。

（四）足太阴脾经

起于足大趾内侧端（隐白穴），沿内侧赤白肉际，上行过内踝前缘，沿小腿内侧正中线上行，在内踝上八寸处，走出足厥阴肝经之前，沿大腿内侧前缘上行，进入腹部，属脾，络胃。向上穿过膈肌，食道旁上行，挟咽两旁，连舌根，散舌下。

分支：从胃分出，上行通过膈肌，注入心中，与手少阴心经相交接（见图 5-7）。

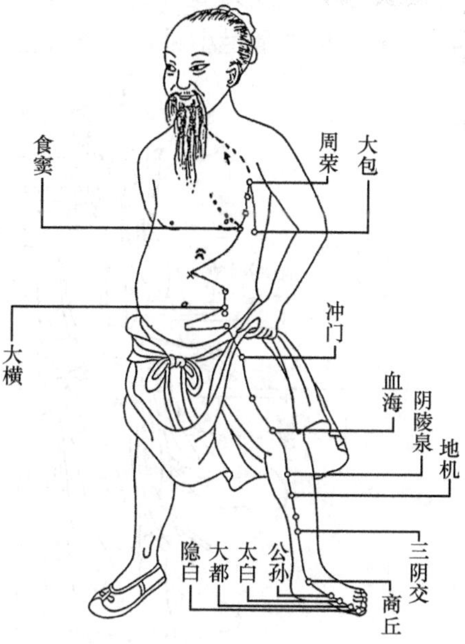

图 5-7　足太阴脾经

（五）手少阴心经

起于心中，走出后属心系（心系，指心脏与其他脏相联系的脉络），向下穿过膈肌，络小肠。

分支；从心系分出，挟食道上行，连于目系。

其直行者，从心系分出，上行经过肺，再向下浅出腋下（极泉穴），沿上肢内侧后缘，过肘中，经掌后锐骨端，进入掌中，沿小指桡侧，出小指桡侧端（少冲穴），交于手太阳小肠经（见图 5-8）。

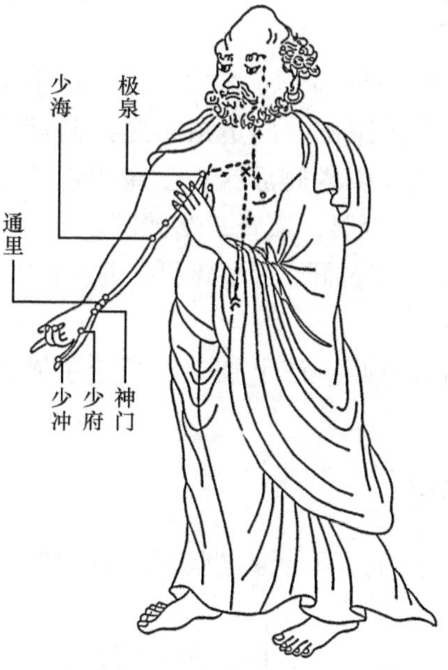

图 5-8　手少阴心经

（六）手太阳小肠经

起于小指外侧端（少泽穴），沿手背、上肢外侧后缘，过肘部，到肩关节后面，绕肩胛部，交会于督脉之大椎穴，前行入缺盆，深入体腔，络心，沿食道，穿过膈肌，到达胃部，下行，属小肠。

分支：从缺盆出来，沿颈部上行到面颊，上至目外眦，折入耳中（听宫穴）。

分支：从面颊部分出，斜向目眶下缘，至目内眦（睛明穴），交于足太阳膀胱经（见图 5-9）。

（七）足太阳膀胱经

起于目内眦（睛明穴），向上经过额部，左右交会于头顶部（百会穴）。

分支：从头顶部分出，至耳上角。

其直行者：从头顶部分出，向后下行至枕骨处，入颅络脑，回出下行到项部（天柱穴），再下行交会于大椎穴，再分左右沿肩胛内侧、脊柱两旁（1.5 寸）下行，到达腰部（肾俞穴），进入脊柱两旁的肌肉（膂），深入体腔，络肾，属膀胱。

分支：从腰部分出，沿脊柱两旁下行，经过臀部，从大腿后侧外缘下行至腘窝中（委中穴）。

分支：从项分出下行，经肩胛内侧，从附分穴挟脊（脊柱正中旁开 3 寸）下行至髀枢（髋关节，环跳穴处），经大腿后侧至腘窝中与前一支脉会合，然后下行穿过腓肠肌，出走于足外踝后，沿足背外侧缘至足小趾外侧端（至阴穴），与足少阴肾经相交接（见图 5-10）。

图 5-9　手太阳小肠经

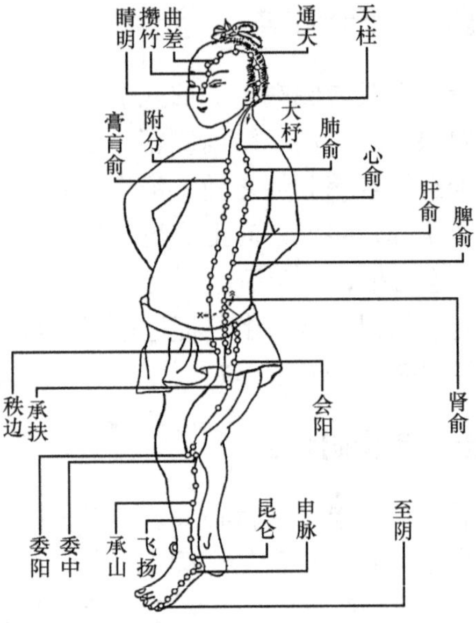

图 5-10　足太阳膀胱经

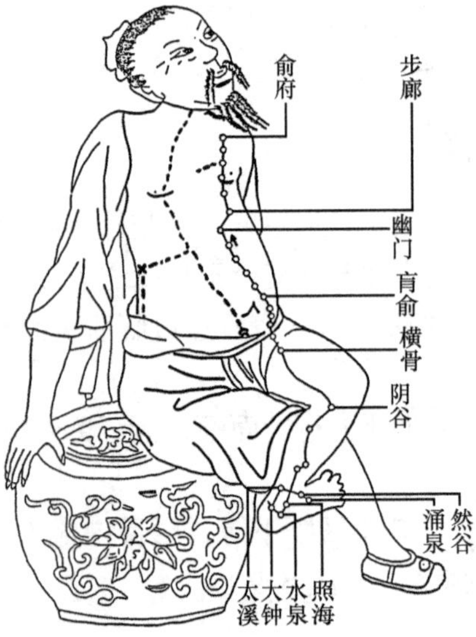

图 5-11　足少阴肾经

（八）足少阴肾经

起于足小趾下，斜行于足心（涌泉穴），出行于舟骨粗隆下，经内踝后进入足跟部，向上沿小腿内侧后缘上行，至腘窝内侧，直上大腿内侧后缘，至尾骨部（长强穴），入脊内，穿过脊柱至腰，属肾，络膀胱。

其直行者，从肾上行，穿过肝，上过膈肌，进入肺中，沿喉咙上行到舌根两旁。

分支：从肺中分出，络心，注于胸中，交于手厥阴心包经（见图 5-11）。

（九）手厥阴心包经

起于胸中，出属心包络，下行穿过膈肌，依次络于上焦、中焦和下焦。

分支：从胸中分出，沿胸浅出于胁部，当腋下三寸处（天池穴），向上至腋窝，沿上肢内侧中线入肘，经腕部，入掌中（劳宫穴），沿中指桡侧，出中指桡侧端（中冲穴）。

分支：从掌中分出，沿无名指尺侧，直至其指端（关冲穴），与手少阳三焦经相交接（见图 5-12）。

（十）手少阳三焦经

起于无名指尺侧端（关冲穴），沿无名指尺侧至手腕背面，上行尺骨、桡骨之间，直上穿过肘部，沿上臂外侧上行至肩部，向前行入缺盆，布于膻中，散络于心包，向下穿过横膈，依次属上焦、中焦、下焦。

分支；从膻中分出，上行出缺盆，至肩部，左右交会于大椎，上行至项，沿耳后（翳风穴），直上出耳上角，再屈曲向下经面颊部至目眶下。

分支：从耳后分出，进入耳中，出走耳前，经上关穴前，在面颊部与前一分支相交，至目外眦（瞳子髎穴），交于足少阳胆经（见图 5-13）。

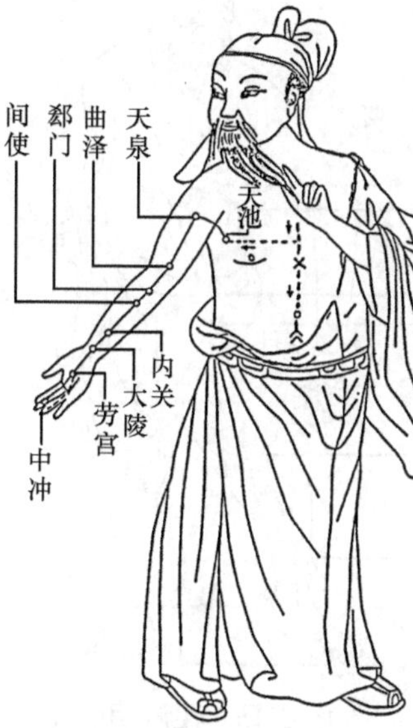

图 5-12　手厥阴心包经

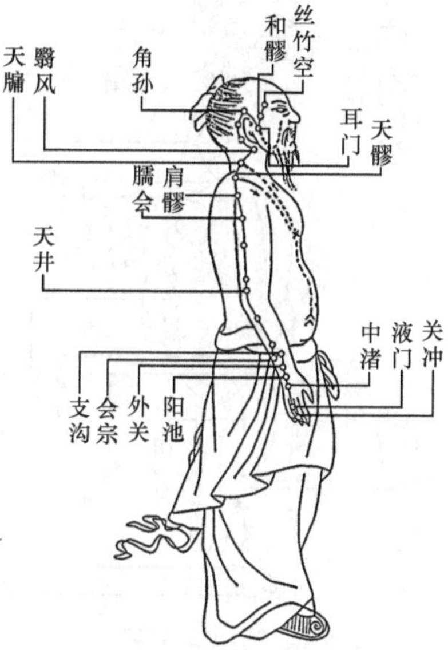

图 5-13　手少阳三焦经

（十一）足少阳胆经

起于目外眦（瞳子髎穴），向上至额角（颔厌穴），再向下到耳后（完骨穴），再折向上行，经额部至眉上（阳白穴），又向后折至耳后（风池穴），沿颈部侧面下行至肩上，于项后左右交会于大椎穴，前行入缺盆。

分支：从耳后进入耳中，出走于耳前，至目外眦后方。

分支：从目外眦分出，下行至大迎穴处，与手少阳经分布于面颊部的支脉相合，行至目眶下，向下经过下颌角部（颊车穴），下行至颈部，与前脉会合于缺盆后，下入体腔，穿过膈肌，络肝，属胆，沿胁里浅出气街，绕阴部毛际，横向至髋关节部（环跳穴处）。

直行者：从缺盆下行至腋，沿胸侧，过季肋，下行至髋关节部（环跳穴）与前脉会合，再向下沿大腿外侧、膝关节外缘，行于腓骨前面，直下至腓骨下端，浅出外踝之前，沿足背行出于足第四趾外侧端（窍阴穴）。

分支：从足背（临泣穴）分出，前行出足大趾外侧端，折回穿过爪甲，分布于足大趾爪甲后丛毛处，交于足厥阴肝经（见图 5-14）。

（十二）足厥阴肝经

起于足大趾爪甲后丛毛处，沿足背向上，至内踝前一寸处（中封穴），沿胫骨内缘向上，在内踝上八寸处交出于足太阴脾经之后，上行过膝内侧，沿大腿内侧中线进入阴毛中，绕阴器，抵少腹，挟胃两旁，属肝，络胆，向上穿过横膈，分布于胁肋部，沿喉咙之后，向上进入鼻咽部，上行连于目系，出于额，上行与督脉会于头顶部。

分支：从目系分出，下行于面颊深层，环绕口唇之内。

分支：从肝分出，穿过横膈，向上注入肺中，交于手太阴肺经（见图 5-15）。

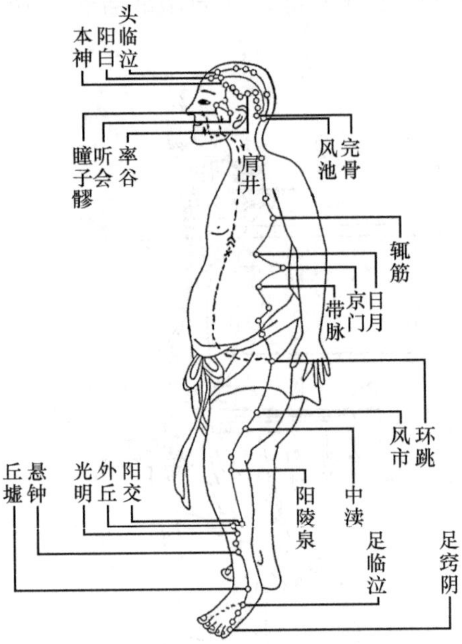

图 5-14　足少阳胆经

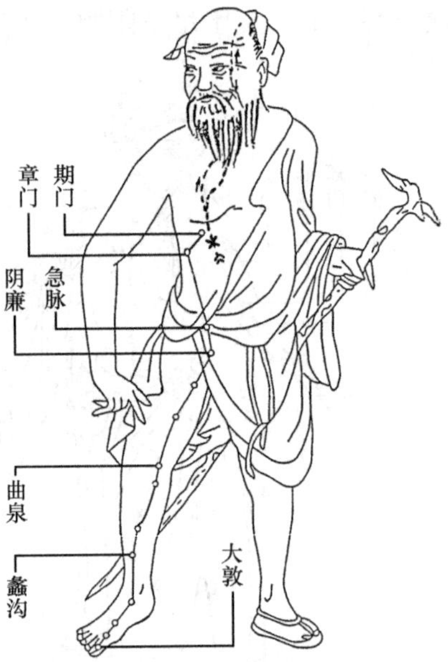

图 5-15　足厥阴肝经

第三节　奇经八脉

奇经八脉，是督脉、任脉、冲脉、带脉、阴跷脉、阳跷脉、阴维脉、阳维脉的合称。

奇者，异也。由于八条经脉的分布规律、功能特点等不同于正经之经脉，故称“奇经八脉”。

一、分布规律

奇经八脉纵横交错地循行分布于十二经脉之间，其循行分布不像十二经脉那样有特定规律。上肢没有奇经的分布；与脏腑没有直接的络属关系，但与脑、髓、女子胞等联系较为密切；奇经八脉中不存在表里关系；某些经脉的循行不像十二正经那样左右对称，督脉、任脉、带脉等都只有一条而单行。

奇经循行分布具有自身的特点：

督脉、任脉、冲脉皆起于胞中，“一源而三歧”：督脉行于人体后正中线；任脉行于人体前正中线；冲脉前行于腹部、后行于脊柱里面，上下至头足。

带脉横行腰部。

阴跷脉、阳跷脉、阴维脉、阳维脉皆起于下肢，自下而上：阳跷脉行于下肢外侧、腹部、胸后及肩、头部；阴跷脉行于下肢内侧、腹胸及头目；阳维脉行于下肢外侧、肩和头项；阴维脉行于下肢内侧、腹部和颈部。

二、生理功能

奇经八脉是十二经脉之外的重要经脉，其生理功能主要是：

（一）加强十二经脉的联系

奇经八脉在循行分布过程中，与十二经脉交叉相接，加强了十二经脉间的联系，并能补充十二经脉在循行分布上的不足。另一方面，奇经对十二经脉的联系还起到分类组合的作用。如督脉多次与手足三阳经及阳维脉交会，总督一身之阳经而称为“阳脉之海”，任脉多次与手足三阴经及阴维脉交会，总任一身之阴经而称“阴脉之海”。冲脉通行上下前后，渗灌三阴三阳，有“十二经脉之海”之称。带脉横行腰部，绕身一周，约束纵行诸经，沟通纵行诸经的联系。阳维脉维系、联络全身阳经而与督脉相合，阴维脉维系、联络全身阴经而与任脉相会。阳跷、阴跷脉左右成对，交通一身阴阳之气，“分主一身左右阴阳”。

（二）调节十二经脉气血

奇经八脉具有蓄溢和调节十二经气血的功能。当十二经脉气血满溢时，就流入奇经八脉，蓄以备用。当十二经脉气血不足时，奇经中的气血则溢出给予补充，以保证机体不同生理状态时的需要。

（三）与某些脏腑关系密切

奇经八脉虽然不像十二经脉那样与脏腑有直接的络属关系，但在循行分布过程中与肾及脑、髓、女子胞等奇恒之腑有密切的联系。如督脉“络脑”“贯脊”“属肾”。

三、循行部位

奇经八脉中，各条经脉循行分布的特点不同，各有其基本的生理功能。

（一）督脉

1. 循行部位

督脉起于胞中，下出会阴，向后再向上，沿脊柱里面上行，至项后风府穴处进入颅内，络脑，并由项沿头部正中线，经头顶、额部、鼻部、上唇，到上唇系带处。

分支：从脊柱里面分出，属肾。

分支：从小腹内分出，直上贯脐中央，上贯心，到喉部，向上到下颌部，环绕口唇，再向上到两眼下部的中央（图 5-16）。

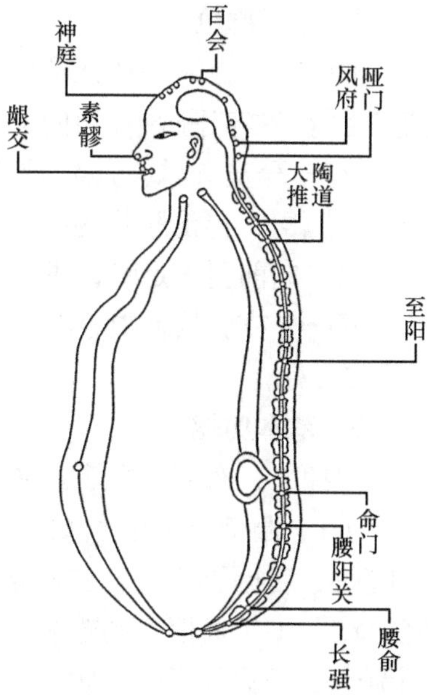

图 5-16　督脉

2. 基本功能

（1）调节阳经气血，为“阳脉之海”。督脉行于背部正中，多次与手足三阳经及阳维脉相交会，如督脉与手足三阳经会于大椎；与足太阳经会于百会、脑户等；与阳维脉会于风府、哑门。所以督脉与各阳经都有联系，故能对全身阳经气血起调节作用，称为“阳脉之海”。

（2）反映脑、髓和肾的功能。督脉起于胞中，属肾，故督脉与生殖功能有关。男子精冷不育等生殖系统的疾患，历代医家多认为与督脉有关，常以补督脉之法以治之；督脉行于脊里，上行入络于脑，并贯心，与脑、髓、心等密切联系，故与人的精神意识思维活动有关。

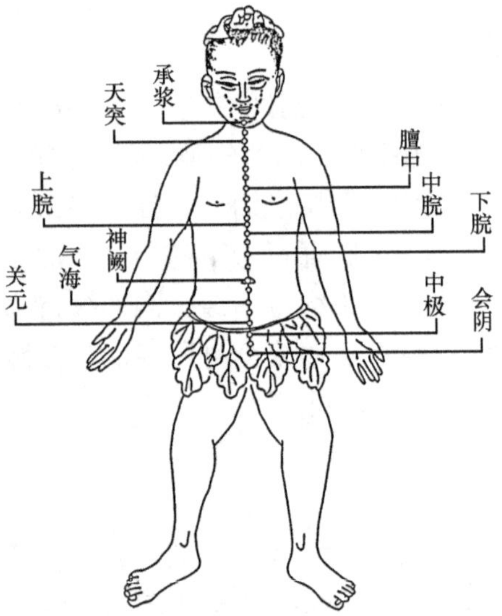

图 5-17　任脉

（二）任脉

1. 循行部位

任脉起于胞中，下出会阴，向前再向上，沿阴阜上行至腹部，沿腹部和胸部正中线上行至咽喉，上行至下颌部，环绕口唇，沿面颊，分行至目眶下。

分支：由胞中别出，贯脊，向上循行于背部（图 5-17）。

2. 基本功能

“任”，有担任、妊养之意。任脉的主要功能为：

（1）调节阴经气血，为“阴脉之海”。任脉循行于胸腹部正中线，多次与足三阴经及阴维脉交会。如任脉与足三阴会于中极、气海、关元。任脉与手足阴经相联系，故能总任一身之阴脉，加强阴脉之间的相互联系，调节阴经气血，故称“阴脉之海”。

（2）妊养胎儿。任脉起于胞中，与女子的月经和妊娠、生殖功能有关。故有“任主胞胎”之说（王冰次注《素问》）。

（三）冲脉

1. 循行部位

冲脉起于胞中，下出会阴，从气街部起与足少阴肾经相并，挟脐上行。散布于胸中，再向上行，经喉，环绕口唇，到目眶下。

有一分支，从少腹输注于肾下，浅出气街，沿大腿内侧进入腘窝，再沿胫骨内缘，下行到足底。又有支脉从内踝后分出，向前斜入足背，进入足大趾。

又一分支，从胞中分出，向后行于脊柱内，与督脉相通。（图 5-18）。

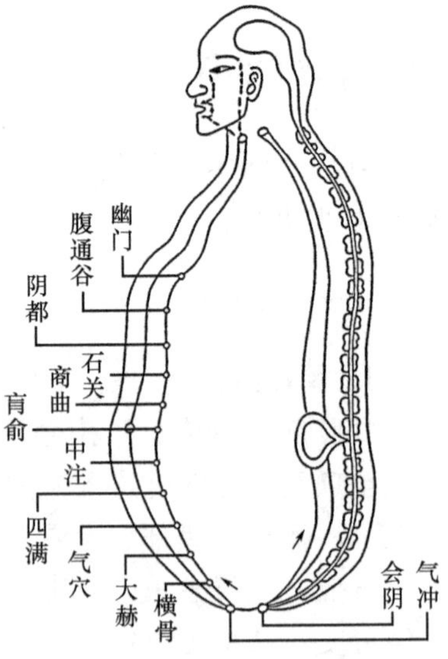

图 5-18　冲脉

2. 基本功能

“冲”，有要冲之意。冲脉的主要功能为：

（1）调节十二经气血。冲脉上行至头，下行至足，前行胸腹，后行于腰背，贯通全身，能“通受十二经气血”，为一身气血之要冲。故有“十二经之海”（《灵枢·动输》）和“五脏六腑之海”（《灵枢·逆顺肥瘦》）之称，能容纳和调节十二经脉及五脏六腑之气血。当脏腑经络气血充足有余时，冲脉能加以含蓄和贮存；当脏腑经络气血不足时，冲脉能及时灌注和补充，以满足人体各脏腑组织器官生理活动的需要。

（2）与女子月经及生殖功能有关。女子月经来潮及孕育胎儿，皆以血为基础，冲脉起于胞中，为“十二经之海”，又为“血海”（《灵枢·海论》），因此女子月经来潮及妊娠与冲脉气血的盛衰密切相关。当冲脉、任脉气血旺盛时，血液才能下注于胞中，或泻出为月经，或妊娠时以养胎儿。《素问·上古天真论》说：女子“二七而天癸至，任脉通，太冲脉盛月事以时下，故有子”。若冲脉、任脉气血不足或运行不利，则会发生月经不调、绝经或不孕。因此，临床上治疗月经不调及不孕症，多以调理冲任二脉为要。

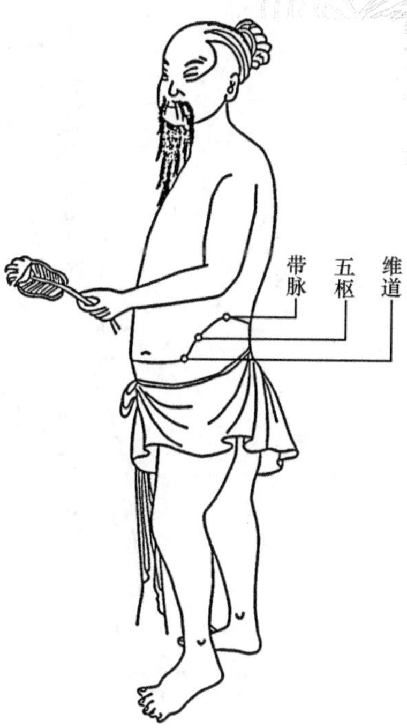

图 5-19　带脉

（四）带脉

1. 循行部位

带脉起于季胁，斜向下行到带脉穴，绕身一周，环行于腰腹部。并于带脉穴处再向前下方沿髋骨上缘斜行到少腹（图 5-19）。

2. 基本功能

“带”，有束带之意。指带脉的循行，绕腰一周，“束带而前垂”。带脉的功能为：

（1）约束纵行诸经。十二正经与奇经中的其余七脉均为上下纵行，惟有带脉环腰一周，有约束纵行经脉，以调节脉气，使之通畅的作用。

（2）固护胎儿，防止流产。

（3）主司妇女带下。若带脉亏虚，可见妇女带下量多，腰酸无力等症。

（五）阴跷脉和阳跷脉

1. 循行部位

阴跷脉起于内踝下足少阴肾经的照海穴，沿内踝后直上小腿、大腿内侧，经前阴，沿腹、胸进入缺盆，出行于人迎穴之前，经鼻旁，到目内眦，与手足太阳经、阳跷脉会合（图 5-20）。

阳跷脉起于外踝下足太阳膀胱经的申脉穴，沿外踝后上行，经小腿、大腿外侧，再向上经腹、胸侧面、肩部，由颈外侧上挟口角，到达目内眦，与手足太阳经、阴跷脉会合，再向上行进入发际，向下到达耳后，与足少阳胆经会合于项后（图 5-21）。

2. 基本功能

“跷”有轻健跷捷的含义。跷脉的功能为：

（1）主司下肢运动。阴阳跷脉，分别起于内外踝下，从下肢内、外侧分别上行于头面，具有交通一身阴阳之气和调节肢体关节、筋骨、肌肉运动的功能，使下肢运动灵活跷捷。

（2）司眼睑开阖。阴阳跷脉交会于目内眦，阳跷主一身左右之阳，阴跷主一身左右之阴，故有濡养眼目和司眼睑开阖的功能。跷脉有病则眼目开阖失常。

（六）阴维脉和阳维脉

1. 循行部位

阴维脉起于小腿内侧足三阴经交会之处，沿下肢内侧上行，到腹部与足太阴脾经同行，至胁部与足厥阴肝经相合，再上行至咽喉，与任脉相会（图 5-22）。

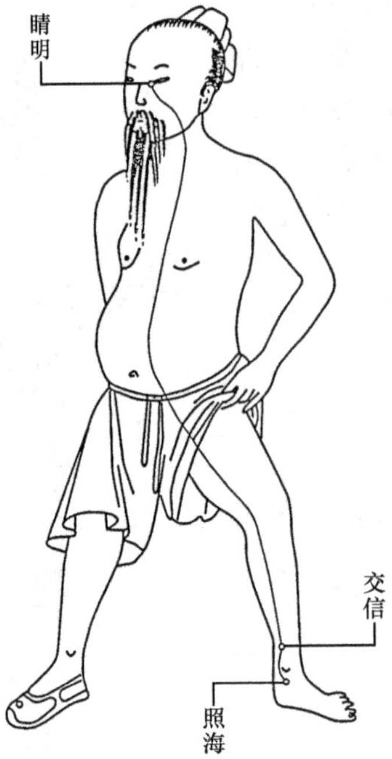

图 5-20　阴跷脉

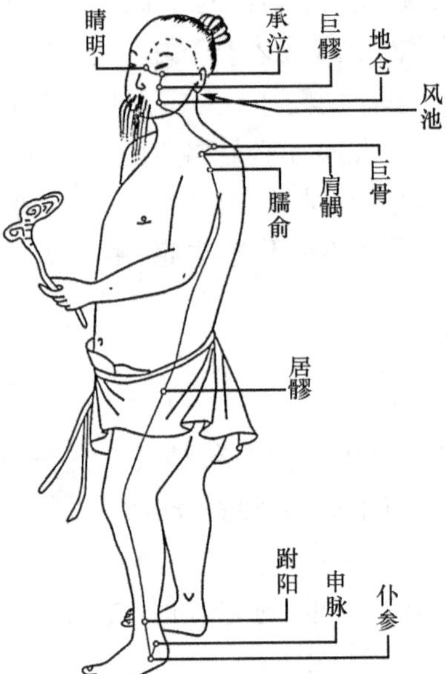

图 5-21　阳跷脉

阳维脉起于外踝下，与足少阳胆经并行，沿下肢外侧上行，经躯干部后外侧，从腋后上肩，经颈部、耳后，前行到额部，分布于头侧及项后，与督脉会合（图 5-23）。

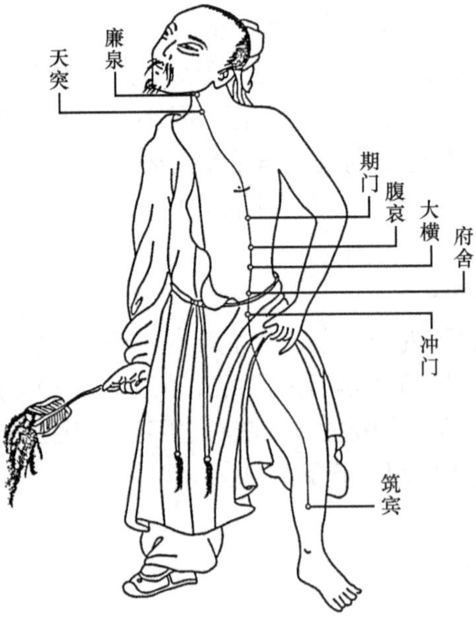

图 5-22　阴维脉

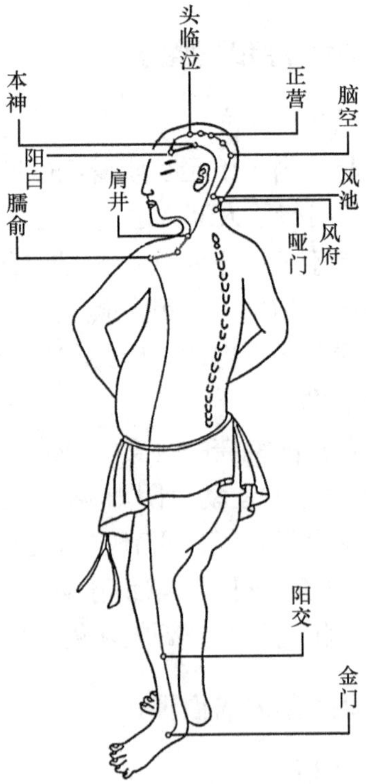

图 5-23　阳维脉

2. 基本功能

“维”有维系，维络之意。维脉的主要功能是维系全身经脉。由于阴维脉在循行过程中与足三阴经相交会，并最后合于任脉；阳维脉在循行过程中与手足三阳经相交，并最后合于督脉。因此，阳维有维系联络全身阳经的作用；阴维有维系联络全身阴经的作用。

第四节　经别、别络、经筋、皮部

一、十二经别

十二经别，是从十二经脉别行分出，循行于胸、腹及头部的重要支脉。

（一）循行分布

十二经别的循行都是从四肢开始，深入内脏，然后上行至头颈浅部，而表里相合。

其循行分布特点，可用“离、入、出、合”来加以概括。十二经别循行，多从四肢肘膝以上部位别出，称为“离”；进入胸腹腔、脏腑深部，呈向心性循行，称为“入”；于头面部浅出称为“出”；阳经经别合于本经，阴经的经别合于相表里的阳经经别，最后它们一并注入六条阳经，称为“合”。每一对相表里的经别组成一“合”，十二经别分为手足三阴、三阳，共组成六对，称为“六合”，即足太阳与足少阴相合，足少阳与足厥阴相合，足阳明与足太阴相合，手太阳与手少阴相合，手少阳与手厥阴相合，手阳明与手太阴相合。

（二）生理功能

经别，是从经脉分出的重要支脉，循行布散有一定特点，分布范围较广，到达某些十二经脉所未及的器官和形体部位，扩大了经络的联系。其生理功能主要有以下几个方面：

1. 加强十二经脉中相为表里两经在体内的联系

十二经别进入体腔后，表里两经的经别相并而行；络属于相为表里的脏腑。六阳经经别，都要经过与其相表里的脏腑，如足少阳经别“属胆，散之肝”，足阳明经别“属胃，散之脾”等。而阴经经别也都经过本脏。浅出体表时，阴经经别合入阳经经别，一起注入体表的阳经，从而加强了表里两经、脏腑之间的关系，使体内一脏一腑的配合以及阴阳表里两经的联系更加密切。

2. 加强体表与体内、四肢与躯干的向心性联系

十二经别一般都是从十二经脉的四肢部分别出，进入体内后又都呈向心性循行，这对扩大经络的联系以及加强信息的内外传递，起到了重要作用，并辅助十二经脉加强了内脏与体表的联系。

3. 加强了十二经脉和头面部的联系

十二经脉循行于头面部的主要是六条阳经，阴经在体表循行一般不上达头面，对五官的联系较少。而十二经别中不仅六条阳经的经别循行于头面部，六条阴经的经别亦上达头部。如足三阴经经别在合入阳经后上达头部；手三阴经经别均经喉咙，上头面。其中手太阴经别沿喉咙合入手阳明经别；手厥阴经别浅出耳后，与手少阳经合于完骨之下；手少阴经别浅出面部后与手太阳经合于目内眦。如此加强了十二经脉对头部的联系，形成了“十二经脉，三百六十五络，其血气皆上于面而走空窍”（《灵枢·邪气脏腑病形》）的理论，在经络结构上进一步充实了内容。

4. 扩大了十二经脉的主治范围

由于十二经别的循行，能到达十二经脉未到之处，密切了十二经脉对人体各部的联系，相应地扩大了十二经脉穴位的主治范围，使某一经腧穴主治的范围不仅仅局限在经脉的循行部位上。在临床上，有时发病的部位并非经脉所到达，而是经别到达之处，取该经的穴位进行治疗，能获得满意的疗效。如足太阳膀胱经并不到达肛门，但是足太阳膀胱经的经别却“别入于肛”，加强了足太阳经脉与肛门的联系，故足太阳膀胱经的某些穴位，如承山、承筋、合阳等穴，可治肛门疾病。

5. 加强了足三阴、足三阳经脉与心脏的联系

足三阴、足三阳的经别上行经过腹、胸，一方面加强了体腔内脏腑的表里联系，另一方面，又都与胸腔内的心相联系。因此，十二经别对于分析脏腑与心的生理、病理联系，有重要的意义。

二、十五别络

别络，也是从经脉分出的支络，大多分布于体表。别络有十五条，故又称“十五别络”，即十二经脉各有一条，加上任脉、督脉的别络和脾之大络。

别络是络脉中较为重要的部分，对全身无数细小的络脉起着主导作用。

（一）循行分布

十二经脉的别络多行于身体的浅表部位，从肘膝关节以下分出后，均走向相表里的经脉，并与其络相通。阴经的别络络于阳经，阳经的别络络于阴经，密切了表里两经的关系。别络循行于四肢，或上行头面，进入躯干，虽然也与内脏有某些联络，但均没有固定的属络关系。

（二）生理功能

1. 加强十二经脉表里两经在体表的联系

由于阴经别络走向阳经、阳经别络走向阴经，从而沟通和加强了十二经脉中相为表里的两条经脉在体表的联系。

2. 加强人体的统一联系，统率其他络脉

十二经脉的别络，其气汇集于十二经的“络穴”。任脉的别络散布于腹部；督脉的别络散布于背部，并散于头，别走太阳；脾之大络散布于胸胁部。故别络加强了十二经脉及任、督二脉与躯体组织的联系，尤其是加强了人体前、后、侧面的联系，并统率其他络脉以渗灌气血。

别络对众多小络脉有主导作用。“孙络”是从别络再分出的细小络脉，“浮络”是别络再分出的浮现于体表的络脉。

3. 渗灌气血以濡养全身

孙络、浮络等小络脉从别络等大的络脉分出后，越分越细，呈网状扩散，密布全身，同全身各组织发生广泛而紧密的联系。循行于经脉中的气血，通过别络的渗灌作用注入孙络、浮络，扩散到全身而起濡养作用。

三、十二经筋

经筋，是十二经脉之气结、聚、散、络于筋膜、关节的体系，为十二经脉附属的筋膜系统。经筋的功能活动有赖于经络气血的濡养，并受十二经脉的调节，所以也划分为十二个系统，故又称“十二经筋”。

经筋多附于骨和关节，具有约束骨骼，主司关节运动的功能。另外，除附于骨骼外，经筋还满布于躯体和四肢的浅部，对周身各部分能起到一定的固护作用。

四、十二皮部

皮部，是十二经脉之气在体表皮肤一定部位的反映区，故称“十二皮部”。十二经脉在体表有一定分布范围，与之相应，全身的皮肤也就划分为十二个部分，十二皮部就是十二经脉在体表的分区，也是十二经脉之气的散布区域。

皮部受十二经脉及其络脉气血的濡养滋润而维持正常功能。皮部的功能主要是保卫机体，抗御外邪。皮部位于人体最浅表部位，与外界直接接触，对外界变化具有调节作用，并依赖布散于体表的卫气，发挥其抗御外邪的作用。在病变情况下可传导病变，由于皮部分属于“内属于脏腑”的十二经脉，脏腑、经络的病变能反映到相应的皮部，故观察不同部位皮肤的色泽和形态变化，可指导对某些脏腑、经络病变的诊断。在皮肤一定部位施行贴敷、艾灸、梅花针等疗法，可治疗内在脏腑的病变。

第五节　经络的生理功能及经络学说的应用

经络作为人体组织结构的重要组成部分，具有特定的生理功能。人体气血津液的运行，脏腑组织之间的相互联系和协调，都须通过经络的运输传导、联络调节的作用而实现。

一、经络的生理功能

以十二经脉为主体的经络系统，具有运行气血以营养脏腑组织，联络形体官窍以沟通上下内外，感应传导信息，调节全身活动等基本功能。

（一）联络脏腑肢节、沟通表里上下

人体由五脏六腑、四肢百骸、五官九窍、皮肉筋骨等构成，这些不同的组成部分，各有不同的生理功能。通过经络的沟通联络作用，使人体各脏腑、形体官窍、各组织器官之间有机地联系起来，构成一个上下、内外、左右、前后相互联系，脏腑、形体、官窍各种功能相互协调的有机整体。经络在人体内所发挥的沟通联系作用是多方位、多层次的，主要表现为

以下四个方面：

1. 脏腑之间的联系

脏腑之间的相互联系，主要是通过经络的沟通联络作用而实现的。十二经脉中，每一经都分别属络一脏和一腑，直接沟通了互为表里关系的脏腑之间的联系。如手太阴经属肺络大肠，手阳明经属大肠络肺等。某些经脉除属络特定内脏外，还联系多个脏腑。如足厥阴肝经，除属肝络胆外，还挟胃、注肺中；足少阴肾经，不但属肾络膀胱，还贯肝、入肺、络心、注胸中接心包；也有多条经脉同入一脏的情况，如手太阴经属肺、手阳明经络肺、足少阴经入肺、手少阴经过肺等。还有经别补充正经之不足。这样就构成了脏腑之间的多种联系。

2. 脏腑与体表的联系

内在脏腑与外周体表肢节的联系，主要是通过十二经脉的沟通作用来实现的。《灵枢·海论》说："夫十二经脉者，内属于腑脏，外络于肢节。"十二经脉中，手之三阴三阳经脉，循行于上肢内外侧；足之三阴三阳经脉，循行于下肢内外侧。每条经脉对内与脏腑发生特定的属络关系，对外联络筋肉、关节和皮肤（即十二经筋与十二皮部）以及肢节等，通过十二经脉的内属、外连而与内在脏腑相互沟通。这种联系既表现在体表的一定部位和体内的不同脏腑之间的内外对应的特殊关系上，又有周身体表肢节与体内脏腑广泛的整体性联系。

3. 脏腑与官窍之间的联系

十二经脉内属于脏腑，在循行分布过程中，又经过五官九窍。如手少阴"系舌本"，足少阳"皆会耳中"，足少阴"循喉咙，系舌本"，足太阴"连舌本，散舌下"，足厥阴"连目系"，足阳明经"挟口环唇"，督、任、冲三脉都"出于会阴"等等。如此，通过经络的联系使得内在脏腑与官窍相互沟通而成为一个整体。脏腑的生理功能和病机变化便可以通过经络反映于相应的官窍。

4. 经脉之间的联系

经络系统各部分之间，也存在着密切联系。十二经脉有一定的交接和流注规律，除了依次首尾相接、阴阳相贯外，还有许多交叉和交会。如手足六条阳经与督脉会于大椎，足少阳胆经和手少阳经的支脉在面部相合等。十二经脉之中，无论表里经、同名经和异名经之间，都存在着经脉相互贯通，内部气血相互交流的关系，尤以表里经更为突出，加上十二经别、十五别络从内外加强了表里经之间的联系，使得表里经在不同层次上都紧密联系。十二经脉和奇经八脉之间也是纵横交错相互联系的。如督脉总督一身之阳经，任脉总任一身之阴经，冲脉通会于十二经等，足厥阴肝经在头顶与督脉和足太阳膀胱经交会于百会穴，足少阳胆经与阳跷脉会于项后，足三阴经与阴维脉、冲脉均会于任脉；奇经八脉本身也紧密相连，如阴维、冲脉会于任脉，冲脉与任脉并于胸中，又向后与督脉通等，冲、任、督三脉同起于胞中，"一源而三歧"等等；还有无数络脉，它们从经脉分出，网络沟通于经脉与脏腑、经脉与经脉之间，使经络系统成为一种具有完整结构的网络调节系统。

（二）通行气血阴阳

人体的各个组织器官，不仅以气血阴阳为基本物质所构成，而且还必须依赖气血阴阳的濡养、推动等作用，才能维持正常的生理活动，而气血阴阳之所以能通达全身，则有赖于经络的通行与传注。故《灵枢·本藏》说："经脉者，所以行血气而营阴阳，濡筋骨，利关节者也"。气血通过以十二经脉为中心的、遍布全身上下内外的经络系统，运行、散布、渗透到各脏腑组织器官中，“内溉脏腑，外濡腠理”（《灵枢·脉度》），布散于全身各处，以维持机体的生命活动。

（三）感应与传递信息

构成与维持经络功能活动的最基本物质，称为“经络之气”。感应与传递信息，是指经络系统对于机体内外各种刺激，激发经络之气，所产生的感应通过传导作用，将其内外上下传递的功能。经络的感应传导作用，是通过运行于经络之中的经络之气对信息的感受负载作用而实现的。人的生命活动是一个极其复杂的过程，机体中每时每刻都有许多生命信息的发出、交换和传递。信息的传导既可以发生在各脏腑形体官窍之间，也可以发生于体表与内脏之间。如当肌表受到冷、热等刺激时，这种信息就会沿着经络传导给体内的相关脏腑，使该脏腑能做出相应的应答反应；内脏功能活动或病机变化的信息，亦可由经络中的经络之气感受，并由经络传达于体表，而表现出症状和体征，这是“有诸内必形诸外”的主要生理基础。针灸、推拿治疗时对经穴刺激，引起感应及传导（通常称为“得气”，即局部及沿经脉走向传导有酸、麻、胀的感觉）也是经络感应传导作用的体现。

（四）调节功能活动

经络系统通过其沟通联系、运输渗灌气血作用及其感应与传递信息的作用，对各脏腑形体官窍的功能活动进行调节，使人体复杂的生理功能协调统一，维持平衡、有序的生命活动。疾病状态时，可运用针灸、推拿等方法以激发经络之气的调节作用，以达到“泻其有余，补其不足，阴阳平复”（《灵枢·刺节真邪》）的目的。这是针灸、推拿等疗法治病的主要作用机理。

二、经络学说的应用

经络学说不仅可以说明人体的生理功能，而且在阐释疾病的病机变化、指导疾病诊断与治疗方面，也具有极为重要的价值。

（一）阐释病机变化

在生理情况下，经络具有联络沟通、运行气血、感应传导等功能，在病理状态下，经络就成为病邪出入、病变反应及其相互传变的途径。

1. 外邪由表传里的途径

由于经络内属于脏腑，外布于肌表，因此当体表受到病邪侵袭时，病邪可通过皮毛→孙络→络脉→经脉→脏腑，由表及里，由浅入深，逐次向里传变而波及脏腑。如外邪侵袭肌表，初见发热恶寒、头身疼痛等，因肺合皮毛，表邪不解，久之则可沿经络内传于肺，出现咳嗽、胸闷、胸痛等症状。

2. 体内病变反应于外的途径

脏腑病变可通过经络的传导反应于外。应用经络学说，可阐释五脏六腑病变所出现的体表特定部位或相应官窍的症状和体征，并可用以表知里的思维方法诊察疾病。如足厥阴肝经绕阴器，抵少腹，布胁肋，上连目系，故肝气郁结可见两胁及少腹痛，肝火上炎易见两目红赤，肝经湿热多见阴部湿疹瘙痒等。手少阴心经循行于上肢内侧后缘，故真心痛时，不仅表现为心前区疼痛，还常放射至上肢内侧的后缘。手少阴心经之别络上达于舌，故心火上炎可见舌尖碎痛或口舌生疮。足阳明胃经入上齿中，手阳明大肠经入下齿中，故胃肠积热可见齿龈肿痛等等。

3. 脏腑病变相互传变的途径

由于脏腑之间有经脉相互联系，所以一脏腑的病变可以通过经络传到另一脏腑。如足厥阴肝经属肝络胆、“挟胃”“注肺中”，故肝病可以影响致胆汁排泄障碍而出现口苦，甚至黄疸；也可影响到胃而出现胃脘疼痛、恶心呕吐；影响到肺而出现咳嗽气急等。足少阴肾经“入肺”“络心”，肾水泛滥，可以“凌心”“射肺”等。

（二）指导疾病的诊断

经络有一定的循行规律和属络脏腑，故内脏的疾病可通过经络反映于相应的形体部位上。根据经脉的循行部位和所属络的脏腑，可推断疾病发生在何经、何脏、何腑。

1. 循经诊断

循经诊断，即根据疾病表现的症状和体征，结合经络循行分布部位及其属络脏腑进行诊断。例如两胁疼痛，多为肝胆疾病；缺盆中痛，常为肺病表现；在胸前虚里处疼痛，痛连左手臂及小指，则应考虑真心痛等心脏疾病。在临床实践中，发现一些患者在经络循行通路上，或经气聚结的某些穴位处，有明显的压痛，或有条索状、结节状反应物，或局部皮肤的色泽、形态、温度等发生变化。根据这些病理反应，可辅助病证的诊断。如脾俞穴有异常变化，多为脾胃病变；高血压性头痛在期门穴有压痛者多为肝火上炎。还有大量研究资料表明，足太阳膀胱经的背俞穴的阳性反应均与相应脏腑的病变呈对应关系。

2. 分经诊断

分经诊断，即根据病变所在部位，详细区分疾病所属经脉进行诊断。如头痛，痛在前额者，多与阳明经有关；痛在两侧者，则与少阳经有关；痛在后头及项部，多为太阳经病变；痛在巅顶，主要与厥阴经有关。又如牙痛，上牙痛，病在足阳明胃经；下牙痛，病在手阳明大肠经。

（三）指导疾病的治疗

经络学说被广泛用于指导临床各科疾病的治疗，是针灸、推拿及药物疗法的理论基础。

1. 指导针灸推拿治疗

针灸、推拿疗法，是以经络学说作为理论基础的常用治病及保健方法。临床运用针灸、推拿等多种方式刺激穴位，通过经气的传导作用和脏腑的反应来调整人体气血和脏腑功能，以恢复机体阴阳的相对协调平衡，达到治疗目的。由于经络在人体分布上呈密切联系的网状结构，因而针灸推拿在治疗学中也呈整体性调节的特点，即刺激腧穴可在不同水平上同时对机体多个器官、系统的正常或异常功能产生影响。

针灸处方中的配穴原则，也是以经络学说为指导的。经络是按一定部位循行分布的，所以取穴的基本原则之一是“循经所过，主治所及”。又由于经络循行有交叉纵横、错综分布的现象，所以又有整体调节的取穴原则。常用的循经取穴、十二经表里配穴、俞募配穴以及某些特定的配穴法，都以经络的循行为依据。此外，目前广泛应用于临床的针刺麻醉，以及电针、耳针、头针、穴位注射、穴位结扎、穴位埋线等等治疗方法，同样是在经络学说指导下创立和发展起来的。

2. 指导药物治疗

中药口服和外用治疗，是以经络为通道，以气血为载体，通过经络的传输，到达病变部位而发挥疗效的。

古代医家应用经络学说，根据某些药物对某一脏腑的特殊选择作用，创立了“药物归经”“引经报使”理论。如治疗头痛，属太阳经者则用羌活，阳明则用白芷，厥阴则用吴茱萸，少阳则用柴胡。再如同是泻火药，黄连泻心火，黄芩泻肺火、大肠火，柴胡泻肝胆火、三焦火，知母泻肾火，石膏泻胃火。归经理论使得药物运用更为灵活多变，反映了临床用药的一些特殊规律，提高了临床疗效。

复习与思考请扫二维码

第六章 体　　质

体质是人类生命活动的一种重要表现形式，与健康、亚健康和疾病密切相关。在形态结构上表现为不同的体表形态、体型和体格；在生理上表现为功能、代谢及对外界刺激反应的个体差异性；在病机上表现为对某些致病因素的易感性、发为某种病证的倾向性；以及对治疗措施的不同反应性，从而使生命和疾病过程呈现明显的个体差异。开展体质研究，不但有利于从整体上把握个体的生命特征，而且有助于分析疾病的发生、发展和演变规律，对疾病的预防和个体化诊疗具有重要意义。

体质学说以中医理论为指导，研究体质的概念、形成、影响因素、类型、差异规律，及其对疾病发生、发展、演变过程的影响，并以此指导疾病的诊断和防治。

第一节　体质的概念及其构成要素

一、体质的概念

（一）体质的基本概念

体质是个体在生命过程中，在先天禀赋和后天获得的基础上表现出的形态结构、生理功能和心理活动方面综合的相对稳定的特性。体质通过人体形态、功能和心理活动的差异性表现出来，是不同个体所具有的特殊性。

体质的传统表达方式，《内经》常有“素”“质”等称，如《素问·逆调论》说：“是人者，素肾气胜”。《素问·厥论》“是人者质壮”。其后，《备急千金要方》所谓“禀质”、《妇人良方》所谓“气质”、《小儿卫生总微论方》所谓“赋禀”等，皆指体质。张介宾的《景岳全书》则不仅使用“禀赋”的习惯用语，而且又直接使用“体质”一词来表述。明清之后，体质作为中医学的名词术语逐渐被广泛运用。

（二）体质的评价

通过综合分析形态结构、生理功能及心理特征，评价个体的体质状况。

1. 体质的评价指标

（1）身体的形态结构，包括身长、体重、胖瘦、胸围、肩宽、骨盆宽度、皮肤等外在的直观表现及脏腑内部结构和功能的完整性、协调性。

（2）身体的功能水平，包括机体的新陈代谢和各脏腑系统的功能。

（3）身体的素质及运动能力，包括速度、力量、耐力、灵敏性、协调性及走、跑、跳、投、攀、跃等身体的基本活动能力。

（4）心理的发育水平，包括智力、情感、认知、感知觉、个性、性格、意志等方面。

（5）适应能力，包括对自然环境、社会环境等的适应能力，对疾病和其他损害健康因素的抵抗、调控与修复能力等。

2. 理想体质的标志

（1）身体发育良好，体格健壮，体型匀称，体重适当。

（2）面色红润，两目有神，须发润泽，肌肉皮肤有弹性。

（3）声音洪亮有力，牙齿清洁坚固，双耳聪敏，脉象和缓均匀，睡眠良好，二便正常。

（4）动作灵活，有较强的运动与劳动等身体活动能力。

（5）精力充沛，情绪乐观，感觉灵敏，意志坚强。

（6）处事态度积极，镇定，有主见，富有理性和创造性。

（7）应变能力强，能适应各种环境，有较强的抗干扰、抗不良刺激和抗病能力。

二、体质的构成要素

人体以五脏为中心，通过经络系统，把六腑、五官、九窍和四肢百骸等全身组织器官联结成一个有机整体，以精气血津液为物质基础，完成生命活动过程。因此，脏腑、经络及精气血津液是体质形成的生理学基础。体质由形态结构、生理功能和心理状态三个要素构成，是机体脏腑气血阴阳之偏颇和功能活动差异性的体现，是人体生命活动综合状况的反映。

1. 形态结构

人体形态结构的差异性是个体体质特征的重要组成部分，包括外部形态结构和体内脏腑、经络等的状况。形态结构是体质的外在表现，脏腑、经络、精气血津液则是体质的内在基础。由于体表形态最为直观，易于观察，因而备受古今中外体质研究者的重视。

中医对体表形态的观察，主要是形体之肥瘦长短，皮肉之厚薄坚松，肤色之黑白苍嫩的差异等。其中尤以肥瘦最有代表性，如《灵枢·逆顺肥瘦》及《灵枢·卫气失常》即以体型将人分为肥人与瘦人，肥胖体质又以其形态特征划分为膏型、脂型和肉型。元·朱丹溪在《格致余论》中进一步将体型与发病联系起来，提出了“肥人湿多，瘦人火多”的观点，在医疗实践中具有重要的应用价值。

2. 生理功能

生理功能的差异是个体体质特征的根本因素。脏腑、经络及精气血津液功能活动的盛衰决定人体生理功能的差异性。人体生理功能涉及血液循行、呼吸运动、消化吸收、水液代谢、生长发育、生殖、感觉运动等诸多方面。此外，机体的新陈代谢、防病抗病能力、自我调节能力、适应能力、康复能力等功能状态，都是脏腑、经络及精气血津液生理功能的体现。

形态结构是产生生理功能的基础，个体不同的形态结构在某种程度上决定了机体生理功能及对内外环境变化反应的差异，而机体生理功能，又会引起其形态结构的相应改变。人体的生理功能是其内部形态结构完整性、协调性的反映。

3. 心理特征

心理是感觉、知觉、情感、记忆、思维、性格、能力等的总称，属于中医学“神”的范畴。由于脏腑经络功能盛衰、精气血津液盈亏状况有所不同，个体表现出的情志活动会呈现一定的差异，如善怒、易悲、忧虑、抑郁等。心理特征不仅与形态、功能有关，而且与不同个体的生活经历以及所处的社会文化环境有密切联系。因此，即便为相同形态结构和生理功能的人，也可以表现为不同的心理特征。例如，《灵枢·阴阳二十五人》阐述木、火、土、金、水每一类型的人均有 5 种不同的心理倾向。

中医体质学强调“形神合一”，在体质构成因素中，形体、功能、心理之间密切相关，心理因素是体质概念中不可或缺的内容。

综上所述，人是形与神的统一体，体质是特定的形态结构、生理功能与相关心理状况的综合体，形态、功能、心理之间具有内在相关性。一定的形态结构与生理功能是心理特征产生的基础，使个体容易表现出某种心理特征，而心理特征又影响形态结构与生理功能，并表现出相应的行为特征。

第二节　体质的形成

一、先天因素

先天，又称禀赋，指出生以前在母体内所禀受的一切，既包括父母双方所赋予的遗传性，又包括子代在母体内发育过程中的营养状况，以及母体在此期间所给予的种种影响。

1. 遗传因素

在体质形成过程中，遗传因素起着决定性作用，是人体身心发展的前提条件，对于体质的强弱、生理和心理的发展，都具有重要影响。父母生殖之精的盛衰，决定子代禀赋的厚薄强弱，从而影响子代的体质。子代的形体始于父母，父母的体质是子代体质的基础。先天之精充盈，禀赋充足，出生之后体质强壮而少偏颇；先天之精不足，禀赋薄弱，出生之后体质虚弱而多偏颇。

不同个体的体质特征分别具有各自不同的禀赋背景，这种由禀赋因素所决定的体质差异是维持个体体质特征相对稳定性的重要基础。

2. 胎孕因素

母体受孕怀胎以后直至分娩期间，应注意饮食起居、劳逸、心理等方面的调养将息，才能保证胎儿正常地发育。父母肾中精气的盛衰虽然已决定了子代的基本遗传因素，而胎儿的发育情况与父母体质上的优势能否得到体现密切相关；另一方面，妊娠期间母体健康状况的直接影响也至关重要，从而决定子代出生后的体质。因而，母体怀胎阶段，注意适寒温、调饮食、慎起居、心情愉悦、动作舒缓、忌房事等，古代称之为“养胎”。

此外，体质还与父母血缘远近、种子时机、育子年龄等相关。

3. 性别

男女在形态结构、生理功能和心理特征的差别，带来了性别的体质差异。男性多阳刚之气，脏腑功能较强，体格高大健壮而有力，性格多外向，粗犷，心胸开阔；女性多阴柔之质，脏腑功能较弱，体形小巧，性格多内向，喜静，细腻，多愁善感。男子以肾为先天，以精、气为本，故气常不足，病多在气分，常见伤精耗气；女子以肝为先天，以血为用，由于有经、孕、产、乳等特殊生理特点，经、产耗血，孕期聚血养胎，乳汁也乃精血所化，经、孕、产、乳数伤于血，使得血易于亏，故女子常不足于血。

二、后天因素

先天因素是形成体质的基础，体质在一定时期内虽然具有相对稳定性，但并非一成不变，也会在后天多种因素的综合影响下有所变化。在后天诸因素中，饮食、劳动、社会环境，以及外在的气候条件，内在的情志变化无一不在影响着体质。后天摄养有度，可补先天之不足，增强体质，尽终天年而长寿。反之，则会使体质衰弱或偏颇，甚至导致疾病。

1. 年龄

伴随着人体生、长、壮、老的变化，人体脏腑经络的生理功能及精气血津液的盛衰将随之发生相应的变化，因此，体质由于生命过程的不同阶段也会发生变化。一般而言，青壮年时期是人体气血最旺盛的时期，因而也是体质强壮的时期。《灵枢·营卫生会》有“老少不同气”的论述，即儿童体质与老年体质有明显区别。小儿生机活泼，脏腑娇嫩，形气未充，易虚易实，易寒易热。老年人精气神渐衰，阴阳失调，脏腑功能减退，肾精亏虚、气血郁滞是老年体质的基本特点。

2. 饮食

饮食结构和营养状况对体质有明显的影响。不同的膳食含有不同的营养成分，并具寒热温凉和酸苦甘辛咸不同之性味。脏腑之气血阴阳，需五味阴阳和合而生。人们长期的饮食习惯和相对固定的膳食结构，可影响脏腑气血阴阳的盛衰偏颇，形成稳定的功能趋向和体质特征。因此，膳食营养是体质形成中重要的影响因素之一。

科学的饮食习惯，合理的膳食结构，全面而充足的营养，可增强和优化人的体质。若饮食失宜，影响脾胃运化，阴阳气血失调，易使体质发生不良改变。例如，饮食不足，影响精气血津液的化生，可使体质虚弱；饮食偏嗜，体内某种物质缺乏或过多，可引起人体脏气偏盛或偏衰，形成有偏倾趋向的体质，成为导致某些疾病的潜在原因；嗜食肥甘厚味可助湿生痰，易形成痰湿体质；嗜食辛辣则易化火灼津，形成阴虚火旺体质。

3. 劳动、锻炼

劳逸适度，对增强体质有积极作用。千百年来，人们从“流水不腐，户枢不蠹”的自然现象中体悟出“生命在于运动”的真谛，适度的劳作或体育锻炼，可使筋骨强壮，关节滑利，气机通畅，气血调和，脏腑功能旺盛。适当的休息，有利于消除疲劳，恢复体力和脑力，维持人体正常的功能活动。劳逸结合，有利于人体的身心健康，保持良好的体质。但过度劳作、运动，则易于损伤筋骨，消耗气血，致脏腑精气不足，功能减弱，形成虚性体质。例如，《素问·举痛论》说：“劳则气耗。”《素问·宣明五气篇》说：“久立伤骨，久行伤筋。”而形体过度安逸，又可使身体气血运行迟缓，气机阻滞，脏腑功能减弱，从而使体质虚弱而多病，即所谓“久卧伤气”（《素问·宣明五气篇》）。

4. 情志

情志活动有赖于内在脏腑的功能活动，以脏腑气血阴阳为物质基础。七情的变化，可以通过影响脏腑气血的变化，从而影响人体的体质。精神情志，贵在和调。情志和调，则气血调畅，脏腑功能协调，体质强壮；反之，长期或强烈的精神刺激，过度的情志活动，超过了人体的生理调节能力，可致脏腑精气不足或紊乱，造成病理性体质。例如，郁怒不解，气郁化火或伤阴灼血，易致阳热或阴虚体质。情志内伤导致的体质改变，甚至可引发某些特定疾病。例如，长期急躁易怒，肝气或肝火偏亢，可致眩晕、中风。若多愁善感，忧思日久，气机郁结，血滞津凝，痰瘀内阻，可诱发癌症。

5. 疾病

疾病是体质形成过程中的一个重要影响因素。疾病通过损伤人体的正气而改变其体质。疾病发生、发展和转归的整个过程都是人体正气与病邪作斗争的过程，若感受病邪过强或正邪斗争持续日久，势必损伤人体正气，造成体质亏虚，所谓“久病多虚”。疾病使人体内的气血阴阳受到损伤或消耗，在通常情况下，机体将在病愈之后逐渐自我康复，不影响体质。然而，某些疾病所形成的损伤不易很快修复，或因病后调养失宜，从而使气血阴阳的损伤变为病理性体质。尤其是在某些大病、重病、久病之后，以及慢性消耗性疾病和营养失调性疾病，对体质的影响更加明显。

药物也会影响人的体质。药物有寒热温凉四气之分，酸苦甘辛咸五味之别，可以治病，亦可以致病。长期偏用某些性味的药物，或为药邪、药毒所伤，人体脏腑气血阴阳就会出现偏盛偏衰而呈现病理性体质。

6. 地域

不同地域具有不同的地理特征，包括地壳的物理性状、土壤的化学成分、水土性质、物产及气候条件等。这些特征影响着不同地域人群的饮食结构、居住条件、生活方式、社会民俗等，从而制约人群的形态结构、生理功能和心理行为特征的形成和发展。同时，人类具有能动的适应性，由于自然环境条件不同，人类各自形成了与其生存环境条件相协调的自我调节机制和适应方式，从而产生并形成了不同自然条件下的体质特征。例如，西北燥寒，多形体壮实，腠理致密；东南湿热，多体型瘦弱，腠理疏松。北方阳虚体质多于南方，南方则阴虚体质的比例高于北方。

此外，社会因素对人类体质的影响也不容忽视。经济生活、意识形态、社会地位、职业、战争都会影响人类的体质。例如，日益严重的环境污染和日益加快的生活节奏等，无时无刻不在影响人们的心身，造成体质下降，使得心身疾病在疾病谱中的比例越来越大。

综上所述，体质是先、后天因素共同作用的结果。由于先天禀赋的不同，后天条件的多样性，疾病、药物的影响，自然与社会环境的差异，使体质呈现明显的个体差异。中医学关于因人制宜、辨证论治正是基于体质的差异性而提出。同时，处于同一地区方域，或饮食起居条件相同的人群，或其遗传背景的同一性，往往使特定人群呈现类似的特征，而对某些疾病具有易感性，这种体质和发病倾向的共性，使群体预防和治疗成为可能。因此，研究影响体质形成的各种因素，探讨人群体质的个性和共性，由此进行体质分类，为临床提供科学的预防和诊疗方案，具有重要的理论和实践意义。

第三节　体质的分类

人类的生命特征受遗传与变异规律的影响，既表现出一定的差异性，又表现出一定的趋同性。差异性导致了体质的多态性，趋同性是体质分类的客观基础。

分类方法，是认识事物之间差异性的重要手段。划分体质的不同类型，有助于把握不同个体的差异性。体质的差异性在非疾病状态下就客观存在，并在疾病状态下，对疾病的发生发展和演变构成重要影响。从非疾病状态的角度去认识正常体质及其差异性，对于分析人体之间疾病的易感性及其既病之后产生某种病变的倾向性，具有重要临床意义。

一、体质阴阳分类及其特征

“阴平阳秘，精神乃治”，理想的体质应是阴阳平衡。阴阳在一定范围内的动态平衡，可能呈现偏阴或偏阳的状态，但只要不超出一定的限度，仍属于正常的生理状态。因此，正常体质可分为阴阳平和质、偏阳质和偏阴质三种基本类型。

1. 阴阳平和质

阴阳平和质功能协调，体形匀称健壮，面色、肤色润泽，目光有神，睡眠良好，食量适中，二便正常，精力充沛，性格随和开朗。

阴阳平和质者平素患病较少，对自然和社会环境适应能力较强。注意调养，可获长寿。

2. 偏阳质

偏阳质具有偏于亢奋、偏热、多动等特征。形体可胖可瘦，但较结实；面色多略偏红或微黑，或呈油性皮肤；食量多较大；平素畏热喜冷，或体温略偏高，动则易出汗；精力旺盛，动作敏捷，反应较快；性格外向，喜动，易急躁。

偏阳质者对风、暑、热邪的易感性强。发病多见火旺、阳亢或兼阴虚之证。容易发生眩晕、头痛、心悸、失眠以及出血等。

3. 偏阴质

偏阴质具有偏于抑制、偏寒、多静等特征。形体多偏胖而较弱，易疲劳；面色偏白而欠华；食量较小；平素畏寒喜热，或体温偏低；精力欠佳，动作迟缓，反应较慢；性格内向，喜静少动，或胆小易惊。

偏阴质者对寒、湿之邪的易感性强。发病多见阴盛、阳虚之证。容易发生水湿、痰饮、瘀血等。

二、古今体质类型研究

（一）古代体质类型

《内经》是医学史上最早论述人类体质的著作，奠定了中医体质学说的理论体系，是中医体质学形成发展的理论和实践基础。至今，对现代中医体质学的发展仍具有非常重要的指导意义。

1. 阴阳五态分类

《灵枢·通天》以阴阳多少不同为分类方法，将体质分为多阴而无阳的太阴之人、多阴少阳的少阴之人、多阳无阴的太阳之人、多阳少阴的少阳之人和阴阳之气和的阴阳和平之人；并分别描述了各种体质的生理特性、心理特征和行为特征。这种分类方法比较强调个体阴阳盛衰的差异可以导致个体间在形态、功能、心理以及对外界适应能力等方面的差异，因此，作为《内经》划分体质类型比较成功的方法，为后世医家所沿用。

2. 五行分类

《灵枢·阴阳二十五人》运用阴阳五行学说，结合人体肤色、形态特征、功能特征、行为表现、个性心理特征及对环境的适应能力等特点，归纳总结出木、火、土、金、水五种体质类型，然后每类中又以五音结合经脉的归属与特性再分为五种亚型，同中求异而成为二十五种体质类型，其体型、禀性等方面的特征是一致的，只在行为作风上稍有差异，故按五行将体质划分为五种类型仍是主要的方法。

此外还有脏腑分类法、形态与功能特征分类法、性情分类法等。

《内经》以后的历代医家在论述体质时，虽有对体质生理反应性方面的观察，但大多侧重于对体质的病理倾向性及病理性体质的描述。

（二）现代体质类型研究

近三十年，中医体质学说作为中医基础理论的学科分支，其科学研究取得很大进展。

现代体质分类研究，一般是从临床角度根据发病群体中的体质变化、表现特征对体质作出分类。由于研究者采取的分类方法及观察角度不同，对体质划分的类型、命名的方法也有所不同，主要分类方法有：

1. 九分法

王琦《中医体质学》根据中医理论的有关论述，在临床体质调研的基础上，通过对人体的形体特征、常见表现、心理特征、发病倾向、适应能力的考察，对人体形体结构、功能特征、心理性格等方面进行综合分析，将体质划分为九种类型，即平和质、气虚质、阳虚质、阴虚质、痰湿质、湿热质、瘀血质、气郁质、特禀质。体质九分法作为2009年中华中医药学会颁布的《中医体质分类与制定》标准而推广应用。

2. 六分法

匡调元从中医病理学的角度提出了独特的体质分型学说，认为体质分类的重点在于对病理体质的分型，是中医学个体化诊疗原理、辨质论治与辨质论食的核心部分。采用“二纲八要”作为病理体质分型的理论基础，即以阴阳为纲，气血、寒热、燥湿、虚实为目。体质六大类型：即正常质、燥红质（阴易亏者）、迟冷质（阳易衰者）、倦㿠质（气血易虚者）、腻滞质（痰湿易盛者）、晦涩质（气血易瘀者）。

第四节　体质学说的应用

体质学说与养生防病、病因病机、辨证论治等有密切关系，具有重要的应用价值。中医学强调的“因人制宜”，就是体质学说在临床应用方面的体现，是个体化诊疗思想的代表。

一、体质与养生防病

在中医理论指导下，根据不同体质，采用相应的养生方法和措施，纠正其体质之偏，预防疾病发生，以达延年益寿的目的。

对于不同的体质，应当采取不同的养生防病方法。体质强壮者，亦应加强精神调摄，合理膳食，锻炼身体，注意预防疾病，防止疾病损伤人体，使体质下降。体质具有阴阳气血偏颇者，养生方法除顺应四时、形神共养、饮食调理、锻炼身体等增进身心健康外，还需兼顾体质特点。如气郁质者，精神多抑郁不爽，神情多愁闷不乐，性格多孤僻内向，多愁善感，气度狭小，故应注意情感上的疏导，消解其不良情绪。阳虚质者，精神多萎靡不振，神情偏冷漠，多自卑而缺乏勇气，应帮助其树立起生活的信心。在食养方面，体质偏阳者，进食宜凉而忌热；体质偏寒者，进食宜温而忌寒。阴虚之体，饮食宜甘润生津，忌肥腻厚味、辛辣燥烈之品；阳虚之体宜温补，忌生冷寒凉之品等。

二、体质与病因病机

体质因素决定个体对某种病因的易感性。在疾病尚未发生或未有明确表征之前，可以通过不同的体质特征对其易患疾病进行预测，以预知可能的疾病倾向情况等，达到“未病先防”“既病防变”的目的。体质因素对某些病邪易感性的规律是：偏阳质者，易感受风、暑、热之邪，感受风邪易伤肺脏，感受暑热之邪易伤肺胃之津液及肝肾之阴。偏阴质者，易感受寒湿之邪，感受寒邪后易入里，常伤脾肾之阳气；感受湿邪最易困遏脾阳，外湿引动内湿而为泄为肿等。小儿气血未充，稚阴稚阳之体，常易感受外邪或因饮食所伤而发病。

体质影响疾病的发生：人体能否感邪而发病，主要取决于个体的体质状况。如小儿脏腑娇嫩，体质未壮，易患咳喘、腹泄、食积等疾；年高之人，脏腑精气多虚，体质较弱，易患痰饮、咳喘、眩晕、心悸、消渴等病；肥人或痰湿内盛者，易患中风、眩晕；瘦人或阴虚之体，易罹肺痨、咳嗽诸疾；阳弱阴盛体质者易患脾肾阳虚之证。个体体质的特殊状态或缺陷是内伤情志病变发生的关键性因素。对某些情志刺激，机体发病与否，不仅与刺激的种类及其强度等有关，更重要是体质的心理状态。此外，遗传性疾病、先天性疾病以及过敏性疾病的发生，也与个体体质密切相关。

体质因素影响证候倾向性：体质强弱决定着疾病证候虚实。一般而言，体质强壮者，正气旺盛，抗病力强，邪气难以侵袭致病；即或邪气亢盛而发病，多表现为实证；体质羸弱者，正气虚弱，抵抗力差，邪气易于乘虚侵袭而发病，多表现为虚证。

体质决定病机的从化：从化，即病情随体质而变化。如《医门棒喝·六气阴阳论》所说：“邪之阴阳，随人身之阴阳而变也。”六淫之邪，有阴阳的不同，其伤人也，又随人身阴阳强弱盛衰变化而为病。如同为风寒之邪，偏阳质者得之易从阳化热；偏阴质者得之易从阴化寒。同为湿邪，阳热之体得之，易从阳化热而为湿热之候；阴寒之体得之，易从阴化寒而为寒湿之证。从化的一般规律是：素体阴虚阳亢者，功能活动相对亢奋，受邪后多从热化；素体阳虚阴盛者，功能活动相对不足，受邪后多从寒化；素体津亏血耗者，易致邪从燥化；气虚湿盛者，受邪后多从湿化。

体质决定疾病的传变：疾病传变与否，虽与邪之盛衰，治疗得当与否有关，但主要是取决于体质。体质主要从两个方面对疾病的传变产生影响。其一，通过影响正气的强弱，决定发病和影响传变。体质强壮者，正气充足，抗邪能力强，病势虽急，但不易传变，病程也较短暂。体质虚弱者，不但易于感邪，且易深入，病情多变，易发生重证或危证。其二，通过决定病邪的“从化”而影响传变。如素体阳盛阴虚者，感邪多从阳化热，疾病多向实热或虚热方向演变；素体阴盛阳虚者，则邪多从阴化寒，疾病多向实寒或虚寒方面转化。

三、体质与辨证论治

体质是辨证的基础，决定疾病的证候类型。感受相同的致病因素或患同一种疾病，因个体体质的差异可表现出阴阳表里寒热虚实等不同的证候类型，即同病异证。感受不同病因或患不同疾病，但因体质相类，常表现出相同或类似的证候类型，即异病同证。可见，同病异证与异病同证，主要是以体质差异为生理基础。

体质在很大程度上决定着个体对治疗反应的差异性，因此，临证治病必须结合患者平素体质而治。注重体质诊察是辨证论治的重要环节，主要原则和方法是区别体质而治疗，即“因人制宜”。如面色白而体胖，属阳虚体质者，感受寒湿阴邪，易从阴化寒化湿，当用附子、肉桂、干姜等大热之品以温阳祛寒或通阳利湿；面色红而形瘦，属阴虚体质者，内火易动，感受寒湿阴邪，反倒易从阳化热伤阴，治宜清润之品。因此，偏阳质者，多发实热证，当慎用温热伤阴之剂；偏阴质者，多发实寒证，当慎用寒凉伤阳之药。

“同病异治”和“异病同治”作为辨证论治的具体体现，体质同样起着重要作用。由于体质的差异，同一疾病，可出现病情发展、病机变化的差异，表现出不同的证候，治疗上应根据不同的情况，采取不同的治法；而不同的病因或疾病，由于患者的体质在某些方面有共同点，证候随体质而化，可出现大致相同的病机变化和证候，故可采用大致相同的方法进行治疗。

体质有寒热虚实之异，药物有性味偏颇，故应视体质不同而决定用药。其一，注意用药性味。阴阳平和质者宜视病情权衡寒热补泻，忌妄攻蛮补；偏阳质者宜甘寒、酸寒、咸寒、清润，忌辛热温散；偏阴质者宜温补益火，忌苦寒泻火；素体气虚者宜补气培元，忌耗散克伐；湿热质者宜清热利湿，忌滋补厚味；痰湿质者宜芳香化湿健脾，忌阴柔滋补；瘀血质者，宜疏利气血，忌固涩收敛等。其二，注意用药剂量。不同的体质对药物的反应不同，故应注意用药剂量。体质强壮者，对药物耐受性强，剂量宜大，用药可峻猛；体质瘦弱者，对药物耐受性差，剂量宜小，药性宜平和。

复习与思考请扫二维码

第七章 病　　因

病因，即致病因素，是导致人体发生疾病的原因，又称为邪气或病邪。病因学说是研究病因的分类及各种病因的性质、致病特点、致病途径及其临床表现的理论，是中医理论体系的重要组成部分。

中医病因学以整体观念为指导思想，将人体内部各种结构、各种功能活动与外部环境结合起来，用普遍联系和发展变化的观点，辨证地探求环境、外邪、精神、饮食、劳倦等在发病过程中的作用，从而奠定了中医病因学的理论基础。

中医学探求病因的主要方法：其一，辨证求因，即在整体观念的指导下，主要以临床表现为依据，结合各种病因的性质和致病特点，通过分析病证的症状、体征来推求病因，又称“审证求因”。其二，询问病因，即在诊察过程中直接询问发病原因。这一方法简便易用，但有局限性，有时可能无法得到正确的结果，是辨证求因的补充。

本章根据病因的来源、形成、发病途径及致病特点的不同，将病因分为外感病因、内伤病因、病理产物性病因和其他病因四类，并分别讨论四类病因的概念、性质和致病特点等方面的内容。

第一节　外感病因

外感病因是指来自外界的侵犯人体而使人发病的病因，包括六淫和疠气。外感病因所致疾病称为外感病，一般发病急，病程短，初期多出现恶寒、发热、头痛、脉浮等临床表现。

一、六淫

（一）六气与六淫的概念

六气是指风、寒、暑、湿、燥、热（火）自然界六种正常的气候变化。六气是万物生长化收藏和人类赖以生存的必要条件。人体对这种变化具有一定的适应能力，能够使生理活动与六气的变化相适应，所以一般情况下六气不会使人致病。当六气变化失常，超越了人体的调节适应能力，或由于个体正气不足，抵抗力下降，而引发病变时，六气便成为六种致病邪气。

六淫是风、寒、暑、湿、燥、热（火）六种外感病邪的合称。如果气候变化异常，发生太过或不及，或变化过于急骤，或非其时而有其气，或机体抵抗力低下，使脏腑功能活动不能与之相适应，就会导致疾病的发生。

六淫具有相对性。当六气变化失常时，正气不足、抵抗力弱者易于发生疾病，而正气充盛、抵抗力强者并不发生疾病。反之，即使气候未有明显的异常变化，适应能力低下者也会发生疾病，这种正常的气候变化对于病者而言也是六淫。所以，六气转化为六淫有以下两种情况：一是六气变化失常，超过了机体的抗病、适应能力；二是六气变化正常，但机体抵抗力下降。六气转化为六淫的标志是引发疾病。

（二）六淫的共同致病特点

1. 外感性

六淫病邪均自外界而来，经肌表、口鼻侵犯人体而发病，多有由表入里的传变过程，故六淫所致疾病称为“外感病”。六淫致病的初起阶段，以恶寒、发热、舌苔薄白或微黄、脉浮为临床特征，称为表证。

2. 季节性

由于四时主气不同，不同的季节均有各自的气候特点，因而易于出现某气的太过或不及。六淫致病与时令气候变化密切相关，有明显的季节性。如春季多风病，夏季多暑病，长夏多湿病，秋季多燥病，冬季多寒病。时邪即指与四季气候相关的病邪，为各种季节性多发病病因的统称。

3. 地域性

六淫致病常与地域和环境密切相关。例如，西北高原地区多寒病、燥病；东南沿海地区多湿病、热病。久居潮湿环境多患湿病；长期高温环境作业者，易患火热病。

4. 相兼性

六淫邪气既可单独侵袭人体发病，又可两种以上同时侵犯人体而致病。例如风热感冒，风寒湿痹，寒湿困脾等。

5. 转化性

六淫所致证候性质可发生转化。六淫均从外界而来，致病之后，由于体质不同、治疗护理失宜等因素，所表现证候的性质可以转化，如风寒表证转变为里热证等。

六淫致病从现代科学角度来看，除气候因素外，还包括病原微生物以及物理化学等多种因素作用于机体所引起的病变反应。

外感六淫与“内生五邪”的鉴别：内生五邪，是指在疾病发展过程中，由于脏腑阴阳或气血津液失调，产生“内风”“内寒”“内湿”“内燥”“内热（火）”的病机变化。内生五邪并非致病因素，而是由于体内脏腑及气血津液功能失调而致，属于病机范畴。而六淫致病则是邪从外受，属于病因范畴。

（三）六淫各自的性质及其致病特点

1. 风邪的性质和致病特点

（1）风邪的概念：风邪是指具有轻扬开泄、善动不居、升发、向上、向外特性的外邪。

风为春季的主气，四季皆有。风气淫胜，伤人致病，则为风邪。风邪引起的疾病以春季为多，但四季均可发生，是一种致病最广泛的外感病因。风邪多从皮毛肌腠侵犯人体，或停于卫表，或客于皮腠，引起外风病证。

（2）风邪的性质：风为阳邪，具有轻扬开泄、善行数变、主动、多兼他邪等基本特性。

风是运动的气流，具有轻扬、上浮、外越和发散、疏通、透泄的特点，故有轻扬开泄之性。又来去疾速，易行而无定处，变幻无常，故称风性善行数变。风善动不居，其性动摇不定，故《素问·阴阳应象大论》说："风胜则动。"六淫之邪具有相兼性的特点，而以风邪最为突出，多与其他邪气相杂合伤人。风邪是外感病极为重要的致病因素，称为"百病之长。"

（3）风邪的致病特点

1）易袭阳位：风邪伤人常伤及人体的上部（头面）、肌表和阳经。风性轻扬，侵袭人体之后易趋于上部，如头面、咽喉等。《素问·太阴阳明论》说："伤于风者，上先受之。"风性开泄，故易伤于外部肌表皮毛，而发为表证；易使人腠理疏松而见汗出、恶风等症状。若风邪外袭，内应于肺，宣发失常，通调失职，水液代谢失常，则发为风水，表现为面目浮肿。

2）病位不定：风性善行，病变部位游移不定。风邪善动不居，如风寒湿痹之疼痛部位游走不定者，"其风气胜者为行痹"，又称"风痹"；风湿热痹多见游走性的关节红肿热痛；风疹、荨麻疹则发无定处，此起彼伏等。

3）发病急骤，变化无常：风性数变，具有发病迅速，变幻无常的特点。如风疹、荨麻疹发病急，变化快，皮肤瘙痒时作，皮疹时隐时现；风水起病仅有表证，但短时间内即可现头面一身俱肿、小便短少等；如风中于头面，可突发口眼歪斜等。

4）症状动摇不定：风性主动，风邪致病具有动摇不定的特点，常表现为眩晕、震颤、四肢抽搐、角弓反张、直视上吊等症。如因金刃外伤，复受风毒之邪之破伤风出现四肢抽搐、角弓反张等；风中经络的面部肌肉颤动，或口眼歪斜等。故《素问·阴阳应象大论》说："风胜则动。"

5）风为百病之长：风邪常为外邪致病的先导，凡寒、湿、燥、热等病邪均可依附于风而侵犯人体。又因其导致腠理开泄，凡寒、湿、燥、热等病邪均可兼风而侵犯人体，从而形成外感风寒、风湿、风热、风燥等证。风易兼他邪，故常为外邪致病的先导。此外，风邪侵人，无孔不入，表里内外均可遍及，侵害不同的脏腑组织，可发生多种病证。风邪四季皆有，是最重要、致病最广泛的外感病因。古人有时以风概指外感病因，如"虚邪贼风"即是以"风"指代外感病因。

与外风相对，"内风"又称"肝风内动"，指由脏腑功能失调而引起具有动摇、眩晕、抽搐、震颤等特点的一类病机变化，与肝脏关系最为密切，包括热极生风、肝阳化风、阴虚风动、血虚生风等。

2. 寒邪的性质和致病特点

（1）寒邪的概念：寒邪是指具有寒冷、凝滞、收引等特性的外邪。

寒为冬季的主气，故寒邪多发于冬季。但其他季节如果气温骤降，防寒保暖不够，汗出当风、贪凉露宿、空调过冷等也可感受寒邪而发病。寒邪侵入所致病证，称为外寒病证。

（2）寒邪的性质：寒为阴邪，具有寒凉、凝滞、收引的基本特性。

寒邪其性寒凉，属于阴邪。凝滞、凝结停滞之谓。寒则凝结、停滞，犹如水过于寒凉，则凝结成冰，流动停滞。收引，即收缩牵引。寒性收缩牵引，具有收引拘急之特性，故《素问·举痛论》说："寒则气收"。

（3）寒邪的致病特点

1）易伤阳气，表现寒象：寒易伤阳是指寒邪致病易伤人阳气，常表现为恶寒、肢冷、心腹冷痛等症。寒为阴邪，导致人体阴气偏盛，最易损伤人体阳气。阴寒过盛易于损伤人体阳气，即所谓“阴盛则阳病”。若寒邪客于肌表，肌表之阳（卫气）被郁，则见恶寒发热、无汗、鼻塞、流清涕等症状，称“伤寒”；若寒邪直中于里，伤及脏腑阳气，脏腑功能被遏，则称之为“中寒”。若寒邪直中太阴，伤及脾胃之阳，则受纳运化功能失常，可见脘腹冷痛、呕吐、泄泻等；若寒邪直中少阴，伤及心肾阳气，可见精神委靡、恶寒蜷卧、手足厥冷、下利清谷、小便清长、脉微细等。若寒邪极盛或迁延日久，又可致阳气衰退的虚寒证。

2）阻滞气血，多见疼痛：寒邪具有凝结阻滞的特性，侵入人体使气血津液运行减缓。气血运行、津液气化全赖阳气的温煦与推动。一旦感受阴寒之邪，阳气受损，失其温煦、推动，则经脉气血运行不畅，甚或凝结阻滞不通，所以说“血得温则行，遇寒则凝”。症见面色苍白或局部青紫。气赖血载，血行既迟，气亦不畅，气血运行阻滞，“不通则痛”，故见冷痛，得温痛减，遇寒加重。由于寒邪侵犯部位不同，因而可出现多种疼痛症状。若寒邪损伤脾胃阳气，则脘腹冷痛；伤及心阳，则见胸痛；客于筋脉关节则见四肢关节剧烈疼痛，如风寒湿痹“其寒气胜者为痛痹”，又称“痛痹”；客于肌表，伤及卫阳则头身疼痛；寒凝肝脉则少腹或阴部冷痛等。寒遏阳气，温煦蒸化失司，则津液凝为痰饮。故有“病痰饮者，当以温药和之”之说。

3）腠理、经脉、筋脉收缩拘急：“寒则气收”，寒邪伤人，气机收敛，腠理闭塞，经络不畅，筋脉拘急。若寒邪客于肌表，毛窍收缩，腠理致密，汗孔闭塞，卫气不得宣泄，可见恶寒、发热而无汗；客于筋膜，收缩挛急，而手足麻木，屈伸不利，或冷厥不仁；寒客经络关节，则经脉收缩拘急，关节冷痛；寒客血脉，则气血凝滞，血脉挛缩，可见头身疼痛，脉紧。

与外寒相对，“内寒”是指阳气不足，脏腑温煦、气化功能失常，而使阴寒内生的病机变化。临床特点是虚而有寒，以虚为主。

3. 暑邪的性质和致病特点

（1）暑邪的概念：暑为火热之极，乃夏季酷热之气所化。暑邪是指夏至以后，立秋之前，具有炎热、升散等特性的外邪。

《素问·热论》说：“先夏至日者为病温，后夏至日者为病暑”。故暑邪致病具有严格的季节性，主要发生在夏至以后、立秋之前。暑病只有外感，没有内生。

暑邪致病，有阴阳之分。盛夏之季，烈日炎炎，气温过高，或环境闷热，感受暑邪而病者称阳暑；暑热之季，过食生冷，或贪凉露宿、或空调过冷、或冷浴过久而致者，则为阴暑。暑病根据起病缓急及病情轻重又有伤暑、中暑之别。起病缓，病情轻者为“伤暑”；发病急，病情重者为“中暑”，伴有神志昏迷、肢冷抽搐者为“暑厥”。

（2）暑邪的性质：暑为阳邪，具有炎热、升散、挟湿的基本特性。

暑为盛夏火热之气，具有炎热之性，火热属阳，故为阳邪。升散，即上升发散。暑热之气上蒸，热蒸气泄，而向外发散，故其性升散。因夏季气候炎热，且多雨潮湿，暑蒸湿动，故暑邪每易兼挟湿邪。

（3）暑邪的致病特点

1）表现阳热之象：暑为盛夏火热之气所化，其性属阳邪，致病多表现出一系列阳热症状，如高热、面赤、心烦、肌肤灼热、脉洪大等。

2）上犯头目，扰及心神：暑为阳邪，其性升发，故易上扰心神，或侵犯头目，出现心胸烦闷不宁、头昏、目眩、面赤等。暑邪致病，有易扰动心神的特点，常导致心烦不宁，甚则突然昏倒，不省人事，即中暑。

3）易于伤津耗气：暑性发散，其侵犯人体，易致腠理开泄而多汗。“炅则气泄”，汗出过多，气随津脱，故临床除见口渴喜饮、尿赤短少等津伤之症外，往往可见气短、乏力，甚则气津耗伤太过，清窍失养而突然昏倒、不省人事。

4）多见暑湿夹杂：暑热季节，不仅气候炎热，且多雨而潮湿，热蒸湿动，故暑多挟湿邪。除表现为壮热、烦渴之外，常兼见身热不扬、四肢困倦、烦渴、胸闷、呕恶、大便溏泄不爽、舌苔黄腻等湿阻症状。

4. 湿邪的性质和致病特点

（1）湿邪的概念：湿邪是指具有沉重、秽浊、黏滞、趋下等特性的外邪。

湿为空气中水分增多，湿度高。长夏时节，适值夏秋之交，阳热尚盛，雨水正多，热蒸水腾，潮湿充斥，为一年中湿气最盛的季节，所以湿为长夏的主气。若湿气淫胜，伤人致病，则为湿邪。湿邪为病，长夏居多，但四季均可发生。湿邪侵入所致的病证，称为外湿病证，多由气候潮湿、涉水淋雨、居处潮湿、水中作业等感受湿邪所致。

（2）湿邪的性质：湿为阴邪，具有重浊、黏滞、趋下的基本特性。

湿性类水，水属于阴，故湿为阴邪。湿邪多混浊不清，故湿性重浊，重，即沉重、重着；浊，秽浊垢腻。湿乃水液弥散浸渍的状态，多黏腻不爽，易于停滞留积，故湿性黏滞。湿性类水，水性趋下，质重下沉，故湿邪有下行趋低之势。

（3）湿邪的致病特点

1）易损伤阳气：湿与水同类，属于阴邪。阴邪侵入，致阴气偏盛，正邪相争，阴盛则阳病。湿邪侵入，易伤阳气，故清·叶桂《温热论·外感温热篇》说：“湿胜则阳微”。脾主运化水液，性喜燥而恶湿，故外感湿邪，常易困脾，致脾阳不振，运化无权，从而使水湿内生、停聚，发为泄泻、水肿、尿少等症。湿邪郁遏，阳气不得伸展，水液代谢失常者，治当化气行湿、通利小便，即“通阳不在温，而在利小便”。

2）多见头身困重：湿邪郁遏，则出现以沉重感为特征的临床表现，如头身困重、四肢酸楚沉重等。若湿邪外袭肌表，困遏清阳，清阳不升，则头重如裹；湿邪阻滞经络关节，阳气不得布达，则可见肌肤不仁、关节疼痛重着等，“其湿气胜者为着痹”，故称“着痹”。

3）分泌物和排泄物秽浊不清：湿邪为患，湿盛阳微，水液气化失常，易呈现分泌物和排泄物秽浊不清的现象。如湿浊在上则面垢、眵多；湿滞大肠，则大便溏泄、下痢脓血；湿浊下注，则小便浑浊、妇女白带过多；湿邪浸淫肌肤，则可见湿疹浸淫流水等。

4）阻遏气机：湿邪袭人，留滞于脏腑经络，易于阻遏气机，使脏腑气机升降失常，经络阻滞不畅。如湿阻胸膈，气机不畅则胸膈满闷；湿阻中焦，脾胃气机升降失常，纳运失司，则脘痞腹胀，食欲减退；湿停下焦，肾与膀胱气机不利，则小腹胀满、小便淋涩不畅。

湿邪致病，气机不畅，多表现为黏滞不爽的症状，如排泄物和分泌物多，而且滞涩不畅，口黏口甜和舌苔厚滑黏腻等，故曰“湿性黏滞”。

5）病程缠绵难愈：因湿性黏滞，胶着难解，故起病多缓，病程较长，反复发作，缠绵难愈。如湿温、湿疹、湿痹（着痹）等，皆难以速愈，或反复发作。

6）易袭阴位：湿性趋下，故湿邪为病，多易伤及人体下部。如水肿、湿疹等病以下肢较为多见，二便失常及带下增多是湿邪致病最为常见的症状。故《素问·太阴阳明论》说：“伤于湿者，下先受之”。

与外湿相对，“内湿”是指肺脾肾水液代谢功能失常，导致体内水液停滞而湿浊内生的病机变化，尤其多见脾虚生湿。

5. 燥邪的性质和致病特点

（1）燥邪的概念：燥邪是指具有干燥、涩滞特性的外邪。

燥指空气中水分减少。秋季天气收敛，其气清肃，气候干燥，失于水分滋润，自然界呈现一派肃杀之景象。燥气太过，伤人致病，则为燥邪。燥邪多见于秋令季节，具有易损伤肺脏，易耗津液等特点。燥邪四季均有，但多见于秋季。燥邪伤人，多从口鼻而入，首犯肺卫，发为外燥病证。

外燥有温燥、凉燥之分。温燥是指感受燥邪而偏兼热邪者，与凉燥相对而言。初秋之时，尚有夏末之余热，久晴无雨，秋阳以曝，燥与热合，故多见温燥。凉燥是指感受燥邪而偏兼寒邪者，与温燥相对而言。深秋之时，冬寒之气来临，燥与寒合，故多见凉燥。

（2）燥邪的性质：燥邪具有干燥、涩滞的基本特性。

燥从火，火就燥。燥邪性质干燥，水分减少，失于润泽，因而涩滞，故《素问玄机原病式·燥类》说：“物润则滑泽，干则滞涩，燥湿相反故也。”

（3）燥邪的致病特点

1）易伤津液：燥邪侵犯人体，最易损伤津液，出现各种干燥滞涩的症状，如口渴、鼻咽干燥、皮肤干涩甚至皲裂、小便短少、大便干结等。故《素问·阴阳应象大论》说：“燥胜则干。”

2）燥易伤肺：燥邪一般多从口鼻、肌表侵袭人体，肺外合皮毛，开窍于鼻，主敷布津液，同时，肺为“娇脏”，抗邪能力较弱，最易感受外邪而发为外感病。故燥邪伤人，最易伤肺，损伤肺津，影响肺气之宣降，出现干咳少痰或痰黏难咳，胸痛喘息等；若伤及肺络，则痰中带血。肺与大肠相表里，肺津耗伤，则大肠失润，传导失职，出现大便干涩不畅等症。

与外燥相对，“内燥”是指体内津液耗伤而致干燥少津的病机变化。

6. 热（火）邪的性质和致病特点

（1）热（火）邪的概念：火热之邪，是指具有火热、燔灼、炎上等特性，易导致阳热性病证的外邪。

火热邪气并不具有暑邪那样严格的季节性，也不受气候的限制。故火热之邪致病，虽以夏季多见，但一年四季均可发生。火热之邪侵入所致的病证，称为外感火热病证。

温、热、火、暑，异名同类，本质皆为阳盛，都是外感六淫邪气。暑邪独见夏令，易挟湿邪，其他致病特点与温、热、火邪有许多相似之处。温、热、火邪的性质及致病特点基本相同，只是程度的差异：温为热之渐，火为热之极。故温、热、火邪常相提并论或相互包涵，如温热之邪、火热之邪等。一般而言，热邪多见于外感，如风热、暑热、湿热等；火邪则多由内生，指由脏腑气血阴阳失调所致之病机变化，即内生五邪之内火，如心火、肝火等。火邪与热邪的主要区别是：热邪致病，临床多表现为全身性弥漫性发热征象；火邪致病，临床多表现为某些局部症状，如肌肤局部红、肿、热、痛，或口舌生疮，或目赤肿痛等。火热极盛，蕴结成毒称“热毒”或“火毒”，为火热郁积所成，易导致疔疮痈肿之类的邪气。而温邪在温病学说中又泛指一切温热邪气。

（2）热（火）邪的性质：热（火）为阳邪，具有燔灼、炎上、急迫的基本特性。

热（火）邪之性炎热燔灼，温度升高，蒸腾向上，其动则来势紧急，其变则迅速猛烈，故称热（火）邪为阳邪。

（3）热（火）邪的致病特点

1）表现阳热之象：火热为阳邪，其性燔灼、炎上，其伤人易致机体阳气亢盛，阳胜则热，因而表现为一系列阳热症状，如高热、恶热、烦渴、汗出、舌红苔黄、脉洪大或滑数等。

2）多伤及上部：火性趋上，致病易侵犯人体上部，故火热病证，多发生在人体上部，尤以头面部为多见。如面红目赤、咽喉肿痛、口舌生疮糜烂、牙龈肿痛、耳内肿痛或流脓等。

3）扰动心神：火邪致病有易扰乱神明的特点，火热与心相通应，故火热之邪尤易影响心神，轻者心神不宁而心烦、失眠；重者可扰乱心神，出现狂躁不安，或神昏谵语等症。

4）伤津耗气：感受火热病邪，内耗津液且迫津外泄，既伤阴津，又耗阳气。热邪侵入致人体阳气亢盛，阳盛则阴病。一方面火热之邪燔灼直接消灼煎熬津液，另一方面因其热势蒸腾迫津外泄。所以火热邪气致病的临床表现除高热外，常见大汗出、口渴喜冷饮、咽干舌燥、小便短赤、大便秘结等津伤阴亏的征象。火为阳邪，导致功能亢奋，易于消蚀机体之气，即“壮火食气”；同时大汗之时，气随津泄。所致疾病往往伴有体倦乏力、少气懒言等气虚症状，重则可致气随津脱。

5）火易生风动血：火热极盛易扰动肝风，出现高热抽搐；又易侵入血分，迫血妄行，导致发瘢出血。阳热亢奋，燔灼肝经，消灼津液，筋脉失养，引起肝风内动，故称为“热极生风”。临床表现为高热神昏之时，见四肢抽搐、两目上视、颈项强直，甚至角弓反张。血得寒则凝，得温则行。热邪入于血脉，则加速血行，甚则迫血妄行，灼伤脉络，引起各种出血证，如吐血、衄血、便血、尿血、皮肤发瘢、妇女月经过多、崩漏等。

6）易致阳性疮痈：《医宗金鉴·痈疽总论歌》说：“痈疽原是火毒生”，火邪入于血分，可聚于局部，蕴结成毒，使血肉腐败，化作脓水，发为痈肿疮疡。由火毒壅聚所致之痈疡，其临床表现以疮疡局部红肿热痛甚则溃脓为特征。

与外热相对，“内火”是指热邪入里，或阳盛化火，或阴虚生热，而致热势明显的病机变化。

二、疠气

疠气不同于六淫，是一类具有强烈传染性的外感病邪。自然环境变化剧烈时，疠气易于流行而发为疫疠病。

（一）疠气的概念

疠气，又称“瘟疫病邪”，指多种具有强烈传染性病邪的统称。在古代中医文献中，又称“疫毒”“疫气”“异气”“戾气”“毒气”等。“疫”，传染之意；“疠”，毒疠之意。明·吴又可《温疫论·原序》说：“夫温疫之为病，非风非寒非暑非湿，乃天地间别有一种异气所感。”指出疠气是有别于六淫而具有强烈传染性的外感病邪。疠气可通过空气、饮食、蚊虫叮咬、虫兽咬伤、皮肤接触、性接触、血液传播等多种途径传染而发病。

疠气所致病证，种类繁多，统称为疫疠，又称瘟病、疫病，或瘟疫。包括许多现代医学的烈性传染病和某些急性传染性疾病，如传染性非典型肺炎（SARS）、鼠疫、天花、霍乱、肠伤寒、疫毒痢、流行性出血热、猩红热（烂喉丹痧）、白喉、流行性腮腺炎（痄腮）、急性传染性肝炎（疫黄）等。

（二）疠气的性质和致病特点

1. 传染性强，易于流行

疠气具有强烈传染性，多引起广泛或散在流行。疠气可通过空气、食物等多种途径传播，在疠气流行的地域，无论男女老少、体质强弱，凡触之者，多可发病，从而可引起广泛流行。如《诸病源候论·卷十》说："人感乖戾之气而生病，则病气转相染易，乃至灭门"。但是，疠气也可散在发病。

2. 发病急骤，病情危笃

一般而言，疠气多属热毒之邪，且常挟毒雾、瘴气等秽浊之气侵犯人体，故其致病比六淫更显发病急骤，来势凶猛，变化多端，病情凶险。因而发病过程中常迅速出现高热、神昏、出血、抽搐、剧烈吐泻等危重症状，死亡率极高。《温疫论》述及某些疫病时说："缓者朝发夕死，重者顷刻而亡"，可见疠气致病来势凶猛，病情危笃。

3. 一气一病，病状相似

疠气种类不同，所致之病各异。每一种疠气所致之疫病，均有各自的临床特点和传变规律，所谓"一气一病"。同一种疠气致病，其病因、发病、临床表现则基本相同。一方面，疠气致病性强，与个体性别、年龄、正气强弱及体质特点等无关；另一方面，每一种疠气对某一脏腑组织具有特异亲和性，发病部位特异性强。所以，疠气致病症状相似、传变相近，从而产生相似的病证。例如痄腮，无论男女，一般都表现为耳下腮部肿胀。再如疫毒痢之邪，主要作用于肠道，引起腹痛腹泻、里急后重、痢下赤白脓液等肠道症状。如《素问·遗篇·刺法论》所说："五疫之至，皆相染易，无问大小，病状相似。"

（三）疠气发生和疫病流行的原因

影响疠气发生的因素有多种，主要有气候因素、环境因素、预防措施和社会因素等。

1. 气候异常

自然气候的反常变化，造成久旱、酷热、洪涝、湿雾瘴气等，均易导致疠气的产生，并为疫疠的流行创造了条件。如霍乱、疫痢等病的流行多与高温多雨等因素有关。

2. 环境与饮食

环境卫生不良，如水源、空气污染等，均可滋生疠气。食物污染、饮食不洁也可引起疫疠发生，如疫毒痢、疫黄大多是通过饮食而传染发病。

3. 预防措施

由于疠气具有强烈的传染性，触之者皆可发病。若预防隔离工作不力，措施不当，也往往造成疫疠发生或流行。故《松峰说疫》告诫说："凡有疫之家，不得以衣服、饮食、器皿送于无疫之家，而无疫之家亦不得受有疫之家之衣服、饮食、器皿"。

4. 社会因素

疫疠的流行，与社会的经济、生活状况有关。一般来说，经济、生活较落后的国家和地区，疫疠较易流行。如战乱不停，社会动荡不安，工作环境恶劣，生活极度贫困等，可导致疫病发生和流行。若国家安定，且注意卫生防疫工作，采取一系列积极有效的防疫和治疗措施，疫疠即能得到有效的控制。

第二节　内伤病因

内伤病因是指人体的情志、饮食、劳逸等不循常度，导致气机紊乱，脏腑受损的致病因素。内伤病因由内而生，与外感病因相对而言，在病邪侵入途径、致病特点等方面有着明显的区别。内伤病因包括七情内伤、饮食失宜、劳逸所伤等。

一、七情内伤

七情内伤，是引起脏腑精气血失常、功能紊乱而致疾病发生的情志致病因素。七情内伤致病，因其直接损伤内脏精气，故可导致或诱发多种情志病和心身疾病。

（一）七情的概念及其与脏腑气血的关系

七情是指喜、怒、忧、思、悲、恐、惊七种正常的情志活动，属于中医学“神”的范畴。

情志活动以精、气、血、津液为物质基础，是脏腑功能活动的表现，故情志活动与脏腑功能活动及精、气、血、津液盛衰密切相关。如《素问·阴阳应象大论》说：“人有五脏化五气，以生喜怒思忧恐。”喜怒思忧恐，简称“五志”。心“在志为喜”，肝“在志为怒”，脾“在志为思”，肺“在志为忧”，肾“在志为恐”。

心藏神，为“君主之官”“五脏六腑之大主”，主宰和调控着机体的心理活动。各种情志活动的产生，都是在心神的统帅下，各脏腑气血阴阳协调作用的结果。肝主疏泄，性喜条达舒畅，正常情志活动依赖于气血运行的畅达。肝在调节情志活动，保持心情舒畅方面，发挥着重要作用。脾胃为气血生化之源而藏意而主思、肺主气而藏魄，肾藏精而舍志，因此，五脏及精气血津液的异常会影响情志的变化；而情志活动也影响着五脏功能及精气血津液的生成和输布等。

（二）七情内伤的概念及其形成因素

七情内伤是指喜、怒、忧、思、悲、恐、惊七种情志变化过于突然、强烈或长期、持续不解，引起脏腑气机紊乱，功能失调的致病因素。由于病起于内，故称“七情内伤”，是造成内伤病的主要致病因素之一。

七情是人体对客观事物的正常反应，在正常情况下不会使人致病。只有当突然、强烈或长期、持久的情志刺激，超越了人体的生理和心理适应能力，或人体正气虚弱，脏腑精气虚衰，对情志刺激的适应调节能力低下时，才会损伤机体脏腑精气，导致人体气机紊乱、脏腑功能失调，引起疾病发生。

情志活动不仅与脏腑功能活动有关，而且与社会环境变化密切相关。因此，生活工作环境急剧变化，人际关系不良，以致机体脏腑精气虚衰，气血失和，从而引起七情失常。七情能否致病，除与情志本身反应强度、方式有关外，还与个体的心理特征、生理状态具有密切的关系。七情内伤致病包含两方面的内容：一是导致疾病发生或诱发疾病；二是影响病情发展与转归。

（三）七情内伤的致病特点

1. 直接伤及内脏

七情是机体对内、外环境变化所产生的复杂心理反应，以内脏精气血为物质基础，是脏腑功能活动的外在表现。因此，七情内伤致病，可直接伤及内脏。七情分属五脏，七情内伤则可损伤相应之脏。如心在志为喜为惊，过喜或过惊则伤心；肝在志为怒，过怒则伤肝；脾在志为思，过度思虑则伤脾；肺在志为悲为忧，过悲或过忧则伤肺；肾在志为恐，过恐则伤肾。

心藏神而为脏腑之主，故情志所伤，必然首先影响心神，然后作用于相应脏腑，导致其气机失调而发病。

（1）首先影响心神：七情内伤首先作用于心神，产生异常的心理反应和精神状态。心主神志，七情皆发于心，所以七情致病均可影响心神。喜乐过度，可致精神涣散，神志失常；大怒发作，可致精神冲动，失去理智；过于恐惧，可致神气散失，神不守舍；大惊失色，则心无所依，神无所归；思虑过度，则心有所存，暗耗心血。故《类经·疾病类·情志九气》对此解释说："情志之伤，虽五脏各有所属，然求其所由，则无不从心而发。"

（2）损伤相应之脏：七情为病，首先伤及心神，随之影响其他脏腑，即损伤相应之脏。七情分属五脏，七情反应太过与不及则可损伤相应之脏。心在志为喜为惊，过喜或过惊则伤心。暴喜过度，可伤心神，使心气涣散，神不守舍，而致精神涣散，甚则失神狂乱。肝在志为怒，过怒则伤肝。过度愤怒可使肝气横逆上冲，血随气逆，并走于上，而致气急上逆，面红目赤，或呕血，甚则昏厥等。脾在志为思，过度思虑则伤脾。思虑劳神过度可伤神损脾，使脾气郁结，运化失职，而致纳呆、腹胀、便溏等症。肺在志为悲为忧，悲忧则伤肺。过度悲忧可使肺气抑郁，意志消沉，肺气耗伤，而致气短乏力等症。肾在志为恐，过恐则伤肾。过度恐惧可使肾气不固，气泄于下，而致二便失禁，遗精滑泄等。

七情伤及相应之脏是七情内伤的一般规律，但是由于情志变化的复杂性、交织性、多变性，故七情伤脏，既可单一情志过用伤及相应之脏，也可单一情志过用同时伤及多脏；又可两种以上情志交织伤人，导致多脏气机失调的复杂性变化。由于心、肝、脾三脏在人体生理活动和精神心理活动中发挥着重要作用，故情志内伤临床上以心、肝、脾三脏最为多见。

2. 影响脏腑气机

七情内伤每易影响脏腑气机，导致气血逆乱、脏腑气机升降失常而出现相应的临床表现，发为不同的病证。如《素问·举痛论》说："百病生于气也，怒则气上，喜则气缓，悲则气消，恐则气下……惊则气乱……思则气结。"

喜则气缓，是指暴喜过度，可导致心气弛缓，精神涣散的病机变化。过度喜乐伤心，导致心气涣散不收，轻者出现心悸怔忡、少气无力、精神不集中；重者心气暴脱或神不守舍，出现神志失常、狂乱，或见心气暴脱的大汗淋漓、气息微弱、脉微欲绝等。

怒则气上，是指过度愤怒，可使肝气疏泄失常，升发太过而上逆，甚则血随气逆的病机变化。过怒导致肝气疏泄太过，气机上逆，甚则血随气逆，并走于上。临床主要表现为头胀头痛，急躁易怒，面红目赤；若兼发肝气横逆犯脾，可兼见脘腹疼痛、呕吐腹泻等。如《素问·举痛论》说："怒则气逆，甚则呕血及飧泄。"若血随气逆，则呕血，甚或猝然昏仆，不省人事。

思则气结，是指思虑过度，劳神损脾，而致气机郁结，阻滞脾胃运化功能的病机变化。

过度思虑或长期凝神集思，损伤心脾，导致脾气郁结，升降失常，运化失职。临床可见精神委靡、不思饮食、腹胀便溏等。

悲则气消，是指过度悲忧，使肺气抑郁不伸，气郁化热，耗气伤精的病机变化。过度悲忧伤肺，导致肺失宣降及肺气耗伤，临床常见意志消沉、精神委靡、气短胸闷、乏力懒言等症。故《素问·举痛论》说："悲则心系急，肺布叶举，而上焦不通，荣卫不散，热气在中，故气消矣。"

恐则气下，是指恐惧过度，伤损肾气，气虚下陷，肾关不固，导致二便失禁的病机变化。过度恐惧伤肾，致使肾气不固，气陷于下，临床可见二便失禁，甚则遗精滑泄等症。故《灵枢·本神》说："恐惧不解则伤精，精伤则骨痠痿厥，精时自下。"

惊则气乱，是指大惊则气机紊乱，气血失调，使心无所倚，神无所归，导致心神不安，甚则精神错乱的病机变化。猝然受惊，损伤心神，导致心气紊乱，心神不定，或兼肾气不固，临床可见惊悸不安，目瞪口呆，慌乱失措，或失眠易惊，甚则神志错乱。

情志内伤，脏腑气机紊乱，功能失常，日久可引起精、气、血、津液的代谢失常，产生血瘀、痰饮等病变，而痰饮与瘀血互结，从而继发多种病证。气机郁滞日久，可化热化火；气机逆上，亢奋有余，也可化热化火，以致火热内生。因此，情志内伤引起的病机变化相当复杂，多种疾病的发生或诱发，皆与之有关。

3. 多发为情志病证

七情失常既是致病因素，又是躯体患病后的反应。情志病证是指发病与情志刺激有关或具有情志异常表现的病证。主要包括因情志刺激而诱发的胸痹、真心痛、眩晕等心身疾病；因情志刺激而致的郁证、癫狂等，以及由其他原因所致但具有情志异常表现，并且病情也随其情志变化而有相应变化的病证，如消渴、恶性肿瘤、慢性胃病和肝胆疾病等。对于情志病证的治疗，心理疏导和情志调摄是必要的治疗手段。

4. 影响疾病转归

七情变化会影响疾病的发生、发展、变化和转归。七情变化对病情具有两方面的影响：一是心情开朗，乐观向上，七情反应适当，当怒则怒，当悲则悲，怒而不过，悲而不消沉，则不易发病，即使发病也易于好转康复。二是与之相反，可加重病情或诱发疾病。如胸痹、真心痛等，可因七情刺激而诱发或加重病情；恶性肿瘤可因七情刺激而致病情迅速恶化。了解七情活动对病情正负两方面的影响，对把握病情发展变化，采取全面正确治疗，具有重要的指导意义。

二、饮食失宜

饮食是人体后天生命活动所需精微物质的重要来源，作为人类赖以生存和维持健康的基本条件，一般不会致病。但饮食应遵循一定的规律，注意定时、定量、膳食结构和安全、卫生。如果违背了这些饮食规律，就会影响人体的生理功能，导致脏腑功能失调或正气受伤而发生疾病。

脾胃是受纳、消化和吸收饮食物的主要脏腑，故饮食失宜主要损伤脾胃，因而称"饮食内伤"。脾胃为后天之本，脾胃内伤，又可累及其他脏腑引发疾病。因此，饮食失宜是内伤病的主要致病因素之一。

饮食失宜是指饮食不节、饮食偏嗜和饮食不洁等各种饮食失常的致病因素。饮食失宜，可分为三类：一是饮食不节，有失常度，如饥饱失常、饮食无时；二是饮食偏嗜；三是所食之物不洁或食物中毒。

（一）饮食不节

良好的饮食行为，应以适度为宜。如过饥过饱，或饥饱无常，或饮食无时，均可影响健康，导致疾病发生。

1. 过饥

过饥，指摄食不足，如饥而不得食，或有意识限制饮食，或因脾胃功能虚弱而纳少，或因七情强烈波动而不思饮食，或不能按时饮食，或因噎膈反胃等。《灵枢·五味》说："谷不入，半日则气衰，一日则气少矣。"长期摄食不足，营养缺乏，气血生化减少，一方面因气血亏虚而脏腑组织失养，功能活动衰退，全身虚弱；另一方面又因正气不足，抗病力弱，易招致外邪入侵，继发其他疾病。如果故意抑制食欲，又可发展成厌食等较为顽固的心身疾病。儿童时期，如果饮食过少可致营养不良，生长发育迟缓。

2. 过饱

过饱，指饮食超量，或暴饮暴食，或中气虚弱而强食，以致脾胃难于消化转输而致病。小儿脾胃功能较弱，饮食不能自制，故尤为多见。过饱最易伤及脾胃，轻者表现为饮食积滞不化，以致"积食"内停，可见脘腹胀满疼痛，嗳腐吞酸，呕吐、泄泻、厌食、纳呆等，故《素问·痹论》说："饮食自倍，肠胃乃伤。" 若饮食停滞日久，可进一步损伤脾胃功能，致使运化功能久不得复，还可聚湿、化热、生痰，而发展为消渴、肥胖、痔疮、心脉痹阻等病证。如《素问·生气通天论》所说："因而饱食，筋脉横解，肠澼为痔""高粱（膏粱）之变，足生大丁（疔）"等。小儿食积日久，则易于酿成"疳积"。

此外，若饮食无度，时饥时饱，饮食无时等，也易导致脾胃损伤；大病初愈阶段，若饮食不当，如暴食、过于滋腻，或过早进补等，还可引起疾病复发。

（二）饮食偏嗜

饮食偏嗜作为致病因素，是指特别喜好某种性味的食物或厌食某些食物而导致某些疾病的发生。如饮食偏寒偏热，或饮食五味有所偏嗜，或嗜酒成癖等，久之可导致人体阴阳失调，或导致某些营养物质缺乏而引起疾病发生。

1. 寒热偏嗜

良好的饮食习惯要求寒温适中。若过分偏嗜寒热饮食，可导致人体阴阳失调而发生某些病变。如偏食生冷寒凉之品，久则易于耗伤脾胃阳气，导致寒湿内生，从而发生腹痛、泄泻等；若偏嗜辛温燥热饮食，则使胃肠积热，损伤胃阴，出现口渴、口臭、腹满胀痛、便秘或痔疮。

2. 五味偏嗜

五味指酸、苦、甘、辛、咸。五味与五脏各有其一定的亲和性，《素问·至真要大论》说："夫五味入胃，各归所喜，故酸先入肝，苦先入心，甘先入脾，辛先入肺，咸先入肾。"五味对于促进相应之脏的精气化生以及维持其功能具有特殊意义，因此不可有所偏颇。五味偏嗜是指长期偏好酸、甜、咸、苦、辛辣等食物而损害脏腑，也包括偏食某种单一食物，饮食结构不合理的致病因素。如果长期嗜好某种性味的食物，就会导致该脏的脏气偏盛，功能活动失调而发生多种病变。五味偏嗜，既可引起本脏功能失调，也可因脏气偏盛，以致脏腑之间平衡关系失调而出现他脏的病机改变。《素问·五藏生成篇》说："多食咸，则脉凝泣而变色；多食苦，则皮槁而毛拔；多食辛，则筋急而爪枯；多食酸，则肉胝胎而唇揭；多食甘，则骨痛而发落。"即指五味偏嗜，脏气偏盛，导致"伤己所胜"的病机变化。

3. 偏嗜饮酒

适量饮酒，可宣通血脉，舒筋活络，有利于健康。酒性辛热，过量饮酒，可引起眩晕头痛、恶心呕吐，甚者扰及心神，出现暂时神乱。长期偏嗜饮酒则易损伤肝脾，内生湿热，临床常见脘腹胀满、胃纳减退、口苦口腻、舌苔厚腻等。

4. 食类偏嗜

食类偏嗜是指偏好某种或某类食品，或厌恶某类食物而不食，或膳食中缺乏某些食物等，久之也可成为导致某些疾病发生的原因。若因偏食或不食某类食物而致某些营养失衡、某些物质缺乏，可发生多种病变，如佝偻（钙、磷代谢障碍）、夜盲（维生素A缺乏）以及厌食海产品而致的瘿瘤（碘缺乏）等。若过食膏粱厚味，即油腻或味道浓厚的食物，不但损伤脾胃，还易发生痰热和疮疡等病证，如肥胖、眩晕、头痛、中风、胸痹、消渴等病变。

（三）饮食不洁

饮食不洁作为致病因素，是指进食不洁净的食物而导致疾病的发生。多是由于缺乏良好的卫生习惯，或进食陈腐变质，或被疫毒、寄生虫等污染的食物所形成。饮食不洁而致的病变以脾胃、小肠、大肠病为主。如进食腐败变质食物，则胃肠功能紊乱，出现脘腹疼痛、恶心呕吐、肠鸣腹痛、腹泻或痢疾等。若进食被寄生虫污染的食物，则可导致各种寄生虫病，如蛔虫病、绦虫病等，常表现有腹痛时作、嗜食异物、面黄肌瘦等。若进食被疫毒污染的食物，可发生某些传染性疾病。如果进食或误食被毒物污染或有毒性的食物，则会发生食物中毒，轻则脘腹疼痛，呕吐腹泻；重者津液受伤，甚则神志昏迷，危及生命。

三、劳逸过度

劳逸结合是保证人体健康的必要条件。如果劳逸失度，或长时间过于劳累，或过于安逸静养，都不利于健康，可导致脏腑经络及精气血津液的失常而引发疾病。因此，劳逸过度也是内伤病的主要致病因素之一。

（一）过劳

过劳包括劳力过度、劳神过度和房劳过度。《黄帝内经》早已认识到过劳是导致疾病发生的重要因素，提出了五劳七伤的概念，其中五劳是久视、久卧、久坐、久立、久行五种过度劳逸而致病的因素的合称，七伤指食伤、忧伤、饮伤、房室伤、饥伤、劳伤、经络营卫气伤的合称。

1. 劳力过度

劳力过度，又称"形劳"，指较长时间的过度用力，劳伤形体而积劳成疾，或者是病后体虚，勉强劳作而致病。

劳力太过而致病，其病变特点主要表现在两个方面：一是过度劳力消耗脏腑精气，损伤脏腑功能，导致脏气虚少，功能减退。由于肺为生气之主，脾为生气之源，脾主四肢肌肉，故劳力太过尤易耗伤脾肺之气。常见如少气懒言，体倦神疲，喘息汗出等。《素问·举痛论》说："劳则气耗"，即指疲劳过度，导致精气耗损的病机变化。二是过度劳力而致形体损伤，即强力太过，损伤筋骨。体力劳动，主要是筋骨、关节、肌肉的运动，如果长时间用力太过，则易致形体组织损伤，久而积劳成疾。如《素问·宣明五气篇》说："久立伤骨，久行伤筋"等。

2. 劳神过度

劳神过度，又称"劳心"，指长期思虑劳神而积劳成疾。由于心藏神，脾主思，血是神志活动的重要物质基础，故长思久虑，劳神太过，则易耗伤心血，损伤脾气，以致心神失养，神志不宁而心悸、健忘、失眠、多梦和脾失健运而纳少、腹胀、便溏、消瘦等。《素问·宣明五气篇》所谓"久视伤血"亦属于劳神过度的范围。

3. 房劳过度

房劳过度，又称"肾劳"，指性生活过度，可使肾之精气亏耗，成为致病因素。多由房事太过，或手淫恶习，或妇女早孕多育等，耗伤肾精、肾气而致。由于肾藏精，为封藏之本，肾精不宜过度耗泄。若房事不节则耗伤肾精、肾气，出现腰膝酸软、眩晕耳鸣、精神委靡、性功能减退等症状。妇女早孕多育，亏耗精血，累及冲任及胞宫，易致月经失调、带下过多等妇科疾病。此外，房劳过度也是导致早衰的重要原因。

（二）过逸

过逸，即过度安逸，主要包括体力过逸和脑力过逸两方面。随着社会的发展和科技的进步，人们的生活方式发生了根本的变化，过度安逸已经成为现代生活方式疾病的主要病因之一。人体每天需要适当的活动，气血才能流畅，阳气才得以振奋，脏腑功能活动才能正常进行。若较长时间少动安闲，或者卧床过久，或者长期用脑过少等，可使人体脏腑、经络及精、气、血、神的失调而引发各种疾病。

过度安逸致病，其特点主要表现在三个方面：一是安逸少动，气血运行不畅。如果长期运动减少，则人体气机失于畅达，可以导致脾胃运化失常等脏腑功能活动低下，日久进一步影响血液运行和津液代谢，形成气滞血瘀、水湿痰饮内生等。所以过度安逸致病多出现食少、胸闷、腹胀、肢困、肌肉软弱或发胖臃肿等症状，发为消渴、眩晕、头痛、中风、心痛等各种疾病。二是阳气不振，正气虚弱。过度安逸，或长期卧床，阳气失于振奋，以致脏腑组织功能减退，体质虚弱，正气不足，抵抗力下降等。故过逸所致病证，常见动则心悸、气喘汗出，或抗邪无力，易感外邪等。如《素问·宣明五气篇》说："久卧伤气，久坐伤肉。"三是长期用脑过少，可致神气衰弱，心神失养，则常见精神委靡、反应迟钝、健忘、失眠多梦等。

第三节　病理产物性病因

病理产物性病因是在疾病过程中，由于脏腑功能失调、气血津液代谢失常而产生的某些有害物质，如痰饮、瘀血、结石等，这些病理产物形成后，滞留体内，作为新的致病因素，引发机体更为复杂的病机变化，导致新的病证，又称为继发性病因。病理产物性病因既是病理产物，又是致病因素，具有双重性。

一、痰饮

（一）痰饮的概念

痰和饮都是机体水液代谢障碍所形成的病理产物，属于继发性病因，稠浊者为痰，清稀者为饮。

痰又可分为“有形之痰”和“无形之痰”。“有形之痰”是指视之可见、闻之有声、或触之可及的实质性痰浊。如痰停于肺的咳嗽咯痰、喉中痰鸣，痰停于胃的呕吐痰涎，以及痰流窜于皮肉经络的痰核、瘰疬。“无形之痰”是指只见其症，不见其形的痰。如眩晕、癫狂等。无形之痰因其隐伏难见，在外无明显的形质，临床上只能通过其所表现的症状和体征综合分析来判断，并采用祛痰法治疗，又能取得较好疗效，传统上称为“无形之痰”。

饮即水液停留于人体某一局部者，常停聚于胸、胁、肠、胃之中，因其所停留的部位及症状不同，而分为“痰饮”“悬饮”“溢饮”“支饮”等。

水、湿、痰、饮的区别：

水和湿也是机体水液代谢障碍所形成的病理产物，与痰、饮同类而异名，皆属阴邪，但其性状不同，致病表现各异。从形质区分：稠浊者为痰，清稀者为饮，更清者为水，湿则呈弥散状态。湿邪多以困阻脾胃为主；水多泛溢于肌表，或停于胸腹；饮常留积于肠胃、胸胁、腹腔及肌肤；痰可随气流行，无处不到，无处不害，造成多种复杂的病证。水、湿、痰、饮之间又关系密切，既可同时并存，又可相互转化，水化生湿，湿聚为水，积水成饮，饮凝成痰。因而某些情况下并不能截然分开，常合称为水湿、水饮、痰饮、痰湿等。

（二）痰饮的形成因素

痰饮的形成，多因外感六淫、疠气、内伤七情、恣食肥甘酒酪、劳逸失度，以及瘀血、结石等因素，导致脏腑功能失调，气化不利，尤其是肺、脾、肾等脏及三焦主司水液代谢的生理功能失常，使水液输布、排泄障碍，水液停聚，凝而成痰，积而为饮。如肺主行水，肺失宣降，津液不行，水道不利，聚水而生痰饮；脾主运化水液，脾失健运，水津不布，内生水湿，凝聚生痰饮；肾阳不足，肾气虚衰，蒸化无力，开阖失司，水液潴留，酿生痰饮；三焦水道失于通畅，津液不布，亦能聚水生痰饮。此外，肝失疏泄，气机阻滞，气不行水；心阳不振，胸阳痹阻，湿浊聚积；或心气不足，运血无力，血瘀津停，均可形成痰饮。

由此可见，痰饮的形成，以外感六淫、疠气、内伤七情、恣食肥甘酒酪、劳逸失度，及瘀血、结石等为初始因素，以肺、脾、肾及三焦主司水液代谢的生理功能失常为中心环节，以水液代谢障碍为病变基础。

（三）痰饮的致病特点

1. 阻滞气机，阻碍气血

痰饮留着体内，最易阻滞气机，甚则阻碍气血运行。若痰饮留滞脏腑，易使脏腑气机阻滞，相应脏腑的功能障碍，每见痞、闷、胀、满的症状。如痰饮阻肺，肺气失于宣降，可见胸闷、咳喘，甚则气急不得卧；痰湿困阻脾胃，脾胃气机升降失常可见脘腹胀满，恶心呕吐；饮停胁下，气机阻滞，则胸胁胀满，咳唾引痛；痰浊痹阻心脉、血行涩滞。

若痰饮流注经络，经络气机壅塞，阻碍经脉气血流通，出现肢体麻木、屈伸不利，甚至半身不遂。若痰饮结聚于经络筋骨，又可形成瘰疬、痰核、阴疽、流注等病证。

2. 蒙蔽清窍，扰乱神明

清窍居上，清净通灵；心主神明，神清气爽。痰为浊物，易于上蒙清窍，扰及神明。痰浊为病，随气上逆，蒙蔽清窍，出现头昏目眩、精神不振等；痰迷心窍，心神闭阻，可见神昏、痴呆、癫痫；痰郁化火，痰火扰乱神明，则见神昏谵语，甚则发狂等。

3. 致病广泛，变幻多端

痰饮形成后，随气流行，可广布于全身，内而脏腑，外而肌腠，上犯清窍，下至膝足，形成多种疾病。随着痰饮阻滞部位和影响的脏腑不同，而产生不同的临床表现。如胸部胀闷、咳嗽痰多、恶心呕吐、肠鸣腹泻、心悸眩晕、癫狂痫病、皮肤麻木、皮下肿块、或溃破流脓、久而不愈。痰饮又易兼邪致病，如痰与风、寒、湿、燥、热等邪相兼，而为风痰、寒痰、湿痰、燥痰、热痰等；痰与瘀血相兼，而为痰瘀。因此，痰饮致病广泛，病位不一，且在临床上形成的病证繁杂，症状表现千奇百怪、变幻多端。故有"百病多由痰作祟""怪病多痰"之说。

4. 病势缠绵，病程较长

痰饮由水湿停滞凝积而成，同样具有湿性重浊黏滞的特性，因而致病常表现为病势缠绵，病程较长。例如，由其所致的咳喘、眩晕、胸痹、中风、癫痫、痰核、瘰疬、瘿瘤、阴疽、流注等，都为顽症，常反复发作，缠绵难愈。

痰饮致病虽症情多端，病证广泛，但也有一些共同的病变指征，如舌象典型变化为腻苔或滑腻苔；脉象常为滑脉或弦脉。这种舌象、脉象常提示体内津液代谢障碍，有水湿痰饮滞留的可能，在痰饮辨证中有重要意义。

二、瘀血

（一）瘀血的概念

瘀血，是指体内血液运行失常所形成的病理产物，属于继发性病因，包括凝结于体内的离经之血，或血行涩滞不畅，阻滞于经络及脏腑内的血液。由于瘀血失去了正常血液的功能，因而又有恶血、蓄血、败血、死血、衃血等名称。

（二）瘀血的形成因素

瘀血形成的因素可概括为两方面：一是由于内外伤，伤及肌肉、筋骨、甚至内脏，或其他原因，直接导致血离经脉，积存于体内而形成瘀血；二是各种致病因素导致人体气虚、气滞、血寒、血热、津亏、痰凝等，使气血运行失调，血液运行不畅，凝滞而形成瘀血。

1. 外伤致瘀

各种外伤，跌打损伤、金刃枪弹、手术创伤等，导致脉管破损，使血离经脉，未能及时排出体外或消散，留积体内则形成瘀血。

2. 气虚致瘀

气虚，一方面无力推动血液运行，则血行迟缓，涩滞不畅形成瘀血；另一方面气虚无力统摄血液，使血逸脉外，而形成瘀血。

3. 气滞致瘀

气为血帅，气行则血行，气滞血亦滞，气滞常可导致瘀血。如湿邪侵袭情志郁结、痰饮阻塞、结石梗阻等，均因导致气机阻滞，气不行血，而致血液瘀滞。

4. 血寒致瘀

血得温则行，得寒则凝。外感寒邪，或阴寒内盛，使阳气受损，失于温煦推动，致血运不畅；又因寒性凝滞而收引，故寒客血脉，使经脉挛缩，气血凝滞，皆可导致瘀血。

5. 血热致瘀

外感温热之邪，或体内阳盛化火，火热邪气煎熬津血，血液黏稠运行不畅；或热入营血，血热互结；或热灼脉络，迫血妄行而出血，血积存体内，则成瘀血。

6. 津亏致瘀

津乃血的组成成分之一，津血同源互化。外感热邪，迫津外泄；或较大面积烧伤，津液外泄；或汗、吐、下太过；或内燥伤阴导致津液亏损，无以充血，血液浓缩黏稠而运行不畅，则形成瘀血。

7. 痰凝致瘀

痰饮停聚体内，壅塞脏腑气机，阻碍气血运行，血液运行不畅，形成瘀血。痰瘀互结，可导致多种病证。

此外，"久病入络"亦可形成瘀血。久病之人，生理功能严重失调，气血运行障碍，导致瘀血。叶天士的"初病在气，久病在血"是对久病致瘀的最好说明。

综上所述，外感六淫、疠气、内伤七情、饮食失宜、劳逸失度、痰饮、结石及外伤等是形成瘀血的初始原因，气血运行失调是形成瘀血的病变基础。

（三）瘀血的致病特点

瘀血形成之后，不仅失去血液的滋润、濡养作用，反之作为新的致病因素，导致更多更复杂的病变。

1. 瘀血致病的病机特点

（1）阻滞气机：气能行血，血能载气，气血互根互用。瘀血一旦形成，停滞于脏腑、经络、形体、官窍，必然阻碍气的升降出入，导致气机郁滞，所谓"血瘀必兼气滞"；而气滞又进一步加重瘀血，最终形成气血交阻的恶性循环。

（2）阻塞经脉：脉为血液运行通道，瘀血乃有形之邪，最易阻滞于经脉，使气血运行失于通畅，"不通则痛"。故疼痛是瘀血证的一大特征。如瘀阻在心，则心前区刺痛；瘀阻胞宫，则见痛经。

经脉瘀塞不通，血液不能循常道运行，血不归经而外逸，因此，瘀血致病临床上常会出现各种出血症状。

（3）影响新血生成：瘀血乃恶血、败血，不仅失去了对机体的濡养作用，而且瘀血阻滞体内，日久不散，严重影响气血的正常运行，使脏腑失于滋养濡润，气化无力，功能障碍，以致新血化生缓慢，久而久之又可形成血虚。因而古人有"瘀血不去，新血不生"的说法。如久瘀之人，常可见肌肤甲错、毛发稀疏不荣的临床特征。

（4）病位固定，病证繁多：瘀血一旦停滞于某脏腑，多难于及时消散，故其致病又具有病位相对固定的特征，如局部刺痛、固定不移，或癥积肿块形成而久不消散等。

血液循脉运行全身，内至脏腑，外达肢节，周流不息。故人体全身各个脏腑、经络、五官九窍及四肢百骸，都有瘀血为患的可能；且随瘀积部位不同，形成原因各异，兼邪不同，而有不同的临床表现。因此，瘀血致病范围广泛，症状复杂多样。如瘀阻于心，气血运行不畅，则心悸气短、胸闷心痛、唇舌青紫；瘀阻于肺，则宣降失调，或肺络受损，可见胸痛、气促、咯血；瘀阻于肝，气机郁滞，经脉瘀阻，可见胁痛、癥积肿块；瘀阻胃肠，可见呕血、大便色黑如漆；瘀阻胞宫，经行不畅，可见少腹疼痛、月经不调、痛经、闭经、经色紫暗有块、或见崩漏；瘀阻于肢体肌肤局部，可见青紫肿痛；瘀阻于脑，脑络不通，可致突然昏倒，不省人事，或留有严重的后遗症，如半身不遂、语言謇涩等。

2. 瘀血致病的症状特点

瘀血致病，虽症状错综复杂，但其主要症状特点可大致归纳为以下几点：

（1）疼痛：一般表现为刺痛或针扎样痛，痛处固定不移，拒按，夜间痛甚。

（2）肿块：肿块固定不移。若在体表则可见局部青紫肿胀；瘀在脏腑、体腔则形成癥积，按之质硬，坚固不移。

（3）出血：部分瘀血为病者可见出血之象，通常出血量少而不畅，血色多呈紫暗，或夹有瘀块。

（4）紫绀：面色紫暗，口唇、爪甲青紫。

（5）舌象：舌质紫暗，或舌有瘀点、瘀斑，或舌下脉络迂曲、怒张等，舌象为瘀血最常见、最敏感的指征。

（6）脉象：常见脉细涩、沉弦、或结代。

此外，也可见面色黧黑、肌肤甲错等症状。

三、结石

（一）结石的概念

结石，是体内湿热浊邪蕴结不散，或久经煎熬形成，并停滞于脏腑体腔内的砂石样病理产物。结石多质地坚硬，形状各异，大小不等，常见的有泥砂样结石，圆形或不规则形状结石等。

结石是疾病过程中形成的病理产物，停滞体内，又可成为某些疾病的致病因素。

（二）结石的形成因素

结石的形成原因较为复杂，有些机理尚不清楚。可能与饮食、情志、服药及体内寄生虫等因素有关。

1. 饮食失宜

嗜食辛辣，过食肥甘炙煿及嗜酒太过，影响脾胃运化，蕴湿生热，肝胆疏泄失常，胆汁排泄不利，湿热与胆汁互结，日久煎熬而成肝胆结石。若湿热下注，蕴结下焦，肾与膀胱气化不利，湿热与尿浊积结而形成肾或膀胱结石；或长期饮用含有某些矿物质较多之水，湿热浊邪流注下焦，羁留肾与膀胱，日久则湿热水浊淤结而为结石。若空腹食柿，尤其是未成熟或未去皮的新鲜柿子，某些成分与胃液（胃酸）互结，凝结成团块而为胃结石。

2. 情志内伤

情志不遂，气机郁滞，肝失疏泄，胆汁疏泄不利，郁滞化热，日久煎熬形成结石。

3. 服药不当

长期过量服用某些药物，常见有碱性药物、磺胺类药物、钙镁铋类药物，致使脏腑功能失调，或药物及其代谢产物残存体内，可诱发结石形成。

4. 寄生虫感染

虫体或虫卵往往成为结石的核心，尤其是蛔虫。若蛔虫窜入胆道，不可避免地引起感染及不同程度的梗阻，也能促进结石的形成。

（三）结石的致病特点

结石停聚，阻滞气机，影响气血，损伤脏腑，使脏腑气机壅塞不通而发生疼痛，为其基本特征。

1. 多发于肝、胆、胃、肾和膀胱等脏腑

人体内饮食水谷、胆汁、尿液等物质，需不断下行、排泄，保持通畅不滞，若肝胆、胃、肾和膀胱的生理功能失调，饮食消化不良、通降不利，胆汁疏泄不利，尿液排泄不畅，久而久之结石内生。因此，肝、胆、胃、肾和膀胱为结石易形成和停留之所。而且，结石停留在不同脏腑，所致病证亦各不相同。如结石阻于肾和膀胱，可致腰痛、尿血、石淋或癃闭。结石阻于肝胆，可致胁下胀痛、黄疸等病证。

2. 易阻气机，损伤脉络

结石为有形的实邪，停留脏腑之内，多阻滞气机，影响气血津液运行，可见局部胀闷酸痛，时轻时重，程度不一。严重者，结石嵌滞于狭窄部位，损伤脉络，可致出血。

3. 易致疼痛，轻重不一

结石停留体内，气血运行受阻，不通则痛。结石引起的疼痛，一般为局部胀痛、酸痛、隐痛、按压痛、叩击痛等。结石的大小不等，所致病证轻重不一。一旦结石梗阻通道，阻闭气机，又可发生剧烈绞痛，常伴有冷汗淋漓、恶心呕吐。疼痛固定不移，或放射至邻近部位，或痛休间歇，发作时剧痛难忍，缓解时一如常人。如肾结石，可见腰部酸痛，当结石梗阻通道，引发腰及少腹剧烈绞痛，痛引阴器或两股内侧。

结石形成多因脏腑本虚，湿热浊邪蕴郁结聚，或湿热煎熬日久而成。故结石患者，每当外感湿热或内生湿热之邪，均易乘虚走注结石留滞之脏腑而发病。例如，胆结石患者，常易发生肝胆湿热，而见身热起伏或寒热往来，胁痛，脘闷不饥，恶心呕吐等。

4. 病程较长，反复发作

结石多为湿热内蕴，日久煎熬而成，故大多数结石的形成过程缓慢，病程较长。若结石得不到及时、恰当的治疗，便会长期滞留体内，缓慢地增大或增多，经外邪、情志、饮食、劳累等因素的诱发，结石扰动，梗阻通道，阻滞气机，引发湿热，则可使病证加剧，从而表现出病情时起时伏，休作无定时的特点。

痰饮、瘀血、结石三者都是病理产物性致病因素，痰饮为体内水液停聚而成，瘀血为血液瘀阻，结石为湿热煎熬所致。虽然这三者来源不同，但在形成过程中都与气滞有关，气滞则水停，则血瘀，也可气化不利而致湿热蕴结。而且，它们之间又相互影响。痰饮内停，阻滞气机，可形成瘀血、结石，而瘀血、结石内阻亦可影响津液代谢而形成痰饮。痰饮、瘀血、结石三者均是有形的病理产物，因此，都具有阻滞气机，病程较长，致病广泛，症状复杂等特点。痰饮随气流行，变幻无常；瘀血、结石虽按停留部位不一而表现不同的症状，但瘀血多为刺痛，而结石疼痛性质多样，甚则绞痛，因而三者各具特征。

第四节 其他病因

一、外伤

外伤，是指由于外力或外在因素的作用所引起的人体损伤。外力，如跌仆、坠落、撞击、闪挫、压轧、负重、金刃、枪弹等所伤；外在因素，如烧烫伤、冷冻伤、虫兽叮咬、化学伤、电击伤等。外伤致病，一般都有明确的外伤史。外伤是中医外科和骨伤科疾病的主要致病因素。

1. 外力损伤

跌打损伤、持重努伤、利器损伤、枪弹伤等可致皮肤、血脉破损，局部出现青紫、肿痛、出血，或筋肉撕裂、关节脱臼、骨折等，重则损及内脏，或出血过多，导致昏迷、抽搐、亡阳虚脱等危急病态；或因创伤后感染，毒邪内攻，危及生命。

2. 烧烫伤

烧烫伤，主要是指高温所引起的灼伤，多由烈火、沸水、沸油、蒸汽等烧烫所致，属火毒为患。轻者损伤皮肤而见局部红肿、灼热、疼痛或起水泡；重者损伤肌肉筋骨、痛觉消失，局部如皮革样、或腊白、焦黄、或炭化；若烧烫面积过大，津液大伤，火毒内攻脏腑而出现神识昏迷，甚则亡阴亡阳而死亡。

3. 冻伤

冻伤，是指人体感受低温侵袭而导致的局部或全身性损伤，属寒毒为患。局部冻伤，易发生于手足、耳郭、鼻尖、面颊等外露或肢体末端部位。因寒性凝滞、收引，使经脉挛急，气血瘀滞、局部失于温养，致受冻局部皮肤苍白、冷麻、青紫肿胀、灼热、痒痛，或起水泡，甚则溃烂。全身性冻伤，因阴寒过盛，阳气大损，气血失于温运，可见寒战，体温下降，面色苍白，唇舌青、爪甲青紫，感觉麻木，反应迟钝，逐渐昏迷，呼吸微弱，不及时救治，易致死亡。

4. 虫兽伤

虫兽伤，包括猛兽、毒蛇、狂犬及其他动物咬伤，或蜂、蝎等昆虫蜇伤。轻则局部损伤，如疼痛、肿胀、破溃、出血等；重则伤及内脏，或出血过多而致死亡。狂犬咬伤，除初期局部皮肉损伤、肿痛、出血外，病邪潜伏一段时间，可发为“狂犬病”，出现烦躁、惶恐不安，恐水、恐风，牙关紧闭，抽搐等症，多不治而亡。若毒蛇、蜈蚣咬伤或蜂、蝎、蚁蜇伤，除局部肿痛外，有时出现全身中毒症状，如头晕、心悸、恶心、呕吐、昏迷等。特别是毒蛇咬伤，易出现风毒（神经毒）、火毒（血液循环毒）或风火毒（混合毒）等严重中毒反应，如不及时救治，常导致死亡。

5. 化学伤

化学伤，是指某些化学物质对人体造成的直接损害，包括农药（如有机磷）、有毒气体（如工业气体）、化学药品（如强碱、强酸）、军用化学毒剂（如神经性毒剂、糜烂性毒剂、失能性毒剂、刺激性毒剂、窒息性毒剂等）、煤气及其他化学物品等。化学毒物的侵害途径，或通过口鼻进入人体，或通过皮肤而吸收，人体一旦受其伤害，即可在相关部位，甚至全身出现相应病证，如局部皮肤与黏膜的烧灼伤，或红肿、水泡，甚或糜烂。全身性症状可见头晕头痛、恶心呕吐、嗜睡、神昏谵语、抽搐痉挛等，以致死亡。

6. 电击伤

电击伤，包括电灼伤和雷击伤，都是由于电流造成的人体损害。此类损伤，诊断并不困难，均有明确的触电或遭受雷击史。轻者，仅在触电部位出现程度不等的肌肤灼伤、血肿、麻木不仁。重者损及脏腑，出现暂时或长时间的不省人事、面色青紫或苍白、脉象细微，或惊厥、痉挛、僵直，甚或呼吸心跳停止，导致死亡。

二、诸虫

诸虫是动物性寄生物的统称。人体常见有血吸虫、蛔虫、蛲虫、钩虫、绦虫等。诸虫感染，主要是通过进食或接触寄生虫及其虫卵所污染的水、土、食物等所致，而人体脏腑功能失调，尤其是脾胃湿热蕴积，亦是诸虫得以寄生和繁殖的内在条件。诸虫寄居于人体内，不仅消耗气血津液等营养物质，而且能损伤脏腑气血的生理功能，导致寄生虫病的发生。

1. 血吸虫

血吸虫寄生于人体内引起的血吸虫病。古代文献中，把血吸虫称作“蛊虫”“水蛊”，蛊在诸虫中毒害最盛，致病极难治疗，故又称为“蛊毒”。血吸虫病的发生，多由人体皮肤接触了有血吸虫幼虫的疫水，幼虫从皮肤直接侵入人体而致病。发病初起，邪在肺卫，可见发热恶寒、倦怠、咳嗽、胸痛等；继则可见腹泻，下痢脓血；病久因肝失疏泄，脾不健运，气血瘀阻而见腹胀、胁下癥块；晚期则肝郁脾虚，肾之气化失司，水液内停，可见腹水臌胀，甚则气血瘀阻、血不循经而致吐血、便血等。儿童患病，可严重影响生长发育。

2. 蛔虫

蛔虫，古称“蚘虫”“长虫”，其致病较为普遍，尤以 5 ~ 15 岁儿童多见。蛔虫病多由饮食不洁，虫邪随饮食入口寄生于肠道所致，同时还与脾胃虚弱有关。其为病多见脐周腹痛，时作时止，面色萎黄，或呕吐清涎，或夜间磨牙，或大便出蛔虫。若虫多扭结成团，可在腹部触及索条状包块，严重者可导致肠道梗阻不通；若蛔虫窜入胆道，可见胁部绞痛，恶心呕吐或吐蛔，四肢厥逆，称为“蛔厥”。

3. 蛲虫

蛲虫以小儿多见，多由饮食不洁，脾胃虚弱所感染。蛲虫寄生于人体大肠，有时也寄于其他部位，如胃、鼻孔内。蛲虫致病临床以肛门奇痒，夜间尤甚，睡眠不安为主要特点，或烦躁、夜啼、磨牙等。有时夜间在灯光下可观察到肛门周围蠕动的细小白虫。病久则可见胃纳减少、身体消瘦等。

4. 钩虫

钩虫，古称“伏虫”，多由于手足皮肤接触了有钩虫蚴的粪土而被感染。钩虫幼虫侵入肌肤初期，可见手足皮肤局部奇痒，喉痒、胸闷、咳嗽等症。成虫寄生于小肠，可严重影响脾胃运化功能，出现腹胀、便溏、异嗜生米、泥土及木炭等。病久耗伤气血，可见面黄肌瘦、神疲乏力、心悸气短，甚则周身浮肿等。

5. 绦虫和囊虫

绦虫在古代医家著作中称为“寸白虫”。多由进食被绦虫虫卵污染生肉或未经煮熟的猪肉或牛肉，使绦虫幼虫（囊尾蚴）进入人体，发育为成虫并寄生于肠中。临床上多表现为腹痛腹泻，食欲亢进，形体消瘦，并在大便中常排出色白体扁的虫体节片。囊虫病是由于摄入食物中沾染了绦虫虫卵，其发育成幼虫（囊尾蚴）后，寄生在人体皮肉筋脉、肌肤，或侵犯多个脏器，引起不同症状和体征，其中脑囊虫病最为严重，可致癫痫、痴呆等；若虫与痰浊积于肌肉筋脉，可见皮下结节。

三、毒邪

（一）毒邪的概念

毒邪，泛指对机体有毒害作用，导致脏腑、形质和功能严重损伤的致病因素。王冰注《素问·五常政大论》说："夫毒者，皆五行标盛暴烈之气所为也。"尤在泾《金匮要略心典》说："毒，邪气蕴结不解之谓"。此外，除毒邪病因外，毒还具有多重含义，如病名、证候、治法、药性及副作用等。

（二）毒邪的形成因素

1. 外来之"毒邪"

外毒，是指来源于自然界，从外界侵入机体并造成严重伤害的一类毒邪。外毒侵入多因天时不正之气、或饮食失宜、或起居接触、或外伤感染等因素。外毒的形成与气候、时令、环境、生活起居等有关。外来毒邪包括：一为六淫化毒，即六淫偏盛猛烈，侵犯机体，转化为毒；或六淫蓄积蕴结日久化毒。如风毒、寒毒、暑毒、湿毒、燥毒、火毒等。此类毒邪或因盛而变，或因积而成，都是在原有病邪的基础上化生，形成有别于原有病邪的更强的致病因素，六淫化毒与六淫在程度深浅、病机变化上都有明显不同。二为疫疠毒邪。人体直接感受外界的"疫毒""疠毒"，具有强烈的传染性。三为有毒性作用的物质直接入侵人体，引起中毒。如食毒（进食腐败变质食物、被毒素污染的食物、有毒动植物），药毒，虫兽毒（蚊、虫、蜂、蛇、犬等叮咬中毒），煤气毒，漆毒，瘴毒及环境毒邪等。

2. 内生之"毒邪"

内毒，是指来源于体内，由于脏腑功能紊乱、阴阳气血失调，代谢产物未能及时排出，蓄积蕴结日久而化生毒邪。多与情志内伤、饮食不节、劳逸失度、痰饮瘀血、治疗不当有关。内毒常发生于内伤杂病的基础上，是诸邪蓄积、胶结壅滞的结果，既能加重原有病情，又能产生新的病证，又称继发性毒邪。如阳明热盛，大便燥结，久成粪毒；肾气败坏，气化失司，尿液不能排出，蓄积日久而成尿毒；痰浊郁久而成痰毒；瘀血蕴蓄日久而成瘀毒等。内毒之生，多标志着病邪致病之力亢盛，正气匮乏，疾病进入或重或危阶段。

（三）毒邪的致病特点

1. 起病急骤，病情危重

毒性暴戾猛烈，具有起病急骤或使原有疾病猝然加重、来势凶猛、传变迅速、变化多端、病情危重、极易致死的特点。临床可见高热、寒战、神昏、谵语、痉厥、抽搐、出血、斑疹、呕吐、泄泻、脱厥等急重症。

2. 顽恶难愈，易成后遗

毒邪乃邪气蕴结不解，酿化成毒，故毒邪常胶结深伏体内，顽恶难除，致病易成痼疾，反复发作，病程较长，病势缠绵，难以治愈，有些毒邪损脏伤形，形成后遗。如肿瘤、尿毒症、痹证等病情顽固，终生难愈。疫毒（如脊髓灰质炎）、梅毒常形成后遗症或导致胎传性疾病。

3. 致病广泛，病症复杂

毒邪一方面侵犯部位广泛，外至形体官窍，内至脏腑经络，累及多部位、多脏腑；另一方面常兼挟其他病邪，外毒常依附六淫，内毒常夹痰夹瘀，因而其致病广泛，病证繁多，病情复杂多变，临床表现多样无常。如痰毒或致咳吐痰涎黏稠量多，或致皮下包块、瘰疬、痰核，或致关节肿痛，或致癫、痫、狂等。

4. 易伤形脏，动血伤阴

因毒性暴烈，性恶而好窜，传变迅速，外趋体表则损伤筋骨、血脉、肌肤，易致痈疽疮疡等；入内则易攻脏腑，损害脏腑功能及形态结构。如毒入营血，耗伤营阴，迫血妄行，不但可见皮下出血、瘀斑、呕血、黑便诸症，甚则出现神昏、谵语、抽搐、痉厥等。

5. 季节性和地域性

外毒多具有明显的季节性和地域性。如霍乱为湿毒所致，故易侵袭胃和大肠，多发于湿邪较盛之夏秋季节。瘴毒致病，则与地域有关，仅限于岭南地区。环境毒邪是由于局部环境污染造成，如大气污染、水污染、土壤污染、噪声辐射等。

四、药邪

药邪是指因药物炮制或使用不当而引起疾病发生的一类致病因素。药物用于治病，前提是必须正确、合理用药，如果药物炮制加工不正确；或医生不熟悉药物的性味、功效、常用剂量、毒副作用、配伍禁忌而使用不当；或患者不遵照医生的指导而盲目用药，则药物非但不能治好原有病证，反而会造成新的疾患，甚至发生药物中毒。

（一）药邪的形成

1. 炮制不当

某些含有毒性的药，经过严格的炮制加工可降低毒性、烈性和副作用。如乌头蜜制或火炮，附子浸漂、水煮，半夏姜制等，皆可使其毒性减轻。若对这类药物不加炮制或炮制不规范，则易致中毒。

2. 用药过量

临床用药，有一定的常用剂量，如果用量过大，或用药时间过长，亦可产生毒性或副作用，特别是一些含有毒性的药物过量，可造成急性药物中毒或蓄积性中毒。

3. 配伍不当

不同中药的合理配伍可增强疗效，减低毒副作用；而某些药物的相互合用则会产生或增加毒性。例如乌头与半夏、人参与藜芦等等。中药的“十八反”“十九畏”就是古人对药物配伍禁忌的概括。

4. 用法不当

某些药物在使用上有禁忌或特殊要求。如妇女妊娠、哺乳期间使用了应禁忌的药物会变生他疾，或伤及胎儿或婴儿。另外，有的药物应先煎以减低毒性，如不按要求先煎，则易导致人体中毒。

5. 滥用补药

人体虚弱或为养生防病延年益寿需要，适当服用滋补之品属于正常。但进补一是虚则补，未虚则不补，二是进补一定要在医生的指导下，辨证施补。补药亦有性味之偏，滥用补药不仅无益于健康，反而会助邪益疾，或导致机体阴阳失调、气血失常，引起新的疾病。

（二）药邪的致病特点

1. 易致中毒

误服或超量久服有毒药物，临床可引起中毒症状，轻者出现头晕心悸、恶心呕吐、腹痛腹泻、舌麻等；重者可见全身肌肉颤动、嗜睡或烦躁、黄疸、紫绀、出血昏迷乃至死亡。药物中毒症状和程度往往与药物的成分、用量有关。

2. 药物过敏

少数药物可导致过敏反应。药物过敏往往有明显的个体差异。轻者临床可出现恶心呕吐、腹痛腹泻、荨麻疹、湿疹、哮喘等症状；重者可导致厥脱。

3. 发病或急或缓，轻重不等

药邪致病，与用药有因果关系，发病或急或缓，出现症状轻则停药即可缓解，重则病势危笃，若不及时救治，病情迅速恶化，对机体重要脏腑造成严重损害，甚至导致死亡。

4. 加重病情，变生他疾

药物使用不当，不仅对治病无益，反而会助邪伤正，使病情加重，甚至引起新的疾病。例如药物中毒、药物过敏等，可损伤脏腑气血；妇女妊娠期间用药不当，会引起流产、畸胎或死胎等。

五、先天因素

所谓先天因素，是指人未出生前因父母体质或胎儿发育及分娩时所形成的致病因素，包括遗传因素和胎传因素。先天致病因素的致病特点主要是影响小儿的生长发育和健康，导致某些遗传性疾病或先天性疾病的发生。

1. 遗传因素

遗传是指亲代与子代之间遗传物质传递的关系。遗传因素是由父母亲的遗传物质传递而形成的致病因素，所致的遗传性疾病，即由于父母亲生殖细胞或受精卵里的遗传物质（染色体或基因）发生了变异，导致胎儿或出生后机体结构和功能异常的疾病。如某些出血性疾病（血友病）、唇裂、先天愚型（唐氏综合征）、癫狂痫、消渴病、多指（趾）、眩晕（高血压病）、中风、多囊肾、色盲、近视以及过敏性疾病等。

2. 胎传因素

胎传是指各种因素通过母体作用于胎儿的过程。胎传因素是指在胎儿发育或分娩过程中，各种因素通过母体作用于胎儿所形成的致病因素，包括精神刺激、起居不慎、饮食失宜、用药不当、感染邪毒等。所致的胎传性疾病，大多在婴儿出生时就已经显示出症状和体征，但也有一些出生时并无症状，随着个体的不断发育，逐渐显露出来。如因其母精气不足，或母体营养不良，以致小儿先天禀赋薄弱，形成胎弱病，症见生后皮肤脆薄，毛发不生，形寒肢冷，面黄肌瘦，筋骨不利，以及五迟、五软、解颅等。如孕妇恣食肥甘、生活调摄失宜或郁怒悲思，感染梅疮等邪毒，使毒火内蕴，传于胎儿，形成胎毒。胎毒为病，一指胎寒、胎热、胎黄、疮疹等；二指遗毒，如先天性梅毒、艾滋病和乙型肝炎等。

复习与思考请扫二维码

第八章 发　病

人体疾病与健康是相对而言的，正常情况下，机体内部与外界环境之间维持着相对的平衡协调，从而维持着稳定有序的生命活动，人体就处于健康状态，即所谓“阴平阳秘”。在某种致病因素作用下，正邪相搏，使人体某些平衡协调遭到破坏，发生脏腑经络、形体官窍等结构或功能异常，出现临床症状和体征，并不同程度地影响机体正常的生活与劳动能力，便发生了疾病。发病，指疾病的发生过程，即机体处于病邪损害和正气抗损害之间的矛盾斗争过程。中医发病学包括发病基本原理和发病形式等内容。

第一节 发病原理

疾病的发生虽然错综复杂，但总其概要，不外乎是病邪作用于人体引起损害和正气抗损害两个方面的矛盾斗争过程。疾病发生与否，取决于正邪斗争的胜负。因而，中医学认为，疾病发生的原理，就是正气和病邪斗争的机理，涉及正气与邪气的盛衰及其斗争的趋向与结果。正邪相争是疾病从发生、发展到结局的病变过程中最基本的、具有普遍意义的规律。

一、正气不足是发病的内在根据

（一）正气的基本概念

正气，是人体正常功能活动的统称，即人体正常功能及所产生的各种维护健康的能力，包括自我调节能力、适应环境能力、抗邪防病能力和康复自愈能力等，简称“正”。

人体的正常功能活动包括脏腑经络、形体官窍和精、气、血、津液的生理功能以及正常的精神情志等方面的活动。因而，正气包括的范围非常广泛，既包括以上诸方面自身的活动状态，也包括其功能活动的产物对人体产生的作用与影响。例如，胃的受纳腐熟功能、脾的转输布散水谷精微的功能、肾司蒸腾气化的功能，以及阳气的温煦功能、津液的濡润功能、血的营养作用、卫气固护肌表和驱邪外出的作用、经络调节全身上下内外的功能等，均属于正气的范畴。

正气旺盛取决于三个基本条件：一是脏腑经络、形体官窍等形态结构的完好无损，二是精、气、血、津液等生命物质的充沛与正常输布转化，三是各种功能活动的正常及相互之间协调有序。

（二）正气不足是发病的内在根据

中医发病学的基本观点在于：正气不足是发病的前提和根据，居于主导地位。正气与病邪是疾病发生过程中的一对基本矛盾。在多数情况下，邪气之所以侵袭人体而发病，主要是由于正气虚弱，抗邪无力。

人体脏腑功能正常，正气旺盛，气血充盈流畅，卫外固密，外邪难以入侵，内邪难于产生，就不会发生疾病。故《素问·刺法论》说："正气存内，邪不可干。"当人体脏腑功能低下或亢进，正气相对虚弱，卫外不固的情况下，或人体阴阳失调，病邪内生，或外邪乘虚而入，均可使人体脏腑经络、形体官窍的功能紊乱，发生疾病。故《素问·评热病论》说："邪之所凑，其气必虚。"《灵枢·百病始生》也说："风雨寒热，不得虚，邪不能独伤人。卒然逢疾风暴雨而不病者，盖无虚，故邪不能独伤人。此必因虚邪之风，与其身形，两虚相得，乃客其形。"因此，正气不足是疾病发生的内在根据。

正气在发病中的主导作用主要体现在以下几方面：

1. 正虚感邪而发病

正气不足，抗邪无力，特别是肺与皮毛功能低下，卫气虚弱，外邪得以乘虚侵袭人体。

2. 正虚生邪而发病

正气不足，脏腑功能失调，气血津液的生成、运行、输布障碍，不仅可产生痰饮、水湿、瘀血、结石等病理产物，还可导致内火、内寒、内湿、内燥、内风等内生"五邪"的发生。

3. 正气虚弱影响疾病的发展与预后

正邪相争，正不胜邪而发病。相对而言，正气虚弱者，发病重，病位深，病程长，预后差。正气虚甚，不能削弱、中止邪气侵害，可造成慢性病证迁延不愈，或遗留不同程度的后遗症，甚至病情恶化而死亡。

（三）正气抗邪的机理

人体正气具有抗御病邪侵袭、及时驱除病邪、调节功能活动、修复机体损伤而防止发病的作用。正气抗御邪气的机理，主要体现在四个方面：

1. 抵御外邪入侵

邪气侵袭人体，正气无论强弱，都会奋起与之抗争。若正气旺盛，抗邪有力，外邪就难以入侵而致病。

2. 驱邪外出

病邪入侵后，若正气强盛，通过正邪相搏，驱邪外出，而不发病；或由于正气的阻止和抑制作用，邪气难以深入，即使发病，亦较轻浅，预后良好。

3. 防止内生之邪产生

正气通过推动和调节各脏腑经络的生理功能，促进和调节精血津液的正常代谢和运行输布，使之畅达和调，从而防止痰饮、瘀血、结石等病理产物以及内风、内寒、内湿、内燥、内火等"内生五邪"的产生。

4. 调节修复

对于病邪入侵而造成的机体阴阳失调，脏腑经络生理功能异常，形质损伤，精血津液亏耗及其功能失常，正气均可通过其自行调节、修复、补充的作用，促使其趋于正常，使疾病向愈。

二、邪气是发病的重要条件

（一）邪气的基本概念

邪气，是各种致病因素的统称，也称病邪，简称“邪”。包括外感六淫、疠气、内伤七情、饮食失宜、劳逸失度、外伤以及机体内部产生的水湿、痰饮、瘀血、癥瘕、痰核、结石、毒邪等。

邪气有些是有形可见，如瘀血、结石、外伤等；有些虽无形质，但可以感觉和接触到，如外感六淫、情志过极等；有些则是通过症状和体征推断出来，如痰饮、肝风等。

（二）邪气是发病的重要条件

中医发病学的基本观点还包括：邪气是发病的重要条件。邪气和发病的关系，主要体现在以下方面：

1. 影响发病的性质、类型、特点

不同类别、不同性质的邪气作用于人体，可以发生不同的疾病，表现出不同的发病特点、病证性质或证候类型。六淫发病，多由皮毛感受，发病较急，多有卫表证候：如热邪致病多呈现表热证，寒邪致病多呈现表寒证；暑邪侵袭往往出现伤暑或中暑证候。七情内伤，发病较缓，直接伤及内脏，影响脏腑气机，易使气血失常。饮食失宜，常损及脾胃，易致气血不足或食积、食物中毒等。外伤一般损及皮肉筋骨或脏腑，毒蛇咬伤可致全身中毒，甚至死亡。

2. 影响病情轻重

疾病的轻重，除人体正气盛衰外，与邪气的性质与强弱密切相关。六淫致病，起始多轻浅；而疫疠之邪致病，起始多急重且迅速深入。同一病邪伤人，邪气强盛者，病情重而深；感邪轻微者，病情轻而浅。

3. 影响发病部位

发病的部位也与邪气的种类、性质有关。例如，风为阳邪，其性轻扬，易袭阳位，常易侵犯人体的肌表、肺系、头面。湿邪重浊趋下，易袭阴位，多犯人体下部，留滞下肢及前后二阴。

4. 在某些情况下，邪气在发病中起主导作用

当邪气的毒力或致病力特别强盛，或机体受到不可抗御的外来伤害时，如疠气、毒邪、外伤、烧伤、冻伤、电击、虫兽伤、枪弹伤等，在这些情况下，人体正气虽盛，也难免发病。正如吴又可在《温疫论》中所说：“疫者，感天地之疠气，……此气之来，无论老少强弱，触之者即病。”因此，在一定的前提条件下，邪气在发病过程中也可以起到决定性的主导作用。

（三）邪气伤正的机理

邪气对人体正气的损害，主要表现在四个方面：

1. 导致功能失常

邪气致病，可致机体阴阳失调，脏腑经络功能紊乱，精气血津液的代谢及功能失常。例如，风邪犯肺，易致肺失宣肃、肺气不利、呼吸异常，或水液代谢障碍，出现胸闷胸痛，咳嗽痰多，或面肿、小便不利等。寒性收引凝滞，易致经络气血不通，发生各种疼痛。

2. 造成形质损伤

很多病邪常直接或间接对人体形质如脏腑经络、形体（皮肉脉筋骨）官窍或精、气、血、津液等物质造成损伤或消耗，如外伤、烧烫伤、虫兽伤等直接造成受伤局部破损、肿胀、出血；外感暑、热之邪多伤津耗液；火热上炎易致口舌生疮；热毒迫血妄行，灼伤脉络，易导致出血等。

3. 导致机体抗病康复能力下降

邪气侵袭人体，必然损伤人体正气，导致机体抗病能力、自愈及康复能力下降。例如，重病之人，易新感外邪；以及慢性病反复发作，缠绵难愈等。

4. 改变体质类型

邪气的致病作用以及正气抗邪斗争的过程，导致脏腑气血阴阳等多方面的病机变化，其结果可以改变机体的体质特征。例如，阴邪致病，损伤阳气，久之可以转变为阳虚体质；阳邪致病，易伤阴气，久之可以转变为阴虚体质。重病、久病之后，若失于调养，常致体质羸弱。

三、影响发病的环境因素

邪正盛衰是疾病发生的基本因素，但又与机体内外环境的影响密切相关。机体内外环境的变化也是影响发病的重要因素。

（一）外环境因素

外环境指自然环境与社会环境，包括气候因素、地域因素、生活居处与工作环境等。外环境主要与病邪的形成密切相关。

1. 气候因素

季节气候的正常变化，若人体正气充足，维持着良好的调节、适应能力，则不会发病。当正气不足，调节、适应能力下降时，同样的气候条件也会使人发病。

当季节气候发生急骤的、剧烈的、持续的、异常的变化，如高温酷暑、久旱暴晒、淫雨连绵、湿雾弥漫、当暖而寒、应寒而温等，就会成为孳生和传播某些疫疠病邪的条件，若人体的正气不足，抗病能力和适应调节能力下降，就容易导致疾病的发生。

气候变化还是诱发、加重疾病的因素。例如，哮喘、胸痹患者多在冬季发病或加重等。

2. 地域因素

不同的地区，地势高低、气候冷暖、水土性质、饮食习惯不同，影响人们的生活习惯和生理特点，也可导致地域性的多发病、常见病。例如，北方风寒冷冽，易生寒病；东南沿海温暖而湿，易生湿热，多发疮疡；岭南云贵地区易感山岚瘴气，多发疟疾；远离海洋的某些山区，易患瘿瘤；江淮湖沼之地接触疫水，易感血吸虫而患水臌。易地而居或异地旅游，初期也常见水土不服现象，如腹胀便秘等。

3. 生活、工作环境因素

不良的生活、工作环境影响人的健康。居住拥挤狭窄或阴暗潮湿，造成空气污浊，光照不足，污物淤积，蚊蝇孳生，常会传播病邪，导致疾病。例如，流行性感冒、麻疹、百日咳、肺结核、痢疾等的流行。工业生产过程中使用的化学制剂以及产生的声、光、电等可以直接伤害机体；工业废气、废液、废渣以及农业生产中使用的农药等多含有害物质，可污染空气、水源、土壤和食物等，对人体造成直接或间接的损伤，发生急性或慢性中毒性疾病。街道粉尘、交通噪声等，也会不同程度地污染环境，损害五官七窍，干扰情绪，引发疾病。

（二）内环境因素

内环境是指人体内部的差异性，是由脏腑经络、形体官窍等组织结构和精气血津液等生命物质及其功能活动所形成的体内状态。影响发病的内环境因素包括体质因素、情志因素、营养状况、锻炼状况等。内环境主要决定人体正气的强弱。

1. 体质因素

体质系指个体形成于先天、定型于后天的形态结构、生理功能和心理活动相对稳定的特性。体质在一定程度上决定着人体正气的强弱，从而影响着发病。体质强者，正气强盛，抗邪有力，不易感邪而发病；体质弱者，正气不足，抗病力低下，易于受邪而患病。

体质又决定机体对某些病邪的易感性。不同的体质类型，体现着阴阳、寒热、虚实的差异，导致个体对某些病邪的易感性和某些疾病的易发性。例如，阳虚体质易感寒邪；阴虚体质易感热邪；小儿脏腑娇嫩，气血未充，易感受外邪或易受饮食之伤；年高之人，精亏气虚，易患眩晕、心悸、痴呆、耳聋、腰痛；肥胖或痰湿内盛之人，易患中风、胸痹、消渴；瘦人或阴虚之人，易患肺痨；胆虚气怯之人，易受惊恐发为癫疾、心悸、不寐等。

体质还决定着对某些疾病的证候类型。感受相同的病邪，因体质不同，而表现出不同的证候，例如，同是感受风寒之邪，卫表不虚，腠理致密者，常出现恶寒发热、无汗、脉浮紧的风寒表实证；卫表不固，腠理疏松者，常出现发热恶风、汗出、脉浮缓或浮弱的风寒表虚证。感受不同的病邪，因体质相同，也可以表现为相同或相似的证候类型。例如，阳热体质者，感受暑热之邪，势必出现热证；而感受风寒之邪，也往往邪郁化热，较快地表现为表热证或里热证。

2. 情志因素

人的精神状态可以直接影响脏腑阴阳气血的功能活动，从而影响着正气的强弱。情志舒畅，精神愉快，则气机通畅，气血和调，脏腑功能协调，正气旺盛。若情志不舒，则气机失调，气血失和，脏腑功能失常，使正气减弱。《素问·上古天真论》说："恬淡虚无，真气从之，精神内守，病安从来。"因此，调摄精神，也能够增强正气，从而减少和预防疾病的发生。

情志因素与发病的关系主要表现在以下两方面：其一，情志刺激可直接发病。强烈或持久的情志波动和精神刺激，可导致脏腑气血紊乱而产生不同的病变。例如，长期思虑过度、郁怒不解、忧愁悲哀等，可引起胃脘痛、消渴、月经不调或癥积等疾病的发生。其二，情志刺激可诱发疾病。例如，胸痹、中风、晕厥等，常可因暴怒、极度惊恐或悲伤等诱发。

3. 营养状况

合理饮食和充足营养是保证人体生长发育和正常生理活动的必要条件，也是促进正气强盛，提高抗病能力的重要因素。营养不良或饮食偏嗜，可使化源匮乏，气血衰少，形体消瘦，正气虚弱，抗病能力低下，不仅直接发生虚劳病证，也常常导致病邪外入或病邪内生。若饮食摄入过多，或偏食某种食物，超过了人体脏腑吸收、运化、转输、代谢的能力和汲取、利用的需要，则易导致营养过剩或失衡，水谷精微壅积不运，瘀滞不化，易酿湿生痰、郁而化热，或气滞而形成血瘀，进而导致肥胖、眩晕、胸痹、消渴等。

4. 锻炼状况

适当方式和强度的体育锻炼，可使气血通畅，脏腑经络、形体官窍的功能活跃，正气强盛，从而抗病驱邪，防止疾病的发生。过度的安逸，则气血流通缓慢、障碍；而过度的运动，耗气伤血，劳伤筋骨皮肉，损害脏腑功能，又使正气耗损，抗病能力下降而发病。

第二节 发病类型

在疾病发生过程中，由于机体正气盛衰强弱、感受邪气种类性质等的不同，其发病类型因之而异。临床常见的发病类型包括感而即发、伏而后发、徐发、继发、复发等。

1. 感而即发

感而即发，是指机体受邪后立即发病，为最常见的发病类型。感而即发的原因，主要是邪气致病力强盛，正气相对不足，不能抗御邪气，或短时间内不能祛除病邪而致发病。多见于急性外伤、新感伤寒或温病、疫疠之气、情志剧烈变化、毒邪中人、暴饮暴食所伤等疾病。例如，暴怒可使气血并走于上，脑络瘀阻或血溢脉外，出现猝然昏仆、半身不遂；感受寒冽之气，阻痹心阳，心脉瘀阻，可致心胸剧痛、脉绝不至。

2. 伏而后发

伏而后发，是指机体感受邪气后，邪气潜伏于体内，经过一定的时间，在一定诱因的作用下，或无明显诱因而发病。潜伏于体内的邪气称为伏邪。邪气之所以在体内潜伏，是因为邪气尚未强盛到足以致病的程度，并且正气的力量也不足以驱邪外出，一旦某种条件或诱因刺激，使病邪增强或使正气减弱则发病。

伏邪的潜伏期短则数小时，多则数十年而不等。例如，毒蕈中毒多在进食后一两个小时内发病；破伤风的潜伏期平均为七八天，最短的在一昼夜之内，最长者可达数年。狂犬病受邪后，有的可潜伏体内十多年至二十多年才发病。

3. 徐发

徐发，是指发病徐缓，呈缓慢发生的发病类型。发病徐缓，与病因的种类、性质、致病作用以及体质因素密切相关。

外感邪气中，湿邪或寒湿之邪属阴，其性黏滞、重浊或凝滞收引，起病隐匿，发病多徐缓。例如，寒湿侵犯肢体，痹阻气血，会逐渐出现肌肉、筋脉、关节的沉重、疼痛、麻木、拘急、屈伸不利等。年高或体弱患者，正气不足，感受六淫之气，机体反应迟滞，常见缓慢发病。

嗜食膏粱厚味、嗜酒、房事不节、忧愁不解、思虑过度、劳逸失度以及痰饮、瘀血等病因，长期作用于机体，引起机体的渐进性病机变化，日积月累，才会出现各种症状和体征。

4. 继发

继发，指原有疾病未愈，又发生新的疾病。从时间上看，继发病发生于原发病之后；从病机上看，继发病在原发病基础上产生，或两者具有共同的发病基础。继发病和原发病存在着密切的内在联系，两者之间，往往互为因果，例如，喘病日久不愈，肺失清肃，肺气受损，不能吸纳清气，而致宗气衰弱，无力司呼吸贯心脉，就会继发心悸。思虑过度，暗耗心血，导致血虚，血虚证患者日久渐次继发失眠、健忘、心悸等。

5. 复发

复发，指疾病初愈或在缓解期，原有疾病重新发作或反复发作。疾病复发的主要特点：一是临床表现类似于初病，但又不仅是原有病理过程的简单再现，往往较原病证有所加重、更为复杂；二是复发次数越多，静止期的恢复就越不完全，预后也越差；三是复发大多有诱因。

引起疾病复发的机理主要有余邪未尽，正虚未复及诱因的作用等三方面。导致复发的因素主要有以下几个方面：

（1）食复：食复，是指疾病初愈，因饮食不当所引起的疾病复发。疾病过程中，由于病邪的损害或药物的影响，常常会伤及脾胃。疾病初愈，脾胃功能尚未复健，若进食过多，或进食不易消化的食物，或饮食不洁，或不注意饮食宜忌，常常更伤脾胃。而余邪得宿食、湿热、酒毒、或某些“发物”之助而复作，以致疾病复发。例如，痢疾、痔疮、淋病等新瘥后，常可因饮酒或食辛辣、炙煿之物而诱发。进食鱼虾海鲜常可引起哮喘病、隐疹等复发。

（2）劳复：劳复，是指疾病初愈后由于劳力、劳神、房劳等劳累过度而引起疾病复发。疾病初愈，正气虚弱，应适当休息调养，不宜过度劳累。否则，将进一步耗伤正气，极易再次感邪而复发。例如，咳喘、脱肛、胸痹等多种疾病常因劳力而复发；失眠、健忘、眩晕、头痛等，常因劳神而复发；腰痛、淋病、带下、水肿等常因房劳而复发。

（3）药复：药复，指病愈后药物使用不当而引起疾病复发。疾病新愈，为清除余邪或恢复正气，可以使用药物予以调理。但应以祛邪勿伤正、扶正勿助邪为原则，切忌药性偏颇，尤禁峻补峻泻。例如，高热之后，脉静身凉，病告向愈。此时正气未复，余邪尚存，若用大补气阴之剂，易留滞余邪，使死灰复燃；若重用清热攻邪之品，则易重伤正气，使原病复发。

（4）重感致复：重感致复，是指疾病初愈或缓解阶段又复感新邪而导致疾病复发。重感致复不仅有原病变特点的再现，又有新邪致病、内外合病的表现。其主要机理是：疾病新愈，邪气未尽，正气尚未复原，防御能力低下，新感之邪侵入后，又助长体内病邪，或引动旧病病机，使原来的病变过程再度活跃。重感致复可见于外感或内伤性多种疾病，但多发生于热病新瘥之后。

（5）其他因素所致的复发：情志、气候、地域环境等因素亦可成为某些疾病复发的诱因或条件。例如，心悸、怔忡、胃痛、头痛、脏躁等，常因情志刺激而复发；痹病、咳喘、水肿等往往因气候变化而复发；哮喘、荨麻疹、皮肤瘙痒等多因工作或居住地域环境而发作。

（6）自复：自复，是指无明显的外在诱发因素出现疾病自行复发。疾病自复一般是由于疾病基本痊愈后留有病邪宿根，余邪在里，正气亏虚，无力祛邪，邪气暗长，致旧病复发。如目睛翳障手术切除后常会渐渐复生；某些腹泻治愈后，出现阶段性复发。

复习与思考请扫二维码

第九章 诊　法

诊法是以中医学理论为指导，诊察病情的方法。中医诊法包括望、闻、问、切四法，简称“四诊”。人体是以五脏为中心的有机整体，脏腑、经络、精气血津液等病机变化反映于外，表现为临床症状和体征，即所谓“有诸内者，必形诸外”。中医诊法的基本原理，就是以整体观念为指导思想，通过诊察疾病显现于外部的各种征象，运用中医学理论，分析疾病的病因、病机和病位，以了解脏腑的盛衰变化、气血阴阳失调的状况，从而为诊断疾病与辨证论治提供依据。

诊察病情时，必须望、闻、问、切四诊并用，不应片面夸大某一诊法的作用，更不能相互取代；同时，应在整体观念指导下，尽可能全面地搜集各种临床资料，“四诊合参”，综合分析，去伪存真，才能正确辨病与辨证。

此外，现代诊断技术的发展，极大地丰富和开拓了人们的视野，使依赖于医生感官的望、闻、问、切诊法得以延伸，宏观与微观相结合，定性与定量相结合，从而提高了临床诊疗水平。

本章主要介绍中医望、闻、问、切四诊的方法。

第一节 望　诊

望诊是指医生利用视觉对患者的神、色、形态、五官、舌象、皮肤等进行仔细观察，以了解病情、判断预后的诊察方法。

望诊注意事项：其一，选择适宜的光线，以自然光线为佳。如果在灯光下望诊，则需避免有色光线引起的误差。其二，充分暴露受检查的部位，以便客观准确的进行观察。其三，实施检查时应注意保护受检者的隐私。

望诊的内容主要包括望神、望色、望形态、望头面五官、望舌、望皮肤等。

一、望神

望神是通过观察人体生命活动的整体外在表现和精神意识状态的诊察方法。望神之“神”，是指机体生命活动及精神意识状态的综合表现。观察神的得失有无，可以了解脏腑精气的盛衰，判断病情的轻重，故曰“得神者昌，失神者亡”（《素问·移精变气论》）。

望神主要观察面部表情、目光眼神、形态动静、精神意识、言语应答、对刺激的反应等。望神之重点是观察眼神、精神、气色、体态的变化。

神的表现，按神的旺衰、病情的轻重可分为得神、少神、失神、神乱、假神五种。

1. 得神

得神又称“有神”，主要表现为精神饱满，目光灵活，反应灵敏，语言清晰，面色润泽，呼吸平稳，形体动态灵活自如，脉象和缓有力等。平人见之，说明正气充足，精气充盛，体健无病；若见于患者，则提示精气未衰，脏腑未伤，病势轻浅，预后良好。

2. 少神

少神又称“神气不足”，主要表现为精神不振，思维迟钝，目光呆滞，不欲言语，肢体倦怠，动作迟缓等的表现。少神为轻度失神之象，提示正气受损，多见于一般虚证或恢复期的患者。

3. 失神

失神又称“无神”，主要表现为精神委靡，神情恍惚，目光呆滞，反应迟钝，言语低微，面色无华，肌肉瘦削，或二便失禁等。失神为神气衰败之象，提示正气大伤，精气衰竭，脏腑功能虚衰，病情深重，预后较差。若见神识昏迷，语无伦次，循衣摸床，撮空理线等，多属邪陷心包、阴阳离决的危候。若见猝然昏仆，目闭口张，撒手遗尿等，属失神重证，提示精气已脱。

4. 神乱

神乱即神志错乱，是精神意识失常的表现，包括癫、狂等病。癫病多有神情抑郁，表情淡漠，默默不语，继则神情发呆，哭笑无常等表现，由痰气凝结，蒙蔽心神所致；狂病多有躁扰不宁，呼号怒骂，打人毁物，不避亲疏，行为狂乱等表现，由痰火扰动心神所致。

5. 假神

假神是指重危患者突然出现精神、食欲等暂时“好转”的虚假表现。久病、重病、精气大衰之人，本已意识不清，不能言语，突然神清多语，喋喋不休，欲见亲人；或本已目光无神呆滞，面色晦暗或苍白，突然目光转亮，两颧泛红如妆；或数日不能进食，突然欲食等。局部“好转”与整体病情恶化不相符合，提示精气衰竭已极，阴不敛阳，以致虚阳外越，俗称“回光返照”“残灯复明”，多出现在患者临终之前。

假神与病情好转的鉴别：假神是在某些方面突然出现一过性“好转”的假象，与其危重的病情并不相符，且持续时间短暂；病情好转则是症状逐渐由重转轻，全身状态较好。

二、望色

望色又称“色诊”，是通过观察患者全身皮肤、黏膜、爪甲、毛发的色泽，重点在于面部皮肤的色泽变化，以诊察病情的诊断方法。

望面色包括常色与病色两个方面。

（一）常色

常色即正常无病的面色。常色的特征是明润、含蓄，表示人体精神气血津液充盈与脏腑功能正常。明润，即面部皮肤光明润泽，是为有神气；含蓄，是面色红黄隐隐于皮肤之内，是为胃气充足，精气内含而不外泄。

常色因人而异，由于先天禀赋以及四时、气候、环境、职业等不同，常色包括主色、客色两种。

1. 主色

个体一生基本不变的面色。我国正常人的面色为黄红隐隐、明润含蓄。由于主色属个人特征，由种族、遗传、地域、环境等多种因素造成，故每个人的主色不尽一致，存在或偏白、或偏黑、或偏黄、或偏红、或偏青等差别。

2. 客色

因季节、气候不同而发生的正常变化的面色，因人与自然相应，四时环境的变化在面色中有相应的表现。如春季面色稍青，夏季面色稍赤，又如白昼或晴好天气时面色稍开朗；夜晚或阴天面色稍晦暗等，但均不离黄红隐隐、明润含蓄之本色。此外，如饮酒、职业、劳逸、情绪、运动等一时的影响而导致面色的短暂改变，亦属客色范畴。

正常人的面色即为主色与客色的有机结合。

（二）病色

病色即疾病状态下面部色泽的异常变化。病色的特点是晦暗、暴露。晦暗即面部色泽晦暗枯槁，是为脏腑精气虚衰，胃气不荣之象；暴露即某种面色异常明显地显露于外，是病色外现或真脏色外露。故病色是脏腑功能失常、气血阴阳失调、精气外泄、邪气内阻等病机变化的外在表现。

观察病色主要包括辨别五色善恶及五色主病两个方面。

1. 五色善恶

观察五色善恶的要点，在于区分色泽明润含蓄还是晦暗暴露。无论何色，凡光明润泽者为善色，说明虽病而脏腑精气未衰，胃气上荣于面，主预后良好；凡枯槁晦暗者为恶色，说明气血阴阳亏虚，脏腑精气衰败，病情深重，多预后不良。

2. 五色主病

病色可分为青、赤、黄、白、黑，内应五脏。五色变化见于面部，可反映不同脏腑的病变及病邪的性质。

（1）青色：主惊风、寒证、痛证、血瘀。为气血不通，经脉瘀阻所致。

小儿常见于眉间、鼻梁、口唇四周出现青灰色，多为惊风，因邪热亢进，燔灼筋脉，筋脉拘急所致。

面色出现青白、青紫或青黑晦暗，多属寒证、痛证、血瘀，因阴寒内盛，脉络拘急，气血瘀滞所致。

（2）赤色：主热证。赤甚属实热，微赤属虚热。为血液充盈，脉络扩张所致。

面色红赤或满面通红，多见于外感发热或脏腑阳盛之实热证。

两颧潮红，下午较甚，为阴虚阳亢之虚热证。

面色苍白，忽见颧红如妆，游移不定，多见于久病重病之人，为虚阳浮越于上的“戴阳”证，属危重证候。

（3）黄色：主虚证、湿证。与脾虚气血化源不足，或脾虚湿盛有关。

面色黄而缺乏光泽，称“萎黄”，多属脾胃气虚，气血不足。面黄虚浮，称“黄胖”，为脾虚湿盛。

面、目、肌肤以及小便俱黄，为“黄疸”。其黄色鲜明如橘皮者，属“阳黄”，是湿热熏蒸，胆汁外溢所致；黄色晦暗如烟熏者，属“阴黄”，为寒湿郁阻，气血瘀滞所致。

小儿面黄或青黄或乍黄乍白，腹大青筋，为疳积。

（4）白色：主虚证、寒证、失血、夺气。多由气虚血少或阳衰寒盛，气血失于充盈所致。

面色淡白，为气血俱虚。面色㿠白虚浮，多为阳虚水泛。寒证伴有剧烈疼痛时，面色苍白，为阴寒凝滞，经脉拘急所致。

暴病突现面色苍白，多为阳气欲脱之象。

（5）黑色：主肾虚、寒证、瘀血和水饮。多因肾阳虚衰，阴寒内盛，血失温养，脉络拘急所致。

面黑黯淡者，多属肾阳虚。面黑干焦，多因肾精亏耗，机体失养。面色黧黑，肌肤甲错，多属瘀血。目眶色黑，多为肾虚水泛，或寒湿带下。

三、望形态

形指形体，态指姿态。望形是观察身体的外形，以测知肌肉、骨骼、皮肤状况的诊断方法；望态是观察身体的姿势，如体位姿势及活动能力等的诊断方法。五脏精气盛衰和功能的强弱又可通过五体反应于外，故观察人体形态，可了解内在脏腑的虚实和气血的盛衰。

（一）望形体

望形体主要是观察形体之强弱胖瘦以及体质形态。

1. 形体强弱

体强，即形体强壮。表现为筋骨强健，胸廓宽厚，肌肉充实，皮肤润泽等，为体魄强壮，内脏坚实，气血充盛之象。

体弱，即形体虚弱。表现为筋骨不坚，胸廓狭窄，肌肉瘦削，皮肤不荣等，为体质虚弱，内脏虚弱，气血不足之象。

2. 形体胖瘦

体胖，即形体肥胖。虽略胖而肌肉坚实有力，动作灵活者，为形气有余，身体健康。肌肉松弛，神疲乏力，动作笨拙者，为形盛气虚，或多痰多湿。

体瘦，即形体瘦削。虽略瘦而筋骨肌肉坚实，精力充沛，食欲旺盛者，仍属健康。形瘦而多食易饥者，为中焦有热。形瘦颧红，皮肤干枯者，多属阴血不足，虚火内生。体瘦无力，神疲倦怠者，为形气俱虚，脾胃虚弱。久病卧床不起，骨瘦如柴，即“大肉已脱”，为气虚至极，津液枯涸，脏腑衰败，神气欲脱之危候。

（二）望姿态

望姿态是通过观察患者的动静姿态及肢体动作和体位，以诊断疾病的方法。

1. 动静姿态

患者的动静姿态与机体的阴阳盛衰和病性的寒热虚实关系密切，观察患者喜动喜静的不同姿态，可判断证候的阴阳、寒热、虚实。

阳证、热证、实证患者多以动为主，可见卧时面常向外，转侧时作，喜仰卧伸足，揭衣弃被，不欲近热，坐卧不宁，烦躁不安。

阴证、寒证、虚证患者多以静为主，可见卧时面常向内，踡缩成团，不欲转侧，喜加衣被，喜卧少坐。

2. 咳喘姿态

呼吸气粗，咳嗽喘促，难以平卧，坐而仰首者，为肺有痰热，肺气上逆之实证。喘促气短，坐而俯首，动则喘甚，为肾不纳气，或肺气不足之虚证。身肿心悸，气短咳喘，喉中痰鸣，多为肾虚水泛，水气凌心射肺之证。

3. 抽搐

多为动风之象。手足拘挛，面颊牵动，伴有高热者，为热极生风。四肢抽搐，目睛上吊，苦笑面容，眉间唇周色青黑，时发惊叫，牙关紧闭，角弓反张并有外伤者，为破伤风。抽搐伴有面色萎黄者，多为血虚生风。手指震颤蠕动者，多为肝肾阴虚，虚风内动。

4. 偏瘫

猝然昏仆，不省人事，偏侧手足麻木，运动不灵，口眼歪斜，为中风偏枯之证。

5. 痿痹

关节肿痛，屈伸不利，沉重麻木或疼痛多为痹病。四肢痿软无力，行动困难，多为痿病。

四、望头项五官

望头项五官是通过观察患者头面、颈项及五官等局部变化，以测知内应脏腑病变的诊察方法。

（一）望头面

1. 望头部

（1）形态：小儿头形明显过大或过小，伴智力低下者，为先天不足，肾精亏虚。方颅畸形，多见于佝偻病，属肾精不足或脾胃虚弱。头摇不能自主，多为肝风内动。

（2）囟门：囟门是婴幼儿颅骨接合不紧所形成的骨间隙。正常小儿 1 ～ 1.5 岁时，囟门渐合。望囟门可以观察婴幼儿肾与脑的情况。若囟门高突，称为“囟填”，多属实热证，因外感时邪，火毒上攻所致。若囟门下陷者，称为“囟陷”，多属虚证，见于先天不足，发育不良，或吐泻伤津，气血不足，脾胃虚寒等。囟门迟闭，骨缝不合，称为“解颅”，多为肾气不足。

（3）头发：头发的生长与肾气和精血的盛衰关系密切。头发色黑润泽浓密者，为精血充足，肾气充盛。头发稀疏，色黄干枯者，为精血不足。头发稀疏，伴见健忘、腰膝酸软者，属肾虚；伴心悸、失眠、健忘者，为劳神伤血。小儿发结如穗，形瘦腹大，多见于疳积。头发突然片状脱落，留下钱币大小光秃头皮，是为斑秃，多为血虚受风，或情志内伤所致。

2. 望面部

（1）面肿：眼睑颜面浮肿，多由外感风邪，肺失宣肃所致。头面皮肤焮红肿胀，色如涂丹，伴有疼痛，是抱头火丹，多由风热火毒上攻所致。

（2）腮肿：腮部以耳垂为中心肿起，边缘不清，皮色不红，疼痛或触之有痛感，称“痄腮”，为温毒蕴结所致。颧下腮上耳前，发红肿起，称“发颐”，属少阳、阳明热毒上攻所致。

（3）口眼歪斜：单见口眼歪斜，肌肤不仁，患侧目不能合，口不能闭，不能皱眉鼓腮，此为风邪中络，脉络空虚，风痰痹阻。

（二）望五官

望五官是通过观察目、舌、口、鼻、耳等的异常变化，以察知疾病的诊察方法。

1. 望目

（1）目色：黄种人眼睑内（睑结膜）与两眦红润，白睛（巩膜）色白，黑睛（虹膜）褐色或棕色，角膜无色透明。目眦色赤为心火，白睛赤为肺火，白睛显红络为阴虚火旺，全目赤肿为肝经风热。白睛变黄为黄疸，目眦淡白为血亏，眼胞红肿湿烂为脾火。

（2）目形：健康人低枕睡眠后一时性胞睑微肿不属病变。目窠微肿如新卧起之状，为水肿病初起。目窠内陷，为亡阴脱液，或五脏精气衰竭之象，病重难治。喘而眼睛突起，为肺胀。眼突颈肿，属瘿病。单侧眼突则多为目内或颅内肿瘤。睑缘肿起结节如麦粒，红肿较轻者，名为针眼；胞睑漫肿，红肿较重，名为眼丹，皆为风热邪毒或脾胃蕴热上攻所致。

（3）目态：两目上视，白多黑少，不能转动者，称“戴眼”，见于惊风、痉厥及癫痫等。双目凝视前方不能转动，称“瞪目直视”，多属阴血亏损或痰迷心窍。黑睛斜向一侧，称“横目斜视”，为肝风内动，亦可见于先天性斜视。瞳仁散大，多属肾精耗竭，为濒死危象，亦可见于中毒患者；瞳仁缩小，多中毒所致。胞睑下垂，又称“睑废”，多由脾胃亏虚所致。

2. 望耳

正常人耳郭厚大，色泽红润，是肾气、气血充足的表现。外耳道有耵聍腺分泌液，还有皮脂腺分泌物，干后是白色碎屑，此为“耵聍”。

（1）色泽：耳色淡白，主气血亏虚；耳轮红肿，多为肝胆湿热或热毒上攻；耳转青黑，多属阴寒内盛或痛剧；耳轮焦黑干枯，属肾精大亏。耳背红疹，耳根发凉，为麻疹先兆。

（2）形态：耳郭薄削者，多属肾虚。耳轮萎缩，为肾气竭绝，多属死证。耳轮甲错者多属久病血瘀。

（3）耳道分泌物：耳内流脓，多由肝胆湿热，或肾阴不足，虚火上炎所致。

3. 望鼻

黄种人鼻色红黄隐隐，含蓄明润，是胃气充足的表现。

（1）色泽：鼻头色白，多属气血虚亏；色黄为里有湿阻；色赤多属肺脾蕴热；色青多见于虚寒腹痛患者；色微黑，常是肾虚寒水内停之象。

（2）形态：鼻头红肿，多肺经火盛。鼻头色赤有小丘疹，久之色紫变厚或肿大，称“酒渣鼻”，为肺胃热壅。鼻翼煽动，常见于喘证，新病多为风热痰火或邪热壅肺；重病出现鼻孔煽张，喘而额汗如油，多属病危。

（3）鼻内分泌物：鼻流清涕属外感风寒；鼻流浊涕多为外感风热。涕黄质黏量少，或偶有血丝，多为燥邪所伤。久流浊涕且腥臭者，名为“鼻渊”，属湿热蕴蒸。鼻涕中经常挟带脓血不尽，应作进一步检查，谨防鼻腔肿瘤。

4. 望口唇

正常唇色红而明润，是胃气充足，气血调匀的表现。

（1）色泽：唇色淡白，主血虚。唇色深红，主实热证。唇红绛而干，是热伤津液或热入营血。唇色青紫，为气滞血瘀。环口色黑者，是肾气将绝或水气内停。唇口发青为木旺乘土或惊风先兆；唇色青黑，多属寒盛痛极。

（2）形态：口唇糜烂，多因脾胃湿热上蒸或食积生热。唇内溃烂，色淡红，为虚火上炎。唇上赘物，不断增长，翻花流脓血，是为唇茧，恶性肿瘤。口唇干枯皲裂，为津液耗伤。口开不闭，为“口张”，主虚证；口闭不开，为“口噤”，主实证。上下口唇紧聚，称“口噈”，为邪正交争，见于新生儿脐风、破伤风患者。

5. 望齿龈

正常牙齿洁白，润泽而坚固，牙龈色淡红而润泽，是肾气、胃气充足的表现。

（1）牙齿：牙齿黄垢，是胃浊熏蒸，也常见于吸烟者。牙齿干燥不泽，为阴液耗伤；齿如枯骨，是肾阴枯涸。齿衄肿痛者，属胃火。牙齿腐洞为“龋齿”。

（2）牙龈：龈色红肿者，是胃火盛，若见出血为胃火伤络。龈肿不红者，是虚火上炎；若出血而不红肿者，是虚火灼络或气不摄血。龈色淡白，多气血大亏。牙龈腐烂，牙齿脱落为“牙疳”。

6. 望咽喉

正常咽喉部色泽淡红润泽，不肿不痛，呼吸通畅，发音正常，食物下咽顺利无阻。

咽喉红肿疼痛，为外感风热或肺胃有热；红肿溃烂，为热毒深重。咽红干而痛，是热伤肺津。咽部嫩红，肿痛不甚，是水亏火灼。咽喉一侧或两侧红肿胀痛，甚则溃烂或有黄白色脓点，状如乳突，称“乳蛾”，是肺胃热盛所致。咽部有灰白色膜点，擦之不去，重擦出血，随即复生者，是“白喉”，为疫疠毒邪蕴积肺胃，上蒸咽喉所致。

（三）望颈项

颈项是连接头部躯干的部分，正常人的颈项直立，两侧对称，气管居中，转动自如。望颈项应注意外形和动态变化。

1. 外形

主要观察有无肿瘤、结节及其部位、形态、大小等。

（1）瘿瘤：颈前颌下喉结的一侧或两侧，有肿物如瘤，或大或小，可随吞咽移动，多因肝气郁结，痰凝血瘀所致，或与地方水土有关。

（2）瘰疬：颈侧颌下，肿块累累如串珠，多由感染痨虫，肺肾阴虚，虚火灼津，结成痰核，或感受风热时毒，气血壅滞，结于颈项所致。

2. 动态

主要观察颈项部的动静姿态。若观察颈部血脉搏动情况，取卧位时较明显。

（1）项软：颈项软弱，头项不能举者，称“项软”，见于小儿，为先天不足，肾精亏少。久病项软，举头无力，见于痿病，为气血大伤，肌肉失养。若年老体弱，项软头垂，是肾精亏竭的表现。

（2）项强：后项强硬，俯仰转动不利，称“项强”，轻者伴头痛、恶寒、脉浮，多为风寒侵袭太阳经脉；甚者伴高热神昏，多为温热病热极生风。醒后突觉项强不舒、肩背疼痛者，为“落枕”，多因睡姿不当，或风寒客于经络，或颈部肌肉劳损所致。

（3）颈脉搏动：在安静状态下，颈侧人迎脉搏动明显，可见于肝阳上亢和血虚重证。若坐位时颈脉怒张，卧则更加明显，是心阳衰微，水气凌心所致。

五、望舌

望舌，即舌诊，是通过观察患者的舌质和舌苔的变化，以了解病情，推测预后的诊断方法。舌质、舌苔的色泽与形态所构成的形象，称为“舌象”。

舌诊的基本原理是：其一，舌与脏腑经络关系密切。人体脏腑通过经络与舌连通，其中心、脾胃、肾与舌的关系最为密切。舌为心之苗，手少阴心经之别系于舌，舌体脉络丰富，无表皮覆盖，故望舌可了解心的功能正常与否；足太阴脾经连舌本、散舌下，舌苔亦为胃气上潮而成，故舌又为脾胃之外候，反映脾胃的运化功能状况；足少阴肾经挟舌本，肾为先天之本而藏精，精气盈亏亦会出现舌象变化。其二，舌与精气血津液关系密切。舌有赖于气血的濡养，故气血盛衰变化与运行情况多能反映于舌；舌下“金津”“玉液”乃是肾液、胃津上潮的孔穴，因此舌体润燥亦可反映体内津液之盈亏。总之，观察舌象可以推测脏腑盛衰、气血盈亏、邪正消长及病情顺逆，对判断正气盛衰、区别病邪性质、分辨病位深浅及推断病情及预后具有重要意义。

舌诊的内容主要包括望舌质和望舌苔两个方面。舌质又称舌体，指全舌的肌肉脉络组织。舌体的上面称舌面（或舌背），下面称舌底。望舌质又分神、色、形、态等方面；舌苔是指附着在舌面上的苔状物，由胃气上潮而生成。

脏腑在舌面上的分属，常用划分方法有两种：一是以胃经划分，二是以五脏划分。以胃经划分是：舌尖属上脘，舌中属中脘，舌根属下脘。此法适用于胃病的诊断。以五脏来划分：舌尖属心肺，舌边属肝胆，中心属脾胃，舌根属肾。

舌诊要求：一是光线充足，最好在自然光线下，患者取坐位或卧位，面向亮处；二是患者伸舌要自然，不可太过用力，使舌面平坦舒展，便于观察；三是察舌顺序一般先舌质后舌苔，由舌尖至舌根；四是察舌苔时应注意某些食物或药物，会使舌苔染色，称为“染苔”；五是察舌时应考虑到舌象随年龄的不同与体质的差异可呈现不同的情况。

正常舌象为舌质柔软，活动自如，舌色淡红；舌苔薄白均匀，干湿适中，称为“淡红舌，薄白苔。”

（一）望舌质

望舌时应注意观察舌神有无、舌色变化、舌形改变及舌体的动静姿态。

1. 望舌神

望舌神以辨生机。舌神主要表现在舌质的荣枯润燥，由此以辨有神、无神。有神之舌，见舌质红活荣润，灵动自如，是脏腑气血充盛，生机旺盛之象，虽病亦属善候；无神之舌，见舌体干枯晦暗无华，是脏腑气血阴阳衰败，邪气壅盛之象，生机受损，病势危重，预后不良。

2. 望舌色

通过观察舌质色泽的变化，以了解疾病的相关情况。

（1）淡红舌：为正常舌象。疾病初起见之，主病轻浅，尚未伤及脏腑气血。

（2）淡白舌：为舌体颜色浅淡，缺乏血色的舌象，主虚证、寒证或气血两虚证。淡白的程度往往与虚损的程度一致。淡白而润，兼舌体胖嫩，多为阳虚证；舌色淡白，兼舌体瘦薄者，属气血两虚证。

（3）红绛舌：舌色深于正常，鲜红者，称红舌；深红者，称绛舌。红绛舌主热证，有虚实之分。舌尖红者，为心火亢盛。舌边红者，是肝胆火盛。舌中部红者，为中焦脾胃热盛。舌色鲜红，苔黄燥者，属气分实热。舌质红绛，为热入营血。舌质嫩红或绛，少苔或无苔，主阴虚火旺。

（4）青舌：舌色淡紫无红者，为青舌，古书形容如水牛之舌。青舌主寒证、瘀证。舌边青者，是肝郁血瘀；全舌青者，多是寒邪直中肝肾，阳郁而不宣。

（5）紫舌：舌质色紫，主病有寒热之分。绛紫而干枯少津，属热盛伤津，气血壅滞；淡紫或青紫湿润者，多为寒凝血瘀。

3. 望舌形

望舌形主要观察其胖瘦、老嫩、厚薄以及有无裂纹、芒刺、齿痕和舌下脉络等。

（1）老嫩舌：主要观察舌质的纹理。苍老舌的舌质纹理粗糙，形色坚敛苍老；娇嫩舌的舌质纹理细腻，形色浮胖娇嫩。苍老舌主实证，娇嫩舌多属虚证或虚中夹实。但正常老年人舌质常偏苍老，婴幼儿舌质多偏嫩。

（2）胖大舌：胖大舌的舌质大于正常，伸舌满口，主水肿、痰饮。舌淡白胖嫩，苔白而水滑，多属脾肾阳虚。红而胖大，伴黄腻苔，为湿热蕴结，或痰热为病。亦有先天舌部血络郁闭，以致舌紫而肿胀，如舌血瘤患者。

（3）肿胀舌：肿胀舌的舌质肿大，盈口满嘴，甚者不能闭口，难以缩回，主实证、热证。舌鲜红而肿胀，为心脾热盛；青紫肿胀，多属酒毒攻心。

（4）瘦薄舌：瘦薄舌的舌质较正常瘦小而薄者，主阴血亏虚之证。舌色浅淡而瘦薄，属心脾血虚；舌色红绛瘦薄，为热盛伤阴或阴虚火旺。

（5）裂纹舌：裂纹舌的舌面有明显的数目不等、形状各异、深浅不一的裂沟，其裂沟中一般无舌苔覆盖，多主精血亏虚之证。舌色浅淡而裂者，为血虚不润。舌色红绛而裂，为热盛伤津，阴津耗伤。淡白胖嫩，边有齿痕而有裂纹者，为脾虚湿渍。辨裂纹舌应注意在正常人群中约0.5%的人有先天性裂纹，无明显不适感，称先天性舌裂。

（6）点刺舌：点，指凸起于舌面上大小不一的星点。红点者，称“红星舌”，是温热邪气入血或热毒乘心之证；白点多为脾胃气虚挟热毒上攻，为将糜烂之兆；黑点为血中热盛。刺，即芒刺，舌面红色颗粒高起如刺，摸之棘手，称“芒刺舌”。主邪热炽盛，芒刺越多，邪热越甚。舌尖有芒刺，为心火亢盛；舌边有芒刺，属肝胆火盛；舌中有芒刺，主胃肠积热。

（7）齿痕舌：齿痕舌的舌质边缘有如同牙齿挤压的痕迹，多因舌体肿大而受齿缘压迫所致，故齿痕舌常与胖大舌并见，主脾虚湿盛。舌淡白而湿润，属寒湿壅盛。淡红而有齿痕，多是脾虚或气虚。舌体瘦小而见齿痕，多为精血亏虚，舌体失养所致。正常人舌边也可见轻微齿痕，但舌质并不胖大，不属病态。

（8）舌下络脉：将舌尖翘起，舌底脉络隐约可见；舌系带两侧金津、玉液穴处，隐隐可见青紫色脉络，即为舌下络脉。若舌下络脉青紫迂曲，主血瘀气滞；舌下出现许多青紫或紫黑色小疱，多属肝郁血瘀；舌下络脉青紫粗胀，则属痰热内阻，或为寒凝血瘀。

4. 望舌态

即观察舌体的动静姿态。正常舌态：舌体活动灵活，伸缩自如，提示气血充盛，经脉畅通，脏腑健旺。病变舌态：常见舌体强硬、震颤、歪斜、痿软、短缩等表现。

（1）强硬舌：舌体失其柔和，伸缩不利，或板硬强直不能转动者，亦称“舌强”，多见于热入心包或中风病证。舌红而强硬，兼神志不清者，多属热扰心神。舌色干红而强硬，多为热盛伤津。舌强语謇、口舌歪斜者，多为中风。

（2）震颤舌：舌体不自主颤动，或舌体细微颤动，多见于内风。舌质淡白而颤动者，属血虚生风；舌红或绛而颤动，为热极生风；肝阳化风等，亦可致舌体颤动。

（3）歪斜舌：伸舌时舌体偏向一侧，一般舌歪在前半部明显。见于中风或中风先兆，或外伤等，多由肝风夹痰，或痰瘀阻滞经络而致。

（4）痿软舌：舌体软弱，一侧或全舌痿软，伸缩无力，言语困难。舌淡白而渐痿者，属气血两亏。舌红绛而渐痿者，属肝肾阴亏已极。新病舌干红而痿软，是热灼津伤。

（5）短缩舌：舌体紧缩不能伸长，甚则伸舌难于抵齿，由舌上筋脉挛急所致，多为病情危重征象。舌淡紫湿润而短缩，多属寒凝筋脉。舌胖苔腻而短缩，多为痰湿内阻。舌红绛而短缩，属热病伤津。先天性短缩舌，是舌下系带过短，牵拉而使舌不能伸长所致，无辨证意义。

（二）望舌苔

舌苔是指附着于舌面上的一层苔状物。正常舌苔是由胃气、胃阴上潮于舌面而生成，表现为薄白苔，不滑不燥，为胃气、胃阴充盛之象。病变舌苔则是胃气挟邪气上蒸而成，故舌苔与胃气的强弱、病邪的深浅、病邪的寒热等属性有关。观察舌苔变化对邪气的深浅、确定病性及预测预后吉凶都有重要意义。望舌苔应着重观察舌苔颜色及舌苔质地两方面的变化。

1. 望苔色

通过观察舌苔不同颜色变化，以诊察疾病。一般有白苔、黄苔、灰黑苔及其兼色变化。

（1）白苔：正常舌苔为薄白苔，即舌上薄薄分布一层白色舌苔，可透过舌苔看到舌体，细腻均匀，干湿适中，舌质淡红。

白苔有薄、厚之别，多主表证、寒证，也可兼燥润、腐腻等的不同，见于里证、实证、热证等。

薄白苔　多见于表证，若兼有恶寒发热、脉浮，主表寒证。如舌苔薄白、舌质淡白、神倦肢冷者，多为阳虚内寒证。苔薄白而干、舌尖红者，为燥热伤津，或心肺火热，或外感温热之邪初起。

白厚腻苔　苔白而厚腻，多主里证、实证。若苔白厚而腻，为脾阳不振，水饮停聚，或痰湿内生；苔白厚如积粉，扪之不燥者，是外感浊邪疫气，热毒内盛所致，常见于瘟疫或内痈；苔白厚如腐渣，多因内有食积或痰浊，胃腑积热所致。

（2）黄苔：黄苔的形成，是因病邪入里化热，脏腑内热，胃气挟邪热上泛熏灼，导致苔色变黄。舌苔由白转黄，提示邪已化热入里，苔色愈黄，邪热愈甚。

黄苔多主里证、热证。由于黄苔有深浅、厚薄、润燥等不同，主病各异。

薄黄苔　苔色薄黄，或黄白相间，多由薄白苔转变而来，见于外感病，主表热证。苔薄黄而润，是表邪初入里，里热不甚，津液未伤。

黄厚腻苔　苔色黄而厚腻湿润，多见于湿温病，或湿热内结，或饮食积滞，或为痰热内盛。黄而黏腻，为痰涎、或湿浊与邪热胶结之象。

黄干苔　苔色黄干而少津，甚至苔干而硬，颗粒粗松，多属邪热伤津。若呈黄厚干苔，为里热实证；若色黄干枯不润为老黄，黄中带黑为焦黄色，为热极盛积于内，胃液干枯。

舌苔黄滑而润，舌质淡胖而嫩者，为阳气虚衰，水湿郁遏不化所致。

（3）灰黑苔：苔色呈浅黑色为灰苔，深灰色即为黑苔。灰苔与黑苔主病同类而有轻重程度的差别，常并称为灰黑苔。

灰苔　可见于里热证，亦主里寒证。舌质润燥是鉴别灰黑苔寒热的重要指征。苔灰而润，主痰湿内停或寒湿中阻；苔灰而干燥，常兼见舌质红，是热炽伤津或阴虚火旺。

黑苔　多由灰苔或焦黄苔转化而来，主极热极寒，多见于病情较重者。苔黑而干燥、舌质红者，主热证，多属邪热伤津。苔黑厚腻而黏、舌红者，是痰湿挟热伏于中焦。若舌中焦黑，四周无苔，为津液受伤，虚火所致。苔黑燥而生芒刺，为热极津涸之实热证。苔黑而滑润、舌质淡白者，多属寒湿阳虚。

2. 望苔质

苔质即舌苔的质地形态。主要观察舌苔厚薄、润燥、腻腐、剥脱等方面的变化。

（1）薄厚苔：舌苔薄厚的分辨，以“见底”“不见底”为标准。凡透过舌苔能隐隐见到舌体者为薄苔；不能见到舌体者为厚苔。薄苔是由胃气、胃津熏蒸于舌而成；厚苔则常因胃气挟食浊、痰湿等邪气熏蒸，滞积于舌所致。

薄苔察胃气，厚苔辨邪气。观察舌苔的厚薄，可测邪气的深浅，舌苔由薄变厚，提示邪气渐盛，为病进；舌苔由厚变薄，苔上复生薄白新苔，提示正气胜邪，为病退。

薄苔主病初起在表，邪浅病轻。苔薄色白主表寒证，苔薄色黄主表热证。苔厚主病邪在里，病情较重。苔厚而黄腻，主湿热或痰热蕴结，或食积化热。

（2）润燥苔：舌苔润泽有津，干湿适中者为润苔；若苔面湿润而滑，伸之欲滴，扪之湿润，甚则流涎欲滴为滑苔；苔面干燥少津，望之枯涸者为燥苔；舌苔干而粗糙，扪之涩手者为糙苔。

苔的润燥代表了体内津液盈亏和输布情况。润苔是胃津、肾液上承于舌之征，为正常舌苔或提示体内津液未伤；滑苔多为寒湿内蕴，或阳虚水饮不化，聚于舌面所致；燥、糙苔，为热盛津伤，阴液亏耗所致。

（3）腐腻苔：腐苔的苔质颗粒较粗大，而根底松浮，如豆渣堆铺舌面，边中皆厚，揩之可去，或成片脱落，舌底光滑，主食积、痰浊。

腻苔的苔质致密融合成片，颗粒细腻，中间厚边周薄，紧贴于舌面，刮之难去，多见于湿浊、痰饮等浊邪阻滞，胃气不降的病证。

（4）剥落苔：舌苔全部或部分剥脱者称剥落苔，简称剥苔。正常人可见先天性剥苔，部位常在人字沟前呈菱形状，为先天发育不良所致。剥落苔的形成是因胃气匮乏不得上蒸于舌，或胃阴枯涸不能上潮于口所致。根据苔剥落的部位和大小而形成不同类型。

舌前部苔剥落者，称前剥苔；舌中部苔剥落者，称中剥苔；舌苔大片剥落，边缘突起，界线清楚，剥落部位时时转移，称花剥苔或地图舌，乃气阴两伤。若舌苔骤然退去，舌面光洁如镜者，即为光剥舌，又称镜面舌，是胃阴枯竭，胃气衰败，毫无生机的危重征象，是剥苔最严重的一种。

（5）真假苔：辨舌苔真假，以有根、无根为标准。舌苔坚敛着实，紧贴舌面，刮之不脱或脱之不尽者，为有根苔，称真苔，是胃气尚存，生机尚在。

苔不着实，似涂浮舌上，刮之即去，为无根苔，称假苔，假苔多见于虚证，为胃气大伤之征。

（三）舌质和舌苔的综合诊察

舌苔和舌质的变化所反映的临床意义各有侧重：察舌质重在辨正气的盛衰；察舌苔重在辨邪气的浅深与性质，也包括胃气的存亡。故临床诊舌必须舌苔与舌质合参，不仅应详察舌苔、舌质的基本变化与主病，还须注意不同舌苔与舌质之间的相互关系，将两者结合起来审察病情。

一般情况下，舌质与舌苔的变化是统一的，其主病往往是两者的结合。如内有实热，则见舌质红、舌苔黄；虚寒证则多见舌质淡白、舌苔白。但在某些疾病中可出现两者变化不一的情况，这就需要具体情况具体分析，再结合全身情况做出正确判断。

六、望皮肤

望皮肤主要观察其形色的变化。望皮肤色泽与面部五色诊法基本相同，望皮肤形态包括水痘、斑疹、白痦及痈、疽、疔、疖等。

1. 水痘

皮肤出现水疱，其形椭圆，表浅易破，一般顶部无脐，大小不等，分批出现，浆薄如水，晶莹透亮，不结厚痂，不留瘢痕。为外感时邪所致，发于脾肺两经，属病情轻浅的一种传染病，多在小儿中传染。

2. 斑疹

斑，形如锦纹，点大成片，散见于皮肤下，摸之不碍手，压之不褪色，色红或紫暗。斑，有阴斑和阳斑之分。疹，形小如粟粒，高出肌肤，抚之碍手，压之褪色，色红或淡红。其有麻疹、风疹、隐疹之别。斑疹均有顺逆之分，以其色红活润泽，分布均匀，疏密适中，松浮于皮面为顺证，预后良好；其色紫红稠密而紧束有根，压之不褪色，若色红如鸡冠为逆证，预后不良。

3. 白痦

皮肤出现白色小疱疹，高出皮肤，晶莹如珠，根部肤色不变，擦破流水，多分布于颈项胸腹，偶见于四肢，消失时有皮屑脱落。多因湿温或暑温病中，湿热郁蒸肌肤，汗出不彻，蕴蒸而成。

4. 痈、疽、疔、疖

体表皮肤常见的外科疮疡疾患。

（1）痈：肌肤局部红肿高起、根盘紧束，伴有掀热疼痛者，属阳证。多因湿热火毒内蕴，气血瘀滞，热胜肉腐所致。

（2）疽：患处漫肿无头、肤色不变、不热少痛者，属阴证。多因气血虚而寒痰凝滞，或五脏风毒积热，流注肌肉，内陷筋骨而成。

（3）疔：初起患部如粟米状，根脚坚硬而深，麻木或发痒，顶白而痛甚者。多因嗜食膏粱厚味，致脏腑蕴热，复感毒邪侵袭，内外合邪，气血凝滞而成。疔毒较一般疮疔为重，易发于颜面手足，其中在头面疔疮，容易发生疔疮走黄而危及生命。

（4）疖：患处形小而圆，生于皮肤浅表，红肿热痛不甚，容易化脓，脓溃即愈者。多因暑湿郁阻肌肤，使气血壅滞而外发于肌肤。

此外，望诊还包括望小儿食指络脉、望二阴、望分泌物和排出物等。

第二节　闻　诊

闻诊包括听声音和嗅气味两个方面。听声音是从患者所发出的声音、呼吸、咳嗽、呕吐、呃逆、嗳气、太息、喷嚏、哮鸣、肠鸣等声响中了解病情变化。嗅气味是根据病体内所散发的各种气味和病室的气味，以辨别证候和诊断疾病。

一、听声音

声音的发出，是肺、气道、喉、会厌、舌、齿、唇、鼻等器官协调活动，共同作用而产生振动的结果。声音的异常变化主要与肺、肾、心等脏腑有关，肺主呼吸之气，肾主纳气，故有“肺为声音之门”“肾为声音之根”的说法。由于心藏神而司语言，故又有“言为心声”之说。听声音既可诊察与发音有关脏腑的功能状态，也可了解病变的寒热虚实。

（一）正常声音

正常的声音具有发音自然、音调和谐、言语清楚、应答自如、言与意符等特点。正常人的声音柔和洪亮，是元气充沛的表现。由于个体脏腑、形质、禀赋有所差异，故正常的声音也有高低、清浊的不同。如男性多声低而浊，女性多声高而清，儿童则声尖清脆，老人则声苍浑低沉。

（二）病变声音

1. 发声

凡发音高亢，声音连续，前轻后重，多是形壮气足；患病闻之，多属实证、热证。语声重浊，多因外感风寒，或湿浊阻滞，肺气不宣，鼻窍不畅所致；发声低微，声音断续，前重后轻，多属虚证、寒证。

常见的发声异常有：

（1）嘶哑：嘶哑包括声嘶和失音。声嘶又称音哑，即嗓子干涩，发音困难，以致声音低哑不清脆、不圆润、不响亮。失音是指完全不能发音，古称“喑”。两者有轻重之别，轻者为嘶，重者为喑。新病声嘶或失音，属实证，多因外感风寒或风热，寒热二气交相袭肺，或痰浊壅滞，以致肺气不宣，清肃失职，所谓“金实不鸣”。久病音哑或失音，多属虚证，常是精气内伤，肺肾阴虚，虚火灼金，以致津枯肺损，声音难出，所谓“金破不鸣”。呼叫怒喊，耗伤气阴，喉咙失润，也可导致声嘶或失音。此外，妊娠末期出现声音嘶哑，称为“子喑”，多为胞胎阻碍肾之精气不能上荣所致，分娩后可自愈。

（2）鼾声：熟睡时喉鼻发出的声音。中老年人体质肥胖，睡眠时有鼾声，并非全是病态。若熟睡时鼾声过大过长，则提示息道不畅，肺气失宣，多因睡态不当或鼻道有疾所致。若昏睡不醒，鼾声不绝者，多因神识昏迷，气道不利，气冲息道所致，常见于热入心包，或中风入脏之危证。

（3）呻吟：病痛难忍所发出的“哼哼”声。呻吟声高音厉，必痛甚病急，多实证；呻吟声低音弱，一般痛微病缓，多虚证，或病危欲脱。

（4）惊呼：患者突然发出的惊叫声。小儿阵发惊呼，发声尖锐，表情惊恐，多是惊风证。小儿夜啼，亦多惊恐为病，或心脾经有热，或脾寒腹痛。成人发出惊呼，除惊恐外，多属剧痛，或精神有病。

（5）喷嚏：肺气上冲于鼻而发出的声响。正常人因异物、异味的刺激，喷嚏偶作的，不属病态。若新病喷嚏频作，伴鼻塞流涕、恶寒发热、头身疼痛、脉浮等，为风寒邪气侵袭肺卫，束于鼻窍，阳气发越上走，以图驱邪出外所致。

2. 语言

沉默寡言，多属虚证、寒证；烦躁多言，多属热证、实证；言语轻迟低微，欲言不能复言，为“夺气”，是中气大虚之证。

常见的语言失常包括：

（1）语言謇涩：说话不流利、含糊不清、缓慢涩滞、语不达意的症状。多为中风先兆，常伴舌体强硬；若见于中风后遗症，是风痰阻络，舌体筋脉失于濡养，致舌失柔软和灵动。

（2）谵语：神志不清、语无伦次、声高有力的症状。多属热扰心神之实证，可见于温病邪入心包，或阳明腑实证。

（3）郑声：神志不清、语言重复、时断时续、声音低弱的症状。多属于心气大伤、精神散乱之虚证。

（4）独语：自言自语、喃喃自语、首尾不续、见人语止的症状。多见于痰浊壅盛，上蒙心窍，神明被扰所致的癫证。见于老年人或久病者，为气血亏虚，心神失养，思维迟钝所致。

（5）错语：患者语言错乱，言后自知说错，而不能自主的症状。虚证是心气不足，神失所养而致，多见于体虚久病或年老体弱之人；实证则多为痰湿、瘀血、气滞，阻碍心窍引起。

（6）狂言：声嘶力竭、出言快、声音高、骂詈不休、喧扰妄动的症状，多属实证，可见于痰火扰心的狂证，或伤寒蓄血证。

3. 呼吸

病者呼吸如常，是形病而气未病；呼吸异常，是形气俱病。气粗为实，气微为虚。外感邪气有余，呼吸气粗而快，属热证、实证。内伤正气不足，呼吸气微而慢，属虚证、寒证。

久病肺肾之气欲绝，气粗而断续者为假实证；温热病，热在心包，气微而昏沉者为假虚证。呼吸微弱困难，气来短促，不足以息，为元气大伤，阴阳即将离绝之危证。

异常呼吸的临床表现包括：

（1）喘：呼吸困难、短促急迫的症状。甚者张口抬肩、鼻翼煽动、不能平卧。喘有虚、实之分：实喘发作急骤、气粗声高息涌、仰首目突、胸闷气憋、惟以呼出为快、脉实有力，多属肺有实热，或痰饮内停。虚喘发病徐缓、喘声低微、吸少呼多、息短不续、动则喘甚，但得一长息为快、形体虚弱、脉虚无力，是肺肾虚损，气失摄纳所致。

（2）哮：呼吸急促似喘，喉中痰鸣如哨音的症状。哮有寒、热之别，多时发时止，反复发作，缠绵难愈。多因内有痰饮，复感外邪，束于肺卫，引动伏饮而发；也有感受外邪，束于肺经所致者。久居寒湿地区，或过食酸咸生冷及鱼虾等，也可诱发。

喘不兼哮，但哮必兼喘。喘以气息而言，呼吸困难为主，哮以喉中痰鸣为特点。

（3）短气：呼吸气急而短，不足以息，数而不能接续的症状。短气有虚、实之别：虚证表现为气少不足以息，兼有形瘦神疲，声低息微等，多因体质素弱或元气大虚所致；实证呼吸气粗，或胸部窒闷，腹部胀满等，多因痰饮、胃肠积滞，或气滞或瘀阻所致。

（4）少气：呼吸微弱而声低，气少不足以言，语言无力的症状。主诸虚不足，多为久病体弱或肺肾气虚所致。

4. 咳嗽

为肺气上逆之象。有声无痰为咳，有痰无声为嗽，有痰有声谓之咳嗽。咳嗽的发生与肺关系最密切，但五脏六腑的病变影响至肺，均可引起咳嗽。

咳声重浊紧闷，多属实证，是寒痰湿浊停聚于肺，肺失宣降所致。咳声轻清、低微气怯，兼气促，多属虚证，因久病肺气虚损，失于宣肃所致。咳声不扬、痰稠色黄、不易咳出，兼咽喉疼痛、鼻出热气，多属肺热，因邪热犯肺，津液受灼，肺气不利所致。咳有痰声，痰多而易于咯出，多是寒咳，或为痰饮、湿痰，因脾阳虚，水湿不运，湿聚生痰，痰湿阻肺，肺失宣降所致。干咳无痰，咳声高亢，或痰少黏稠、咽喉干燥，多属燥邪犯肺，或肺阴亏虚，因阴津耗损，肺失濡润，不得清肃所致。

咳声如犬吠，常兼音哑，吸气困难，多为白喉，因疫毒攻喉，闭塞气道所致。咳声阵发，发则连声不绝，甚则呕恶咳血，咳终止时作鹭鸶叫声者，称“顿咳”，也称“百日咳”，多见于小儿，多由风邪与痰热搏结所致。

5. 呕吐

为胃中饮食物、痰涎、水液上涌，经口中吐出的症状。有声有物为呕吐；有物无声为吐；有声无物为干呕，均为胃失和降，胃气上逆之象。根据呕吐的声响强弱、吐势缓急及所吐之物的性状、气味及其兼见症状，可辨虚实寒热。

呕吐声音微弱、吐势徐缓，吐物呈清水痰涎，多属虚证、寒证。呕吐声音壮厉，吐势较猛，吐物呈黏痰黄水、或酸或苦，多属热证、实证。若热扰神明，神昏项强，呕吐呈喷射状，病情危重。呕吐酸腐味的食糜，多因暴饮暴食，或过食肥甘厚味，以致食滞胃脘，胃失和降，胃气上逆而致。若食滞不甚者，则干呕口臭。

6. 呃逆

声自咽喉部冲出，呃呃连声不能自主的症状，为胃气上逆，横膈拘挛所致。若呃声不高不低，短暂且可自愈，多因咽食匆促所致，不属病态。呃逆见于新病，呃声有力者，属实证、热证。呃逆见于久病，呃声低怯者，属虚证、寒证。久病胃气衰败者，突然呃逆，其声低弱，不连续，良久一声，是病情转危之兆。

7. 嗳气

气从胃中向上出于咽喉而发出的声响，其声长而缓，古称“噫气”。因胃中有残留的气体，导致胃气上逆而成。日常饱食，或喝汽水后，偶见嗳气，无其他兼症，不属病态。嗳气当分虚实：虚者其声多低弱无力，嗳后腹满可暂减，顷刻如故，常见于久病体虚或老年人；实者其声多高亢有力，嗳气腹满得减。

8. 太息

又称叹息，是患者自觉胸闷不畅，一声长吁或短叹后，则胸中略舒的一种表现。多因情志不遂，肝气郁结所致。

9. 肠鸣

腹中辘辘作响的症状。由腹中气机不和，胃肠中的气体随着胃肠的蠕动与水液相互激荡而产生。根据其发生的部位、声响可辨病位和病性。鸣声在脘部，如囊裹水，振动有声，起立行走或以手按抚，其声则辘辘下行，为痰饮停聚于胃，阻滞中焦气机，传导失常所致。

鸣声在脘腹，辘辘如饥肠，得温、得食则减，受寒、饥饿时加重，多属中虚肠胃不和之病。

二、嗅病气

病气分为病体之气与病室之气两种，都是指与疾病有关的气味而言。

（一）病体之气

1. 口气

从口中散发出的异常气味。口有臭气，多属消化不良，或有龋齿，或口腔不洁。口气臭秽者属热，口气腐臭者多有溃腐疮疡。

2. 汗气

汗液所散发出的气味。腋下汗出臭秽，令人不可接近者，称“狐臭”，多因湿热郁蒸或遗传所致。汗有腥膻气，为风湿热久蕴于皮肤，津液受到蒸变所致。

3. 鼻臭

鼻出臭气，经常流浊涕，为“鼻渊”，多因肺热或脾胃湿热内盛所致。

4. 身臭

指身体散发出腐臭之气，应考虑有无溃腐疮疡。

（二）病室之气

病室之气是由病体本身或排出物所散发的。瘟疫病开始，即有臭气触人，轻则盈于床帐，重则充满一室。病室有腐臭或尸臭气的，是脏腑衰败，病情重笃；病室有血腥臭味，病者多患失血。还有病室特殊气味，如尿臊气（氨气味），多见于水肿病晚期患者；烂苹果气味（酮体气味），多见于消渴病患者，亦属危重证候。

第三节　问　诊

问诊是指医生对患者及其陪诊者进行有目的地询问，以了解病情的诊察方法。

中医在诊断疾病时对于患者的自我感觉非常重视，因而问诊在疾病的诊察过程中显得尤为重要。早在《内经》中就已记载了许多关于问诊的内容，并强调了问诊的重要性，为后世问诊的发展奠定了基础。此后，历代医家在长期的医疗实践中，对问诊的内容及方法不断补充，使其日趋完善。如清·陈修园在明·张介宾所述“十问”的基础上编撰的“十问歌”：“一问寒热二问汗，三问头身四问便，五问饮食六问胸，七聋八渴俱当辨，九问旧病十问因，再兼服药参机变，妇人尤必问经期，迟速闭崩皆可见，再添片语告儿科，天花麻疹全占验”，言简意赅地总结了问诊的基本内容，易于初学者掌握。

一、问诊的方法、注意事项及临床意义

问诊不是医患之间的简单交谈。医生在问诊时需要掌握一定的方法与技巧，才能准确、

全面地获得有关疾病的临床资料。

问诊应在安静适宜的环境中进行，尽量避免各种干扰，以便于患者无拘束地叙述病情。医生对患者要体贴关怀，态度既要严肃认真，又要和蔼可亲，耐心细致，同时还要注意语言通俗易懂，切忌使用患者听不懂的医学术语，或仅凭医生本身的主观臆断套问、暗示患者。

根据患者的不同情况，问诊时要有所侧重。对于儿童和妇女，应针对其生理、病变特点进行询问。对于危急重患者，应只作扼要询问和重点检查，待患者转危为安之后，再对未详之处进行补问。

问诊是中医诊察疾病的基本方法之一，在四诊中占有重要位置。因为疾病的很多情况包括发生、发展、变化及治疗过程，患者的一般情况、自觉症状、既往病史、生活及饮食习惯、思想动态等，均须通过问诊才能全面地了解，从而为诊治疾病提供可靠依据。

二、询问一般情况、主诉、病史

问诊的主要内容有一般情况、主诉、现病史、既往史、个人生活史、家族史等。医生诊病时应根据就诊对象及具体病情的不同，灵活而有主次地询问。

（一）一般情况

一般情况包括患者的姓名、性别、年龄、婚姻、民族、籍贯、工作单位、职业、现住址等。

询问一般情况，一是对患者的诊治负责，有利于查阅、联系或随访；二是了解与病情有关的资料，为诊治疾病提供参考。不同年龄、性别、工作性质、籍贯的人群，可有不同的多发病。如小儿易患麻疹、水痘等疾病，妇女以经、带、胎、产类疾病多见，男子则易患遗精、阳痿等疾病。长期从事水中作业者，易感湿邪多发痹证；矽肺、铅汞中毒等职业病，大多与工作性质有关。疟疾、血吸虫病、大骨节病、瘿瘤等，多属地方病。

（二）主诉

主诉是指患者就诊时最感痛苦的症状、体征及其持续时间。主诉是患者就诊的主要原因，同时也是疾病的主要矛盾，为确认病位病性提供重要线索。问诊时，医生应善于从患者零乱的陈述中抓住 1 ～ 2 个主要症状，并围绕主症将发病部位、性质、程度、持续时间等，逐一询问清楚。记录主诉的文字要简洁明了，如“胸部疼痛三天”“腹痛、泄泻一天”等。

（三）现病史

现病史是指围绕主诉，详细记述患者从起病到此次就诊时疾病发生、发展、变化及诊治情况的全过程。为病史的主要组成部分，是病情资料中最重要的内容之一。对现病史主要从发病情况、病情演变过程、治疗经过及现在症状等四个方面进行询问。

发病情况包括发病的时间，起病的缓急，发病原因或诱因，疾病最初的症状及部位、性质、持续时间，当时曾作何处理等。

病情演变过程指从起病到就诊时病情变化的主要情况，问诊时应按时间顺序了解。如哪一阶段主要表现有哪些症状，症状的性质和程度有无变化及变化规律如何，病情是否有好转或加重现象，有无新的症状出现等。这些内容对于了解疾病邪正斗争情况及发展趋势有重要作用。

治疗经过指此次就诊前患者已做过的诊断和治疗情况。如做过哪些检查，结果如何；做过何种诊断，依据是什么；做过哪些治疗，所用药物的剂量、用法、时间、疗效及有无不良反应等。

现在症状是现病史的主要内容，因其是问诊的重点，故单列出来专门讨论。

（四）既往史

既往史又称过去病史，指患者平素的健康状况和以往的患病情况。了解既往史对当前病证的诊断具有参考价值。

现患疾病与患者平素的健康状况有一定关系。如素体健壮，所患疾病多为实证；素体虚弱，所患疾病多为虚证。素体阳虚，易感寒湿之邪而多为寒证；素体阴虚，易感温燥之邪而多为热证。

患者过去曾患的疾病，可能与现患疾病有一定关系。如痫病、哮病等，经治疗后症状虽已消失，但疾病并未根除，一遇诱因极易复发。在麻疹等传染病流行期间，通过询问患儿的传染病史及预防接种史，即可做出诊断。

（五）个人生活史

个人生活史是指患者的生活经历、饮食起居、精神情志及婚姻生育史等，这些内容对某些疾病的诊断有一定的参考价值。如患者的出生地、居住地及经历地，有助于某些地方病和传染病的诊断。平素有无吸烟、饮酒、喝茶等嗜好，性情、精神状态如何，劳逸起居是否得当，是导致许多常见病发生的重要原因。如嗜食肥甘厚味者，易生痰湿；劳倦过度者，易耗精气而患劳损。另外，对成年男女，应询问婚姻情况；对育龄期妇女，应询问其经、带、胎、产史等。

（六）家族史

家族史是指患者的直系亲属以及生活中密切接触的人，包括父母、兄弟姐妹、配偶、子女等的健康状况和患病情况。许多传染病的发生与生活密切接触有关，而有些遗传性疾病与血缘关系有关。如果直系亲属已死亡，应询问其死亡原因。

三、询问现在症状

现在症状是指患者就诊时所感到的痛苦与不适，以及与其病情相关的全身情况。内容包括问寒热、出汗、疼痛、饮食口味、大小便、睡眠、耳目等。对妇人与小儿还要结合其生理、病变特点加以询问。

（一）问寒热

寒热是指患者怕冷或发热的感觉。寒热的产生首先取决于病邪的性质，其次与机体阴阳的盛衰变化有关。一般而言，寒邪致病，恶寒症状突出；热邪致病，发热症状明显。机体阴阳失调时，阳盛则热，阴盛则寒；阴虚则热，阳虚则寒。

根据寒热出现的时间、轻重、持续时间的长短、表现的特点及其伴随的症状等，寒热症状分为但寒不热、但热不寒、恶寒发热、寒热往来四种类型。

1. 但寒不热

但寒不热指患者只觉怕冷而不觉发热的症状。其机理为阴寒之邪侵袭人体，阳气被遏；或体内阳气不足，阴寒内生。根据发病的缓急与病程的长短，临床上主要以两种类型多见。

（1）新病恶寒：患者突然感觉怕冷，四肢不温，甚则寒战，虽加衣被，或近火取暖，仍觉寒冷；或症见脘腹冷痛，呕吐泄泻等，属实寒证。多因感受寒邪，或寒邪直中脏腑经络，阳气被郁，失于温煦所致。

（2）久病畏寒：患者经常自觉怕冷，得温则可以缓解的症状，属里虚寒证。多因体内阳气不足，阴寒内生，形体失于温煦所致。

2. 但热不寒

但热不寒指患者只觉发热，不觉恶寒，或反而恶热的症状。多为机体阳盛或阴虚所致。根据热势的高低、发热的时间和特点等，分为三种热型。

（1）壮热：患者高热持续不退（体温39℃以上），不恶寒反恶热的症状，属里实热证。多因风热内传，或风寒入里化热，与正气剧烈交争，阳热炽盛，蒸达于外所致。

（2）潮热：患者按时发热，或按时热势加重，因其如潮汐之有规律，称为潮热。临床常见的类型有三种。

阴虚潮热：患者午后或入夜低热，或五心烦热的症状。多为阴虚不能制阳，阳气偏亢所致。若患者自觉热气自骨内向外透发者，又称“骨蒸潮热”。

阳明潮热：患者常于日晡时（下午3～5时）出现热势加重的症状。多为邪热结于胃肠所致，又称“日晡潮热”。

湿温潮热：患者午后热势加重，但身热不扬（即肌肤初扪之不觉很热，扪之稍久则有灼手的感觉）的症状。多见于湿热邪气困遏中焦的湿温病。此系湿邪遏伏，热难透达，湿郁热蒸所致。午后阳气渐衰，抗病能力减弱，故午后热甚。

（3）微热：患者虽发热，但体温在38℃以下，或仅自觉发热而体温不高的症状。多见于温热病的后期，亦见于某些病程较长的内伤杂病，如脾气虚损，清阳不升，阳气被郁所致的气虚发热等。

3. 恶寒发热

恶寒发热指患者恶寒同时伴有体温升高，是外感表证的主要症状。其机理为外邪客于肌表，卫阳之气奋起抗邪，邪正交争，致使卫阳郁遏不宣则发热，肌表失于温煦则恶寒。由于所感外邪的性质不同，恶寒与发热又有轻重的区别。

（1）恶寒重发热轻：外感寒邪所致表寒证的特征。因寒为阴邪，束表郁遏卫阳，故恶寒比发热明显。

（2）发热重恶寒轻：外感热邪所致表热证的特征。因热为阳邪，易致阳盛，故发热重；热邪袭表，腠理开泄，汗出而卫表不固，故同时有轻微恶寒。

（3）发热轻而恶风：患者自觉有轻微的发热，并有遇风觉冷的症状，是外感风邪所致伤风表证的特征。因风性开泄，致腠理疏松，卫阳郁遏不甚，故发热恶寒均较轻。

4. 寒热往来

寒热往来指患者恶寒与发热交替发作的症状，是邪在半表半里的特征。因邪正相争，力量相当而相持不下，正胜则发热，邪胜则恶寒，故恶寒与发热交替发作。患者时冷时热，1日发作多次，有或无时间规律者，多见于少阳证；寒战与高热交替而作，且发作有一定的时间规律，如每日发作1次，或2～3日发作1次，并兼有头痛、多汗等，多见于疟疾。

（二）问汗

汗为体内津液经阳气蒸化，出于体表而成。正常人在体力活动、气候炎热时会出汗，是机体的生理反应。正常的汗出具有调节营卫、滋润皮肤和调节体温等功能。

病理性汗出与病邪的侵袭、正气的强弱及腠理疏密等因素有关，具体表现有当汗出而无汗，不当汗出而多汗，或仅见于身体的某一局部出汗等。

1. 汗出有无

患者有无汗出的症状，是辨别病邪性质和正气盛衰的重要依据。

（1）表证有无汗出：在外感病表证阶段，无汗出者，多为外感寒邪所致；有汗出者，多为外感风邪或热邪所致。

（2）里证有无汗出：里证无汗者多因津血亏虚，汗化无源，或阳气不足，蒸化无力所致。里证有汗者，多见于里热证，因阳热内盛，迫津外泄，往往汗出较多，并伴有高热、烦渴、脉洪大等。

2. 汗出性质

汗出的性质，与正气的盛衰和疾病的预后密切相关。

（1）自汗：患者白天经常汗出不止，活动后尤甚的症状。多因阳气不足，不能固护肌表，玄府不密，津液外泄所致。活动后阳气被耗，故汗出尤甚。

（2）盗汗：患者入睡后出汗，醒后汗止的症状。多因阴虚不能制约阳气则生内热，入睡后卫阳入里，不能固护肌表，虚热蒸发津液外出，故出汗；醒后卫阳由里出表，肌表得以固密，故汗止。

（3）战汗：患者先恶寒战栗，继而汗出的症状。多因邪正剧烈交争所致，是病变发展的转折点。若汗出后热退，脉静，身凉，说明邪去正安，疾病好转；若汗出后热势不减，烦躁不安，脉来疾急，说明邪盛正衰，疾病恶化。

（4）绝汗：又称脱汗，指患者在病情危重的情况下，大量出汗的症状，是亡阴或亡阳的表现。若汗出如油，热而黏手，同时兼见高热，烦躁不安，脉细疾数等，属亡阴之汗；若冷汗淋漓，同时兼见面色苍白，四肢厥冷，脉微欲绝等，属亡阳之汗。

3. 汗出部位

局部出汗异常者，通过询问汗出的部位、性质及伴随症状，可以判断其相关脏腑经络的阴阳气血盛衰情况。

（1）头汗：又称“但头汗出”，指患者头部或头颈部出汗较多的症状。多因上焦邪热或中焦湿热，循阳经上蒸于头面，迫津外泄所致。

（2）半身汗：患者仅一侧身体有汗，或左，或右，或上半身，或下半身，另一侧则经常无汗的症状。病变部位往往在无汗的半身，多因风痰、瘀痰或风湿之邪阻滞经络，气血运行失调所致，常见于中风、截瘫及痿证等。

（3）手足心汗：患者手足心汗出较多的症状。因脾主四肢，故其多与脾胃有关。脾胃有病，运化失常，津液不能正常代谢而旁达四肢，则手足心汗出较多。

临床上除应辨别以上各种汗证外，还应注意辨别汗的冷热和颜色。冷汗者多因阳气虚弱，肌表失固引起；热汗者多由外感风热或里热蒸迫所致。若汗出色黄如柏汁者，名曰“黄汗”，多因风湿热邪交蒸所致。

（三）问疼痛

疼痛在临床上是患者常见的自觉症状。由于致病的原因不同，疼痛的性质有虚实之分。外邪、气滞、血瘀、食滞、痰浊等，阻滞脏腑经络，使气血运行不畅，“不通则痛”，属实性疼痛；气血不足、阴精亏损等，使脏腑经络失于濡养，“不荣则痛”，属虚性疼痛。

通过询问患者疼痛的部位、性质及休止的时间等，可以了解疾病的阴阳、表里、寒热、虚实等情况。

1. 疼痛部位

不同部位的疼痛，常可反映相应脏腑经络的病变。

（1）头痛：根据头痛的部位，可以确定病在哪一经。如前额部连眉棱骨痛者，属阳明经；头两侧痛，以太阳穴附近为甚者，属少阳经；头后部连项痛者，属太阳经；巅顶部痛者，属厥阴经。

头痛有虚有实。一般起病急、病程短、疼痛剧烈、痛无休止者，多为外感性致病因素所致，属实证的头痛；而起病慢、病程长、疼痛较轻、时痛时止者，多为内伤性致病因素所致，属虚证的头痛。

（2）胸痛：心肺居于胸中，其功能异常可导致胸痛等胸部不适症状的出现。如心胸部憋闷、疼痛者，多为邪气闭阻心脉所致；胸痛、高热、面赤、喘促者，多为肺热壅盛所致。

（3）胁痛：因肝胆两经循行于胁肋部，故胁痛多与肝胆疾病有关。如胁肋部胀痛，善太息者，多为情志不畅，肝气郁结所致；胁部刺痛、固定不移者，多为跌仆损伤，瘀血阻滞经络所致；胁肋胀痛、身目发黄者，多为湿热蕴结肝胆所致。

（4）胃脘痛：胃脘位于上腹部剑突下，是胃腑所在之处。由于胃主通降，主受纳、腐熟水谷，故寒邪犯胃、食滞胃脘、胃火炽盛、胃阴亏虚等，均易损伤胃的功能而引起胃脘疼痛。进食后疼痛加剧者，多属实证；进食后疼痛缓解者，多属虚证。如胃脘部冷痛、得热痛减者，多为寒邪犯胃所致；胃脘部灼痛嘈杂、饥不欲食者，多为胃阴亏虚所致。

（5）腹痛：整个腹部可分为大腹、脐腹、小腹、少腹等部分。脐以上的部分称大腹，属脾胃；脐周围称脐腹，属脾和小肠；脐以下的部分称小腹，属膀胱、大小肠及胞宫；小腹两侧为少腹，是肝经循行所过之处。腹痛的范围较广，根据疼痛发生的部位可以察知疾病所属的脏腑和病性的寒热虚实。如疼痛较剧、拒按、得食痛甚者，多因寒凝、热结、气滞、血瘀、食滞、虫积等所致，为实证；疼痛较缓、喜按、得食痛减者，多因气虚、血虚、阳虚等所致，为虚证。

（6）腰痛：腰为肾之府，腰痛多责之于肾。如腰部痛如针刺，痛处固定不移者，为瘀血阻滞经脉，气血运行不畅所致；腰部绵绵作痛，酸软无力者，为肾精亏损，腰府失养所致；腰部冷痛沉重，阴雨天加重者，为寒湿之邪阻滞腰部经络，气血运行不畅所致。

（7）四肢痛：四肢疼痛，可分为关节痛、筋骨痛、肌肉痛等，多见于痹证。主要因风寒湿邪或风湿热邪侵袭，导致气血运行不畅所致。如关节游走窜痛者，为感受风邪为主的行痹；局部冷痛剧烈者，为感受寒邪为主的痛痹；局部疼痛、沉重不移者，为感受湿邪为主的着痹；关节红肿疼痛者，为风湿郁而化热所致的热痹。

2. 疼痛性质

疼痛的性质和特点不同，说明引起疼痛的病因与病机也不同。

（1）胀痛：指疼痛伴有发胀感。常具有时发时止、走窜不定、气泄得缓的特点，多由气滞引起。如情志不畅，肝气郁结所致的胁肋胀痛；气郁不舒，肝气犯胃所致的胃脘胀痛；中焦寒凝气滞或食积内停所致的脘腹胀痛。

（2）刺痛：指痛如针刺的感觉。具有痛处固定、拒按的特点，多为瘀血作痛的表现。如跌仆闪挫，瘀血阻滞胸部脉络所致的胸部刺痛；瘀血内停，阻滞胃腑脉络所致的胃脘刺痛。

（3）冷痛：指疼痛伴有冷感，或疼痛部位的体表温度较正常皮肤发凉。具有得温则痛缓的特点，多由寒邪阻络，或阳气不足，虚寒内生所致。如寒凝肝脉，肝脉拘挛所致的少腹冷痛；心阳不足，阴寒内生，心脉痹阻不通所致的心痛。

（4）灼痛：指疼痛伴有灼热感，或疼痛部位的体表温度较正常皮肤发热。具有得凉则痛缓的特点，多由火邪窜络，或阴虚火旺所致。如肝火旺盛，火灼胁部脉络所致的胁肋灼痛；胃阴不足，虚火内扰所致的胃脘灼痛。

（5）绞痛：指脏腑的剧烈疼痛，痛如绞割。多因瘀血、结石、蛔虫等有形实邪闭阻气机，或寒盛而气机滞塞所致。如心血瘀阻引起的胸痛，肾结石引起的腰痛，蛔虫上窜引起的腹痛等。

（6）隐痛：指疼痛轻微，多时隐时现，绵绵不休。多由阴阳、气血不足，机体失养，或阳虚生寒，失于温煦所致。如中气不足，清阳不升，脑髓失养所致的气虚头痛；脾胃虚寒，运化失职所致的脘腹隐痛。

（7）重痛：指疼痛伴有沉重感。多因湿邪困阻气机所致，如头痛如裹，四肢困重疼痛，腰重坠而痛等。

（8）掣痛：指疼痛处有抽掣感，同时牵引他处。多因寒邪侵袭经脉，或血虚经脉失养所致。因肝主筋，故掣痛又多与肝病有关。

（9）空痛：指疼痛伴有空虚感。多因气血衰少，阴精亏虚，脏腑失于濡养所致。

（10）酸痛：指疼痛伴有酸软的感觉。多因湿邪侵袭肌体，气血运行不畅所致。肾虚而骨髓失养，也可引起腰膝酸痛。

（11）走窜痛：指疼痛且部位走窜不定。如风邪阻络所致的肢体关节疼痛，或气机阻滞引起的胸胁脘腹疼痛。

此外，还要询问疼痛持续的时间、喜按还是拒按等情况。一般新病疼痛、痛而拒按、持续不解者，属实证；久病疼痛、痛而喜按、时作时止者，为虚证。

（四）问饮食口味

问饮食口味，主要需了解口渴与饮水，食欲与食量及口味等情况。

1. 口渴与饮水

主要了解有无口渴、饮水多少、喜冷喜热等情况，从而察知体内津液的盈亏和输布状况。

（1）口不渴：反映体内津液未伤，往往见于寒证、湿证患者。亦可见于体内无明显热邪的患者。

（2）渴不多饮：指患者有口渴或口干的感觉，但不想喝水或饮水不多的症状，多见于津液轻度损伤或输布障碍的患者。渴不多饮，若喜冷饮者，为湿热内蕴所致；若喜热饮者，为痰饮内停，津不上承所致。若瘀血阻滞，气不化津，津不上承，可见口干，但欲漱水而不欲咽。

若饮停于胃，又可见口渴欲饮，但水入即吐的“水逆”证。

（3）口渴多饮：患者口渴明显且饮水量多，反映体内津液大伤，见于热证、燥证，亦可见于汗、吐、下太过而致津液损伤的患者。若口大渴喜冷饮，为里热炽盛，耗伤津液所致；若大渴引饮，伴有小便量多、能食消瘦，为消渴病。

2. 食欲与食量

患者的食欲及食量，反映了其脾胃功能的强弱。在疾病过程中，食欲恢复，食量渐增，表示胃气来复，病情好转；反之，常是脾胃功能日益减退，病情恶化的征兆。

（1）不欲食与厌食：不欲食是指不想进食，或进食时无欣快感，食量减少，又称食欲不振。新病不欲食，多为邪气困阻中焦，脾运化失司所致；久病不欲食，多为脾胃虚弱，运化无力所致。自觉有饥饿感而又不想进食者，又称饥不欲食，多为胃阴不足，虚火内扰所致。

厌食是指对饮食有厌恶感，不愿进食的表现。如兼有嗳腐吞酸，脘腹胀痛者，为食滞内停所致；如兼有厌油腻、呕恶、黄疸者，多为肝胆或脾胃湿热所致。妇女怀孕期间，有厌食、呕恶反应者，为妊娠恶阻。

（2）多食与偏嗜：多食易饥，又称“消谷善饥”，是指患者食欲亢进，进食量多，易感饥饿的表现。多因胃火炽盛，腐熟太过所致。若久病、重病之人，本不能食，突然出现食欲大振，甚至暴食，称为“除中”，是脾胃之气将绝的危兆。偏嗜生米或泥土之类的异物，常见于小儿，多属虫病。

3. 口味

口味指患者口中的异常味觉，常是脾胃及其他脏腑功能失常的反映。口淡乏味者，为脾胃虚寒所致；口甜而腻者，为脾胃湿热所致；口中泛酸者，为肝胃蕴热所致；口中酸馊者，为食积内停所致；口苦者，为肝胆火旺所致；口咸者，为肾病及寒水上泛所致。

（五）问二便

询问患者的二便情况，重在了解排便的次数和时间，大小便的量、色、质、味，以及排便时的感觉和伴随症状等，从中可察知患者食物消化、水液代谢的情况，并为判断病证的寒热虚实提供依据。

1. 大便

健康人每日排便 1 ～ 2 次，或隔日 1 次，成形而不燥，内无脓血、黏液及未消化的食物，且排便通畅。大便的异常主要表现为便次、性状及排便感三个方面。

（1）便次异常：主要表现为便秘和泄泻两个方面。

便秘是指粪便干燥坚硬，排出困难，排便次数减少。因热结肠道，消灼津液所致者，为热秘；因阴寒内盛，传导失司所致者，为冷秘；因气机闭阻，腑气不通所致者，为气秘；因阳气虚弱，无力排便或津血亏虚，肠道失润所致者，为虚秘。

泄泻是指大便稀软不成形，或呈水样，便次增多。主要因脾失健运，小肠清浊不分，水停肠道所致，常见的有湿热泻、食积泻、脾虚泻、肾虚泻和肝郁脾虚泻等。一般新病急泻者，多实；久病缓泻者，多虚。如暴注下泄，便如黄糜，兼腹痛、肛门灼热者，为大肠湿热所致；腹痛泄泻，泻后痛减，兼脘闷、嗳腐吞酸者，为伤食泻；进食后腹痛泄泻，兼面色萎黄而纳少者，为脾虚不运所致；黎明时腹痛泄泻、下利清谷，兼形寒肢冷、腰膝酸软者，为脾肾阳虚所致，又称为“五更泄”；如泄泻与情志变化有关，每当情志不舒，则腹痛泄泻、泻后痛减者，为肝郁乘脾所致。

（2）便质异常：除便秘、泄泻所伴有的便质干燥和稀薄之外，常见的便质异常有：粪便中夹有大量未消化的食物，称为“完谷不化”，多见于脾虚或肾虚泄泻。大便中夹杂有脓血黏液，多见于痢疾。大便时干时稀，称为“溏结不调”，多因肝郁脾虚所致。大便先干后稀，多因脾虚运化无力所致。

（3）排便感异常：排便时有腹痛且不通畅的感觉，称为“排便不爽”，多见于大肠湿热、肝郁乘脾、伤食泄泻等。排便时肛门有灼热感，称为“肛门灼热”，多因湿热下注，热迫大肠所致；腹痛窘迫、时时欲泻、肛门重坠、便出不爽，称为“里急后重”，多因湿热内阻，肠道气滞所致，见于痢疾；肛门有下坠感，甚至脱肛，称为“肛门气坠”，多为脾虚中气下陷所致；久泻不愈，大便不能控制、滑出不禁，称为“滑泄失禁”，多因脾肾阳虚，肛门失约所致。

2. 小便

健康成人在一般情况下，日间排尿3～5次，夜间0～1次，一昼夜总尿量约1000～1800ml。饮水、温度、出汗、年龄等对尿次和尿量均有一定影响。

小便为津液代谢后的排泄物，了解小便的情况，可察知体内津液的盈亏和相关内脏的功能是否正常。小便的异常主要表现为尿量、尿次及排尿感三个方面。

（1）尿量异常：尿量异常表现为增多和减少两个方面。小便清长量多，畏寒喜暖，多见于虚寒证；尿量多兼口渴、多饮、消瘦，见于消渴病；尿量减少，由热盛伤津或汗、吐、下过多伤津引起，也可因肺、脾、肾等功能失常，气化不利，水湿内停所致。

（2）尿次异常：小便次数增多，时欲小便，称为小便频数。小便短赤，频数急迫者，为膀胱湿热，气化不利所致。小便澄清，频数失禁者，为肾气不固，膀胱失约所致；小便不畅，点滴而出者为“癃”；小便不通，点滴不出者为“闭”；一般统称为“癃闭”，癃闭有虚实之分，实证多因湿热下注，或砂石、瘀血阻塞尿路所致；虚证多由肾阳不足，气化无力所致。

（3）排尿感异常：排尿不畅，且伴有急迫、疼痛、灼热感，称为小便涩痛，多因湿热下注膀胱所致，见于淋证。排尿后小便点滴不禁，称为余沥不尽，多因肾气不固所致，常见于老年人。小便不能随意控制而自遗，称为尿失禁，多因肾气不足，固摄无权，膀胱失约所致。

（六）问睡眠

睡眠与人体卫气的循行和阴阳的盛衰密切相关，其异常情况主要表现为失眠和嗜睡。问诊时应主要询问睡眠时间的长短、入睡程度的深浅和伴随症状等。

1. 失眠

失眠指患者经常难以入睡，或睡后易醒，或睡而易惊，或彻夜难眠，常伴有多梦的症状，又称“不寐”。为阳盛阴虚、阳不入阴，神不守舍、心神不安的病变。心肾不交、水火不济而扰动心神，或心脾两虚，气血亏虚而心神失养所致者为虚证；痰火内扰，胆失疏泄而心神不安，或食积胃脘，浊气上泛而心神被扰者为实证。

2. 嗜睡

嗜睡指患者神疲困倦，睡意很浓，经常不由自主地入睡的症状，又称“多寐”。多因机体阳虚阴盛或湿困脾阳所致。如困倦易睡，兼见肢体困重、头目昏沉、苔腻脉濡者，为痰湿困脾所致；食少乏力，形体衰弱，饭后困倦而嗜睡者，为脾虚不运所致。若昏睡谵语，身热夜甚，舌绛脉数者，为热入营血，蒙蔽心神所致。若精神衰惫、神识朦胧、困倦易睡，肢冷脉微者，为心肾阳虚，阴寒内盛所致。

（七）问耳目

因机体诸多脏腑之经络均循行于耳、目，故询问耳、目的各种异常感觉，可以了解相应内脏的病变情况。

1. 问耳

耳部异常的自觉症状主要有耳鸣、耳聋、重听等。自觉耳中有鸣响声，妨碍听觉，称为耳鸣；听力有不同程度的减退，甚至听觉丧失，称为耳聋；听音不清，声音重复，称为重听。新病耳暴聋，或耳鸣声大如雷，或兼有重听者，多为肝胆火盛、痰浊上蒙、风邪上扰等引起的实证；久病耳渐聋，或耳鸣声小时止，也可兼有重听者，多为肾虚精亏，髓海不充所致的虚证。

2. 问目

两目异常的自觉症状有目痛、目眩、目昏、雀目等。目痛最为常见，主要因肝阳上亢、肝火上炎、风热侵袭等引起，多为实证。目眩，指视物旋转，如坐舟车的症状，多由肝阳上亢或痰湿上蒙清窍引起，也可因气血阴精亏虚，目失濡养所致。目昏，指视物昏花、模糊不清。雀目，指白天视力正常，但每到黄昏后视力则明显减退，视物不清，如雀之盲。目昏和雀目均以虚证多见，常由肝肾虚损，精血不足，目失所养所致。

（八）问妇人

由于妇女有特殊的生理、病变特点，故对妇女除上述的问诊以外，还须询问其经、带、胎、产等方面的情况。

1. 问月经

月经是发育成熟的妇女特有的一种生理现象。正常的月经一般每月一行，周期为 28 天左右，行经天数为 3 ～ 5 天，经量中等（约为 50 ～ 100ml），经色正红，质地不稀不稠，无血块。

问月经主要需了解月经的周期、行经天数和月经的量、色、质等的异常改变，必要时须询问末次月经的日期，以及初潮、停经的年龄等。

（1）经期异常：主要分为先期、后期和不定期三类。

月经先期：连续 2 个月经周期出现月经提前 7 天以上，称月经先期。兼量多、色红、质稠者，多因热盛迫血妄行所致；兼量多、色淡、质稀者，多为气虚不能摄血所致。

月经后期：连续 2 个月经周期出现月经推迟 7 天以上，称月经后期。多因寒凝气滞，血行不畅；或血虚，冲任不充；或肝郁、瘀血阻滞所致。

月经先后不定期：即经期错乱，指月经周期时而提前，时而延后在 7 天以上，并连续发生三个月经周期以上的病症。因肝气郁滞、瘀血内阻所致者，多为实证；脾肾虚损、气血不足所致者，多为虚证。

（2）经量异常：主要有量多和量少两类。

月经量多：指月经周期不变，但行经量超过正常，或行经时间延长，经量也因而增多的症状。多因血热妄行，冲任受损；或气虚不能摄血；或瘀血阻络，络伤血溢等引起。

月经量少：指月经周期不变，但行经量减少，或行经时间缩短，经量也因而少于正常的症状。多因营阴不足，血海空虚；或寒凝、血瘀、痰湿阻滞，血行不畅引起。

闭经：女子年逾 18 周岁，月经尚未来潮，或月经曾来而中断，停经超过 3 个月以上者，称为闭经。问诊时应与妊娠期、哺乳期、绝经期的停经及暗经相鉴别。引起闭经的原因与月经量少基本相同，只是程度更重。

崩漏：是指不在行经期，阴道内大量出血，或持续出血、淋漓不断者，称为崩漏。其中来势急，出血量多者称为“崩”；来势缓，出血量少者称为“漏”。多因阳热迫血妄行或气虚不能摄血所致。

（3）经色经质异常：若经色淡红质稀，多为血虚不荣；经色深红质稠，多为血热内炽；经色紫暗有块，多为寒凝血瘀所致。

（4）经行腹痛：是指在经期前后，或行经期间所发生的阵发性下腹部疼痛，并伴随月经周期性发作的症状，简称痛经。行经前小腹胀痛、行经后痛减者，多因气滞血瘀所致；行经后小腹隐痛，伴有腰部酸疼者，多因气血不足，肝肾亏虚，胞脉失养所致；行经小腹冷痛、得温痛减者，多因寒凝或阳虚内寒，胞脉收引所致。

2. 问带下

正常情况下，妇女阴道内分泌的少量乳白色而无臭的黏液，称为“带下”。若分泌物过多，绵绵不绝，或其色、质、味发生了异常改变，则为病理性带下。带下色白、量多、质稀如涕无臭者，为白带，多因脾虚不运，寒湿下注所致；带下色黄、量多、质稠而臭秽者，为黄带，多因湿热下注所致；带下色红黏稠，或赤白相间，微有臭味者，为赤白带，多因肝经郁热所致。

3. 问胎产

胎产，是指已婚妇女妊娠和生育的情况，包括怀孕、生育的次数、时间，有无流产，分娩及产后的情况是否正常等。

（1）妊娠病：妊娠妇女出现厌食、恶心、呕吐，甚至食入即吐，称为妊娠恶阻，多因脾胃虚弱或肝胃不和，导致冲脉之气上冲，胃失和降所致。妊娠后阴道有少量出血，常伴有腰酸、腹痛、小腹坠胀者，称为“胎动不安”，为堕胎或小产的先兆，多因肾虚、气血虚弱或跌仆伤胎所致。

（2）产后病：产后血性恶露淋漓不断，持续 20 天以上者，称为“恶露不绝”。若恶露量多，色红质稠，多为血热妄行所致；若恶露紫暗有块，伴小腹刺痛、拒按，多为瘀血内停所致。产后头晕眼花，不能坐起，或胸闷、呕恶、心烦，甚至神昏，不省人事者，称为“血晕”，多因血瘀气闭或血虚气脱所致。

（九）问小儿

小儿因为年龄小，对病情表述不清楚，或难以准确回答医生提出的问题，故儿科在古代又称“哑科”。鉴于此，对于小儿的问诊，主要是通过询问陪诊者以了解病情。

小儿的生理特点为：脏腑娇嫩、生机蓬勃、发育迅速。病变特点为：发病较快、变化较多、易虚易实。为了及时、准确地判断患儿病情，问诊时除了解一般问诊的内容外，还要结合小儿的生理和病变特点加以询问。

1. 问出生前后情况

新生儿（出生后至 1 个月）的疾病多与先天因素或分娩情况有关，故应着重询问母亲妊娠期及产乳期的营养和健康状况，分娩方式，是否难产、早产等，从而了解小儿的先天情况。

婴幼儿（1 个月至 3 周岁）发育较快，需要的营养较多，若喂养不当，小儿易患营养不良、五迟五软、气血虚弱等。故应着重询问小儿的喂养情况和坐、爬、立、走、出牙、学语等的迟早，从而了解小儿后天的营养是否充足及发育是否正常。

2. 问预防接种情况及传染病史

小儿6个月至5周岁之间，自母体获得的先天免疫力逐渐消失，后天的免疫力尚未完全形成，而接触感染麻疹、水痘等多种儿科传染性疾病的机会又较多，故对此阶段小儿应着重询问预防接种情况、传染病史和传染病接触史。若患儿已作过相应疾病的预防接种，或患过某种具有长期免疫力的传染病，则发生该病的可能性较小；反之，若患儿未进行某种传染病的预防接种，近期又有与该病的密切接触史，则易患该种传染病。

3. 问发病原因

小儿脏腑娇嫩，神志发育不完善，自我调节功能较差，易受气候、环境、生活条件的影响而发病。如对外界环境适应力低下，易患外感病；脾胃娇弱，消化力差，极易伤食，出现呕吐、腹泻、疳积等症；婴幼儿神志发育不完善，易受惊吓、易致高热惊风，而见哭闹、惊叫、抽搐等症。因此，临证时应着重询问有无伤食、受惊、着凉等易使小儿患病的原因。

第四节　切　　诊

切诊是医者用手指或手掌的触觉，对患者的血脉和全身进行触、摸、按、压，以了解病情，诊察疾病的方法。切诊分脉诊和按诊两部分。

一、脉诊

（一）脉诊的概念、原理及意义

脉诊是医生用手指触按患者的脉搏，以探查脉象，了解病情变化的一种独特的诊病方法。

脉诊的基本原理，主要在于脉为人体气血运行的通道。脉为血之府，心主血脉，心气推动血液在脉中运行。血液循行脉管之中，除由心所主外，还必须有各脏的协调配合：肺主气，朝百脉，通过肺气的敷布，血液才能布散于全身；脾主统血，为气血生化之源，血液的循行，有赖脾气的统摄；肝藏血，主疏泄，对全身血量具有调节作用；肾藏精，精化血，不断充养血脉。因此，脉象的形成，与脏腑气血密切相关。当脏腑气血发生病变时，血脉运行就会受到影响，脉象会出现相应的变化，故通过切脉可以判断疾病的病位、性质及预后等。

（二）寸口诊法的切脉部位和方法

切脉部位，古代有三部九候遍诊法、人迎寸口脉诊、寸口诊法等。目前，临床常用寸口诊法。

1. 部位

寸口又名“气口”“脉口”，其位置在手腕后桡动脉搏动处。寸口分三部，以手腕后高骨（桡骨茎突）内侧为关部，关前一指为寸部，关后一指为尺部，两手各有寸、关、尺三部。

（1）寸口诊病的原理：第一，寸口所在的位置属手太阴肺经，肺主气，朝百脉，全身的气血通过经脉均会合于肺而变见于寸口；第二，肺经起于中焦，下络大肠，还循胃口，与脾经同属太阴。脾胃为气血生化之源，其化生的精微上输于肺而灌注五脏六腑，经过五脏六腑的作用后从百脉又朝会于肺。所以察寸口可知全身脏腑气血阴阳的盛衰情况。

（2）寸口分部所候脏腑：寸口脉三部常用的配属脏腑法，是以右手寸部候肺，关部候脾胃，尺部候命门（肾）；左手寸部候心，关部候肝，尺部候肾。

2. 时间

诊脉的时间，以清晨未起床、未进食前最佳。此时患者尚未进食、活动，机体内外环境都比较安静，气血经脉所受的干扰最少。但是在清晨诊脉一般很难做到，如在其他时间诊脉，应尽量保持内外环境安静，以避免各种因素对脉象的干扰。

3. 姿势

切脉时患者取坐位或仰卧位，手臂应平展与心脏保持同一水平，直腕，手心向上，并在腕关节背面垫上松软的脉枕。不正确的体位，会影响局部气血运行而影响脉象。

4. 布指

医生和患者侧向坐，用左手诊患者的右寸口，用右手诊患者的左寸口。医生布指时，先用中指在患者的腕后高骨内侧定关部，后用食指在关前定寸部，无名指在关后定尺部。布指的疏密可视患者身材的高矮作适当的调整，即身高臂长者疏，身矮臂短者密。诊小儿脉时，因其寸口短，可用“一指（拇指）定关法”，不必细分寸关尺三部。

5. 指法

切脉时三指指端平齐，手指弯曲呈弓状，以指目（指端隆起螺纹处）按脉。三指平布后以同样的指力按三部脉，称为总按；为了重点体察某一部脉，仅用一指单按，其余两指微微提起，称为单按。临床上总按与单按常配合使用。

6. 指力

元·滑伯仁《诊家枢要》说：“持脉之要有三：曰举、按、寻。轻手循之曰举，重手取之曰按，不轻不重，委屈求之曰寻。”举按寻是指采用三种不同的指力进行切脉的方法：轻指力按在皮肤上（浮取）为举，重指力按在筋骨间（沉取）为按，指力不轻不重，亦可轻可重为寻。

（三）正常脉象

健康人在生理条件下出现的脉象为正常脉象，又称平脉、常脉。切脉时首先必须掌握正常脉象的形象特点及其变异因素，才能以常衡变，辨别形态多端的病脉。

1. 平脉的形象

平脉的形象为不浮不沉，脉势和缓，往来从容，节律均匀，柔和有力，一息四五至。

2. 平脉的特点

平脉具有胃、神、根三个特点。脉象从容和缓，节律一致，称为脉有胃气；脉象柔和有力，形体指下分明，称为脉有神气；沉取尺部，脉应指有力，称为脉有根基。

3. 平脉的变异因素

在人体内外因素的影响下，平脉会发生相应的生理性变化。如受气候的影响，平脉有春弦、夏洪、秋浮、冬沉的变化。受地理环境的影响，居住在南方的人，脉多不实；居住在北方的人，脉多沉实。受年龄的影响，小儿脉快，青壮年脉实，老年人脉多无力。因性别而异，女子脉偏濡弱略快，男子脉偏沉实有力。有的人因桡动脉异位，脉不见于寸口，而从尺部斜向手背，称为“斜飞脉”，若脉出现在寸口背部，称为“反关脉”，两者均不属病脉。

（四）常见病脉

病脉是疾病时出现的异常脉象的统称。常见的病脉有浮、沉、迟、数、虚、实、滑、涩、洪、濡、细、弦、紧、缓、结、代、促等。

1. 浮脉

脉象：脉位表浅，轻取应指明显，重按则脉力稍减但不空虚的脉象。

主病：表证。亦可见于内伤久病。

原理：外邪袭表，邪正相争于肌表腠理，脉气鼓动于外，故脉位浅显应指而浮。久病体虚者，虚阳外越，也可见浮脉，但有别于表证的浮脉，多浮大无力，是病情较为严重的表现。

2. 沉脉

脉象：脉位较深，轻取不能应指，重按才显现于指下的脉象。

主病：里证。有力为里实，无力为里虚。

原理：邪郁于里，气血阻滞，故脉沉有力。若脏腑虚弱，正气不足，阳虚气陷，脉气鼓动无力，则脉沉而无力。

3. 迟脉

脉象：脉来迟缓，一息不足四至（相当于每分钟 60 次以下）的脉象。

主病：寒证。有力为实寒，无力为虚寒。

原理：寒则收引凝滞，气血运行缓慢，故脉迟而有力。若阳气虚弱，无力运行气血，则脉迟而无力。此外，邪热结聚，阻滞血脉流行，也可见迟脉，但迟而有力，按之必实，如《伤寒论》所言阳明病脉迟可下之类。因此，迟脉不可概认为是寒证，临证当脉症合参。

4. 数脉

脉象：脉来急速，一息五、六至（相当于每分钟 90 ～ 110 次）的脉象。

主病：热证。有力为实热，无力为虚热。

原理：外感热病初起，或脏腑热盛，由于邪热鼓动，血行加速，故脉数而有力。若久病阴虚，虚热内生，则脉数而无力。此外，阳虚外浮也可见数脉，但数大无力，按之豁然而空。

5. 虚脉

脉象：寸关尺三部脉举之无力，按之空虚的脉象。

主病：虚证，以气血两虚多见。

原理：气不足以鼓动，则脉来无力；血不足以充脉，则按之空虚。

6. 实脉

脉象：寸关尺三部脉象浮、中、沉取均搏动有力的脉象。

主病：实证。

原理：邪气亢盛而正气未虚，正邪相搏，气血充盈，脉道坚满，故应指有力。

7. 滑脉

脉象：往来流利，应指圆滑，如珠走盘的脉象。

主病：痰饮、食积、实热。

原理：实邪壅盛于内，气实血涌，血行流利，故脉应指圆滑如珠。平人脉滑而冲和，是气血充实之象。妇女妊娠后也常见滑脉，是气血充盛养胎之征。

8. 涩脉

脉象：脉来不流利，往来艰涩，如轻刀刮竹的脉象。

主病：气滞血瘀、痰食内停、精伤血少。

原理：气滞血瘀、痰食阻滞，导致气机不畅，血行受阻，则脉涩而有力。精亏血少，脉失濡养，血行不畅，故脉涩而无力。

9. 洪脉

脉象：脉体宽大，如波涛汹涌，来盛去衰的脉象。

主病：热盛。

原理：热邪充斥，脉道扩张，故脉形宽大倍于常脉；热邪燔灼，气盛血涌如波涛起伏，则脉有大起大落。

10. 濡脉

脉象：浮而细软无力的脉象。

主病：虚证、湿证。

原理：濡脉脉位表浅，体细势软，轻取可以触知，重按反不明显。各种虚证均可见濡脉，主要因精血虚不荣于脉所致。湿邪阻压脉道，也可见濡脉。

11. 细脉

脉象：细小如线，指下分明的脉象。

主病：虚证。多见于血虚、阴虚证，湿病亦可见之。

原理：血虚、阴虚，脉道失于充盈。或湿邪壅阻，可致脉道细小。

12. 弦脉

脉象：端直而长，指下挺然，如按琴弦的脉象。

主病：肝胆病、痛证、痰饮。

原理：弦是脉气拘急的表现。邪气滞于肝，疏泄失常，气机不利，脉气拘急故见弦脉。痛则气乱，或痰饮内停，致使气机输转不利，也可见弦脉。

13. 紧脉

脉象：脉来绷紧，左右弹指状如牵绳转索的脉象。

主病：寒、痛、宿食。

原理：寒邪侵袭机体，阻碍阳气运行，邪正相搏，致脉道紧张，故见紧脉。寒邪在表，脉见浮紧；寒邪在里，脉见沉紧。因剧痛、宿食而出现的紧脉，也是寒邪积滞与正气相搏所致。

14. 缓脉

脉象：一息四至，来去怠缓的脉象。

主病：湿病、脾胃虚弱。

原理：湿邪重着黏滞，阻遏气机，或脾胃虚弱，气血不足以充盈鼓动脉气，故见缓脉。

15. 结脉

脉象：脉来迟缓，时有一止，止无定数的脉象。

主病：阴盛气结、寒痰瘀血、癥瘕积聚；结而无力，主气血亏虚。

原理：阴偏盛而阳不和，脉气凝滞，故脉迟缓而时一止。寒痰、瘀血、癥瘕、积聚阻碍血行；

或气血虚衰，胸闷不舒；脉中气血运行不相连续，故见结脉。

16. 代脉

脉象：脉来时有一止，止有定数，良久方来的脉象。

主病：脏气衰微，痛证、惊恐、跌打损伤。

原理：因脏气衰微，气血虚损，元气不足，致脉气不相衔接而时有歇止，止有定数。卒逢惊恐、跌打损伤或痛证，因气机受阻，血行涩滞，而致脉气不相衔接时，也可见代脉。

17. 促脉

脉象：脉来数而时止，止无定数的脉象。

主病：阳盛实热、气血壅滞、痰饮宿食、痈肿。

原理：阳热亢盛，阴不和阳，故脉来急数而时有一止。气滞、血瘀、食积、痈肿等实邪从阳化热，阻滞脉道，也可见促脉。

（五）相兼脉与主病

两种以上的脉象同时出现，称相兼脉，亦称复合脉。如沉迟为二合脉，弦滑数为三合脉，浮数滑实为四合脉。相兼脉的主病，多为组成该脉的各单脉主病的综合。如浮主表，数主热，故浮数脉主表热证；沉主里，迟主寒，故沉迟脉主里寒证。现将临床上常见的相兼脉及其主病举例如下。

浮数脉：主风热袭表的表热证。

浮缓脉：主风邪伤卫，营卫不和，太阳中风的表虚证。

浮紧脉：主外感寒邪的表寒证。

沉迟脉：主里寒证。

沉弦脉：主肝郁气滞，或水饮内停。

沉涩脉：主血瘀，尤其常见于阳虚而寒凝血瘀者。

沉缓脉：主脾虚，水湿内停。

滑数脉：主痰热、痰火，或内热食积。

洪数脉：主气分热盛。

弦数脉：主肝郁化火、肝胆湿热等证。

弦滑数脉：主肝火夹痰、风阳上扰，痰火内蕴等证。

（六）脉症顺逆与从舍

脉症顺逆，是指从脉与症的相应、不相应来判断疾病的顺逆。一般情况下，脉与症是一致的，称为脉症相应。从判断疾病的顺逆而言，脉症相应为顺，不相应为逆。例如有余的病证，脉见洪、数、实，表示邪实正盛，正气足以抗邪；内伤久病，脉见沉、微、弱，说明邪衰正亦伤，两者均属脉症相应，为顺证。但也有脉与症不相应者，如新病脉见沉、微、弱，表示正气已衰；久病脉见洪、数、实，表示正衰邪不退，两者均属脉症相反，为逆证。

临证时若出现脉与症不相应的情况，必须辨明脉与症孰真孰假，以决定从舍，或舍脉从症，或舍症从脉。

舍脉从症：在症真脉假的情况下，必须舍脉从症。例如症见腹部胀满，疼痛拒按，大便燥结，舌红苔黄焦燥，但脉见迟细者，症所反映的是实热内结胃肠；脉所反映的是因热结于里，阻滞血脉流行，而见迟细，故症为真而脉为假，当舍脉从症。

舍症从脉：在症假脉真的情况下，必须舍症从脉。例如伤寒，热闭于里，症见四肢厥冷，而脉滑数者，脉所反映的是内热盛，症所反映的是由于热邪内伏，格阴于外，出现四肢厥冷，故脉为真而症为假，当舍症从脉。

脉有从舍，说明脉象只是疾病临床表现的一个方面，故不能把它作为诊疗疾病的惟一依据，临证时必须做到四诊合参，才能从舍得宜，正确地认识疾病的本质。

附：二十八种脉分类比较表

二十八种脉分类比较表

分类	脉名	脉象	主病
浮脉类	浮	轻取即得，重按稍减	主表证，亦主虚证
	散	浮大无根，至数不齐	主元气离散，脏腑之气将竭
	芤	浮大中空，如按葱管	主失血、伤阴
	革	弦急中空，如按鼓皮	主亡血、失精、崩漏、小产
沉脉类	沉	轻取不应，重按始得	主里证
	牢	沉按实大弦长	主阴寒内实、癥瘕、疝气
	伏	重按推筋着骨始得	主邪闭、厥证、痛极
数脉类	数	一息五、六至	主热证，也主虚证
	疾	脉来急疾，一息七至以上	主阳极阴竭、元气将脱
	动	脉短如豆，滑数有力	主痛、惊
	促	脉来数而时一止，止无定数	主阳盛实热、气滞血瘀
迟脉类	迟	脉来迟缓，一息不足四至	主寒证
	缓	脉来怠缓，一息四至	主湿证，脾虚
	结	脉来迟缓，时有一止，止无定数	主阴盛气结、寒痰瘀血、癥瘕积聚，主虚证
	代	脉来时有一止，止有定数，良久方来	主脏气衰微，跌打损伤，痛证、惊恐
虚脉类	虚	三部脉举之无力，按之空虚	主虚证，多为气血两虚
	濡	浮细而软	主虚证，湿证
	细	脉细如线，应指明显	主气血两虚、诸虚劳损、湿证
	弱	沉细而软	主虚证，气血不足
	微	极细极软，若有若无，至数不明	主阴阳气血诸虚，阳虚危候
	涩	脉来不流利，往来艰涩，如轻刀刮竹	主气滞血瘀、痰食内停、精伤血少
	短	首尾俱短，不及本位	有力主气郁，无力主气损
实脉类	实	三部脉举按均有力	主实证
	滑	往来流利，应指圆滑，如珠走盘	主痰饮、食积、实热
	洪	脉体宽大，如波涛汹涌，来盛去衰	主气分热盛
	弦	端直以长，挺然指下，如按琴弦	主肝胆病、痛证、痰饮
	紧	脉来绷紧，状如牵绳转索	主寒、痛、宿食
	长	首尾端直，超过本位	主阳气有余，热证

二、按诊

按诊是切诊的一部分，是在望、闻、问的基础上，根据被检查部位的冷热、软硬、疼痛、肿块或其他异常变化，以进一步探明疾病部位和性质的诊察方法。

（一）按诊的概念、操作手法及注意事项

按诊是指医生对患者的肌肤、手足、脘腹及腧穴等部位施行触、摸、按、压、叩，以测知病变的一种诊断方法。主要手法有触、摸、按、叩四法。

触，是以手指或手掌轻轻接触患者局部，如额部、四肢皮肤等，从而了解凉热、润燥等

情况。摸，是以手抚摸局部，如肿胀部位等，从而察明局部的感觉及肿物的形态、大小等情况。按，是以手按压局部，如胸腹、肿物部位等，从而了解深部有无压痛，肿块的界限、质地，肿胀的程度、性质等情况。叩，是用手叩击局部，如臌胀患者的腹部等，使之震动产生叩击音、波动感或震动感，医者听其声响从而确定病变性质和程度的一种检查方法。

触、摸、按三法的区别在于指力有轻重的差异，故所达部位有深浅的不同。触者用手轻诊皮肤，摸者稍用力达于肌层，按者用重力诊腹腔深部或筋骨处。临床运用时，诸法往往综合使用，一般先触摸，后按压，由轻到重、由浅入深地对疾病进行诊察。

按诊时医生的态度要严肃认真，对患者要关怀体贴，手须温暖，动作要轻巧，并要积极争取患者的主动配合，必要时可用谈话或其他方式，转移患者的注意力，以缓解其紧张情绪。检查时应从病变部位周围正常处开始，逐渐移向患处，并对健侧与患侧进行比较，同时注意观察患者的反应及表情变化，从而较为准确地了解其痛苦的部位和程度。此外，按诊时还应结合病情及按诊部位，让患者采取适当体位，以便于医生诊察。

（二）按诊的主要内容

按诊的应用范围较广，临床上常用的有按肌肤、按手足、按脘腹、腧穴等。

1. 按肌肤

按肌肤主要为了探明全身肌表的寒热、润燥以及肿胀等情况。

按肌肤的冷暖可了解疾病的表里寒热。当热邪盛时，肌肤多热；当阳气衰时，肌肤多寒。身热初按热甚，久按热反转轻者，为热在表；如久按其热反甚，热自内向外蒸发者，为热在里。

患处肌肤濡软喜按者，为虚证；患处硬痛拒按者，为实证。

触摸肌表皮肤的润燥情况，可以了解患者有无汗出和津液是否损伤。皮肤干燥者，津液不足；湿润者，已汗出；干瘪者，津液大伤。皮肤甲错，摸之棘手者，为伤阴或内有瘀血。

按肌肤肿胀处可以辨别水肿和气肿。按之凹陷，举手不能即起的是水肿；按之凹陷，举手即起的是气肿。

按压疮疡局部可审察病性及是否成脓。按之肿硬不热者，为寒证；按之高肿灼手者，为热证。根盘平塌漫肿者，为虚证；根盘收束高起者，为实证。患处按之坚硬者，为无脓；边硬顶软者，为有脓。轻按即痛者，脓在浅表；重按而痛者，脓在深部。

古代尚有 “按尺肤”的诊法。所谓尺肤是指从肘部内侧至掌后横纹处的一段皮肤。触按尺肤的寒热、滑涩等情况，可以辨别疾病的性质。如外感疾病见尺肤热甚者，多属温热证。

2. 按手足

按手足主要为了察寒热。手足俱冷者，为阳虚阴盛，属寒；手足俱热者，为阳盛或阴虚，属热。若见胸腹灼热而四肢厥冷者，为里热实证。手足背部较热者，为外感发热；手足心较热者，为内伤发热。儿科方面，小儿指尖冷，主惊厥；中指独热，主外感风寒；中指指尖独冷，是麻疹将发的征象。

3. 按脘腹

体位：脘腹部按诊时，患者取仰卧位，松腰间系带，充分暴露检查部位，两腿合拢，膝部屈曲，脚掌平放，腹部肌肉尽量放松。

通过对脘腹部的触摸按压，了解局部的冷热、软硬、胀满、肿块及压痛等，有助于辨别内在脏腑的虚实及有无癥瘕积聚等情况。

（1）辨冷热：腹壁冷，喜温喜按者，属虚寒证；腹壁灼热，喜凉拒按者，属实热证。

（2）辨腹胀：腹部胀满，按之充实，有压痛，叩之声音重浊者，为实证；腹部膨满，但按之不实，无压痛，叩之作空声者，为气胀，多属虚证。腹部胀大如鼓者，为臌胀，是一种危重病证。

（3）辨疼痛：腹痛喜按者，为虚证；腹痛拒按者，为实证。腹痛剧烈，按之局部灼热者，为内痈。

（4）辨痞满：自觉心下或胃脘部痞塞不适和胀满者，称为痞满。按之濡软，压之不痛者，为虚证；按之坚硬，有压痛者，为实证。胃脘部按之有形而胀痛，推之漉漉有声者，为胃中有水饮。

（5）辨积聚：腹中有肿块称为积聚。若痛有定处，按之坚硬，推之不移者，为积为癥，多属血瘀；痛无定处，按之无形，聚散不定者，为聚为瘕，多属气滞。

（6）辨蛔虫：小儿脐周疼痛，时作时止，按之有包块且有移动感，多为虫积。按诊时有三大特征：一是形如筋结，久按会转移；二是细心诊察，觉指下如蚯蚓蠢动；三是腹壁凹凸不平，按之起伏聚散，往来不定。

4. 按腧穴

腧穴是脏腑经络之气转输之处。当内脏有病变时，在体表相应的穴位处可出现较明显的压痛或敏感反应，或可摸到结节状、条索状物。例如肝病在肝俞和期门穴有压痛；肺病可在肺俞穴摸到结节，或在中府穴有压痛；胃病在胃俞穴和足三里穴有压痛；肠痈除右下腹压痛外，在上巨虚穴、阑尾穴也有压痛。

复习与思考请扫二维码

第十章　病机与辨证

病机，即疾病发生、发展、变化的机理。辨证是以中医学理论为指导，对四诊所收集的资料，综合分析病机，辨别判断为某证，是中医临床认识与诊断疾病的重要方法。病机研究重在阐明疾病发生、发展和变化的机理，而这正是辨证分析所要解决的关键问题。

证候，即证的外候，是证所表现的临床可见的症状和体征等。一般由一组相对固定、有内在联系、比较有特点的症状和体征等构成。如食少纳呆，腹胀便溏，倦怠乏力，面黄，舌淡红苔白，脉沉缓，属于脾胃虚弱证的证候表现。

中医学重视在临床过程中，依据四诊，分析病机，辨清证候，进行治疗。因此，本章根据临床实践的应用情况，并结合教学目的和要求，归纳基本病机，并与辨证结合进行阐述。

第一节　八纲基本病机与辨证

八纲，即表、里、寒、热、虚、实、阴、阳八个辨证的纲领，其病机特点与病位浅深、邪正盛衰、阴阳失调等密切相关。

八纲辨证是从各种辨证方法中提取和概括出来的共性规律，为各种辨证的纲领。其中，阴阳两纲又可以概括其他六纲，即表、热、实证为阳；里、寒、虚证为阴，故阴阳又是八纲中的总纲。

一、表里的病机与辨证

表、里是针对病位、病势的辨证纲领，主要用于外感、内伤病变的病机分析。从病位而论，人体的皮毛、肌腠、经络在外，属表；脏腑、气血、骨髓在内，属里。从病势浅深趋向而论，由表入里是病渐加重，由里出表是病渐减轻。表证多属外感，病轻而浅；里证多属内伤，病深而重。

1. 表证

基本概念　表证是指六淫、疫疠等邪气，经皮毛、口鼻侵入机体的初期阶段，正气抗邪于肌表，以新起恶寒发热为主要表现的证。

形成原因　外感六淫之邪、或疫疠之气，经皮毛、口鼻侵入，邪气伤于人体皮肤、肌肉、浮络等体表浅层所致。

临床表现　恶寒发热，或微恶风寒，头痛身痛，鼻塞流涕，咽喉痒痛，咳嗽，舌苔薄白，脉浮。

病机特点 外邪袭表，邪正交争，卫气被郁。

辨证要点

（1）多见于外感病的初期，具有起病急、病程短的特点。

（2）恶寒发热并见，或微恶风寒，苔薄白、脉浮为病位在表的辨证依据。

（3）表证常见鼻塞流涕、咽喉痒痛、咳嗽等肺气失宣的症状。

2. 里证

基本概念 里证是指病变部位在内，脏腑、气血、骨髓等受病，以脏腑受损或功能失调症状为主要表现的证。

形成原因 表邪内传入里，侵犯脏腑；或外邪直接侵犯脏腑；或情志内伤、饮食劳倦等因素，导致脏腑功能失调、气血失常而致病；或痰饮、瘀血、结石等病理产物所引起的疾病。

临床表现 高热，恶热或微热、潮热，口渴引饮，烦躁神昏，或畏寒，肢冷蜷卧，神疲乏力，口淡多涎，呕吐，腹痛，便秘，或腹泻，尿少色黄或清长，苔厚，脉沉等。

病机特点 病位已不在表及半表半里，以脏腑、气血、阴阳失调为主的病变。

辨证要点

（1）多见于内伤疾病，或外感病的中、后期阶段。

（2）脏腑、气血、阴阳等失调的常见症状为病位在里的辨证依据。

证候鉴别 表证、里证的鉴别要点：主要为寒热、舌象和脉象变化。表证发热恶寒同时并见；但寒不热或但热不寒或无寒热为里证。表证舌象多见薄苔；里证舌质变化较多，多见厚苔。表证脉浮，里证脉沉。

3. 半表半里证

基本概念 半表半里证是指病变既非完全在表，又未完全入里，病位处于表里进退化之中，以寒热往来等为主要表现的证。一般又称为“少阳证”。

形成原因 多因外邪由表传内，尚未入于里；或里邪透表，尚未达于表；或邪气直犯少阳，正气渐虚，正邪分争，少阳枢机不利所致。

临床表现 寒热往来，胸胁苦满，心烦喜呕，默默不欲饮食，口苦，咽干，目眩，脉弦等。

病机特点 邪犯少阳，正邪分争，枢机不利。

辨证要点

（1）寒热往来是邪犯少阳的特征症状，为病位在半表半里的辨证依据。

（2）胸胁苦满、口苦、咽干、目眩、脉弦等为病位在半表半里的常见症状。

二、寒热的病机与辨证

寒、热是针对病因、病性的辨证纲领，其基本病机为机体阴阳失调。

1. 寒证

基本概念 寒证是指寒邪侵袭，或机体阳虚阴盛，表现出以冷、凉等症状特点的证。

形成原因 多因外感寒邪，或过食寒凉生冷，或阴寒性病理产物积聚，导致阴寒内盛；或素体阳虚，或内伤久病，耗伤阳气，温煦功能减退所致。

临床表现 恶寒，或畏寒喜暖，肢冷，蜷卧，口淡不渴，痰、涎、涕等分泌物清稀，小便清长，大便稀溏，面白，舌苔白而润滑，脉迟或紧等。

病机特点 阴寒内盛或阳气不足。阴盛或阳虚，皆见寒象：阴盛则实寒，阳虚则虚寒。

辨证要点

（1）以恶寒，或畏寒喜暖，肢冷，脉紧或迟等寒象为辨证依据。

（2）神疲踡卧，口淡不渴，分泌物、排泄物清稀，面白，舌淡苔白等为寒证的常见症状。

2. 热证

基本概念 热证是指感受热邪，或机体阴虚阳盛表现出以温、热等症状特点的证。

形成原因 多因外感热邪，或阴邪入里，从阳化热；或七情内伤，五志过极化热；或痰湿、瘀血、食积等郁久化热；或久病伤阴，或津血流失过多；或房事劳伤，劫夺阴精，阴虚内热等所致。

临床表现 发热，恶热喜冷，口渴喜冷饮，面红目赤，烦躁不宁，痰、涕黄稠，吐血，衄血，大便干燥，尿少色黄，舌红苔黄而干，脉数等。

病机特点 阳热亢盛或阴虚内热。阳胜或阴虚，皆见热象：阳胜则实热，阴虚则虚热。

辨证要点

（1）以发热、恶热喜凉、面红、舌红苔黄、脉数等热象为辨证依据。

（2）有热伤津液之渴喜冷饮、大便干、尿少色黄、舌干少津等为热证的常见症状。

（3）热盛动血，灼伤脉络，迫血妄行，可见以血色鲜红、出血势急量多为特征的衄血、吐血等出血症状。

证候鉴别 寒证、热证的鉴别要点：在一般情况下，寒证见恶寒，畏寒喜暖，四肢不温或逆冷，脉迟或紧等寒象；热证见发热，恶热喜凉，四肢灼热，舌红苔黄、脉数等热象。寒证多口不渴，热证则渴喜冷饮或渴不欲饮。寒证面白，热证则面红或颧红。寒证多见大便稀溏、小便清长，热证则大便干结、尿少色黄。

三、虚实的病机与辨证

虚、实是针对邪正关系、机体状态的辨证纲领，《素问·通评虚实论》说：“邪气盛则实，精气夺则虚”。实指邪气盛实，虚指正气不足。虚实的基本病机即邪正盛衰，邪正盛衰消长变化贯穿于疾病的全过程。邪正消长的变化，不仅产生虚与实的证候，而且也产生虚实错综复杂的变化。

1. 虚证

基本概念 虚证是指先天禀赋不足，或后天失调，或疾病损伤等所致正气亏虚的证，有阳虚、阴虚、气虚、血虚、津液不足、脏腑虚弱证等。

形成原因 多因先天禀赋不足，或后天失调，如情志内伤，饮食不节，劳逸过度，房事不节，产育过多，久病失治等原因，损伤人体正气所致。

临床表现 精神委靡，倦怠乏力，自汗，形寒肢冷，大便稀溏或滑脱，小便清长或失禁，面色淡白或萎黄，舌淡胖嫩，脉虚，沉迟无力或弱，或形体消瘦，五心烦热，盗汗，潮热，颧红，舌红少苔或无苔，脉细数无力。

病机特点 正气不足，邪不显著，以机体功能衰退为主要病机特点。邪正无力相争，难以出现剧烈的反应，从而表现出一系列以衰退、虚弱、不固等为主要特征的虚性病机变化。

辨证要点

（1）临床以衰退、虚弱、不固等主要特征为辨证依据。

（2）虚证具有起病缓、病程长的特点，多见于疾病后期，以及多种慢性疾病的病变过程之中。

2. 实证

基本概念 实证是指外邪侵犯人体，或是脏腑功能失调，体内病理产物痰饮、水湿、瘀血、宿食、燥屎、脓疡、虫积、砂石等有形之物停积体内，导致邪气盛实的证。

形成原因 六淫或疫疠之邪侵入人体，正邪剧争；或脏腑功能失调，代谢障碍，气机阻滞，水湿痰饮内停，瘀血内阻，或宿食、虫积等停滞体内所致。

临床表现 高热烦躁，甚则神昏谵语，胸闷气粗，痰涎壅盛，腹部胀满，腹痛拒按，大便秘结，或下利里急后重，小便短赤涩痛，舌质苍老，舌苔厚腻，脉实有力等。

病机特点 邪气盛实，正气未虚，正邪相争，势均力敌，反应强烈，表现一系列以亢奋、有余、不通为特征的实性病机变化。

辨证要点

（1）临床以亢奋、有余、不通等主要特征为辨证依据。

（2）实证具有起病急，病程短的特点，多见于外感病的初期和中期，或由于痰、食、水、饮、瘀血等滞留于体内所引起的疾病。

证候鉴别 虚证、实证的鉴别要点：主要从精神、形体、呼吸声音、喜按拒按以及舌脉等方面进行鉴别。虚证多见形体虚弱或形盛气弱，精神委靡不振，声低息微，痛处喜按，舌淡嫩无苔或少苔，脉象虚弱无力。实证多见形体壮实，精神亢奋，声高息粗，痛处拒按，舌质苍老，舌苔厚腻，脉实有力。

在特殊情况下，还会出现疾病的现象与本质不完全一致的变化，临床表现可见某些假象症状。如热结肠胃、痰食壅滞等实证，却见精神默默、畏寒肢冷、脉沉或涩等类似虚证假象，其疾病本质为实，因邪气盛实于内，阻滞经络气血，不能畅达于外，故见某些虚羸假象，即真实假虚证，又称“大实有羸状”。素体脾虚，运化无力，却见腹胀腹痛等类似实证假象，其疾病本质为虚，因脏腑功能失调，气血不足，运化无力，故见某些盛实假象，即真虚假实证，又称“至虚有盛候”。因此，必须详细诊察病情，透过现象看本质，不被疾病假象所迷惑，真正把握疾病的虚实变化。

四、阴阳辨证总纲

阴阳辨证是分析证候类别的纲领，是八纲辨证的总纲。阴阳辨证是以阴阳学说为指导，将临床证候归属为阴证、阳证两大类的辨证方法。

1. 阳证

基本概念 阳证是指符合阳的兴奋、躁动、亢进、快速等属性的证，是对表证、实证、热证的概括。

临床表现 恶寒发热，或壮热，面红目赤，口渴喜冷饮，心烦，躁动不安，或神昏谵语，语声高亢，呼吸气粗而快，喘促痰鸣，痰、涕黄稠，大便秘结或热结旁流，尿少色黄而涩痛，舌红绛起芒刺，苔黄、灰黑而干，脉实、洪、数、浮、滑等。

辨证要点

（1）亢奋、躁动、功能亢进、色红赤、分泌物黏稠等为阳证的主要辨证依据。

（2）恶寒发热，脉浮，是表证的表现；面红目赤，烦躁不安，壮热，渴饮，痰涕黄稠，为热证的特征；语声高亢，喘促痰鸣，大便秘结或热结旁流，是实证、热证特点；舌红绛，苔黄、灰黑，脉实、洪、数、滑为实热之体征。

2. 阴证

基本概念 阴证是指符合阴的抑制、衰退、沉静、缓慢等属性的证，是对里证、虚证、寒证的概括。

临床表现 少气懒言，倦怠无力，精神委靡，身重，蜷卧，畏寒肢冷，语言低怯，呼吸微而缓，口淡不渴，痰、涕、涎清稀，大便溏而腥臭，小便清长，面白或晦暗，舌淡胖嫩苔白滑，脉沉迟或细涩或微弱等。

辨证要点

（1）抑郁、静而不烦、功能衰退、色晦暗、分泌物清稀等为阴证的主要辨证依据。

（2）精神委靡，体倦乏力，声低息微，是虚证表现；畏寒肢冷，蜷卧，痰、涕、涎清稀，大便溏而微臭，小便清长，是里寒的表现；脉虚、沉迟、弱、微，舌淡嫩苔白滑均为属虚、属寒的体征。

证候鉴别 阳证、阴证的鉴别要点：疾病呈急性过程、病变反应强烈、变化迅速、兴奋状态、功能亢进、病色鲜明或红赤等均属阳证；疾病呈慢性过程、病变反应不强烈、变化较缓、抑郁状态、功能衰退、病色晦暗或淡白等均属阴证。

五、八纲病机与辨证的复杂变化

八纲病机辨证既可以独立存在，又常常互相联系、互相影响。由于疾病呈现复杂的病机变化，因此，八纲病机辨证之间的相互关系表现有三：即证的相兼、证的错杂、证的转化。

（一）证的相兼

证的错杂是指在疾病某阶段中各种不同的证候（但不包括性质相反的证）同时存在的情况。

1. 表虚证

包括外感表虚证和内伤表虚证。外感表虚证以风邪袭表，腠理不固为病机特点，以恶风，自汗，发热，头痛，舌苔薄白，脉浮缓等为常见症状。内伤表虚证以脾肺气虚、卫外不固为病机特点，以恶风、汗出、易感冒为常见症状。

2. 里虚证

里虚证以正气虚弱，脏腑气血阴阳功能减退为病机特点，包括阳虚、阴虚、气虚、血虚、脏腑虚弱等。

里虚兼有内寒者，称为“里虚寒证”，多为脏腑阳气不足，虚寒内生所致。

里虚兼有内热者，称为“里虚热证”，多为脏腑阴液亏少，虚热内生所致。

3. 表实证

表实证以外邪侵袭肌表，卫气功能失常，腠理开合失调为病机特点，以恶寒发热，苔薄，脉浮为常见症状。

表实证有寒、热之分。寒邪侵袭机体，卫阳被遏，腠理闭塞，可见恶寒甚，无汗，头身疼痛，苔薄白，脉浮紧等症状，称为“表寒证”。

温热之邪侵袭机体，卫外功能失常，可见发热，微恶风寒，汗出，咽部肿痛，苔薄黄，脉浮数等症状，称为“表热证”。

4. 里实证

里实证以邪气亢盛，结聚于里，正气未衰，邪正相争，反应剧烈为病机特点，常见于寒邪凝滞、痰火壅盛、饮食停滞、水湿停聚、瘀血阻滞等病证。

里实证有寒、热之别。寒邪直中脏腑，可致脘腹冷痛，拒按，呕吐泄泻等症状，称为“里实寒证”。

热邪内传于里，或邪实停积，脏腑蕴热，气血阻滞，可致壮热口渴，腹满硬痛拒按，大便不通或热结旁流，舌红苔黄，脉滑数等症状，称为“里实热证”。

（二）证的错杂

证的错杂是指在疾病某阶段中表、里、寒、热、虚、实等性质相反的证同时存在的情况。

1. 表里同病

表证、里证同时存在的病证。

（1）表里同病而寒热虚实性质相同：包括表里实寒证、表里实热证。

表里实寒证是指寒邪侵袭，表里同时受病，以恶寒肢冷，头身疼痛，无汗，或脘腹冷痛，吐泻清稀，或咳喘吐白痰，舌淡苔白，脉紧等为主要表现的证。

表里实热证是指风热、温毒侵袭，充斥表里，以发热头痛，时微恶风寒，面赤口渴，心烦气喘，便秘尿黄，舌红苔黄，脉浮数有力为主要表现的证。

（2）表里同病而寒热性质相反：包括表寒里热证、表热里寒证。

表寒里热证是指寒邪外束，郁热于内，以恶寒，发热，身痛无汗，烦闷气喘，口渴，舌红苔黄白，脉浮紧等为主要表现的证，即“寒包火”证。

表热里寒证是指阳气不足，外感风热，以发热，微恶风寒，汗出，咳嗽，头身疼痛，小便清长，大便溏泄，舌淡胖，苔薄黄，脉浮数等为主要表现的证。

（3）表里同病而寒热虚实性质相反：包括表实寒里虚热证、表实热里虚寒证。

表实寒里虚热证较为常见，多由于素有里虚热证，而又外感寒邪，卫阳被遏，腠理闭塞，临床表现既里有阴虚内热，又有恶寒，头身疼痛，无汗等症状。

2. 寒热错杂

寒证的表现与热证的表现同时互见，或上下寒热交错，或表里寒热交错等的病证。

（1）上下寒热错杂：包括上寒下热证、上热下寒证。

上寒下热证泛指上部有寒，下部有热的证候。例如，既有胃脘冷痛、呕吐清涎之胃中有寒，又同时出现尿少色黄、尿频尿痛之膀胱有热的上寒下热证。

上热下寒证泛指上部有热，下部有寒的证候。例如，既见胸中烦热、口臭、牙龈肿痛等上热证，同时又见腹痛喜暖喜按、大便溏泄之下寒证。

（2）表里寒热交错：包括表寒里热证、表热里寒证。详见“表里同病而寒热性质相反”部分。

3. 虚实错杂

邪正抗争，邪实与正衰同时并存，包括实中夹虚、虚中夹实等。

（1）实中夹虚证：以邪实为主，正虚为次的证。

常发生于实证过程中，邪气亢盛，损伤正气，或实证误治失治，邪气未除，正气已伤，亦可见于体虚而新感外邪者。例如，本来是壮热、大汗出、心烦、舌红苔黄的里热证，由于里热炽盛，耗伤津液，又出现烦渴引饮，口舌干燥，尿少等实热伤津的症状。

（2）虚中夹实证：以正虚为主，邪实为次的证。

多见于正气不足，脏腑功能减退，内生痰浊、瘀血、结石等病理产物；或素体正虚而复感外邪者。例如，脾虚运化失常，水液代谢障碍，水湿内停，可见食少，腹胀，倦怠，水肿、尿少等症状。

此外，还可见到正虚和邪实均十分明显，病情比较严重的虚实并重证，如肝肾亏虚、气血痰热等上壅所致的上盛下虚证等。

（三）证的转化

八纲相互对立的证之间，表证与里证、寒证与热证、虚证与实证虽有本质的不同，在一定的条件下，可以发生相互转化，出现本质与现象的彻底转变。

证的转化既可以表现为突变过程，亦可以表现为从量变到质变的过程，例如在证的相兼、错杂、真假之类的病变发展过程中发生质变。

1. 表里出入

（1）表邪入里：某些表证，表邪不解，内传入里，而后表证消失，独见里证的转化过程。病邪由表入里，多由于机体正气较虚，抗邪无力；或感邪较重，或邪气的致病性较强；或护理不当，或误治、失治等因素所致。表邪入里说明病势加重，一般见于外感病的初、中期。

（2）里邪出表：某些里证，病邪从里透达于外，而后里证消失，邪气在表的转化过程。里邪出表，多由于素体禀赋强盛，或治疗与护理得当，机体正气渐复，故能驱邪外出。里邪出表说明邪有去路，病势减轻。

2. 寒热转化（阴阳转化）

（1）寒证转热（由阴转阳）：原本为寒证，而后出现热证，寒证消失的转化过程。

寒证转化为热证多因机体阳气偏盛，寒邪从阳化热；或因治疗不当，过服温燥药物而致。寒证转热提示人体正气尚盛，寒邪郁而化热。

（2）热证转寒（由阳转阴）：原本是热证，而后出现寒证，热证消失的转化过程。

热证转化为寒证多因邪盛而正虚，正不胜邪，功能衰败；或因误治失治，损伤阳气而致。热证转寒提示邪盛正虚，正不胜邪，病情险恶。

3. 虚实转化

（1）实证转虚：先患实证，而后出现虚证，实证消失的转化过程。

多因实邪为病，邪气久留，耗伤正气，邪气虽去而正气大伤；或失治或误治，损伤人体正气而转为虚证。

（2）因虚致实：病本虚证，而后转化为以邪实为主的转化过程。

多先有正气不足，因推动、气化无力，内生痰饮、水湿、瘀血等，病理产物积聚于体内，则可转化为以邪实为主的实性病机，称为“因虚致实”，如心脉痹阻、肝阳化风等证。因虚致实的转化结果实际上并非实证，乃以邪实为主的实中夹虚证。

第二节　阴阳失调的病机与辨证

八纲辨证中的阴阳两纲是辨别疾病类别的总纲，即表、热、实证属阳，里、寒、虚证属阴。本节为阴阳失调病机所导致的各证，主要包括阴阳偏盛、阴阳偏衰、阴阳互损、阴阳格拒、阴阳转化、阴阳亡失。其中，阴阳转化已在八纲的病机与辨证中详细说明，此不赘述。

一、阴阳偏盛

阴阳偏盛，是指以“邪气盛则实”为矛盾主要方面的病机变化。阳盛是指阳邪偏盛，表现为实热证；阴盛是指阴邪偏盛，表现为实寒证。阳长则阴消，阴长则阳消，故“阳胜则阴病，阴胜则阳病”乃阳盛或阴盛等病机变化的必然发展趋势。

1. 阳盛证（实热证）

基本概念　阳热过盛，功能亢奋，热量过剩，以身热烦躁，面目红赤，口渴喜冷饮，舌红苔黄，脉数等为主要表现的实热证。

形成原因　多由于感受阳热邪气，或虽外感阴邪，但从阳化热；或由于情志内伤，五志过极而化火；或因痰湿、瘀血、食积等郁久化热所导致。

临床表现　壮热，或持续高热不退，心烦失眠，烦躁，或发狂，口渴喜冷饮，汗出，面红目赤，大便干燥，小便短赤，舌红苔黄，脉数等。

病机特点　阳胜则阴病，阳盛则热。阳盛而阴未虚的实热性病机变化。

辨证要点

（1）热、动、燥之实热表现为辨证依据，如壮热，或持续高热不退，面红目赤，汗出，舌红苔黄，脉数等。

（2）可兼见热盛伤津、扰神症状。

2. 阴盛证（实寒证）

基本概念　阴气偏盛，功能障碍，产热不足，以恶寒，或形寒肢冷，或脘腹冷痛，脉紧或迟等为主要表现的实寒证。

形成原因　多由于感受阴寒邪气，或是过食生冷之物，或是阴寒性病理产物积聚所致。

临床表现　恶寒，或形寒肢冷，或脘腹冷痛，溲清，便溏，或痰液清稀，口淡不渴，苔白，脉紧或迟。

病机特点　阴胜则阳病，阴胜则寒。阴盛而阳未虚的实寒性病机变化。

辨证要点

（1）以寒、静、湿之实寒表现为辨证依据，如恶寒，形寒肢冷，脘腹冷痛，苔白，脉紧或迟等。

（2）可兼见阴胜则阳病，阳气相对不足的症状。

二、阴阳偏衰

阴阳偏衰，是指以“精气夺则虚”为矛盾主要方面的病机变化。阳虚是指阳气不足，表现为虚寒证；阴虚是指阴液不足，表现为虚热证。

1. 阳虚证（虚寒证）

基本概念 阳气不足，失去温煦推动，以畏寒肢冷，尿清便溏，舌淡胖，脉沉迟无力等为主要表现的证。

形成原因 多由于先天禀赋不足，或后天失于调养，或饮食劳倦损伤，或久病耗伤阳气等所致。

临床表现 面色㿠白，少气懒言，畏寒肢冷，精神萎靡，口淡不渴，或喜热饮，小便清长，大便溏泄，或浮肿，小便不利，舌淡胖苔白滑，脉沉弱。

病机特点 阳虚则寒。阳气不足，推动、温煦、气化功能减退，阳不制阴，阴相对偏盛的虚寒性病机变化。阳气不足，以心脾肾三脏较为多见，尤其是肾。

辨证要点

（1）以面色㿠白，畏寒肢冷，小便清长，大便溏泄的虚寒之象为辨证依据。

（2）可见脏腑功能衰退的症状，如少气懒言，精神萎靡，尿少浮肿，脉沉弱等。

2. 阴虚证（虚热证）

基本概念 阴精、阴液不足，以形体消瘦，口燥咽干，五心烦热，午后潮热，颧红，盗汗，舌红少苔或无苔，脉细数等为主要表现的证。

形成原因 多由外感阳热病邪，邪退阴伤，阴液亏损；或因五志过极，化火伤阴；或久病耗伤阴液；或津血流失过多；或因过食燥热之品，日久伤阴等所致。

临床表现 形体消瘦，午后潮热，五心烦热，或骨蒸劳热，颧红盗汗，大便干燥，尿少色黄，舌红少苔或无苔，脉细数。

病机特点 阴虚则热。阴液不足，宁静、滋养作用减退，阴不制阳，阳气相对有余的虚热性病机变化。阴液不足，以肺肝肾三脏为多见，尤其是肾。

辨证要点

（1）以午后潮热，五心烦热，颧红盗汗，尿少色黄，舌红少苔，脉细数等虚热症状为辨证依据。

（2）可见形体消瘦，口咽干燥，大便干燥等阴液不足之症。

三、阴阳互损

阳虚日久，累及阴液，阳损及阴；或阴虚日久，累及阳气，阴损及阳，则阴阳互损，脏腑阴液阳气俱虚，导致阴阳两虚证。

阴阳两虚证

基本概念 阴损及阳，或阳损及阴，脏腑阴液阳气俱虚，以眩晕耳鸣，神疲，畏寒肢冷，五心烦热，心悸，腰酸，舌淡少津，脉弱而数等为主要表现的证。

形成原因 常由阴损及阳，即阴液亏损，致使阳气的生化不足，或者阳气无所依附而耗散；或阳损及阴，即阳气亏损，致使阴液的生成减少，或阳不摄阴而阴液流失等所形成。

临床表现 畏寒肢冷，神疲乏力，少气懒言，口咽干燥，自汗或盗汗，低热，消瘦，失眠，尿少水肿，溲清便溏，面色淡白或颧红，脉沉迟无力或虚数。

病机特点 阴阳互根关系失常，阴阳偏衰病机的进一步发展，在阴或阳任何一方虚损的前提下，影响到相对的一方，形成阴阳两虚的病变。

阴阳两虚证的病机为阴阳互损。阴损及阳，形成以阴虚为主的阴阳两虚病变；阳损及阴，形成以阳虚为主的阴阳两虚病变。

辨证要点

（1）阴损及阳，形成以阴虚为主的阴阳两虚证，故以低热，盗汗，咽干，消瘦，失眠，神疲乏力，少气懒言，脉虚数为辨证依据。

（2）阳损及阴，形成以阳虚为主的阴阳两虚证，故以畏寒肢冷，神疲乏力，少气懒言，尿少水肿，口咽干燥，消瘦，失眠，脉沉迟无力等为辨证依据。

四、阴阳格拒

阴阳格拒，是指阴或阳的某一方偏盛至极、或极端虚弱，阴阳之间不相维系而相互排斥，出现真寒假热或真热假寒的复杂病机变化。

1. 阴盛格阳证

基本概念 阳气虚衰至极，以致阴寒之邪壅盛于内，逼迫排斥阳气于外，使阴阳之气不相顺接，相互格拒，以内真寒外假热为主要表现的证，又称“真寒假热证”。

形成原因 多由于阳气虚衰至极，阳无以制约阴，阴寒内盛，逼迫虚阳浮越于上、或格拒于外所致。

临床表现 身热、口渴、面赤、脉大，似是热证，但仔细观察，身虽热而反欲近衣被取暖；口渴但不欲饮，或喜少量热饮；面虽赤但颧红如妆，游移不定；脉虽大却按之无力；同时还有四肢厥冷，小便清长，大便稀溏，精神萎靡，舌淡苔白等一派寒象。

病机特点 阳气虚衰，阴寒内盛，格阳于外的病机变化。

辨证要点

（1）以四肢厥冷，胸腹不温，小便清长，大便清冷稀溏，精神萎靡，舌淡苔白的内真寒为病变本质，并见烦热口干，面红如妆，躁扰不宁等外假热症状为辨证依据。

（2）虚阳浮越于上，称为“戴阳证”，外假热以两颧色淡红如妆，游移不定，或口鼻作衄，或口燥齿浮为主要症状；虚阳格拒于外，称为“格阳证”，外假热以身热反不恶寒，口渴但喜少量热饮，手足躁动不安等为主要症状。

2. 阳盛格阴证

基本概念 邪热深伏于里，阳气被遏，闭郁于内而不能透达于外，使阴阳之气不相维系，互相格拒，以内真热外假寒为主要表现的证，又称“真热假寒证”。

形成原因　多由于阳热之邪盛极，阳气郁遏于内，不能布达于外所致。

临床表现　四肢厥冷，脉沉等，似是寒证，但手足冷而身体灼热，不恶寒而反恶热；脉虽沉却数而有力；并见口渴喜冷饮，烦躁不安，大便干结，尿少色黄，舌红苔黄等一派热象。

病机特点　阳热内盛，格阴于外的病机变化。

辨证要点

（1）以壮热口渴，胸腹灼热，烦躁不宁，便秘尿黄，舌红苔黄，脉弦数的内真热为病变本质，并见四肢厥冷，恶寒甚至寒战等外假寒症状为辨证依据。

（2）阳热之邪愈盛，则肢冷愈严重；阳气郁闭得以发散，则肢冷自愈，即所谓“热深厥亦深”“热微厥亦微”。

五、阴阳亡失

阴阳亡失，是指阳气、或阴液突然大量亡失，全身功能严重衰竭，因而导致生命垂危的病机变化。阳气衰竭，则为亡阳；阴液枯涸，则为亡阴。

1. 亡阳证

基本概念　阳气衰竭而欲脱，以冷汗淋漓，身凉肢厥，神情淡漠，呼吸气微，面色白，舌淡苔润，脉微欲绝等为主要表现的危重证。

形成原因　邪气过盛，正不敌邪，阳气突然脱失；或素体阳虚，正气不足，因过度疲劳，消耗阳气过多；或过用汗、吐、下法，以致阳随阴泄，阳气外脱；或慢性消耗性疾病，长期大量耗散阳气等，均可致阳气亡脱。

临床表现　面色苍白，冷汗淋漓，四肢厥冷，呼吸微弱，精神疲惫，神情淡漠，甚则昏迷，舌淡苔润，脉微欲绝。

病机特点　阳气突然脱失，阳气虚衰之极，全身功能严重衰竭的病机变化。

辨证要点

（1）以冷汗淋漓，四肢厥冷，面色苍白，脉微欲绝为辨证依据。

（2）可见呼吸微弱，精神疲惫，神情淡漠，甚则昏迷等脏腑功能严重衰竭的表现。

2. 亡阴证

基本概念　津液大量耗损，阴精欲竭，以汗出如油，烦躁不宁，口渴饮冷，目眶内陷，甚则昏迷谵语，舌干无津，脉细疾数等为主要表现的危重证。

形成原因　剧烈吐泻、大汗等，直接消耗大量阴液；或热邪炽盛，煎熬阴液；或因久病，长期损伤阴液，日渐耗竭等，均可致阴液亡脱。

临床表现　汗出如油，味咸而黏，面色赤，四肢温和，烦躁不宁，呼吸急促，口舌干燥，渴喜冷饮，齿燥，目眶深陷，甚则昏迷谵语，舌干无津，脉细疾数。

病机特点　阴液突然大量消耗或丢失，阴竭阳浮，全身功能严重衰竭的病机变化。

辨证要点

（1）以汗出如油，味咸而黏，面色赤，四肢温和，肌肤热，烦躁不安，呼吸急促，渴喜冷饮，舌干无津，脉细数无力的症状为辨证依据。

（2）可见口舌干燥，齿燥，目眶深陷等阴液严重耗竭，失于濡润的表现。

第三节　气血津液失常的病机与辨证

气血津液失常，包括气、血、津液的质量、代谢和生理功能的异常，以及气、血、津液互根互用关系失常等病机及其辨证。

一、气病的病机与辨证

气的失常主要包括两个方面：一是气的不足，功能减退，称为“气虚”；二是气的运动失常，如气滞、气逆、气陷、气闭、气脱等，称为“气机失调”。

（一）气虚证

基本概念　元气不足，脏腑功能衰退，以气短乏力，神疲懒言，自汗，舌淡，脉虚等为主要表现的证。

形成原因　先天禀赋不足，元气衰少；或后天失养，生成不足；或久病体虚，耗气过多；或过劳伤气等。

临床表现　少气懒言，神疲乏力，气短，自汗，动则尤甚，或易于感冒，或见头晕目眩，面色淡白，舌淡苔白，脉虚无力。

病机特点　气虚以元气不足，脏腑功能衰退为主要病机，体现在推动无力、固摄失司、抗病能力下降等方面。

气虚可见于各脏腑，由于脏腑各自的生理功能和特性不同，其病机和临床表现也各异。

辨证要点

（1）以少气懒言，神疲乏力，气短，自汗，动则尤甚，舌淡，脉虚为辨证依据。

（2）可见易于感冒，头晕目眩，面色淡白等症状。

（二）气机失调

气机失调是指气的升降出入运动失于平衡协调的病机变化，包括气的运动流通障碍所致的气滞、升降失常所致的气逆和气陷、出入失常所致的气闭和气脱等。

1. 气滞证

基本概念　气机阻滞，运行不畅，以胸胁、脘腹胀闷疼痛，时轻时重，时作时休，或走窜不定，胀痛可随嗳气、肠鸣、矢气而减，脉弦等为主要表现的证。

形成原因　多因情志不遂，气机郁结不畅；或病邪阻滞气机，脏腑功能障碍；或痰湿、食积、瘀血等有形实邪阻滞，影响气的正常运行流通所致。

临床表现　胸胁、脘腹等处胀闷、疼痛，症状时轻时重，部位常不固定，可为窜痛、攻痛，嗳气或矢气之后胀痛减轻，舌淡红，脉弦。

病机特点　气运行不畅而停滞，或气机郁结而不得疏泄发散，阻滞于全身或某一局部的病机变化。

气滞一般属于邪实为患，但亦有因气虚推动无力而滞者。气滞于某一经络或局部，可出现相应部位的胀满、疼痛。由于肝升肺降、脾升胃降，在调整全身气机中起着极其重要的作用，故脏腑气滞以肺、肝、脾胃为多见。肺气壅滞，则胸闷，咳喘；肝郁气滞，则情志不畅，胁肋、乳房或少腹胀痛；脾胃气滞，则脘腹胀痛，大便秘结等。

因气虚而滞者，一般在闷、胀、痛方面不如实证明显，并兼见相应的气虚征象。

辨证要点

（1）症状多见闷、胀、痛，脉弦为辨证依据。

（2）具有胀痛，时轻时重，部位不定等特征。

（3）以肺、肝、脾胃为多见。不同部位的气机阻滞，其形成原因和临床表现各不相同。

2. 气陷证

基本概念 气虚升举无力，应升反降，以头晕眼花，少气倦怠，脘腹坠胀，脱肛，胃、肾、子宫等内脏下垂，舌淡苔白，脉细弱等为主要表现的证。

形成原因 常由气虚证进一步发展而来。由于久病体虚，或年老体衰，或泄泻日久，或妇女产育过多所致。

临床表现 胃、肾、子宫等内脏下垂，脱肛，久泻久痢，腹部有坠胀感，或便意频数，伴见头晕目眩，少气懒言，倦怠乏力，舌淡苔白，脉弱。

病机特点 以元气不足，清气不升，升举无力，中气下陷为病机特点，病机改变主要有“上气不足”和“中气下陷”两个方面。

辨证要点

（1）以气虚证和内脏下垂、久泻久痢等症并见为辨证依据。

（2）具有气虚“上气不足”的症状，如头晕目眩，少气懒言，身倦乏力，舌淡苔白，脉弱无力等。

（3）“中气下陷”以内脏下垂、久泻久痢为主，可兼见如腹部坠胀，便意频数等症状。

3. 气逆证

基本概念 气机升降失常，脏腑之气逆乱向上所致的证。因脏腑不同，临床表现各异。

形成原因 多由情志所伤，或因饮食寒温不适，食积阻滞，或因感受外邪，或因痰浊壅滞所致。

临床表现 肺气上逆，则见咳嗽喘息；胃气上逆，则见呃逆，嗳气，恶心，呕吐；肝气上逆，则见眩晕，头胀痛，甚则昏厥，呕血等。

病机特点 气的升降运动失常，当降者不降而逆，或当升者升之太过，以致气逆于上的病机变化。

气逆于上多以邪实为主，如外邪犯肺，或痰浊阻肺，以致肺失肃降而气机上逆；或饮食寒温不适，或饮食积滞不化，以致胃失和降而气机上逆；或情志所伤，怒则气上，或肝郁化火，以致肝气升动太过，气血冲逆于上等。但也有因虚而致气机上逆者，如肺虚无力以降，或肾虚不能纳气，都可导致肺气上逆而喘咳；胃气虚弱，无力通降，亦可导致胃气上逆而恶心、呃逆等。

辨证要点

（1）以肺、胃、肝等脏腑为多见。

（2）以肺气上逆之咳嗽、喘息；胃气上逆之嗳气、恶心、呕吐、呃逆；肝气升发太过之头痛、眩晕、昏仆、呕血等症为辨证依据。

4. 气闭证

基本概念 气机闭塞不通，以突然昏厥，牙关紧闭，肢体强直；或胸腹绞痛，或剧痛，无肠鸣矢气，二便不通，脉沉弦或伏等为主要表现的证。

形成原因 多由于突然精神刺激，或外邪侵袭、痰浊阻滞、剧烈疼痛、触冒秽浊之气等因素闭塞气机；或因瘀血、结石、蛔虫、痰浊等阻塞脉络、管腔等处，气机阻闭所致。

临床表现 突然昏厥，呼吸气粗，牙关紧闭，肢体强直，四肢厥冷；或胸腹绞痛，或剧痛，无肠鸣矢气，二便不通，脉沉弦或伏。

病机特点 以气机闭塞不通，表现为神气郁闭和脏腑气闭的病机变化。神气郁闭，使气的外出突然严重受阻，闭塞清窍，则神失所主；脏腑气闭，而闭塞脉络、管腔，则胸腹绞痛、或二便不通。气闭属于实证，为急性重症。神气郁闭有时可自行缓解，但亦有因气不复返而亡者。

辨证要点

（1）神气郁闭以突然昏厥，脏腑气闭以胸腹绞痛、或二便不通为辨证依据。

（2）可兼见呼吸气粗、牙关紧闭，肢体强直，四肢厥冷等实证表现。

5. 气脱证

基本概念 元气急骤外泄，以突然大汗淋漓，面色㿠白，口唇青紫，目合口张，呼吸微弱，甚者昏迷，二便失禁，舌淡，脉微欲绝等为主要表现的危重证。

形成原因 多由于正不敌邪，或慢性疾病，正气长期消耗而衰竭，以致气不内守而外脱；或因大出血、大汗等气随血脱、或气随津泄而致气脱，从而出现功能突然衰竭。

临床表现 突然大汗淋漓，面色苍白，口唇青紫，目合口张，呼吸微弱，甚者昏迷，二便失禁，舌淡，脉微欲绝。

病机特点 元气急骤外泄，气不内守，以致功能突然衰竭的病机变化。

气脱与亡阴、亡阳的关系在于：气脱是亡阴、亡阳的病理基础，亡阴、亡阳在病机上都属气脱范畴，临床上皆有功能严重衰竭的表现；其区别在于：亡阳是阳气突然大量脱失，可见冷汗淋漓、四肢厥冷等寒象，而亡阴是阴液突然大量脱失，可见大汗而皮肤尚温、烦躁、脉数疾等阴竭阳浮之征象。若无明显寒象或热象，但见气虚不固及功能衰竭的表现，则为气脱。

辨证要点

（1）以突然大汗淋漓，面色苍白，口唇青紫，肢冷，甚者昏迷，舌淡，脉微欲绝为辨证依据。

（2）可兼见呼吸微弱，目合口张，二便失禁等气虚不固及脏腑功能衰竭等气虚之极的临床表现。

二、血病的病机与辨证

血的失常主要包括两个方面：一是血的不足，濡养作用减退，称为“血虚”；二是血的运行失常，如血液运行迟缓而致血瘀；血热、血寒而使血液运行加速或凝滞；血液妄行，逸于脉外而出血等。

（一）血虚证

基本概念 血液亏虚，失于荣养，以面色淡白或萎黄，唇、甲淡白，头晕眼花，心悸多梦，手足发麻，妇女经少经闭，舌淡，脉细等为主要表现的证。

形成原因 失血过多，新血未能及时生成补充；或脾胃虚弱，运化无力，化源不足，血液生化减少；或肾精亏损，精髓不充，精不化血；或久病不愈，或思虑过度消耗营血等。

临床表现 面色淡白无华或萎黄，口唇、爪甲色淡，头晕目眩，两目干涩，或心悸，失眠，多梦，或手足拘挛麻木，或妇女月经量少色淡，或月经后期，或经闭，舌淡苔白，脉细。

病机特点 血液不足，濡养功能减退的病机变化。以脏腑经络、形体官窍失于濡养，功能活动逐渐衰退，神志活动衰惫等一派虚弱表现为主。

辨证要点

（1）以面色萎黄，或面、舌、唇、爪甲色淡白，脉细为辨证依据。

（2）以心、肝两脏为多见，可兼心悸、失眠多梦；或头晕目眩，两目干涩，手足拘挛麻木，月经量少色淡等症。

（二）血的运行失常

1. 血寒证

基本概念 寒邪客于血脉，凝滞气机，血行不畅，以肢体麻木冷痛，手足清冷，喜暖恶寒，唇舌青紫，妇女月经后期，痛经，经色紫暗夹块，苔白滑，脉沉迟涩等为主要表现的证。

形成原因 常由外感寒邪，伤及血分；或阴寒内盛，寒伤血脉所引起。

临床表现 手足局部冷痛，痛处肤色青紫发凉，得温痛减，遇冷痛剧；或少腹拘急冷痛，或妇女少腹冷痛，月经后期，经色紫暗，夹有瘀块；伴畏寒肢冷，喜温恶寒，舌淡紫苔白滑，脉沉迟或涩。

病机特点 寒邪客于血脉，血分有寒，凝滞气机，血液运行不畅的病机变化。

辨证要点

（1）以身体局部冷痛、脉沉迟涩和寒凝血瘀、寒象症状并见为辨证依据。

（2）具有寒证的一般症状，如喜温恶寒，肢冷，舌淡紫苔白滑，脉沉迟或涩；以及寒凝血瘀的表现，如手足局部冷痛，痛处肤色青紫发凉；或妇女少腹冷痛，月经后期，经色紫暗，夹有瘀块等。

2. 血热证

基本概念 血分有热，热盛肉腐，或灼伤脉络，迫血妄行，以局部疮疡，红肿热痛；或各种出血，血色鲜红，舌质红或绛，脉数等为主要表现的证。

形成原因 外感温热之邪，或伤于疠气，或其他外感病邪入里化热，伤及血分；或情志郁结，五志过极化火；或痰湿等阴邪郁久化热，热入血分所致；或阴虚火旺，热在血分；也可因脏腑阳气亢盛，热盛动血所致。

临床表现 局部疮疡，红肿热痛，或皮肤斑疹，或咳血，吐血，衄血，尿血，便血，妇女月经提前，量多，或崩漏，血色鲜红；伴面红目赤，肤色、疹色发红，身热，口渴，心烦，舌质红或绛，脉数。

病机特点 以热盛、动血、伤阴为主要病机特点。血分有热，或热盛肉腐成脓，或血行加速，血脉扩张，热伤血络，迫血妄行。

辨证要点

（1）以各种出血、血色鲜红，阳性疮疡和热象症状并见为辨证依据。

（2）可兼见热盛的一般症状，如面红目赤，肤色、疹色发红，身热，口渴，心烦，舌质红或绛，脉数等。

3. 血瘀证

基本概念　瘀血内阻，血行不畅，以局部出现青紫肿块、疼痛拒按，或腹内肿块、刺痛不移、拒按，或出血紫暗瘀块，舌紫暗，脉弦涩等为主要表现的证。

血瘀与瘀血的概念有所不同。血瘀是指血液运行瘀滞不畅的病机；而瘀血则是血液运行失常的病理产物，为继发性致病因素。由瘀血内阻所引起的病证，称之为血瘀证。

形成原因　常由外伤、气虚、气滞、血寒、血热、痰浊、久病等引起。外伤损伤脉络，血行不畅；气虚而推动无力，血行迟缓；气滞而血行受阻；寒邪入血，血寒而凝滞不通；邪热入血，煎熬津血，血液黏稠而不行；痰浊等阻闭脉络，气血瘀阻不通，以及“久病入络”等，影响血液正常运行而瘀滞。

临床表现　刺痛不移，拒按，昼轻夜重；局部出现青紫肿块，或腹内肿块，固定不移，或出血紫暗，夹有瘀块；面色、口唇紫绀；舌质紫暗，或有瘀点、瘀斑；脉弦涩，或结代。

瘀阻于心，可见心悸，胸闷心痛，口唇指甲青紫；瘀阻于肺，可见胸痛，咳血；瘀阻于肝，可见胁痛，胁下肿块；瘀阻于胃，可见呕血，大便色黑如柏油；瘀阻攻心，可见发狂；瘀阻胞宫，可见痛经，月经不调，经色紫暗瘀块；瘀阻于肢体肌肤局部，可见局部肿痛青紫。舌质紫暗或有瘀斑、瘀点，脉细涩或结代。

病机特点　血液的运行迟缓，流行不畅，甚则停滞，瘀阻体内的病机变化。

辨证要点

（1）以痛如针刺，痛有定处，肿块固定，出血色紫暗有块，皮肤紫斑，唇舌、指甲青紫，脉涩为辨证依据。

（2）因瘀血所瘀阻的部位及形成瘀血的原因不同，其临床表现各异。常见的血瘀证有：心脉瘀阻证、肺血瘀证、肝血瘀证、胃肠血瘀证、瘀阻胞宫证、下焦蓄血证、瘀阻肌肤证等。

（3）由于引起血瘀的形成原因不同，临床上常有兼证出现，如气滞血瘀，气虚血瘀，寒凝血瘀，瘀热互结，痰瘀互结等。

4. 出血证

基本概念　血液运行不循常道，逸出脉外，以衄血、咳血、吐血、尿血、便血、皮下出血、月经过多、崩漏等为主要表现的证。

形成原因　由于外伤，直接损伤脉络；或外感温热之邪、火热内生、血分有热，则热伤脉络，迫血妄行；或气虚，无力固摄血液；或瘀血内阻，血液不得归经等因素，皆可导致出血。

临床表现　衄血、咳血、吐血、尿血、便血、皮下出血、月经过多、崩漏等。

病机特点　血液运行不循常道，逸出脉外的病机变化。若突然大量出血，可致气随血脱而引起全身功能衰竭。

辨证要点　由于病因病机不同，出血的表现特征各异。外伤出血，有明显的外伤因素，出血量因伤口大小不同而异。火热灼伤脉络，迫血妄行，其出血来势较急，颜色鲜红，出血量较多。气不摄血，其病程较长，出血来势较缓，色淡，出血量较少。瘀血停滞，阻塞脉道，血逸脉外，其血色紫暗，挟有瘀块。

三、津液失常病机与辨证

津液的代谢，离不开气的升降出入运动和气化功能，以及脾、肺、肾、膀胱、三焦等脏腑功能活动的有机配合。因此，如果气的升降出入运动失去平衡、气化功能失常，或是肺、脾、肾等脏腑的功能异常，均可影响津液的正常输布与排泄，从而形成津液不足，或津液蓄积于体内，产生痰饮、水湿等病变。

（一）津液不足

津液不足，是指在疾病过程中，由于某些致病因素的影响，引起津液在数量上的亏少，导致脏腑、组织官窍失其濡润滋养作用，产生一系列干燥失润的病机变化。

津和液在性状、分布部位、生理功能等方面均有所不同，因而津液不足的病机特点及辨证，也存在着津伤与液脱的不同。津伤未必液脱，液脱必兼津伤。津伤乃液脱之渐，液脱乃津液干涸之甚。

1. 津伤证

基本概念 高热，汗出过多，或感受燥邪而导致的肺、胃、大肠津液损伤，以口唇干燥，口渴喜饮，干咳少痰，皮肤干燥，甚或螺瘪，目眶深陷，小便短少，大便干燥，舌红少津，脉细数等为主要表现的证。

形成原因 多由外感阳热病邪，或感受秋燥之邪，或多汗、剧烈吐泻、多尿，或过用辛燥之物等引起津液耗伤所致。

临床表现 口唇干燥，咽干，渴欲饮水；皮肤干燥，小便短少，大便干燥，甚或螺瘪、目陷、转筋，舌红少津，脉细数。

病机特点 机体水分减少，肺、胃、大肠津液不足，组织官窍失于濡养。

辨证要点

（1）以口唇、皮肤、舌咽干燥，尿少便干等干燥失润症状为辨证依据。

（2）本证以肺、胃、大肠为多见。在临床上多见的有肺燥津伤证、胃燥津伤证、肠燥津伤等证。

2. 液脱证

基本概念 津液亏虚之甚者，以形体消瘦，口唇焦裂，肌肉瞤动，手足震颤，关节不利，小便短少，大便干结，舌光红无苔，脉细弱等为主要表现的证。

形成原因 多见于热性病后期，阴液大伤；或久病耗阴，阴液严重脱失所致。

临床表现 形瘦肉脱，口唇焦裂，肌肉瞤动，手足震颤，关节不利，小便短少，大便干结，舌光红无苔，脉细弱。

病机特点 机体水分与精微物质严重脱失，脏腑组织失于濡养，甚则伴有阴液不足、虚风内动之象。

辨证要点

（1）多见于热病后期，或久病耗阴。

（2）以形瘦肉脱，口唇焦裂，小便短少，大便干结，舌光红无苔为辨证依据。

（3）可伴有肌肉瞤动，手足震颤等阴虚风动之象。

（二）水湿停聚

水湿停聚是指津液的输布排泄功能障碍，以致水液排出减少而水湿停聚于体内的病机变化。临床又有痰证、饮证和水停之分。

津液的输布和排泄障碍，主要与脾、肺、肾、膀胱、三焦的功能失常有关，并受肝失疏泄病变的影响。

1. 痰证

基本概念 痰浊内阻，以咳嗽气喘，咯痰量多，呕恶眩晕，或局部有圆滑肿块，或神志错乱，苔腻，脉弦滑为主要表现的证。

形成原因 多由外感六淫、疫疠之邪，或内伤七情、饮食劳逸，或瘀血等病理产物郁滞，导致津液的输布排泄功能障碍所引起。

临床表现 咳喘咯痰，胸闷，脘痞不舒，纳呆恶心，呕吐痰涎，头晕目眩，神昏癫狂，喉中痰鸣，肢体麻木，半身不遂，瘰疬瘿瘤，乳癖，喉中异物感等。舌苔白腻或黄腻，脉滑。

病机特点 脾、肺、肾、肝等脏腑功能失调，水液代谢功能障碍，水湿内停，聚湿生痰，痰浊内阻，气机不利。痰浊外可与风、寒、热、湿、燥气相兼，内可与气、血、食、毒互结，阻滞经络，损伤脏腑，蒙蔽清窍，扰乱心神，引动肝风，变化多端。

辨证要点

（1）以咳喘咯痰，或呕吐痰涎，神昏癫狂，苔腻，脉滑等痰盛症状为辨证依据。

（2）由于痰浊凝聚的部位不同，所表现的症状各异而多样，辨证时要针对具体情况而定。

常见病证

（1）风痰证：外风挟痰为患，或肝风痰浊内扰，以咳吐泡沫痰涎，胸闷，眩晕，头目胀痛；或喉中痰鸣，肢体麻木，口眼㖞斜，苔白腻，脉弦滑等为常见症状。

（2）寒痰证：寒邪与痰浊凝滞，以咳吐白痰，胸闷脘痞，气喘哮鸣，恶寒肢冷，小便清，舌苔白腻，脉弦滑或弦紧等为常见症状。

（3）热痰证：痰浊与热邪互结，以咳吐黄痰，气喘，心胸烦热闷痛，发热口渴，小便短赤，舌红苔黄腻，脉滑数等为常见症状。

（4）湿痰证：痰湿内阻，以咳吐多量黏稠痰，痰滑易咯，肢体困重，胸脘痞闷，食少口腻，苔白腻，脉濡缓或滑等为常见症状。

（5）燥痰证：燥热痰浊内蕴，以咳嗽，咯痰不爽，或痰黏成块，或痰中带血，胸闷胸痛，口鼻干燥，舌干少津，苔腻，脉涩等为常见症状。

（6）痰气互结证：痰气相互阻结，以情志抑郁，失眠多梦，自觉喉中有物梗阻，吞之不下，吐之不出，胸胁满闷，痰多，苔白腻，脉弦滑等为常见症状。

（7）痰瘀互结证：痰浊与瘀血相互搏结，以局部肿块刺痛，或肢体麻木、痿废，胸闷多痰，或痰中带紫暗血块，舌紫暗或有斑点，苔腻，脉弦涩等为常见症状。

（8）痰食互结证：痰浊与宿食互结，阻滞气机，以胸脘痞闷、胀痛，咳嗽吐痰，食少腹胀，呕吐痰涎宿食，苔腐腻，脉弦滑为常见症状。

（9）痰热结胸证：痰浊热邪结于胸膈，以胸中烦热、痞闷胀痛，咳嗽吐黄痰，或心胸闷痛，或脘部硬满、按之则痛，舌红苔黄腻，脉滑数等为常见症状。

（10）痰蒙清窍证：又称“痰浊上蒙证”。痰浊蒙闭清窍，以头胀昏痛、头重如蒙，五官感觉减退，嗜睡困乏，苔腻脉滑等为常见症状。

（11）痰火扰心证：火热与痰浊交结，扰及心神，以发热口渴，面赤气粗，躁扰发狂，神昏谵语，喉中痰鸣，便秘尿黄，舌红苔黄腻，脉滑数等为常见症状。

（12）痰热动风证：痰热内盛，引动肝风，以胸胁胀闷，咳嗽气喘，发热口渴，咯痰黄稠，喉中痰鸣，四肢抽搐，或眩晕呕恶，舌红苔黄腻，脉滑数等为常见症状。

2. 饮证

基本概念　水饮停聚体内，以眩晕，胸脘痞闷，呕吐清水、涎液，苔滑，脉弦滑等为常见症状。又称“水饮内停证”。

形成原因　多由外感六淫，或内伤七情、饮食劳逸，或肺脾肾等脏腑功能衰退，导致津液的输布排泄功能障碍所引起。

临床表现　咳嗽气喘，痰液清稀，量多色白，胸闷，倚息不得平卧；或胸胁胀闷作痛，随呼吸、咳嗽转侧而加剧；或脘痞腹胀，水声漉漉，泛吐清水；或下肢浮肿，身体困重疼痛，舌苔白滑，脉弦。

病机特点　肺脾肾等脏腑功能失调，水液代谢功能障碍，水湿凝聚，停积成饮，饮邪内停，阻滞气机，损伤脏腑功能。

辨证要点

（1）以舌苔白滑，脉弦或滑为主要舌脉征象。

（2）由于水饮停聚的部位不同而有不同的表现。

常见病证

（1）饮溢四肢证（溢饮）：水饮溢于四肢，以无汗，四肢浮肿，身体疼痛，肌肉重滞为常见症状。

（2）饮停胸胁证（悬饮）：水饮停于胸胁，气机受阻，以胸胁胀闷疼痛，咳唾痛甚，气息短促，身体转侧或呼吸时胸胁牵引作痛，舌苔白滑，脉弦为常见症状。

（3）饮停胸膈证（支饮）：水饮停于胸膈，心肺功能失常，以咳喘胸闷，痰多清稀，心悸怔忡，甚至不能平卧为常见症状。

（4）饮留胃肠证（痰饮）：水饮留滞胃肠，以脘腹胀满，胃中有振水声，呕吐清涎，肠间水声漉漉，口淡不渴，头目眩晕，舌苔白滑，脉沉滑等为常见症状。

3. 水停

基本概念　体内水液潴留，泛滥肌肤，引起面目、肌肤、四肢浮肿，甚至全身水肿、胸水、腹水的病证。

形成原因　多由外感风寒、风热之邪，水湿浸渍，或饮食起居失常，劳倦内伤，久病正虚，导致津液的输布排泄功能障碍所引起。

临床表现　眼睑、颜面、肌肤、四肢、浮肿，甚至全身水肿、胸水、腹水的病证。

病机特点　肺失宣降，气不化津而化水；脾失健运，土不制水而反克；肾失气化，水无所主而妄行，水液代谢功能障碍，水湿停聚。

辨证要点

（1）以面目、肌肤、四肢、浮肿，甚至全身水肿、胸水、腹水为辨证依据。

（2）临床辨证，应区分阳水与阴水，以明虚实。

常见病证

（1）阳水：常由外感风湿邪气，或水湿浸淫等所引起，病机性质属实，多兼表证，以发病急，来势速，水肿先从眼睑头面开始，上半身肿甚，皮肤薄而光亮为常见症状。

（2）阴水：常由饮食劳倦，病久正虚，脾肾阳虚所致，病机性质属虚，以发病缓，来势徐，病程较长，水肿先从足部开始，腰以下肿甚，按之凹陷不起，并伴有虚寒之象为常见症状。

四、气血津液关系失常的病机与辨证

气、血、津液，均是构成人体和维持人体生命活动的基本物质，在其生成、发挥生理功能方面，相互依存，相互为用；若发生病变时，则相互影响，形成气血津液相兼为病。

1. 气虚血瘀证

基本概念　气虚运血无力，血行瘀滞，以面色淡白而晦暗，身倦乏力，少气懒言，局部疼痛如刺，痛处不移，舌淡紫或有瘀斑，脉沉涩等为常见症状的证。

形成原因　常由久病体弱，劳倦过度耗气等所引起。

临床表现　神疲乏力，少气懒言，自汗，心胸或胸胁刺痛，固定不移，或胁下痞块，或肢体瘫痪，半身不遂，舌淡紫或有瘀斑，脉沉涩。

病机特点　气虚不足，推动血行无力，血行瘀滞，阻于脉络。

辨证要点

（1）以气虚表现和血瘀特点并见为辨证依据。

（2）本证属本虚标实。

2. 气滞血瘀证

基本概念　气机阻滞，血行瘀滞，以胸胁脘腹胀闷疼痛，偶有刺痛，或有痞块，时消时聚，或腹内癥块、刺痛或胀痛、拒按，或局部青紫肿胀、疼痛，舌紫或有瘀斑点，脉弦涩等为常见症状的证。

形成原因　常由情志不遂，因气滞病变的进一步发展导致血瘀；或闪挫外伤，或寒邪内阻等，因血瘀病变的进一步发展导致气滞。

临床表现　胸胁胀满或走窜疼痛，性情急躁，或腹内癥块、刺痛或胀痛、拒按，或局部青紫肿胀、疼痛，拒按，入夜更甚，或妇女痛经，经色紫暗，夹有瘀块，舌紫暗或有瘀斑，脉弦涩。

病机特点　气机不畅，血行瘀阻。气滞和血瘀，常同时存在，相互影响。气的运行阻滞，可以导致血液运行的障碍，而血液瘀滞，又必将进一步加重气机阻滞，多与心、肝的功能异常密切相关。

辨证要点

（1）以气滞和血瘀症状并见为辨证依据。

（2）由气滞而血瘀病位多见于肝，由血瘀而气滞病位多见于心。

3. 气血两虚证

基本概念　气虚血亏，形神失养，以神疲乏力，少气懒言，面色淡白或萎黄，头晕目眩，心悸失眠，唇甲色淡，舌淡，脉细弱等为常见症状的证。

形成原因　多因久病消耗，渐致气血两伤；或先有失血，血虚无以化气；或先因气虚，血液生化无源而日渐衰少等所致。

临床表现　头晕目眩，少气懒言，神疲乏力，动则汗出，心悸失眠，面色淡白或萎黄，唇爪甲淡白，舌淡嫩，脉细弱。

病机特点 气虚血亏，推动、濡养功能减退，形神失养。

辨证要点 以气虚与血虚症状并见为辨证依据。

4. 气不摄血证

基本概念 气虚不能统摄血液，血溢脉外，以齿衄、皮下紫癜，妇女崩漏或月经量多，便血、神疲乏力，气短懒言，面色无华，舌淡，脉弱等症为常见症状的证。

形成原因 常由久病体弱，劳倦过度，或气的生成不足，脾气虚弱所引起。

临床表现 衄血、吐血、便血、皮下紫癜，或妇女月经量多，崩漏，血色淡红，伴见神疲乏力，少气懒言，自汗，头晕目眩，面色淡白或萎黄，舌淡白，脉细弱。

病机特点 脾气不足，统血功能失常；或肝不藏血气虚无力摄血，血液逸出脉外而致出血。

辨证要点

（1）以各种出血，血色淡红，来势较缓为辨证依据。

（2）有气虚的一般临床表现，多属脾不统血或肝不藏血。

5. 气随血脱证

基本概念 大量失血，气也随着血液流失而亡脱，以大量失血时，面色苍白，呼吸微弱或喘促，大汗淋漓，四肢厥冷，脉微欲绝为常见症状的证。

形成原因 常由外伤失血、胃肠大出血、妇女崩中，以及产后大出血等所引起。

临床表现 大量出血，继而出现呼吸微弱或喘促，面色苍白，大汗淋漓，四肢厥冷，神昏，脉微欲绝。

病机特点 大量出血，气失载体，随着血液流失，气血并脱。

辨证要点

（1）以大量出血为前提，并见阳气脱失症状为辨证依据。

（2）气随血脱是危重证候，必须紧急抢救。

6. 津停气阻证

基本概念 水液潴留与气机阻滞同时存在，以水湿痰饮停聚，兼见胸满咳喘，或喘促不能平卧；或脘腹胀满等常见症状的证。

形成原因 常由肺、脾、肾等脏腑功能失常，津液的输布、排泄障碍，水湿停聚体内所引起。

临床表现 水湿痰饮停聚，兼见胸满咳喘，痰多，或喘促不能平卧；或脘腹胀满，嗳气食少；或肢体沉重，胀痛不适，舌淡胖，脉沉无力。

病机特点 津液代谢障碍，水湿痰饮内停，导致气机运行阻滞，水液潴留与气机阻滞同时存在。其表现因津气阻滞部位不同而异，如痰饮阻肺、湿阻中焦、饮停肌肤等。

辨证要点

（1）以水湿痰饮停聚和气机阻滞症状并见为辨证依据。

（2）本证多见于肺、脾胃、胸胁、肌肤等部位。

7. 气随津脱证

基本概念 津液大量丢失，气失其依附，而随津液外脱亡失，以津液不足，兼见面色㿠白，大汗淋漓，四肢厥冷，呼吸微弱，脉微欲绝等阳气外脱的证。

形成原因 多由高热伤津，或大汗出，或严重吐泻，多尿等，耗伤津液所致。

临床表现 汗、吐、下等大量耗伤津液，继而突然出现面色㿠白，大汗淋漓，四肢厥冷，呼吸微弱，脉微欲绝。

病机特点 津液丢失太多，气无所附，随津液外泄，乃至阳气外脱亡失。故清·尤在泾《金匮要略心典·痰饮篇》说："吐下之余，定无完气。"

凡汗、吐、下等大量丢失津液的同时，必然导致不同程度伤气的表现，轻者津气两虚，重者津气两脱。

辨证要点 以津液大量丢失和阳气脱失症状并见为辨证依据。

8. 津亏血瘀证

基本概念 津液亏损，血液运行不畅，以口咽干燥，唇焦或裂，尿少，便干等，兼见肌肤甲错，斑疹等为常见症状的证。

形成原因 因高热、大面积烧烫伤，或剧烈吐泻、大汗出等，使津液大量耗伤，血液亏少而循行涩滞所引起。

临床表现 口咽干燥，渴欲饮水，唇焦或裂，皮肤干燥，小便短少，大便干燥，肌肤甲错，并有落屑，或斑疹显露，舌质绛紫，或有瘀斑、瘀点。

病机特点 津液大量耗伤，则可致血量减少，血液浓稠，运行涩滞不畅，血行瘀阻。

辨证要点 以津液亏虚和血瘀之象并见为辨证依据。

第四节　脏腑病的病机与辨证

脏腑辨证是辨明疾病所在的脏腑部位、原因、性质以及邪正盛衰的一种辨证方法。脏腑病机以藏象学说、脏腑气血阴阳理论、病因学说为依据，分析脏腑功能失调的病机变化。因此，掌握各脏腑的生理功能及其相互关系以及脏腑病因病机理论是掌握脏腑病机辨证的基础和前提。

脏腑病的病机辨证是临床各科疾病诊断的基础，主要用于内伤杂病的辨证。主要内容包括五脏病机辨证、六腑病机辨证和脏腑兼证病机辨证，其中五脏病机辨证是脏腑病机辨证的核心和主体。

一、五脏病的病机与辨证

五脏的阴阳气血是全身阴阳气血的重要组成部分。五脏阴阳代表着各脏生理功能的状态；五脏气血是各脏腑进行生理活动的物质基础。因此，五脏病的病机与辨证要点主要在于阴阳气血失调。

（一）心病的病机与辨证

心的生理功能是主血脉和主神志。心的阴阳调和，气血充足，则心神健旺，气血环流周身，各脏腑生理功能旺盛，正常人体生命活动得以维持。心的阴阳气血失调，则主要表现为血液运行和神志活动的异常。

1. 心气虚证

基本概念 因心气不足，鼓动无力，导致以心悸气短，神疲乏力，动则加重，自汗，面

白舌淡，脉虚等为常见症状的证。

形成原因 因先天禀赋不足，或汗下太过；或暴病伤正，或年老心气衰弱、久病等，导致气虚不足。

临床表现 心悸或怔忡，动则尤甚，胸闷气短，伴神疲乏力，自汗，面色淡白，舌淡苔白，脉虚弱或结代。

病机特点 心气虚证以心气不足，功能减退为主要病机，表现在运血无力、心神不足和气虚无力三个方面。

辨证要点

（1）以心悸怔忡与气虚症状并见为辨证依据。

（2）具有气短，神倦乏力，自汗，面色淡白等气虚特征。

（3）心悸或怔忡等为心气鼓动无力的定位症状。

2. 心阳虚证

基本概念 因心阳虚衰，温运失职，导致以心悸怔忡，心胸憋闷而喘，畏寒肢冷，面色㿠白，或见下肢浮肿，唇舌色暗，苔白滑，脉弱或结或代等为常见症状的证。

形成原因 因气虚进一步发展；或寒湿、痰饮之邪，阻遏心阳；或素体阳虚；或久病失养等，导致阳气不足。

临床表现 心悸或怔忡，动则尤甚，伴心胸憋闷而喘，或心痛，精神委靡，畏寒肢冷，面色㿠白，或见下肢浮肿，唇舌色暗，舌淡胖，苔白滑，脉沉迟无力，或微细，或弱或结或代。

病机特点 心阳虚证以心阳衰弱，虚寒内生为主要病机，表现在心神不足、阳虚阴盛和血运障碍三个方面。

辨证要点

（1）以心悸怔忡，心胸憋闷或心痛与阳虚症状并见为辨证依据。

（2）具有畏寒肢冷，面色㿠白等阳虚虚寒特征。

（3）心悸或怔忡为心之阳气鼓动无力的定位症状；心胸憋闷或心痛为心运血功能障碍的主要特征。

3. 心阳暴脱证

基本概念 因心阳衰败而欲脱，导致以突然冷汗淋漓，四肢厥冷，呼吸微弱，心悸怔忡，神志模糊、昏迷，面色苍白，脉微欲绝等为常见症状的证。

形成原因 因心阳虚进一步发展，或寒邪暴伤阳气，或瘀痰阻闭，心脉痹阻等，导致心阳暴脱。

临床表现 突然冷汗淋漓，四肢厥冷，呼吸微弱，心悸怔忡，或心痛剧烈，口唇青紫，神志模糊、昏迷，面色苍白，舌淡紫，脉微欲绝。

病机特点 心阳暴脱证以心阳衰极而暴脱为主要病机，表现在心神异常、阳气亡失和心脉痹阻三个方面。

辨证要点

（1）以心胸憋闷疼痛与亡阳症状并见为辨证依据。

（2）具有突然冷汗淋漓，四肢厥冷，脉微欲绝等亡阳特征。

（3）心胸憋闷疼痛为心阳鼓动无力，运血功能障碍的定位症状；神志模糊、昏迷为神志异常的主要特征。

证候鉴别 心气虚证、心阳虚证、心阳暴脱证的鉴别：三证为心功能减退由轻到重的三个阶段。心气虚证以心悸怔忡兼气虚证为特征，病情轻，无虚寒表现。心阳虚证可由心气虚证进一步发展而来，以胸闷心痛兼阳虚证为特征，病情重，虚寒特点明显。心阳暴脱证可由心阳虚进一步发展而成，以心胸憋闷疼痛兼亡阳证为特征，病危势急。

4. 心血虚证

基本概念 因心血亏虚，心脏、心神失养，导致以心悸，头晕，多梦，健忘，面色淡白或萎黄，唇舌色淡，脉细等为常见症状的证。

形成原因 因血液生化不足；或失血过多；或久病耗伤阴血；或情志内伤，耗伤心血等，导致血液不足。

临床表现 心悸，头晕目眩，失眠多梦，健忘，面色淡白或萎黄，唇舌色淡，脉细。

病机特点 心血虚证以心血不足，血不养神为主要病机，主要表现在血脉空虚和心神失养两个方面。

辨证要点

（1）以心悸，失眠多梦，健忘与血虚症状并见为辨证依据。

（2）具有头晕目眩，面色淡白或萎黄，唇舌色淡，脉细等血虚特征。

（3）心悸，失眠多梦，健忘为心神失养的定位症状。

5. 心阴虚证

基本概念 因心阴亏损，心脏、心神失养，导致以心悸心烦，失眠多梦，头晕健忘，潮热，盗汗，舌红少苔，脉细数等为常见症状的证。

形成原因 因久病失养，耗伤心阴；或劳思过度，暗耗心血；或热病耗伤阴液；或情志内伤，心肝火旺，灼伤心阴等，导致阴液不足。

临床表现 心悸心烦，失眠多梦，头晕健忘，五心烦热，午后潮热，盗汗，颧红，舌红少苔，脉细数。

病机特点 心阴虚证以心阴亏虚，虚热扰及心神为主要病机，表现在心神不宁，虚热内生和阴虚阳亢三个方面。

辨证要点

（1）以心悸心烦，失眠多梦与阴虚症状并见为辨证依据。

（2）具有五心烦热，午后潮热，盗汗，颧红，舌红少苔，脉细数等阴虚特征。

（3）心悸心烦，失眠多梦为心阴不足，心神失养的定位症状。

证候鉴别 心血虚证与心阴虚证的鉴别：二证共同之处都以心悸、失眠多梦、健忘为主症。不同之处：心血虚证伴有血虚证的一般表现，无虚热之象；而心阴虚证伴有阴虚证表现，突出表现为虚热之象及热扰心神之证。

心阴阳气血不足，形成心气虚、心阳虚、心阴虚和心血虚不同证候，表现各异。但共同之处在于定位症状一致，均表现为心悸，怔忡等症状。

6. 心火亢盛证

基本概念 因火热内盛，扰乱心神，导致以发热口渴，心烦，失眠，甚者狂乱谵语，面赤，尿黄便秘，舌红苔黄，脉滑数等为常见症状的证。

形成原因 因火热之邪内侵，情志抑郁化火，过食辛辣、温热之品，日久化热生火等，导致心火炽盛。

临床表现 发热口渴，心烦，失眠，甚者狂乱谵语，面赤，尿黄便秘，或口舌生疮，或吐血衄血，舌红苔黄，脉滑数。

病机特点 心火亢盛证以心火炽盛为主要病机，表现在热扰心神，心火上炎或下移，血行逆常和明显热象四个方面。

辨证要点

（1）以心烦，神志狂躁，口舌生疮与实热症状并见为辨证依据。

（2）具有发热口渴，舌红苔黄，脉滑数等实热特征。

（3）心烦，神志狂躁，口舌生疮为心火亢盛，热扰心神的定位症状。

7. 心血瘀阻证

基本概念 因血行不畅，瘀血阻痹心脉，导致以心悸怔忡，心胸憋闷，疼痛如刺，痛引肩背及左臂内侧，唇舌紫暗，脉细涩或结或代为常见症状的证。

形成原因 因心气虚或心阳虚，运血无力；嗜食肥甘，痰浊凝聚；情志不畅，气滞心脉；外感寒邪，凝滞心脉等，导致心血运行不畅。

临床表现 心悸怔忡，心胸憋闷，疼痛如刺，痛引肩背及左臂内侧，或心胸闷痛，体胖多痰，或心胸剧痛，遇寒加重，或心胸闷痛，善叹息，唇舌紫暗，脉细涩或结或代。

病机特点 心血瘀阻证以心脉痹阻不通为主要病机，表现在心脉血液运行不畅，或伴气虚或阳虚，或伴痰阻，或伴气滞，或伴寒凝等病机变化。

辨证要点

（1）以心悸怔忡，心胸憋闷疼痛，痛引肩背内侧与瘀血基本症状并见为辨证依据。

（2）具有疼痛如刺，唇舌紫暗，脉细涩或结代等瘀血的基本特征。

（3）心悸怔忡，心胸憋闷疼痛，痛引肩背及左臂内侧，为心血瘀阻的定位症状。

8. 痰蒙心神证

基本概念 因痰浊蒙闭心神，导致以神识痴呆，朦胧昏昧，或精神抑郁，举止失常，或昏不知人，喉中痰鸣，胸闷痰多，面色晦暗，苔腻，脉滑等为常见症状的证。

形成原因 因湿酿痰，或情志不畅，气郁生痰等原因，导致痰浊蒙闭心窍。

临床表现 神识痴呆，朦胧昏昧，或精神抑郁，举止失常，表情淡漠，或昏不知人，四肢抽搐，口吐白沫，喉中痰鸣，胸闷痰多，面色晦暗，苔腻，脉滑。

病机特点 痰蒙心神证以痰浊内盛，蒙蔽心神为主要病机，表现在心神失常和痰阻心窍的病机变化。

辨证要点

（1）以精神抑郁为主的精神失常与痰浊内盛症状并见为辨证依据。

（2）具有喉中痰鸣，胸闷痰多，面色晦暗，苔腻，脉滑等为痰浊内盛的基本特征。

（3）神识痴呆，朦胧昏昧，或精神抑郁，举止失常，表情淡漠，或昏不知人，四肢抽搐，口吐白沫为心神失常的定位症状。

9. 痰火扰神证

基本概念 因火热与痰浊交结，闭扰心神，导致以发热口渴，面赤气粗，吐痰色黄，尿黄便秘，喉中痰鸣，胸闷心悸，烦躁不寐，甚则神昏谵语，或哭笑无常，打人毁物，舌红苔黄腻，脉滑数等为常见症状的证。

形成原因 因肝气郁结，气郁化火；或温热之邪，炼津为痰，扰及心神等，导致痰火扰及心神。

临床表现 发热口渴，面赤气粗，吐痰色黄，尿黄便秘，喉中痰鸣，胸闷心悸，烦躁不寐，甚则神昏谵语，或哭笑无常，狂躁妄动，打人毁物，舌红苔黄腻，脉滑数。

病机特点 痰火扰神证以痰火互结，扰及心神为主要病机，表现在神志失常，痰火内盛等病机变化。

辨证要点

（1）有外感与内伤之别。外感以高热，神昏为主；内伤以心烦失眠，甚至狂乱为主；两者均与痰火内盛症状并见为辨证依据。

（2）具有发热口渴，面赤气粗，吐痰色黄，便秘尿黄，喉中痰鸣，胸闷心悸，舌红苔黄腻，脉滑数等为痰火内盛的基本特征。

（3）烦躁不寐，甚则神昏谵语，或哭笑无常，狂躁妄动，打人毁物为心神失常的定位症状。

（二）肺病的病机与辨证

肺的生理功能是主气，司呼吸，朝百脉，主宣发肃降，通调水道。肺为娇脏，外合皮毛。肺的病机变化主要为呼吸功能异常，水液代谢失调，血液循环障碍等。

1. 肺气虚证

基本概念 因肺气虚弱，导致致以咳嗽无力，气短而喘，动则尤甚，吐痰清稀，声音低弱，自汗，恶风，舌淡，脉弱等为常见症状的证。

形成原因 因久咳久喘伤肺，或脾胃气虚，累及子脏等，导致肺气不足。

临床表现 咳嗽无力，气短而喘，动则尤甚，吐痰清稀，声音低弱，神疲体倦，自汗，恶风，易于感冒，舌淡，脉弱。

病机特点 肺气虚证以肺气不足，呼吸功能减退为主要病机，表现在呼吸功能减退，宣发肃降失常，卫表不固三个方面。

辨证要点

（1）咳喘无力，咳痰清稀与气虚症状并见为辨证依据。

（2）具有自汗，声音低弱，神疲体倦，舌淡，脉弱等气虚特征。

（3）咳嗽无力，气短而喘，动则尤甚为肺气虚，呼吸功能减弱的定位症状。

2. 肺阴虚证

基本概念 因肺阴不足，虚热内生，导致以干咳，或痰少而黏，或痰中带血，口燥咽干，或音哑，潮热颧红，或有盗汗，舌红少津，脉细数等为常见症状的证。

形成原因 因燥热灼肺，或痰火伤阴，或痨虫伤肺，或热病后期伤及肺阴，或房劳伤肾及肺等，导致肺阴不足。

临床表现 干咳，或痰少而黏，或痰中带血，口燥咽干，或音哑，潮热颧红，五心烦热，或有盗汗，舌红少津，脉细数。

病机特点 肺阴虚证以肺阴亏虚，虚热内扰为主要病机，表现在呼吸功能减退和阴虚内热两个方面。

辨证要点

（1）干咳无痰或痰少而黏与阴虚症状并见为辨证依据。

（2）具有潮热颧红，五心烦热，或有盗汗，舌红少津，脉细数等阴虚特征。

（3）干咳无痰或痰少而黏为肺阴不足的定位症状。

3. 风寒犯肺证

基本概念　因风寒侵袭，肺气不宣，导致以恶寒无汗，鼻塞声重，流清涕，胸闷气喘，咳嗽，吐白痰，舌苔薄白，脉浮紧等为常见症状的证。

形成原因　因外感风寒之邪，侵入于肺而致。

临床表现　恶寒无汗，鼻塞声重，流清涕，胸闷气喘，咳嗽，吐白痰，或周身疼痛，舌苔薄白，脉浮紧。

病机特点　风寒犯肺证以风寒之邪，侵袭肺卫为主要病机，表现在肺卫失宣和风寒表证两方面。

辨证要点

（1）以咳嗽气喘，痰白清稀与风寒表证症状并见为辨证依据。

（2）具有鼻塞声重，流清涕，或周身疼痛，舌苔薄白，脉浮紧等风寒表证的特征。

（3）胸闷气喘，咳嗽，吐白痰为风寒侵袭于肺的定位症状。

证候鉴别　风寒犯肺证与表寒证均可表现为外感表寒证和肺病。但两者主兼症状有别。前者以肺的定位症状为主，表证居次；后者以表证为主，肺的定位症状居次。

4. 风热犯肺证

基本概念　风热侵袭肺卫，导致以发热，微恶风寒，或身痛，咽痛，咳嗽，气喘，舌尖红，苔薄黄，脉浮数等为常见症状的证。

形成原因　因外感风热之邪，侵入于肺而致。

临床表现　发热，微恶风寒，或身痛，咽痛，咳嗽，气喘，痰稠色黄，鼻塞流黄浊涕，舌尖红，苔薄黄，脉浮数。

病机特点　风热犯肺证以风热袭肺，肺卫失宣为主要病机，表现在肺卫失宣和风热外袭两个方面。

辨证要点

（1）以咳嗽，咳痰黄稠与风热表证症状并见为辨证依据。

（2）具有发热，微恶风寒，或身痛，咽痛，鼻塞流黄浊涕，舌尖红，苔薄黄，脉浮数等风热表证的特征。

（3）咳嗽，气喘，痰稠色黄为风热侵犯于肺的定位症状。

证候鉴别

风热犯肺证与表热证均可表现为外感表热证和肺病。但两者主兼症状有别。前者以肺的定位症状为主，表热证居次；后者以表热证为主，肺的定位症状居次。

5. 燥邪犯肺证

基本概念　因燥邪侵袭，肺失清肃，导致以微有寒热，干咳无痰，或痰黏难咯，胸痛，唇鼻咽喉干燥，口渴，舌燥少津，脉浮等为常见症状的证。

形成原因　因外感风燥之邪，侵入于肺而致。

临床表现　微有寒热，干咳无痰，或痰黏难咯，胸痛，唇、鼻、咽喉干燥，口渴，小便短少，大便干结，舌燥少津，脉浮。

病机特点　燥邪犯肺证以燥邪侵袭，肺卫失宣为主要病机，常见症状在肺卫失宣和干燥失润两个方面。

辨证要点

（1）以干咳少痰与干燥少津症状并见为辨证依据。

（2）具有唇、鼻、咽喉干燥，口渴，小便短少，大便干结等干燥少津的特征。

（3）干咳无痰，或痰黏难咯，胸痛为燥邪侵犯于肺的定位症状。

证候鉴别 燥邪犯肺证与肺阴虚证两者均有肺失濡润的干燥症状。但前者以外感表证为主，兼见干咳少痰等，属于外感；后者以干咳少痰，阴虚内热为主，属于内伤。

6. 寒饮停肺证

基本概念 因寒饮停聚于肺，肺失肃降，导致以咳嗽气喘，或哮鸣有声，胸部紧闷，不能平卧，吐稀白痰涎，苔白滑，脉弦等为常见症状的证。

形成原因 因痰饮伏肺，复感寒邪；或脾阳不足，聚湿生痰阻肺等，导致寒饮停于肺。

临床表现 咳嗽气喘，或哮鸣有声，胸部紧闷，不能平卧，吐稀白痰涎，量多，背部寒冷，形寒肢冷，苔白滑，脉弦。

病机特点 寒饮停肺证以寒痰交阻于肺为主要病机，表现在肺失宣肃和阴寒内盛两个方面。

辨证要点

（1）以咳喘哮鸣，咳痰清稀量多与实寒症状并见为辨证依据。

（2）具有背部寒冷，形寒肢冷等实寒的特征。

（3）咳喘哮鸣，咳痰清稀量多为寒饮停聚于肺的定位症状。

7. 肺热炽盛证

基本概念 因火热炽盛，壅结于肺，导致以发热口渴，咳嗽，气粗而喘，或有胸痛、咽痛，鼻煽气灼，尿黄便秘，舌红苔黄，脉数等为常见症状的证。

形成原因 因外感风热之邪，或外感风寒之邪，入肺化热等，导致肺热炽盛。

临床表现 发热口渴，咳嗽，气粗而喘，或有胸痛、咽痛，鼻煽气灼，尿黄便秘，舌红苔黄，脉数。

病机特点 肺热炽盛证以邪热炽盛壅肺为主要病机，表现在肺失宣降和实热偏盛两个方面。

辨证要点

（1）以咳嗽气喘，咽喉肿痛与实热症状并见为辨证依据。

（2）具有发热口渴，尿黄便秘，舌红苔黄，脉数等实热证的基本特征。

（3）咳嗽，气粗而喘，或有胸痛、咽痛，鼻煽气灼为邪热炽盛于肺的定位症状。

8. 痰热壅肺证

基本概念 因痰热互结，壅阻于肺，导致以发热口渴，咳嗽气喘，吐痰黄稠，胸闷胸痛，或咳吐脓血腥臭痰，舌红苔黄腻，脉滑数等为常见症状的证。

形成原因 因温热之邪袭肺，或宿痰化热等，导致痰热壅阻于肺。

临床表现 发热口渴，咳嗽气喘，吐痰黄稠，胸闷胸痛，或咳吐脓血腥臭痰，身热烦躁，大便秘结，小便短黄，舌红苔黄腻，脉滑数。

病机特点 痰热壅肺证以痰热阻肺，宣发肃降失职为主要病机，表现在肺失宣肃，痰热壅阻两个方面。

辨证要点

（1）以咳喘，咳痰黄稠与实热症状并见为辨证依据。

（2）具有发热口渴，身热烦躁，大便秘结，小便短黄等实热证的基本特征。

（3）咳嗽气喘，吐痰黄稠，胸闷胸痛，或咳吐脓血腥臭痰为痰热壅阻于肺的定位症状。

（三）脾病的病机与辨证

脾的生理功能是主运化，主统血。脾病以运化功能失常为主。脾的病机变化主要为运化功能减退，血液的生成与运行障碍，水液代谢失调等。

1．脾气虚证

基本概念　因脾气不足，运化失职，导致以食少，腹胀，食后尤甚，大便溏泻，神疲肢倦，舌淡苔白，脉缓弱等为常见症状的证。

形成原因　因饮食失调，或劳累过度，或思虑伤脾，或年老、久病等，导致脾气不足。

临床表现　食少，腹胀，食后尤甚，大便溏泻，神疲肢倦，少气懒言，面色萎黄无华，舌淡苔白，脉缓弱。

病机特点　脾气虚证以脾气不足，运化失常为主要病机，表现在运化水谷和运化水湿功能异常两个方面。

辨证要点

（1）以食少，腹胀，食后尤甚，大便溏泻与气虚症状并见为辨证依据。

（2）具有神疲倦怠，少气懒言等气虚特征。

（3）食少，腹胀，食后尤甚，大便溏泻为脾气虚，运化功能减弱的定位症状。

2．脾气下陷证

基本概念　又称“中气下陷证”。因脾气虚弱，中气下陷，导致以神疲乏力，头晕食少，腹胀便溏，或脘腹坠胀，食后益甚，或便意频数，肛门重坠，或久泄不止，或脱肛，或阴挺，或小便浑浊，或崩漏、胎漏，舌淡苔白，脉缓弱等为常见症状的证。

形成原因　因脾气虚进一步发展，或久泻久痢，或劳倦过度，或孕育过多，或产后失养等原因，导致脾气下陷。

临床表现　神疲乏力，头晕食少，肢体倦怠，声低懒言，腹胀便溏，或脘腹坠胀，食后益甚，或便意频数，肛门重坠，或久泄不止，或脱肛，或阴挺，或小便浑浊，或崩漏、胎漏，舌淡苔白，脉缓弱。

病机特点　脾气下陷证以脾气虚弱，升举无力而下陷为主要病机，表现在运化功能减弱，精微物质不能上输，内脏下垂三个方面。

辨证要点

（1）以脘腹坠胀，久泻久痢，内脏下垂与脾气虚症状并见为辨证依据。

（2）具有脘腹坠胀，食后益甚，或便意频数，肛门重坠，或久泄不止，或脱肛，或阴挺，或小便浑浊，或崩漏、胎漏等脾气下陷特征。

（3）腹胀便溏，食后益甚，神疲乏力，食少，肢体倦怠，声低懒言为脾气虚的定位症状。

3．脾不统血证

基本概念　因脾虚气弱，不能统摄血行，以各种慢性出血，或紫癜，或妇女月经过多、先期、淋漓不尽，崩漏，伴面色萎黄，食少，腹胀，便溏，神疲乏力，舌淡，脉弱等为常见症状的证。

形成原因　因久病脾虚，或劳倦过度等，导致脾气不足，统摄无权。

临床表现　各种慢性出血，或紫癜，或妇女月经过多、先期、淋漓不尽，崩漏，伴面色萎黄，食少，腹胀，便溏，神疲乏力，少气懒言，舌淡，脉弱。

病机特点 脾不统血证以脾气不足，统摄无权为主要病机，表现在运化功能减弱和统血功能异常两方面。

辨证要点

（1）以慢性出血与脾气虚症状并见为辨证依据。

（2）具有尿血，便血等各种慢性出血为脾不统血的特征。

（3）面色萎黄，食少，腹胀，便溏，神疲乏力，舌淡，脉弱为脾气虚的定位症状。

4. 脾阳虚证

基本概念 因脾阳虚衰，失于温运，导致以食少，腹胀，腹痛绵绵，喜温喜按，畏冷肢凉，大便溏薄，或下肢水肿，或妇女带下量多，舌淡苔白润，脉沉迟无力等为常见症状的证。

形成原因 因脾气虚进一步发展；或命门火衰，脾失温煦；或因过食生冷，误用寒凉药物，久病等，导致脾阳不足。

临床表现 食少，腹胀，腹痛绵绵，喜温喜按，泛吐清水，口淡不渴，畏冷肢凉，大便溏薄，或下肢水肿，或妇女带下量多，舌淡苔白润，脉沉迟无力。

病机特点 脾阳虚证以脾阳虚衰，虚寒内生为主要病机，表现在运化功能减弱和温煦功能低下两个方面。

辨证要点

（1）以脾气虚和虚寒症状并见为辨证依据。

（2）具有腹痛绵绵，喜温喜按，泛吐清水，口淡不渴，畏冷肢凉等阳虚虚寒的特征。

（3）食少，腹胀，大便溏薄为脾气虚的定位症状。

证候鉴别 脾气虚证、脾气下陷证、脾不统血证和脾阳虚证：脾气虚为四证共有的基本病机。脾气虚证以腹胀，食少为脾病的定位症状，以气虚为伴有症状。脾气下陷证则在脾气虚证基础上，以内脏下垂、头晕目眩、久泻久痢等气陷特征为主。脾不统血证在脾气虚证基础上，以各种慢性出血为主症。脾阳虚证则在脾气虚证基础上，以腹痛，喜温喜按，畏冷肢凉等虚寒特征为主。

5. 脾阴虚证

基本概念 因阴液亏虚，脾失健运，导致以纳呆，腹胀，便结，体瘦倦怠，涎少唇干，低热，舌红少苔，脉细数等为常见症状的证。

形成原因 因嗜食辛辣，耗伤脾阴；思虑、劳倦过度，暗耗精血，损及脾阴；肾水不足，不能滋养脾阴等，导致脾阴不足。

临床表现 纳呆，腹胀，便结，体瘦倦怠，涎少唇干，低热，五心烦热，舌红少苔，脉细数。

病机特点 脾阴虚证以脾阴不足，运化功能减弱为主要病机，表现在运化功能减弱和阴虚内热两个方面。

辨证要点

（1）以纳呆，腹胀，便结与阴虚内热症状并见为辨证依据。

（2）具有涎少唇干，低热，五心烦热，舌红少苔，脉细数等阴虚内热的特征。

（3）纳呆，腹胀，便结，体瘦，倦怠为脾病的定位症状。

6. 寒湿困脾证

基本概念 因寒湿内盛，困阻脾阳，导致以脘腹胀闷，纳呆呕恶，口淡不渴，腹痛便溏，头身困重，身目发黄而晦暗，或妇女白带量多，舌淡胖，苔白腻，脉濡缓等为常见症状的证。

形成原因 因冒雨涉水，或气候阴冷潮湿，或久居湿地，或过食肥甘厚味生冷，或脾阳素虚，感受寒邪，湿从寒化等，导致寒湿困阻于脾。

临床表现 脘腹胀闷，纳呆呕恶，口淡不渴，腹痛便溏，头身困重，身目发黄而晦暗，或妇女白带量多，或肢体浮肿，小便短少，舌淡胖，苔白腻，脉濡缓。

病机特点 寒湿困脾证以寒湿内盛，脾阳困阻为主要病机，表现在运化功能失常和寒湿偏盛两个方面。

辨证要点

（1）以脾失健运与寒湿中阻症状并见为辨证依据。

（2）具有身目发黄而晦暗，舌淡胖，苔白腻，脉濡缓等寒湿中阻的特征。

（3）脘腹胀闷，纳呆呕恶等为脾病的定位症状。

7. 湿热蕴脾证

基本概念 因湿热内蕴，脾失健运，导致以腹胀纳呆，便溏不爽，肢体困重，或面目发黄，或身热不扬，汗出热不解，渴不多饮，或妇女带下量多色黄，舌红苔黄腻，脉滑数等为常见症状的证。

形成原因 因感受湿热邪气，或过食肥甘厚味，或脾阳素虚，感受热邪，湿从热化等，导致湿热蕴结于脾。

临床表现 腹胀纳呆，便溏不爽，肢体困重，或面目发黄，色泽鲜明如橘皮，或身热不扬，汗出热不解，渴不多饮，或妇女带下量多色黄，舌红苔黄腻，脉滑数。

病机特点 湿热蕴脾证以湿热蕴阻中焦，脾失健运为主要病机，表现在运化功能失常和湿热内盛两个方面。

辨证要点

（1）以脾失健运与湿热内阻症状并见为辨证依据。

（2）具有面目发黄，色泽鲜明如橘皮等湿热内阻的特征。

（3）腹胀纳呆，便溏不爽，肢体困重为脾病的定位症状。

证候鉴别 寒湿困脾证和湿热蕴脾证都因感受湿邪，困阻中焦，脾失健运而致，故均有湿邪中阻的常见症状，均属实性证候。前者以湿盛为主，湿而兼寒；后者以热象为主，热而兼湿。

（四）肝病的病机与辨证

肝的生理功能是主疏泄，主藏血。肝病以疏泄功能失常为主，其病机变化主要为肝失疏泄，肝不藏血，易于动风等。肝的病机特点为肝气、肝阳常有余，肝阴、肝血常不足。

1. 肝气郁结证

基本概念 因肝失疏泄，气机郁滞，导致以情志抑郁，喜太息，胸胁或少腹胀闷窜痛，妇女乳房胀痛，月经不调，苔白，脉弦等为常见症状的证。

形成原因 因精神刺激，情志抑郁不畅；久病而因病致郁等，导致肝气郁结不畅。

临床表现 情志抑郁，喜太息，胸胁或少腹胀闷窜痛，妇女乳房胀痛，月经不调，或咽部异物感，苔白，脉弦。

病机特点 肝气郁结证以肝失疏泄，气机郁滞为主要病机，表现在精神抑郁和肝经气滞两个方面。

辨证要点

（1）以情志抑郁与胸胁或少腹胀闷窜痛等肝经部位胀痛症状并见为辨证依据。

（2）具有情志抑郁，喜太息等精神抑郁的特征。

（3）胸胁或少腹胀闷窜痛，妇女乳房胀痛等为肝气郁结的定位症状。

2. 肝火上炎证

基本概念　肝火炽盛而上炎，导致以发热口渴，烦躁失眠，头痛，或目赤肿痛，或耳暴鸣暴聋，或吐血、衄血，面赤，胁肋灼痛，口苦而干，或呕吐苦水，急躁易怒，失眠多梦，尿黄便秘，舌红苔黄，脉弦数为常见症状的证。

形成原因　因火热之邪伤肝所致；情志不遂，气郁化火；嗜食烟酒辛辣肥甘之物，蕴热化火等，导致肝火上炎。

临床表现　发热口渴，烦躁失眠，头痛，或目赤肿痛，或耳暴鸣暴聋，或吐血、衄血，面赤，胁肋灼痛，口苦而干，或呕吐苦水，急躁易怒，失眠多梦，尿黄便秘，舌红苔黄，脉弦数。

病机特点　肝火上炎证以肝火炽盛，气火上逆为主要病机，表现在肝经火盛和实热亢盛两个方面。

辨证要点

（1）以肝经循行部位火盛与实热亢盛症状并见为辨证依据。

（2）具有发热口渴，舌红苔黄等为实热的特征。

（3）以胁肋灼痛，口苦而干，或呕吐苦水，急躁易怒，或目赤肿痛，或耳暴鸣暴聋为肝火炽盛的定位症状。

3. 肝血虚证

基本概念　因血液亏虚，肝失濡养，导致以头晕眼花，视力减退，或夜盲，或筋脉拘急，肢体麻木，妇女月经量少、色淡，闭经，面色、睑色无华，爪甲不荣，舌淡，脉细等为常见症状的证。

形成原因　因脾胃虚弱，血液生成不足；肾精不足，精不化血；久病耗伤阴血等，导致肝血不足。

临床表现　头晕眼花，视力减退，或夜盲，或筋脉拘急，肢体麻木，妇女月经量少、色淡，闭经，面色、睑色无华，爪甲不荣，舌淡，脉细。

病机特点　肝血虚证以肝血不足，头目、筋脉、爪甲失养为主要病机，表现在濡养功能减弱和血虚两个方面。

辨证要点

（1）以视力减退，或夜盲，或筋脉拘急，肢体麻木，爪甲不荣与血虚症状并见为辨证依据。

（2）具有面色、睑色无华，舌淡，脉细等为血虚的特征。

（3）头晕眼花，视力减退，筋脉拘急，爪甲不荣为肝血虚的定位症状。

4. 肝阴虚证

基本概念　阴液亏虚，肝失濡润，导致以头晕眼花，两目干涩，视力减退，颧红，或胁肋灼痛，五心烦热，舌红少苔，脉弦细数等为常见症状的证。

形成原因　因肝气郁结，化火伤阴；热病后期，耗伤肝阴；肾阴不足，水不涵木等，导致肝阴不足。

临床表现 头晕眼花，两目干涩，视力减退，颧红，或胁肋隐隐灼痛，五心烦热，潮热盗汗，舌红少苔，脉弦细数。

病机特点 肝阴虚证以肝阴不足，虚热内扰为主要病机，表现在濡养功能减弱和阴虚内热两个方面。

辨证要点

（1）以肝阴不足，失于濡养和虚热症状并见为辨证依据。

（2）具有颧红，五心烦热，潮热盗汗，舌红少苔，脉弦细数等阴虚虚热的特征。

（3）头晕眼花，两目干涩，视力减退，或胁肋隐隐灼痛为肝阴虚的定位症状。

5. 肝阳上亢证

基本概念 肝阳亢扰于上，导致以眩晕耳鸣，头目胀痛，头重脚轻，急躁易怒，失眠多梦，腰膝酸软，舌红，脉弦细为常见症状的证。

形成原因 因情志失调，气郁化火；或肾阴不足，水不涵木等，导致肝肾阴亏于下，阳亢于上。

临床表现 眩晕耳鸣，头目胀痛，头重脚轻，面红目赤，急躁易怒，心悸，失眠多梦，腰膝酸软，头重脚轻，舌红，脉弦。

病机特点 肝阳上亢证以肝肾阴虚，阴虚阳亢，上盛下虚为主要病机，表现在肝阳亢逆和肝肾阴虚两个方面。

辨证要点

（1）以眩晕耳鸣，头目胀痛与肝肾阴虚症状并见为辨证依据。

（2）具有眩晕耳鸣，头目胀痛，急躁易怒为肝阳上亢的特征。

（3）腰膝酸软，头重脚轻为肝肾阴虚的定位症状。

6. 肝风内动证

基本概念 泛指因风阳、邪热、阴血亏虚等所致肝阳升动无制，导致以抽搐、眩晕、震颤、痉挛为主要表现的证。

形成原因 因肝肾阴亏，阴虚阳亢；或肝郁气逆，灼伤肝阴；或外感温热邪气，引动肝风；或外感热病后期，损伤肝肾阴液；或久病，阴液亏虚；或慢性失血过多等，导致肝阳亢逆无制。

临床表现 抽搐、眩晕、震颤、痉挛。病因病机不同，临床表现各异。

因肝阳上亢所致的肝风内动称肝阳化风，以眩晕欲仆，头胀头痛，肢体麻木，面赤耳鸣，手足震颤，甚则卒然昏倒，不省人事，口眼歪斜，半身不遂，舌强不语，喉中痰鸣，舌红，脉弦为常见症状。

因邪热亢盛，灼伤筋脉所致的肝风内动称热极生风，以高热神昏，躁扰如狂，四肢抽搐，颈项强直，角弓反张，两目上视，牙关紧闭，舌红绛苔黄燥，脉弦数等为常见症状。

因肝肾阴亏，筋脉失养所致的肝风内动称阴虚风动，以眩晕耳鸣，手足蠕动，口干咽燥，午后潮热，盗汗，颧红，舌红少苔，脉细数等为常见症状。

因肝血不足，筋脉失养所致的肝风内动称血虚生风，以手足震颤，肢体麻木，眩晕耳鸣，面白无华，爪甲不荣等为常见症状。

病机特点 肝风内动证以风气内盛，阳气亢逆，筋脉失常为主要病机，表现在肝阳化风、热极生风，阴虚动风和血虚风动四个方面。

肝风内动证病机有虚实不同，热极生风多属实风，阴虚动风和血虚风动属于虚风，肝阳化风则属本虚标实。

辨证要点

（1）以肝阳上亢、高热神昏、阴虚和血虚与动风症状并见为辨证依据。

（2）眩晕欲仆，头胀头痛，口眼歪斜，半身不遂等为肝阳化风的特征；高热神昏，躁扰如狂，四肢抽搐，颈项强直，角弓反张为热极生风的特征；眩晕耳鸣，手足蠕动，口干咽燥为阴虚风动的特征；手足震颤，肢体麻木为血虚生风的特征；

（3）抽搐、眩晕、震颤、痉挛等为肝风内动的定位症状。

证候鉴别 肝风内动包括肝阳化风、热极生风、阴虚动风和血虚生风。肝阳化风证以眩晕欲仆，手足震颤为主要症状，属阴虚阳亢、本虚标实之证。热极生风证以高热，手足抽搐等实热证表现为主要症状。阴虚风动和血虚生风均因阴血亏虚，筋脉失养，虚风内动所致，以手足麻木，蠕动无力为特征，前者必兼血虚见症，后者必兼阴虚内热证。

肝气郁结、肝火上炎、肝阴虚、肝阳上亢和肝风内动证在病机演化上存在一定联系。肝气郁结，郁而化热，进一步发展可形成肝火上炎证；肝火上炎，灼伤阴津，可形成肝阴虚证；肝阴虚证，穷必及肾，肾阴亦虚，肝肾阴虚，阴不制阳，可形成肝阳上亢证；肝阳上亢证日久，肝阴愈虚，肝阳愈张，终致肝风内动之证。

7. 肝胆湿热证

基本概念 因湿热蕴聚肝经，导致以胁肋胀痛，阴部潮湿、瘙痒，阴器肿胀疼痛，或耳胀痛流脓水，舌红苔黄腻，脉滑数为常见症状的证。

形成原因 因外感湿热之邪；嗜食肥甘厚味，湿热内生；脾失健运，湿从热化，蕴结肝胆等，导致湿热蕴结于肝胆。

临床表现 胁肋胀痛、灼热，口苦，厌食，阴部潮湿、瘙痒，阴器肿胀疼痛，或耳胀痛流脓水，舌红苔黄腻，脉滑数。

病机特点 肝胆湿热证以湿热蕴结肝胆，疏泄功能失常为主要病机，表现在疏泄功能失常和湿热内盛两个方面。

湿热蕴结肝胆，疏泄功能失常，气机不畅，则可见胁肋胀痛、灼热，厌食。湿热蕴结，熏蒸肝胆，胆汁外溢，则可见口苦。湿热下注，则可见阴部潮湿、瘙痒，阴器肿胀疼痛等。

辨证要点

（1）以肝失疏泄与湿热内阻症状并见为辨证依据。

（2）口苦，阴部潮湿、瘙痒，阴器肿胀疼痛等为湿热内盛的特征。

（3）胁肋胀痛、灼热，阴部症状为肝病的定位症状。

8. 寒滞肝脉证

基本概念 因寒邪侵袭，凝滞肝脉，导致以少腹冷痛，或阴器收缩作痛，或巅顶冷痛，得温痛缓，遇寒痛增，畏寒肢冷，呕吐清涎，舌苔白，脉弦紧等为常见症状的证。

形成原因 因感受寒邪，凝滞肝经，导致寒滞肝脉。

临床表现 少腹冷痛，或阴器收缩作痛，或巅顶冷痛，得温痛缓，遇寒痛增，畏寒肢冷，呕吐清涎，舌苔白，脉弦。

病机特点 寒滞肝脉证以寒邪凝滞肝经为主要病机，表现在肝经气血凝滞和阴寒内盛两个方面。

辨证要点

（1）以肝经循行部位冷痛与实寒症状并见为辨证依据。

（2）畏寒肢冷，呕吐清涎，舌苔白等为阴寒内盛的特征。

（3）少腹冷痛，或阴器收缩作痛，或巅顶冷痛，得温痛缓，遇寒痛增为肝经循行部位寒滞的定位症状。

（五）肾病的病机与辨证

肾的生理功能是藏精，主生长、发育和生殖，主水，主纳气。肾病以藏精功能失常为主，其病机变化主要为生长、发育和生殖功能障碍，呼吸功能减退，水液代谢失常等。肾的病机特点为虚多实少。

1．肾精不足证

基本概念 因肾精亏虚，导致以小儿生长发育迟缓，成人生殖功能减退，早衰，健忘，耳鸣，发脱，牙齿松动，舌淡，脉细弱等为常见症状的证。

形成原因 因先天禀赋不足，或久病伤肾，或房劳过度等，导致肾精亏虚。

临床表现 小儿生长发育迟缓，身体矮小，智力低下。成人生殖功能减退，早衰，腰膝酸软，健忘，耳鸣，发脱，牙齿松动，男子精少不育，女子经闭不孕，舌淡，脉细弱。

病机特点 肾精不足证以肾精亏虚，藏精功能失常为主要病机，表现在生长、发育和生殖功能失常和血液生成不足等方面。

辨证要点

（1）以藏精功能低下与肾虚定位症状并见为辨证依据。

（2）具有小儿生长发育迟缓，成人生殖功能低下，早衰等藏精功能低下的特征。

（3）腰膝酸软，耳鸣，发脱，牙齿松动等为肾虚的定位症状。

2．肾气不固证

基本概念 因肾气亏虚，固摄失职，导致以小便频数而清，余沥不尽，甚或遗尿，小便失禁，或大便失禁，男子遗精、早泄，女子带下、月经淋漓，或胎动易滑，耳鸣，腰膝酸软，脉弱为常见症状的证。

形成原因 因年幼肾气未充，或老年肾气亏虚，或房劳过度，耗伤肾精，或久病耗伤肾精等，导致肾气不足。

临床表现 腰膝酸软，小便频数而清，余沥不尽，甚或遗尿，小便失禁，或大便失禁，男子遗精、早泄，女子带下、月经淋漓，或胎动易滑，耳鸣耳聋，神疲乏力，脉弱。

病机特点 肾气不固证以肾气不足，固摄无权为主要病机，表现在对二便、冲任二脉、男子精液、女子经带胎产固摄无权和膀胱对尿液失于固摄。

辨证要点

（1）以肾虚对二便、冲任、男子精液、女子经带胎产固摄无权与气虚症状并见为辨证依据。

（2）具有神疲乏力，少气懒言，脉弱等气虚的特征。

（3）小便频数而清，余沥不尽，甚或遗尿，小便失禁，或大便失禁，男子遗精、早泄，女子带下、月经淋漓，或胎动易滑等为肾气不固的定位症状。

3．肾不纳气证

基本概念 因肾气亏虚，摄纳无力，导致以久病咳喘，呼多吸少，动则喘甚，腰膝酸软，轻者伴见神疲，自汗，舌淡苔白，脉沉弱；重者喘息加重，伴冷汗淋漓，四肢冰冷，脉浮大无根，

为常见症状的证。

形成原因 因咳喘日久，累及于肾；或年老肾虚，摄纳无权；或房劳过度，耗伤肾气等，导致肾气不足，失于摄纳。

临床表现 久病咳喘，呼多吸少，动则喘甚，腰膝酸软，轻者伴见神疲，自汗，声音低微，舌淡苔白，脉沉弱；重者喘息加重，伴冷汗淋漓，四肢冰冷，面青，脉浮大无根。

病机特点 肾不纳气证以肾气亏虚，摄纳无力为主要病机，表现在肾摄纳功能减弱和气虚两个方面。甚者，伴有阳虚气脱之证。

辨证要点

（1）以肾虚失于摄纳与气虚症状并见为辨证依据。

（2）具有神疲乏力，少气懒言，脉弱等气虚的特征。

（3）久病咳喘，呼多吸少，动则喘甚，腰膝酸软为肾虚失于摄纳的定位症状。

4. 肾阴虚证

基本概念 因肾阴亏虚，虚热内生，导致以腰膝酸软而痛，眩晕耳鸣，齿摇发脱，五心烦热，潮热颧红，男子遗精，女子经少或闭经，舌红少苔，脉细数等为常见症状的证。

形成原因 因久病耗伤肾阴，或过服温燥伤阴之品，或房劳过度，耗伤肾阴，或情志内伤，暗耗精血等，导致肾阴虚衰。

临床表现 腰膝酸软而痛，眩晕耳鸣，失眠多梦，齿摇发脱，五心烦热，潮热颧红，男子遗精，女子经少或闭经，舌红少苔，脉细数。

病机特点 肾阴虚证以肾阴不足，虚热内扰为主要病机，表现在肾藏精功能失调和阴虚内热两个方面。

辨证要点

（1）以肾虚定位症状与虚热内扰症状并见为辨证依据。

（2）具有五心烦热，潮热颧红，舌红少苔，脉细数等阴虚内热的特征。

（3）以腰膝酸软而痛，眩晕耳鸣，齿摇发脱，男子遗精，女子经少或闭经为肾虚的定位症状。

5. 肾阳虚证

基本概念 因肾阳亏虚，机体失却温煦，导致以畏寒肢冷，腰以下为甚，面色㿠白或黧黑，神疲乏力，小便清长，夜尿多，舌淡苔白，脉弱等为常见症状的证。

形成原因 因素体阳虚，或年高肾虚，或久病损伤肾阳，或房劳过度，损伤肾阳等，导致肾阳不足。

临床表现 腰膝酸冷疼痛，畏寒肢冷，腰以下为甚，面色㿠白或黧黑，神疲乏力，小便清长，夜尿多，舌淡苔白，脉弱。

病机特点 肾阳虚证以肾阳亏虚，温煦和气化失常为主要病机，表现在肾藏精功能失常，生殖功能减退和虚寒内生三个方面。甚者，兼有水液代谢障碍。

辨证要点

（1）以腰膝冷痛，生殖功能减退与虚寒症状并见为辨证依据。

（2）具有畏寒肢冷，腰以下为甚，舌淡苔白，脉弱等为阳虚虚寒的特征。

（3）腰膝冷痛，生殖功能减退为肾阳虚的定位症状。

6. 肾虚水泛证

基本概念 因肾阳虚衰，气化无权，水液泛滥，导致以水肿，腰以下为甚，畏寒肢冷，腹胀，腰部酸冷，小便短少，舌淡胖，苔白滑，脉沉迟等为常见症状的证。

形成原因 因久病及肾，或房劳伤肾，肾阳亏耗等，导致肾阳不足，水湿泛滥。

临床表现 全身水肿，腰以下为甚，按之没指，畏寒肢冷，腹胀，腰部酸冷，小便短少，舌淡胖，苔白滑，脉沉迟。

病机特点 肾虚水泛证以肾阳虚，温煦失职和气化失司，水液代谢障碍为主要病机，表现在水湿泛溢方面。

辨证要点

（1）以水肿，腰以下肿甚与肾阳虚症状并见为辨证依据。

（2）具有畏寒肢冷，舌淡胖，苔白滑，脉沉迟等阳虚特征。

（3）腰部酸冷，全身水肿，腰以下为甚等为肾阳虚，气化失司的定位症状。

气血阴阳失调是五脏病机变化的共同特征，但由于每一脏的生理功能和生理特性有所不同，因此，表现特征亦有所不同。心病的定位症状主要为心悸、怔忡、失眠等；肺病的定位症状主要为咳嗽、喘促、短气等；脾病的定位症状主要为食少，腹胀，便溏等；肝病的定位症状主要为情志抑郁或急躁易怒，肝经循行部位感觉异常等；肾病的定位症状主要为腰部感觉异常，生殖功能异常等。

二、六腑病的病机与辨证

六腑的主要生理功能为传化物，以通为用，以降为顺为其主要生理特点。六腑相互协调，共同完成饮食物的消化、吸收、传导、排泄过程。各种致病因素致任何一腑功能异常，都将影响消化、吸收、传导、排泄过程，产生各种病症。

（一）胃病的病机与辨证

胃的主要生理功能为受纳腐熟，主通降，其基本病机变化为消化吸收功能障碍，通降失职，胃气上逆。脾与胃相表里，故常见脾胃同病。

1. 胃气虚证

基本概念 因胃气虚弱，纳运失职，导致以胃脘痞胀、隐痛，喜按，不思饮食，或得食痛缓，神疲乏力，舌淡嫩，苔薄白，脉弱等为常见症状的证。

形成原因 因久病失养，或饮食不节，损伤胃气等，导致胃气虚弱。

临床表现 胃脘痞胀、隐痛，喜按，不思饮食，或得食痛缓，神疲乏力，舌淡嫩，苔薄白，脉弱。

病机特点 胃气虚证以胃气不足，纳降失常为主要病机，表现在胃失和降和气虚两个方面。

辨证要点

（1）以胃纳降失常与气虚症状并见为辨证依据。

（2）具有神疲乏力，舌淡嫩，苔薄白，脉弱等气虚的特征。

（3）胃脘痞胀、隐痛，喜按，不思饮食，或得食痛缓等为胃纳降失常的定位症状。

2. 胃阴虚证

基本概念　因阴液亏虚，胃失于濡润，导致以口燥咽干，饥不欲食，胃脘隐隐灼痛，或胃脘嘈杂、痞胀，或干呕呃逆，大便干结，舌红少津，脉细数等为常见症状的证。

形成原因　因过食辛辣温燥食物、药物；或肝火犯胃，灼伤胃阴；或吐泻太过，耗伤胃津等，导致胃阴不足。

临床表现　口燥咽干，饥不欲食，胃脘隐隐灼痛，或胃脘嘈杂、痞胀，或干呕呃逆，大便干结，小便短少，舌红少津，脉细数。

病机特点　胃阴虚证以胃阴亏虚，纳降失常为主要病机，表现在胃失濡润，受纳通降功能失常和虚热内生两个方面。

辨证要点

（1）以饥不欲食，胃脘隐隐灼痛与阴虚症状并见为辨证依据。

（2）具有口燥咽干，大便干结，小便短少，舌红少津，脉细数等阴虚内热的特征。

（3）饥不欲食，胃脘隐隐灼痛等为胃阴不足的定位症状。

3. 胃火炽盛证

基本概念　因火热炽盛，壅滞于胃，导致以胃脘灼痛，喜冷，消谷善饥，发热口渴，或口臭，牙龈肿痛，齿衄，尿黄便秘，舌红苔黄，脉数等为常见症状的证。

形成原因　因过食辛辣，温燥和肥甘厚味生热化火；或肝火犯胃；或热邪侵犯于胃等，导致胃火炽盛。

临床表现　胃脘灼痛，拒按，喜冷，消谷善饥，呕吐，发热口渴，或口臭，牙龈肿痛，齿衄，尿黄便秘，舌红苔黄，脉数。

病机特点　胃火炽盛证以胃火亢盛，纳降失常为主要病机，表现在胃的腐熟功能亢进，和降功能失常，热盛津伤等方面。

辨证要点

（1）以胃脘灼痛，拒按，消谷善饥与火热炽盛症状并见为辨证依据。

（2）具有发热口渴，尿黄便秘，舌红苔黄，脉数等火热内盛的特征。

（3）胃脘灼痛，拒按，消谷善饥，呕吐，或口臭，牙龈肿痛，齿衄等为胃火炽盛的定位症状。

证候鉴别

胃火炽盛证与胃阴虚证的鉴别：两证皆为胃的热性证候，不同之处在于虚实之别。前者为热象明显的实热证，起病急，病程短；后者为阴虚内热的虚热证，发病缓，病程长。

4. 寒邪犯胃证

基本概念　因寒邪侵袭胃脘，胃失和降，导致以胃脘冷痛，痛势急剧，喜温，呕吐清水，恶寒肢冷，苔白，脉弦紧等为常见症状的证。

形成原因　因过食生冷，或脘腹受冷等，导致寒邪凝胃。

临床表现　胃脘冷痛，痛势急剧，得温痛减，遇寒加剧，呕吐清水，恶寒肢冷，口淡不渴，苔白，脉弦紧。

病机特点　寒邪犯胃证以寒邪侵犯于胃，失于和降为主要病机，表现在胃失和降，甚则上逆及阴寒内盛，失于温煦两个方面。

辨证要点

（1）以胃脘冷痛，痛势急剧，得温痛减，遇寒加剧与实寒症状并见为辨证依据。

（2）具有恶寒肢冷，口淡不渴，苔白，脉弦紧等实寒证的特征。

（3）胃脘冷痛，痛势急剧，得温痛减，遇寒加剧等为寒邪犯胃的定位症状。

5. 食滞胃肠证

基本概念 因饮食停滞胃肠，导致以脘腹痞胀疼痛，厌食，嗳腐吞酸，或呕吐馊食，肠鸣矢气，泻下不爽，便臭如败卵，苔厚腻，脉滑或沉实等为常见症状的证。

形成原因 因暴饮暴食，或饮食不节，或脾胃素虚，过食油腻等，导致胃肠功能失常。

临床表现 脘腹痞胀疼痛，吐后胀痛减轻，厌食，嗳腐吞酸，或呕吐馊食，肠鸣矢气，泻下不爽，便臭如败卵，苔厚腻，脉滑或沉实。

病机特点 食滞胃肠证以饮食停滞，胃肠功能失调为主要病机，表现在胃肠通降失常和食滞两个方面。

辨证要点

（1）以脘腹痞胀疼痛，厌食，嗳腐吞酸与纳降失常症状并见为辨证依据。

（2）具有肠鸣矢气，泻下不爽，便臭如败卵，呕吐馊食等胃肠纳降失常的特征。

（3）脘腹痞胀疼痛，厌食，嗳腐吞酸等为食滞胃肠的定位症状。

6. 瘀阻胃络证

基本概念 因瘀血阻滞胃络，导致以胃脘刺痛、拒按，或胃脘触及包块，或呕血色暗成块，舌有斑点，脉弦涩等为常见症状的证。

形成原因 因寒凝、气滞、气虚和血热等，导致胃络血运不畅。

临床表现 胃脘刺痛、拒按，或胃脘触及包块，或呕血色暗成块，面色紫暗，舌有斑点，脉弦涩。

病机特点 瘀阻胃络证以瘀血阻滞胃腑，血行不畅为主要病机，表现在胃失和降和瘀血两个方面。

辨证要点

（1）以胃脘刺痛、拒按与瘀血症状并见为辨证依据。

（2）具有面色紫暗，舌有斑点，脉弦涩等瘀血的特征。

（3）胃脘刺痛、拒按等为瘀阻胃络的定位症状。

（二）胆病的病机与辨证

胆的主要生理功能为贮存、排泄胆汁和参与精神情志活动。胆的病机表现特征为胆汁分泌和排泄障碍、胆郁心神不安。胆汁分泌和排泄障碍多与肝失疏泄有关。

胆郁痰扰证

基本概念 因痰浊内扰，胆郁失疏，导致以烦躁不宁，胆怯易惊，失眠多梦，胸胁闷胀，善太息，头晕目眩，恶心呕吐，吐痰涎，苔白腻，脉弦缓等为常见症状的证。

形成原因 因情志不遂，郁结生痰化热等，导致胆气被扰。

临床表现 烦躁不宁，胆怯易惊，失眠多梦，胸胁闷胀，善太息，头晕目眩，耳鸣，恶心呕吐，吐痰涎，苔白腻，脉弦缓或滑数。

病机特点 胆郁痰扰证以胆气郁结，痰热内扰为主要病机，表现在痰热扰神和气机郁滞两个方面。

辨证要点

（1）以烦躁不宁，胆怯易惊，失眠多梦与胆气郁滞症状并见为辨证依据。

（2）具有胸胁闷胀，善太息，头晕目眩为胆气郁滞的特征。

（3）烦躁不宁，胆怯易惊，失眠多梦等为痰热扰及胆气，扰及神明的定位症状。

（三）小肠病的病机与辨证

小肠的主要生理功能为受盛化物，泌别清浊，其基本病机变化为消化吸收功能障碍，清浊不化，转输失职。小肠病变的症状表现特征为二便异常。

小肠实热证

基本概念　又称“心移热于小肠证”。因心火亢盛，下移小肠，导致以发热口渴，心烦，口舌生疮、赤烂疼痛，面红，小便黄赤、淋沥涩痛，甚则尿血，舌尖红，苔黄，脉数等为常见症状的证。

形成原因　因心火移于小肠；或脾胃积热，下移小肠等，导致小肠实热蕴结。

临床表现　发热口渴，心烦失眠，口舌生疮、赤烂疼痛，面红，小便黄赤、淋沥涩痛，甚则尿血，舌尖红，苔黄，脉数。

病机特点　小肠实热证以心火移热于小肠为主要病机，表现在心火炽盛以及小肠泌别清浊功能失常两个方面。

辨证要点

（1）以小便黄赤，灼热疼痛与心火炽盛症状并见为辨证依据。

（2）具有小便黄赤、淋沥涩痛，尿血等心火移热于小肠的特征。

（3）心烦失眠，口舌生疮、赤烂疼痛等为心火炽盛的定位症状。

（四）大肠病的病机与辨证

大肠的主要生理功能为传化糟粕，其基本病机变化为传化功能失常。大肠病变的临床表现特征为大便异常。

1. 大肠湿热证

基本概念　因湿热内蕴，阻滞肠道，导致以腹胀腹痛，暴注下泻，或下痢脓血，里急后重，或腹泻不爽，粪质黏稠腥臭，肛门灼热，身热口渴，尿短黄，舌红苔黄腻，脉滑数等为常见症状的证。

形成原因　因暑湿之邪，侵犯大肠；或饮食不洁，致湿热内生等，导致湿热蕴结大肠。

临床表现　腹胀腹痛，暴注下泻，或下痢脓血，里急后重，或腹泻不爽，粪质黏稠腥臭，肛门灼热，身热口渴，尿短黄，舌红苔黄腻，脉滑数。

病机特点　大肠湿热证以湿阻大肠，传化失司为主要病机，表现在大肠传化异常和湿热内盛两个方面。

辨证要点

（1）以暴注下泻，或下痢脓血，里急后重与湿热症状并见为辨证依据。

（2）具有身热口渴，尿短黄，舌红苔黄腻，脉滑数等湿热偏盛的特征。

（3）下痢脓血，里急后重，或腹泻不爽，粪质黏稠腥臭，肛门灼热等为大肠湿热的定位症状。

2. 大肠虚寒证

基本概念 因大肠阳气虚衰，传化固摄功能减弱，导致以泄泻不止，或大便滑脱失禁，甚则脱肛，腹痛隐隐，喜温喜按，形寒肢冷，神疲乏力，舌淡苔白滑，脉沉弱等为常见症状的证。

形成原因 因久泄、久痢，或失治误治等，导致大肠阳气不足，传化功能异常，失于固摄。

临床表现 泄泻不止，或大便滑脱失禁，甚则脱肛，腹痛隐隐，喜温喜按，形寒肢冷，神疲乏力，舌淡苔白滑，脉沉弱。

病机特点 大肠虚寒证以大肠阳气虚衰，失于固摄为主要病机，表现在大肠传化固摄功能无力和虚寒内生两个方面。

辨证要点

（1）泄泻不止，或大便滑脱失禁与虚寒症状并见为辨证依据。

（2）具有腹痛隐隐，喜温喜按，形寒肢冷为虚寒的特征。

（3）泄泻不止，或大便滑脱失禁，甚则脱肛等为大肠传化固摄功能失常的定位症状。

3. 大肠液亏证

基本概念 因阴液亏虚，肠失濡润，导致以大便干结、艰涩难下，多日一便，状如羊屎，口鼻、咽喉、皮肤干燥，舌红少津，脉细数涩等为常见症状的证。

形成原因 因素体阴虚，或年高阴血不足，或久病伤阴等，导致肠中阴津亏虚。

临床表现 大便干结、艰涩难下，多日一便，状如羊屎，口臭，头晕，口鼻、咽喉、皮肤干燥，舌红少津，脉细数涩。

病机特点 大肠液亏燥证以大肠阴津亏虚，肠道失润，水不行舟为主要病机，表现在大肠津液不足，传化功能减弱；阴津不足，腑气不通，燥热内生两个方面。

辨证要点

（1）以大便干结、艰涩难下，多日一便与阴津亏虚症状并见为辨证依据。

（2）具有口鼻、咽喉、皮肤干燥等阴津亏虚的特征。

（3）大便干结、艰涩难下，多日一便等为大肠传化不利的定位症状。

4. 肠热腑实证

基本概念 因里热炽盛，结于大肠，腑气不通，导致以发热口渴，大便秘结，腹胀硬满，疼痛拒按，舌红苔黄少津，脉沉数有力等为常见症状的证。

形成原因 因热邪炽盛，津液耗伤；或发汗太过，津液外泄等，导致实热积聚于大肠。

临床表现 发热口渴，大便秘结或热结旁流，腹胀硬满，疼痛拒按，或失眠狂躁，神昏谵语，舌红苔黄少津，脉沉数有力。

病机特点 肠热腑实证以热邪与大肠糟粕搏结，腑气不通为主要病机，表现在邪热与糟粕搏结大肠，腑气不通；邪热炽盛，扰及心神，损伤津液两个方面。

辨证要点

（1）以大便秘结或热结旁流，腹胀硬满，疼痛拒按与邪热盛实症状并见为辨证依据。

（2）具有发热口渴，失眠狂躁，神昏谵语等邪热盛实的特征。

（3）大便秘结或热结旁流，腹胀硬满，疼痛拒按等为邪热与糟粕相互搏结大肠，腑气不通的定位症状。

（五）膀胱病的病机与辨证

膀胱的主要生理功能为贮存和排泄尿液，其基本病机变化为膀胱气化失常。膀胱病变的临床表现特征为小便异常。

膀胱湿热证

基本概念　因湿热侵袭，蕴结膀胱，导致以小便频数、急迫、灼热、涩痛，或浑浊，或尿血，或有砂石，发热口渴，小腹胀痛，舌红苔黄腻，脉滑数等为常见症状的证。

形成原因　因外感湿热，蕴结膀胱，或嗜食肥甘厚味，湿热内生，下注膀胱等，导致湿热蕴结于膀胱。

临床表现　小便频数、急迫、灼热、涩痛，或浑浊，或尿血，或有砂石，发热口渴，小腹胀痛，腰酸胀痛，舌红苔黄腻，脉滑数。

病机特点　膀胱湿热证以湿热蕴结膀胱，气化异常为主要病机，表现在膀胱排尿异常和湿热蕴结两个方面。

辨证要点

（1）以小便频数、急迫、灼热、涩痛与湿热症状并见为辨证依据。

（2）具有发热口渴，舌红苔黄腻，脉滑数等湿热蕴结的特征。

（3）小便频数、急迫、灼热、涩痛等为膀胱湿热的定位症状。

（六）三焦病的病机与辨证

三焦的主要生理功能为运行元气和水液。其基本病机变化为气化功能失司，主要的病机特征为水液代谢功能障碍。由于三焦的气化，实际上囊括了全身脏腑气化作用，因此，五脏气化功能失常和水液代谢障碍是三焦病的主要病机表现。

三、脏腑兼证的病机与辨证

人体的脏腑不仅在生理功能上相互联系，而且在病机变化上相互影响。凡两个或两个以上的脏腑同时发生病变所产生的证，称为脏腑兼证。脏腑兼证在临床上较为常见，学习脏腑兼证辨证，对于正确认识和处理临床上各种复杂病情，具有重要意义。

1. 心肺气虚证

基本概念　因心肺两脏气虚，导致以心悸咳嗽，气短而喘，动则尤甚，胸闷，神疲乏力，语声低怯，自汗，舌淡，脉弱等为常见症状的证。

形成原因　因先天禀赋不足，或久病咳喘，或年老体弱，或劳倦过度等，导致心肺之气不足。

临床表现　心悸咳嗽，气短而喘，动则尤甚，胸闷，面色淡白，神疲乏力，语声低怯，自汗，舌淡，脉弱。

病机特点　心肺气虚证以心肺之气虚弱不足，功能减退为主要病机，表现在血液循行无力，呼吸功能减弱和宗气不足三个方面。

辨证要点

（1）以心悸咳嗽，气短而喘，胸闷与气虚症状并见为辨证依据。

（2）神疲乏力，语声低怯，自汗，舌淡，脉弱为气虚的特征。

（3）心悸，胸闷，咳嗽，气短而喘等为心肺气虚的定位症状。

2. 心脾两虚证

基本概念 因心血不足，脾气虚弱，导致以心悸，神疲，食少，腹胀，便溏，少气懒言，面色无华，舌淡嫩，脉细弱等为常见症状的证。

形成原因 因久病失养，或思虑过度，或慢性失血等，导致心脾两虚。

临床表现 心悸怔忡，眩晕耳鸣，失眠多梦，神疲，食少，腹胀，便溏，少气懒言，面色无华，或皮下出血，妇女月经量少色淡，舌淡嫩，脉细弱。

病机特点 心脾两虚证以心血不足，脾气虚弱为主要病机，表现在心血亏虚，血行异常，心神失养；脾气虚弱，运化和统血功能减弱和气血两虚三个方面。

辨证要点

（1）以心悸，失眠，食少，便溏与气血两虚症状并见为辨证依据。

（2）神疲乏力，少气懒言，面色无华，舌淡嫩，脉细弱为气血两虚的特征。

（3）心悸，失眠，食少，便溏等为心脾两虚的定位症状。

3. 心肝血虚证

基本概念 因心肝两脏血液亏虚，导致以心悸，失眠，两目干涩，视物模糊，舌淡苔白，脉细无力等为常见症状的证。

形成原因 因大失血，或久病，或思虑过度等，导致心肝血虚。

临床表现 心悸，失眠，眩晕耳鸣，两目干涩，视物模糊，爪甲不荣，肢体麻木，妇女月经量少色淡，面色淡白或无华，舌淡苔白，脉细无力。

病机特点 心肝血虚证以血液不足，心肝功能减弱为主要病机，主要表现在心血不足，鼓动无力，心神失养；肝血不足，头目、筋脉、爪甲失养及血虚三个方面。

辨证要点

（1）以心悸，心神、目、筋失养与血虚症状并见为辨证依据。

（2）面色淡白或无华，舌淡苔白，脉细无力为血虚的特征。

（3）心悸，失眠，两目干涩，视物模糊，爪甲不荣等为心肝血虚的定位症状。

4. 心肾不交证

基本概念 因心肾阴液亏虚，阳气偏亢，导致以心悸，心烦失眠，头晕耳鸣，腰膝酸软，梦遗，潮热盗汗，舌红少苔，脉细数为常见症状的证。

形成原因 因久病耗伤肾阴，或房劳过度，损伤肾阴，或思虑太过，耗伤阴血等，导致心肾不交。

临床表现 心悸，心烦失眠，头晕耳鸣，腰膝酸软，梦遗，多梦，五心烦热，潮热盗汗，舌红少苔，脉细数。

病机特点 心肾不交证以肾阴不足，心火亢盛为主要病机，主要表现在心火偏盛，扰及神明；肾水不足，藏精功能失常和阴虚内热三个方面。

辨证要点

（1）以心悸，心烦失眠，腰膝酸软，梦遗与阴虚症状并见为辨证依据。

（2）五心烦热，潮热盗汗，舌红少苔，脉细数为阴虚的特征。

（3）心悸，心烦失眠，腰膝酸软，梦遗等为心肾功能失常的定位症状。

5. 心肾阳虚证

基本概念 因心肾阳气亏虚，温运无力，导致以畏寒肢冷，心悸怔忡，肢体浮肿，小便不利，腰膝酸冷，舌淡紫，苔白滑，脉沉弱为常见症状的证。

形成原因 因心阳虚，日久及肾；或肾阳不足，水气凌心等，导致心肾阳气不足。

临床表现 畏寒肢冷，心悸怔忡，肢体浮肿，小便不利，腰膝酸冷，神疲乏力，舌淡紫，苔白滑，脉沉弱。

病机特点 心肾阳虚证以心肾阳虚阴盛为主要病机，主要表现在心阳失于温煦，肾阳失于气化和虚寒内生三个方面。

辨证要点

（1）以心悸怔忡，肢体浮肿，腰膝酸冷与阳虚症状并见为辨证依据。

（2）畏寒肢冷，神疲乏力，舌淡紫，苔白滑，脉沉弱为阳虚的特征。

（3）心悸怔忡，肢体浮肿，腰膝酸冷等为心肾的定位症状。

6. 肺脾气虚证

基本概念 因肺脾气虚，脾失健运，肺失宣肃，导致以咳嗽声低，气短而喘，吐痰清稀，食少，腹胀，便溏，舌淡苔白滑，脉细弱为常见症状的证。

形成原因 因久病咳喘及脾；或劳倦伤脾及肺等，导致肺脾气虚。

临床表现 咳嗽声低，气短而喘，吐痰清稀，食少，腹胀，便溏，面色无华，自汗，舌淡苔白滑，脉细弱。

病机特点 肺脾气虚证以肺脾之气不足，功能减弱为主要病机，表现在肺的呼吸功能减弱，脾的健运功能不足和气虚推动、固摄等功能减弱三个方面。

辨证要点

（1）以咳嗽声低，气短而喘，食少，腹胀，便溏与气虚症状并见为辨证依据。

（2）自汗，舌淡苔白滑，脉细弱为气虚的特征。

（3）咳嗽声低，气短而喘，食少，腹胀，便溏等为肺脾功能减弱的定位症状。

7. 肺肾阴虚证

基本概念 因肺肾阴液亏虚，虚热内扰，导致以咳嗽痰少，或痰中带血，或干咳短气，咽干或声嘶，腰膝酸软，骨蒸潮热，盗汗消瘦，颧红，舌红少苔，脉细数为常见症状的证。

形成原因 因久病伤阴，或外感热邪伤阴日久，或汗吐下太过，耗伤阴液等，导致肺肾阴液不足。

临床表现 咳嗽痰少，或痰中带血，或干咳短气，咽干或声嘶，腰膝酸软，遗精，妇女月经不调，骨蒸潮热，盗汗消瘦，颧红，舌红少苔，脉细数。

病机特点 肺肾阴虚证以肺肾阴液不足，虚热内扰为主要病机，表现在肺的呼吸功能异常，肾主藏精功能失常和阴虚内热三个方面。

辨证要点

（1）以干咳少痰，腰膝酸软，遗精与阴虚症状并见为辨证依据。

（2）骨蒸潮热，盗汗消瘦，颧红，舌红少苔，脉细数为阴虚的特征。

（3）干咳少痰，腰膝酸软，遗精等为肺肾的定位症状。

8. 脾肾阳虚证

基本概念 因脾肾阳虚，温化无权，虚寒内生，导致以畏寒肢冷，面色㿠白，腰酸，腹部冷痛，久泻久痢，或完谷不化，或浮肿尿少，舌淡胖，苔白滑，脉沉迟无力为常见症状的证。

形成原因 因久病，损伤脾肾之阳；或久泻久痢，脾病及肾；或阳虚水泛，肾病及脾等，导致脾肾阳气不足。

临床表现 畏寒肢冷，面色㿠白，腰酸，腹部冷痛，久泻久痢，或完谷不化，或五更泄泻，或浮肿尿少，舌淡胖，苔白滑，脉沉迟无力。

病机特点 脾肾阳虚证以脾肾阳气不足，温煦、气化失常，虚寒内生为主要病机，表现在水液代谢障碍，消化吸收异常两个方面。

辨证要点

（1）以久泻久痢，腰部酸冷，浮肿与阳虚症状并见为辨证依据。

（2）畏寒肢冷，面色㿠白，舌淡胖，苔白滑，脉沉迟无力为阳虚的特征。

（3）久泻久痢，腰部酸冷，浮肿等为脾肾的定位症状。

9. 肝肾阴虚证

基本概念 因肝肾阴液亏虚，虚热内扰，导致以眩晕耳鸣，五心烦热，低热颧红，头胀胁痛，视力减退，腰膝酸软，舌红少苔，脉弦细数等为常见症状的证。

形成原因 因久病伤及肝肾阴液，或肝郁化火伤阴，或房劳过度，耗伤精血等，导致肝肾阴液亏损。

临床表现 眩晕耳鸣，头胀胁痛，视力减退，腰膝酸软，五心烦热，盗汗颧红，口燥咽干，舌红少苔，脉弦细数。

病机特点 肝肾阴虚证以肝肾阴液不足，虚热内扰为主要病机，主要表现在肝肾阴液不足，濡养功能减弱和阴虚内热三个方面。

辨证要点

（1）以眩晕耳鸣，胁痛，视力减退，腰膝酸软与阴虚症状并见为辨证依据。

（2）五心烦热，盗汗颧红，口燥咽干，舌红少苔，脉弦细数为阴虚的特征。

（3）眩晕耳鸣，胁痛，视力减退，腰膝酸软等为肝肾的定位症状。

10. 肝郁脾虚证

基本概念 因肝失疏泄，脾失健运，导致以胸胁胀痛，食少腹胀，精神抑郁，便溏不爽，或腹痛欲泻，泻后痛减，脉弦或缓弱等为常见症状的证。

形成原因 因情志不遂，肝郁犯脾；或劳倦过度，伤脾侮肝等，导致肝脾不调。

临床表现 胸胁胀痛走窜，食少腹胀，精神抑郁或急躁易怒，善太息，便溏不爽，或腹痛欲泻，泻后痛减，脉弦或缓弱。

病机特点 肝郁脾虚证以肝失疏泄，脾失健运为主要病机，表现在肝气郁结，疏泄失常；脾气虚弱，失于健运两个方面。

辨证要点

（1）以胸胁胀痛，精神抑郁或急躁易怒与食少腹胀，便溏不爽，或腹痛欲泻，泻后痛减并见为辨证依据。

（2）胸胁胀痛，精神抑郁或急躁易怒等为肝失疏泄的特征。

（3）食少腹胀，便溏不爽，或腹痛欲泻，泻后痛减等为脾失健运的特征。

11. 肝胃不和证

基本概念 因肝气郁结，横逆犯胃，胃失和降，导致以胃脘、胁肋胀满疼痛，嗳气，呃逆，吞酸，恶心呕吐，精神抑郁，纳呆，苔薄黄，脉弦等为常见症状的证。

形成原因 因情志不遂，肝郁及胃；或饮食不节，伤及脾胃，累及于肝等，导致肝胃不和。

临床表现 胃脘、胁肋胀满疼痛，嗳气，呃逆，吞酸，恶心呕吐，精神抑郁或急躁易怒，善太息，纳呆，苔薄黄，脉弦。

病机特点 肝胃不和证以肝气郁结，横逆犯胃为主要病机，表现在肝气郁结，疏泄失常；胃失和降，受纳失常两个方面。

辨证要点

（1）以胃脘、胁肋胀满疼痛与嗳气，呃逆，吞酸，恶心呕吐症状并见为辨证依据。

（2）胁肋胀满疼痛，精神抑郁或急躁易怒等为肝失疏泄的特征。

（3）胃脘疼痛，嗳气，呃逆，吞酸，纳呆，恶心呕吐等为胃失和降的特征。

12. 肝火犯肺证

基本概念 因肝火炽盛，上逆犯肺，肺失清肃，导致以胸胁灼痛，咳嗽阵作，甚则咳血，急躁易怒，头胀头晕，口苦口渴，舌红苔黄腻，脉滑数等为常见症状的证。

形成原因 因郁怒伤肝，郁久化火，上犯于肺等，导致肝肺关系失调。

临床表现 胸胁灼痛，咳嗽阵作，咳痰黄稠，甚则咳血，急躁易怒，头胀头晕，口苦口渴，舌红苔黄腻，脉滑数。

病机特点 肝火犯肺证以肝火灼伤肺金，肺失清肃为主要病机，表现在肝火上炎，疏泄失常和肺失清肃，气机不利两个方面。

辨证要点

（1）以胸胁灼痛，急躁易怒与咳嗽阵作等症状并见为辨证依据。

（2）胸胁灼痛，急躁易怒等为肝火炽盛的特征。

（3）咳嗽阵作等为肺失清肃的定位特征。

第五节　外感病病机与辨证

外感病是指人体感受六淫之邪或疫疠之气而引起的一类疾病。外感病多具有特定的致病因素，并有外感性、季节性、地域性，流行性、甚或有传染性，病程发展具有明显的阶段性等特点。

外感病的辨证方法主要包括六经辨证、卫气营血辨证和三焦辨证。

一、六经病机与辨证

六经辨证，是分析太阳、阳明、少阳、太阴、少阴、厥阴各阶段的病位病性、邪正盛衰和病势趋向及其相互转化的病机，进行外感病证辨证的方法。六经病机辨证是指导诊断和治疗的依据。

六经辨证是张仲景《伤寒论》所创立的一种外感病的辨证方法。六经病证概括了脏腑、经络、气血的病机变化，为六经所属脏腑经络的病机变化反映于临床的各种证候。六经辨证以阴阳为总纲，归纳为三阳证（太阳病证、阳明病证、少阳病证）、三阴证（太阴病证、少阴病证、厥阴病证）两大类。以病变部位分，则太阳主表，阳明主里，少阳主半表半里；三阴均属于里。三阳病证以阳经和六腑病变为基础，多属于实证、热证；三阴病证以阴经和五脏病变为基础，多属于虚证、寒证。凡是抗病力强，病势亢奋的，为三阳病证；凡是抗病力弱，病势衰减的，为三阴病证。

（一）六经病证的病机与辨证

六经的常见证候有太阳病证、阳明病证、少阳病证、太阴病证、少阴病证、厥阴病证。

1. 太阳病证的病机与辨证

基本概念 风寒侵犯人体肌表，正邪抗争，营卫失和，导致以恶寒，发热，头项强痛，脉浮为常见症状的证。

形成原因 外感风寒之邪所致。

临床表现 恶寒，发热，头项强痛，无汗或有汗，苔薄，脉浮。

病机特点 太阳病是外感病的初期阶段，病位表浅。风寒袭表，正邪抗争，营卫失和；足太阳经脉受邪，经气不利。

辨证要点

（1）以恶寒，头项强痛，脉浮为辨证依据。

（2）病位表浅，属于表证，有表实（太阳伤寒证）、表虚（太阳中风证）之分。

常见病证

（1）太阳经证：太阳经证是指由于风寒之邪侵袭人体肌表，正邪抗争，营卫失调所表现的证。太阳经证为伤寒病的初起阶段，根据患者的体质差异，感受病邪的性质、轻重不同，又分为太阳伤寒证和太阳中风证。

太阳伤寒证：外感风寒，以寒为主，卫阳被遏，腠理闭塞，以发热，恶寒，无汗，头身疼痛，脉紧为主要表现的证。

太阳中风证：外感风寒，以风为主，卫强营弱，肌腠疏松，以发热，恶风，汗出，脉缓为主要表现的证。

（2）太阳腑证：太阳腑证是指太阳经证不解，病邪由太阳之表内传膀胱之腑所表现的证。由于病邪分别与水、血相搏，病机特点各异，故太阳腑证又分为太阳蓄水证和太阳蓄血证。

太阳蓄水证：风寒表邪不解，邪与水结，膀胱气化不利，水液停蓄，以发热恶寒，小便不利，少腹满，渴欲饮水，水入即吐为主要表现。

太阳蓄血证：风寒表邪不解，化热入里，邪热与瘀血结于少腹，以少腹急结或硬满，小便自利，烦躁如狂或发狂，善忘，大便色黑，脉沉涩或沉结为主要表现的证。

2. 阳明病证的病机与辨证

基本概念 外感邪气，化热入里，阳热亢盛，导致以发热、汗出、口渴、烦躁、脉洪大滑数，或日晡潮热，脐腹胀满疼痛，大便秘结，舌红苔黄，脉沉数等为常见症状的证。

形成原因 多由太阳病失治、误治，邪热内传入里，伤津化燥；或由少阳病失治，邪热传入阳明所致。

临床表现 身热，不恶寒，反恶热，大汗出，口渴欲冷饮，烦躁，脉洪大滑数；或日晡潮热，脐腹胀满疼痛，大便秘结，舌红苔黄，脉沉数等。

病机特点 阳明病证为外感病发展过程中，正邪斗争剧烈的极期阶段。阳明病以“胃家实”为主要病机特点，病位在里，性质属实证、热证。阳明为多气多血之经，邪入阳明最易化燥化热，阳热炽盛，热烁津液，甚则邪热与肠中糟粕相搏，燥屎内结，腑气不通，或热结旁流。

辨证要点

（1）以热、渴、汗，或满、燥、实、坚为辨证依据。

（2）病位在里，为“胃家实”即胃肠的实证、热证。

常见病证

（1）阳明经证：邪热亢盛，充斥阳明之经，弥漫全身，肠中尚无燥屎内结，以身大热，汗大出，口大渴，脉洪大等为常见症状。

（2）阳明腑证：邪热伤津，与肠中糟粕相搏，燥屎内结，腑气不通，以腹部胀满硬痛而拒按，烦躁，大便秘结，日晡潮热，手足濈然汗出，甚者谵语，狂乱，循衣摸床，喘息，舌苔黄燥或焦黄，舌起芒刺，甚至焦黑燥裂，脉沉实有力或滑数为常见症状。

3. 少阳病证的病机与辨证

基本概念 邪犯少阳，枢机不运，经气不利，导致以往来寒热、胸胁苦满、口苦、咽干、目眩，脉弦等为常见症状的证。

形成原因 多因太阳病不解，邪气内侵，郁于胆腑与三焦，正邪分争于半表半里，以致枢机不利；或由于病邪直接侵犯少阳；或由于厥阴病转出少阳所致。

临床表现 往来寒热，胸胁苦满，口苦、咽干、目眩，心烦喜呕，默默不欲饮食，脉弦。

病机特点 病邪已离太阳之表，又未入阳明之里，处于半表半里，热郁少阳，正邪分争，枢机不运，经气不利。

辨证要点

（1）以寒热往来，胸胁苦满，脉弦为主要辨证依据。

（2）病位在半表半里，故又称半表半里证。

常见病证

（1）少阳经证：邪犯少阳，枢机不运，经气不利，邪结胁下少阳胆经，以寒热往来，胸胁苦满，口苦，咽干，目眩，心烦喜呕，默默不欲饮食，或目赤，耳聋，腹痛，胁下痞硬；或心下悸，小便不利，舌淡红或舌尖红，脉弦为常见症状。

（2）少阳腑证：少阳气机不利，胃肠结热，以寒热往来，胸胁苦满，呕吐不止，大便秘结或热结旁流，或发热，口苦，咽干，目眩，胃脘拘急疼痛，黄疸，苔黄而干，脉弦有力为常见症状。

4. 太阴病证的病机与辨证

基本概念 外感病中，脾阳虚衰，寒湿中阻，导致以腹满而吐，纳呆，自利，口不渴，时腹自痛，脉沉缓或弱为常见症状的证。

形成原因 多因三阳病证失治、误治，损伤脾阳，或因脾阳素虚，寒邪直中太阴所致。

临床表现 腹满呕吐，食欲不振，下利清谷或便溏，时腹自痛，喜温喜按，口不渴，四肢欠温，舌淡苔白滑或白腻，脉沉缓而弱。

病机特点 太阴病为三阴病的初期阶段，病入三阴，太阴首先受邪。太阴病证，多为里虚寒证。脾阳虚衰，虚寒内生，水湿不运，寒湿中阻。

太阴与阳明，互为表里，关系密切，其病变可在一定条件下转化。如阳明汗、下太过，损伤脾阳，可使病情向太阴方向转化；太阴病若过用温燥之剂，或寒湿久郁化热，亦可转属阳明，故有“实则阳明，虚则太阴”之说。

辨证要点

（1）以腹满时痛，食欲不振，下利清谷或便溏，口不渴，脉缓弱为辨证依据。

（2）太阴病证，多为里虚寒证。

5. 少阴病证的病机辨证

基本概念　六经病变后期阶段出现心肾亏虚，全身性阴阳衰惫所表现的证。

形成原因　多由心肾素虚，外邪直中，或由它经病传变而来，如太阳之邪最易陷入少阴，或太阴病常累及少阴所致。

临床表现　脉微细，但欲寐。

病机特点　少阴病为外感病发展过程的后期阶段，病情多属危重。少阴阳气衰微，心肾阳虚，无力行血，神气失养。由于少阴为三阴之枢，统水火之气，本阴而标阳，故其病变既可从阴化寒，又可从阳化热，因此可分为少阴寒化证和少阴热化证两大类型。

辨证要点

（1）以脉微细，但欲寐为辨证依据。

（2）为外感病的后期阶段，正气严重虚衰，病情多属危重。

[常见证候]

（1）少阴寒化证：少阴心肾阳衰，阴寒内盛，以无热恶寒，精神委靡，但欲寐，四肢逆冷，下利清谷，脉微细或沉微欲绝为常见症状。

（2）少阴热化证：少阴心肾阴亏，虚阳亢盛，以心烦不得卧，身热，口燥咽干，舌红少津，脉细数等为常见症状。

6. 厥阴病证的病机与辨证

基本概念　外感病中，寒热病邪夹杂，机体阳衰阴耗，以四肢厥逆，或厥与热交替，或寒热夹杂为常见症状的严重证。

形成原因　多由三阳病证误治，或少阴病证不愈发展而成；或肝经素虚，抗病力衰退，感受邪气而直接发病。

临床表现　口渴，气上撞心，心中疼热，饥而不欲食，食则呕吐或吐蛔，四肢厥冷。

病机特点　厥阴病是六经病发展传变的最后的阶段。病邪传入厥阴经，以致阴阳对峙，寒热交错，厥热胜复，以上热下寒为其主要病机，阳并于上则上热，阴并于下则下寒。

厥阴为三阴之尽，阴尽阳生，故病情演变多趋极端，若阴寒由极盛而转衰，阳气由虚衰而转复，则病情好转；若阴寒盛极，阳气不继而先绝，则病情重笃垂危；若阴寒虽盛，但正气尚能与之抗争，则呈现阴阳对峙，寒热错杂的证。

辨证要点

（1）以四肢厥逆，或厥与热交替为辨证依据。

（2）厥阴病是六经病发展传变的最后阶段，病情演变多趋极端。

常见病证

（1）厥阴寒厥证：外感病末期，机体阳衰，阴寒内盛，以手足厥逆，脉细欲绝或脉促为常见症状。

（2）厥阴热厥证：外感病末期，阴液亏耗，阳热极盛，阳郁不能外达，以四肢厥逆，面红目赤，胸腹灼热，口渴烦躁，舌红苔黄，脉滑数为常见症状。

（3）厥阴蛔厥证：蛔虫阻塞脏气，阳气被遏，以四肢厥冷，时烦时静，得食则呕，平素常吐蛔虫，有时口渴不止，气上撞心，心中疼热，饥不欲食为常见症状。

（二）六经病证传变规律

六经病证传变规律有传经、直中、合病、并病之别。

1．传经

外感病邪由体外侵袭人体，由表向内传变，某一经病证转变为另一经病证，称为传经。传经的次序有循经传、越经传、表里传等不同形式。

（1）循经传：伤寒病的发展按太阳、阳明、少阳、太阴、少阴、厥阴的次序而传变。

（2）越经传：伤寒病的发展在太阳、阳明、少阳、太阴、少阴、厥阴的传经次序上相隔一经或两经进行传变。

（3）表里传：相表里两经之间的传变。例如，太阳病传少阴，少阳病传厥阴等。

2．直中

伤寒病邪不经三阳病的传变过程，直接侵犯三阴经，初起即为三阴病。

3．合病

伤寒六经病证中，两经或三经同时受邪而发病。例如，太阳阳明合病，三阳合病等。

4．并病

伤寒一经病变未解，然后又出现另一经的病变，两经病证同时存在。例如，太阴少阴并病，太阳阳明并病等。

二、卫气营血病机与辨证

卫气营血辨证是外感温热病的一种辨证方法。清代名医叶天士创立卫气营血辨证，将外感温热病发生、发展、变化的过程，归纳为卫分证、气分证、营分证、血分证四个阶段，用以说明病位浅深、病势轻重及其演变规律，从而丰富了外感病辨证的内容。

卫分证主表，是温热病的初期阶段，病情轻浅，病在肺与皮毛；气分证主里，是温热病的极期阶段，病在胸膈、肺、胃、肠、胆等脏腑；营分证主邪热入于心营，是邪热内陷阶段，病在心与心包；血分证主邪热深入心、肝、肾，重在耗血、动血。温热病邪侵袭人体，一般规律是由卫分进入气分，由气分进入营分，由营分再进入血分，病邪逐步深入，病情也逐渐加重。

（一）卫气营血病证的病机与辨证

卫气营血辨证是对温热病四类不同证的概括，常见证候有卫分证、气分证、营分证、血分证。

1．卫分证的病机与辨证

基本概念　温病初期阶段，邪犯卫分，肺气失宣，导致以头痛发热，微恶风寒，口微渴，少汗，咳嗽，咽痛，苔薄白或薄黄，脉浮数为常见症状的证。

形成原因　外感温热病邪所致。

临床表现 发热，微恶风寒，头痛，口微渴，咳嗽，咽痛，苔薄白或薄黄，脉浮数。

病机特点 温热之邪，侵犯卫分，肺气失宣。常见于温热病初起阶段。

辨证要点

（1）以发热，微恶风寒，头痛，苔薄白或薄黄，脉浮数等表热证为辨证依据。

（2）常伴有咳嗽，咽痛等肺经病变的特征。

2. 气分证的病机与辨证

基本概念 温热病的第二个阶段，邪热传入气分，或直犯气分，或由营分转出，导致以壮热烦渴，不恶寒，舌红苔黄，脉数，或气促，胸闷脘痞，小便短赤，大便闭结等为常见症状的证。

形成原因 多因卫分证不解，邪热内传，入于气分；或温热之邪直犯气分；或气分伏热外发；或营分邪热转出气分所致。

临床表现 壮热烦渴，不恶寒，舌红苔黄，脉数，或气促，胸闷脘痞，小便短赤，大便闭结等。依据邪热侵犯肺、胃、胸膈、肠、胆等脏腑的不同而兼有不同的临床表现。

病机特点 热邪炽盛，伤津耗液，肺、胃、胸膈、肠、胆等脏腑功能失常。

气分证的范围甚广，凡温热病邪不在卫分，又不在营分、血分的一切证候，均属气分证。

辨证要点

（1）以壮热烦渴，不恶寒，尿少便秘，舌红苔黄，脉数等里热证或里实热证为辨证依据。

（2）常见邪热壅肺、热扰胸膈、胃热亢盛、热结肠道、热郁胆腑等热邪在肺、胃、胸膈、肠、胆的特征。

3. 营分证的病机与辨证

基本概念 温热病的第三个阶段，邪热深入，犯及营分，损伤营阴，扰动心神，导致以身热夜甚，心烦不寐，神昏谵语，斑疹隐隐，舌红绛，脉细数等为常见症状的证。

形成原因 多由于气分邪热失于清泄，或温热病邪化燥化火传入营分；亦有肺卫之邪乘虚直陷营分；或温邪不经卫、气分直入营分。

临床表现 身热夜甚，心烦不寐，神昏谵语，斑疹隐隐，舌红绛，脉细数。

病机特点 邪热内陷，犯及营分，营阴受损，热扰心神，病位在心与心包。

营分证是温热病发展过程中较为深重的阶段。

营分介于气分和血分之间，若病势由营转气，是病情好转的表现；由营入血，则表示病情加重。

辨证要点

（1）以身热夜甚，斑疹隐隐，舌红绛，脉细数为辨证依据。

（2）常见心烦不寐，神昏谵语等邪热在心与心包病变的特征。

4. 血分证的病机与辨证

基本概念 温热病的第四个阶段，邪热深入血分，耗血伤阴，动血生风，导致以壮热或低热，手足抽搐或蠕动，神昏谵语，斑疹紫黑，吐血、衄血、尿血、便血等，舌质深绛，脉弦数等为常见症状的证。

形成原因 由营分邪热未能透转气分，营热久羁，进而传入血分；或卫分、气分邪热亢盛，劫伤营血，直入血分；或素体阴虚，伏热内蕴，传入血分所致。

临床表现 壮热或低热，手足抽搐或蠕动，神昏谵语，斑疹紫黑，吐血、衄血、尿血、便血等，舌质深绛，脉弦数。

病机特点 邪热深入血分，耗血、动血、瘀血内阻，竭伤阴液，虚风内动，病位在心、肝、肾。血分证是温热病病变发展的最后阶段，也是病变最深重的阶段。

辨证要点

（1）以壮热或低热，手足抽搐或蠕动，神昏谵语，斑疹紫黑，出血，舌质深绛等血分有热为辨证依据。

（2）常见邪热伤阴、动血、生风等心、肝、肾病变的特征。

（二）卫气营血病证传变规律

卫气营血病证的传变规律分为顺传和逆传两种形式。

1. 顺传

外感病按一般规律由浅入深，由轻逐渐变重的传变方式。例如，外感温热病按卫、气、营、血顺序进行传变。

2. 逆传

外感病传变的反常情况，与顺传相对而言，病情迅速发展到危重阶段的传变方式。例如，温热病变从卫分不经气分，直接入营的传变。

三、三焦病机与辨证

三焦辨证是外感温热病的一种辨证方法。三焦辨证为清代名医吴鞠通创立，将外感温热病的变化规律归纳为上焦、中焦、下焦三个阶段，以此为基础概括不同类型，区分病位的深浅、病程的不同阶段、并说明传变规律。

上焦病证主要包括心（心包）、肺的病变，属温病的初期阶段；中焦病证主要包括脾胃、大肠的病变，属温病的中期阶段；下焦病证主要包括肝、肾的病变，属温病的末期阶段。

（一）三焦病证的病机与辨证

三焦辨证包括上焦病证、中焦病证、下焦病证。

1. 上焦病证

温热病邪侵袭上焦肺和心包所表现的证。肺主气属卫，故温病初期，肺卫受邪，若感邪重则可逆传心包。

2. 中焦病证

温热病邪侵犯中焦脾胃、大肠所表现的证。阳明主燥，太阴主湿，若邪从燥化，则导致阳明燥热证；若邪从湿化，则成为太阴湿热证。

3. 下焦病证

温热病邪侵犯下焦，劫伤肝肾之阴，导致虚热内扰和虚风内动的证。温热之邪久羁中焦，或阳明燥热，下劫肝肾之阴，致使阴液不足，肝肾亏虚，故常见肝肾阴虚和阴虚风动之证。

（二）三焦病证传变规律

三焦辨证将温热病发展过程分成初、中、末三个阶段。温热病邪由表及里，由浅入深的传变分为顺传和逆传。

1. 顺传

温热病邪由上至下即经由上焦、中焦、下焦的传变。发病初期，温热病邪首犯上焦手太阴肺，病浅而轻。上焦证不解，则传至中焦脾胃，病情较重，多为极期阶段。中焦证不解，传入下焦肝肾，病邪深入，病情危重，为温病的末期阶段。

2. 逆传

温热病邪由肺卫传入心包，为邪热炽盛，出现邪陷心包的病证，病情危重。

复习与思考请扫二维码

第十一章　养生防治康复

养生防治康复，包括养生、治未病、治则以及康复等内容。养生是研究人类的生命规律以及各种保养身体的原则和方法。治未病是采取各种防护措施，避免疾病的发生与发展。治则是治疗疾病时必须遵循的基本原则，对临床的具体立法、处方、用药等具有普遍的指导意义。康复是指疾病痊愈，完全恢复健康，为疾病转归的最佳结局的理论及方法。

养生、治未病、治则以及康复之间的关系密切，养生是最积极的预防措施，要防病必先强身；治未病则是在疾病发生之前，或在疾病发生之后采取有效的措施防止疾病的发生发展；治则是在疾病发生后，确定各种治疗方法的指导原则，是确定临床疗效的根本保障；康复则是在疾病转为慢性或留下后遗症时，采取相应的治疗措施促进恢复健康状态。虽然这四者在研究对象、基本理论、具体方法、适应范围等方面不完全相同，但都是在中医治病求本治疗学指导思想下制定的反映中医预防和治疗规律及特色的理论知识，是中医学理论体系的重要组成部分。

第一节　养　生

养生，即保养生命，又称摄生、道生、保生等。中医养生学有着悠久的历史，是以中医理论为指导，以中国传统的方法为主要手段，经历代医家和广大劳动人民长期保健防病的实践，不断丰富和发展，并逐步形成了一套较为完整的理论和方法，为中国预防医学的发展做出了巨大贡献。

一、养生的重要意义

中医学认为，生命是自然界发展到一定阶段的必然产物，人以天地之气生，四时之法成，“万物悉备，莫贵于人”。因此，从天人相应的整体观出发，以正气为本，持之以恒地运用科学的养生知识和方法调摄机体，增强体质，预防疾病，增进健康，达到延年益寿的目的。

（一）增强体质，保持健康

增强体质是保持健康的一个重要因素，也是养生的重要内容。人的体质是在生命过程中，受先天遗传和后天调养而表现出的在形体、功能和心理方面相对稳定的特质。一般来说，体质壮实者，气血阴阳充足，脏腑功能健全，正气充盛而抗御病邪的能力较强；体质虚弱者，气血阴阳不足，脏腑功能低下，正气亏虚而抗御病邪的能力较差。

体质的形成关系到先天和后天两个方面。先天因素取决于父母，父母的身体素质对后代的体质状况产生直接的影响，是体质形成的第一要素。若父母平日注意养生保健，肾中精气充盛，五脏六腑气血调畅，体质强壮，一旦受孕生子，后代往往体质较强；若父母平素不善摄养，使五脏六腑气血虚少，肾中精气亏乏，勉强受胎，后代必然体质较弱。另外，母亲在妊娠期间调护是否适当，也将影响胎儿出生后的体质。因此，倘若父母平时注意养生调摄，肾中精气阴阳比较充盛，母亲在怀胎期间，又能做到适寒温，节饮食，慎起居，忌房事，心情宜愉悦，动作宜舒缓等，则子女就能获得较强的生命力，体质也较强壮。

后天因素主要指人出生后饮食、起居、劳逸等对体质的稳定、巩固或转变所产生的影响。虽然从一定意义上说体质是相对稳定的，但也可以通过中医养生调摄的方法进行改善。不同体质的人，应当采用不同的养生方法。对于体质较强之人，应重在加强锻炼身体，防止疾病对体质造成损伤，防病则可维护体质；对于体质虚弱之人，更应重视日常生活中的养生保健，如饮食调理适宜，起居作息有节，劳逸安排得当，并采取适当的锻炼方法，促进人体的身心健康而获得长寿。

（二）抵御邪气，预防疾病

由于邪气能导致人体生理功能失常，造成脏腑组织的形质损害，改变体质类型，对健康的危害是极大的。但是，人类生存在一定的自然和社会环境之中，不可避免地要受到各种邪气的侵袭，因此如何有效地抵御邪气，预防疾病，保持健康，也是养生的意义所在。

由于疾病的发生，关系到正气和邪气两方面的因素。人体正气不足是疾病发生的内在依据，邪气是导致疾病发生的重要条件。从养生保健的意义上说，抵御邪气，防止疾病的发生则显得更重要。在疾病发生之前，也应从两方面着手，一方面应当保养正气，提高机体抵御病邪的能力。另一方面也要注意防止邪气侵袭。注意气候变化，讲究卫生，避开各种邪气的侵害，这些都是有效的避邪防病的措施。只要慎于摄生，扶正避邪，就能够最大限度地防止疾病的发生。

（三）延缓衰老，颐养天年

人的一生要经历生、长、壮、老等不同的生命阶段，也能够做到尽终其天年，但是衰老和死亡是生命活动不可抗拒的自然规律，在现实生活中，一般人的寿命仅有六七十岁，离自然寿限相差甚远，这种早衰早亡现象，究其原因除了先天禀赋有差异外，多与养生有关。

衰老与人的寿命有着密切的关系。未老先衰会使寿命缩短，延缓衰老就有长寿的可能。《素问·上古天真论》说："上古之人，其知道者，法于阴阳，和于术数，食饮有节，起居有常，不妄作劳，故能形与神俱，而尽终其天年，度百岁乃去。"指出上古时代善于养生的人，能够主动自觉适应自然界变化的规律，调整各种养生方法，能活到天赋的自然年龄，超过百岁才离开人世。"天年"是指人的自然寿限。中医认为人的寿命为百岁左右，现代研究表明，人的寿命是其生理成熟年龄（25岁）的5倍，即125岁左右。所以，古今认识基本一致。因此只要在日常生活中能够持之以恒地注重自我养生，保持健康，就可延缓衰老而尽享其天年。

二、养生的基本原则

中医养生学有着丰富多彩而行之有效的方法，但其基本的原则，主要有以下几个方面：

（一）天人相应，顺乎自然

天人相应的整体观念，是中医养生学的指导思想。人体是一个有机的整体，人与自然环境存在统一性，自然界的各种变化，都会直接或间接地影响人体，产生相应的生理或病理反应，即《灵枢·岁露论》所说“人与天地相参也，与日月相应也”。人类必须掌握和了解自然环境的特点，顺乎自然界的运动变化来进行护养调摄，与天地阴阳保持协调平衡，使人体内外环境处于和谐的状态，这样才能有益于身心健康。

一年四季有春温、夏热、秋凉、冬寒的变迁，自然万物随之有春生、夏长、秋收、冬藏的变化，人体的生理功能也会有相应的改变。根据这一规律，中医养生家便提出了“春夏养阳，秋冬养阴”的理论，就是说在万物蓬勃生长的春夏季节，要顺应阳气升发的趋势，夜卧早起，多进行户外活动，漫步于空气清新之处，舒展形体，使阳气更加充盛；在秋冬季节，气候转凉至寒之际，寒风劲疾，阴气收敛，必须注意防寒保暖，适当调整作息时间，早卧晚起，以避开肃杀寒凉之气，使阴精潜藏于体内，阳气不致妄泄。这种根据四时气候变化而调摄阴阳的方法，就是天人相应，顺乎自然养生原则的具体体现。

（二）身心合一，形神共养

身心合一、形神共养重要的养生原则。形，指人体的脏腑等形体；神，主要指人的精神、意识、思维活动。形体是生命的物质基础，只有形体完备，才能产生正常的精神活动；精神活动是生命的主宰，只有精神调畅，才能促进脏腑的生理功能。在生理上，形神合一，相辅相成，共同构成了人的生命活动。在病变上，无神则形无以主，无形则神无以附。所以中医养生学非常重视形体和精神的整体调摄，提倡身心合一，形神共养，守神全形。

养形的方法非常丰富，大凡调饮食、节劳逸、慎起居、避寒暑、勤锻炼等，多属养形的重要内容。调神的方法也十分丰富，主要要求人们思想上保持安定清净的状态，心境坦荡，不贪欲妄想；同时做到精神愉快，心情舒畅，尽量减少不良的精神刺激和过度的情绪波动。另外也可通过练气功而意守入静，以神御气；或通过绘画、书法、音乐、下棋、旅游等有意义的活动，来陶冶情操，修性怡神。

（三）动静结合，锻炼身体

动与静，是自然界物质运动的两种形式，两者互根互用，缺一不可。在人体，形属阴主静，气属阳主动；五脏藏而不泻，主静；六腑泻而不藏，主动。只有动静结合，刚柔相济，才能保持人体阴阳、气血、脏腑等生理活动的协调平衡，人体才能充满旺盛的生命力。因此中医养生学认为“气血极欲动，精神极欲静”，既提倡“养身莫善于动”，又强调“养静为摄生之首务”的养生原则。

动，包括劳动和运动。中医学历来重视“动”在养生中的重要作用。“生命在于运动”，“流水不腐，户枢不蠹”，运动可以增强人的体质，促进气机畅通，气血和调，经络通达，九窍通利，提高抗御病邪的能力。运动养生的方法有多种，如散步、打拳、舞蹈、游泳、按摩、气功等，人们一定要根据不同的年龄、体质、季节、环境等选择适合于自身状况的运动项目，避免过度疲劳和进行过量的运动，否则对身体有害无益，尤其是中老年人更应注意。此即唐·孙思邈《备急千金要方·养性》中所告诫的“养性之道，常欲小劳，但莫大疲及强所不能堪耳”。

静，主要指保持精神上的清静。心神为一身之主，任诸物而理万机，具有易动难静的特点，故清静养神显得十分重要。只有心静方能神凝，神凝方能心定，如此神藏而不妄耗，有利于身体健康。倘若心神过于躁动，神不内守，就可扰乱脏腑，耗伤精血，导致疾病的发生。另外，通过气功、太极运动中的静功，可以提高情绪的稳定性，起到对机体的“调整”“修复”和“重建”作用。这些不失为首选的动静结合，锻炼身体的好方法。

（四）调养脏腑，脾肾为先

脏腑是人体组织的主要部分。脏腑功能强健，则阴阳协调，精气充盛，气血流畅，生命活动保持旺盛。如果脏腑功能衰退或失常，气血失调，导致防病抗邪的能力降低，引起疾病缠身，甚至早衰夭亡。因此，脏腑功能正常是健康长寿不可缺少的条件，调养脏腑，增强脏腑功能，也是中医养生学的重要原则。

肾为先天之本，主藏精，是生命活动的根本。肾气充足，则精神健旺，身体健康，寿命延长；肾气衰少，则精神疲惫，体弱多病，寿命短夭。然而，肾易虚而难实，精易泄而难秘，因此保精护肾实为养生的中心环节，重点在于节制房事。除此之外，药物调治、补肾食膳、导引吐纳、运动保健等，都能起到一定的保精护肾的作用。

脾为后天之本，气血化生之源，脾胃强弱与人体之盛衰、生命之寿夭关系甚为密切。脾气健运，水谷精微化源充足，脏腑功能旺盛，生命活力增强。另外，脾胃为人体气机升降之枢纽，脾升胃降和谐，全身气机条达，维持正常的新陈代谢和生理活动。因此，养生时注意保养脾胃，勿过寒过热，使脾胃强健，从而供给人体所需要的各种营养物质。

人体生命活动的根基在肾，而生命活动的重要保障在脾。养生保健，调养脏腑，应以脾肾为先，既要顾护肾中精气，又要调理脾胃，则各脏腑功能强健，能够抵御外邪，从而达到健康长寿的目的。

第二节　治　未　病

治未病，即中医学的预防思想，包括未病先防、既病防变和愈后防复三个方面。

中医学历来就重视治未病的重要性，在《内经》中早就提出了“治未病”的预防思想。《素问·四气调神大论》说：“圣人不治已病治未病，不治已乱治未乱。……夫病已成而后药之，乱已成而后治之，譬犹渴而穿井，斗而铸锥，不亦晚乎？”指出治未病的重要意义在于“防患于未然”。

一、未病先防

未病先防，是指在疾病未发生之前，采取各种措施，防止疾病的发生。由于正气不足是疾病发生的内在根据，而邪气侵袭是疾病发生的重要条件，邪正斗争的结果关系到疾病的发生与否，因此未病先防应从邪正两方面入手。

（一）扶助正气，提高机体抗病能力

人体正气的强弱与抗病能力密切相关。《素问·刺法论》说：“正气存内，邪不可干。”

正气充足，精气血阴阳旺盛，脏腑功能健全，则机体抗病力强；正气不足，精气血阴阳亏少，脏腑功能低下，则机体抗病力弱。所以调养正气是提高抗病能力的关键。

1. 调摄精神，恬淡虚无

人的精神情志活动，以精气血津液为物质基础，与脏腑的功能活动以及气血的运行有着密切的关系。人若心情舒畅，则气机调畅，气血和调，脏腑功能旺盛，抗病能力增强，能预防疾病的发生。《素问·上古天真论》说："恬淡虚无，真气从之，精神内守，病安从来。"指出思想上清静安定，不贪欲妄想，能使真气和顺，精神内守，疾病无以发生。反之，若突然而强烈，或反复而持续的精神刺激，可引起机体气机逆乱，气血失调，脏腑功能紊乱，抗病能力下降，导致疾病的发生。注意调摄精神，一是要避免或减少外界环境的不良刺激；二是要提高人体自身心理调摄能力，心胸开朗，防止情绪的过度波动。

2. 调养形体，不妄作劳

调养形体，是增强体质，提高防病能力，减少疾病发生的重要环节之一。在调养形体过程要做到"法于阴阳，和于术数，食饮有节，起居有常，不妄作劳"，也就是既要顺应自然规律，还要重视脾为后天之本、肾为先天之本对人体生命活动的重要性。脾主运化，为气血生化之源，肾主藏精，精能化气，气能生神，因此要固护先、后天之本。若能了解自然界的变化规律，并适应这种变化，生活要有规律，饮食要有节制，避免过度劳作，则正气充足，生命旺盛，体质强壮，从而减少疾病的发生。反之，若生活起居没有规律，饮食劳逸没有节制，则正气亏虚，机体的抗病能力降低，从而容易发生疾病。

3. 加强锻炼，增进健康

锻炼形体可以促进气血流畅，使人体肌肉筋骨强健，脏腑功能旺盛，并可借形动以济神静，做到"形神合一""形动神静"，从而使身体健康，益寿延年，同时也能预防疾病。汉代著名医学家华佗，根据"流水不腐，户枢不蠹"的道理，创造了"五禽戏"健身运动，模仿虎、鹿、熊、猿、鹤等五种动物的动作以锻炼身体，所以可促使血脉流通，关节灵活，气机调畅，体质增强，减少和或防止疾病的发生。此外，太极拳、八段锦、易筋经等多种传统的健身方法，不仅能增强体质，预防疾病的发生，而且还能治疗多种慢性疾病。

4. 针灸推拿，药物调养

针灸推拿，即通过针刺手法或推拿按摩效应对穴位的特异刺激作用，通过经络系统的感应传导及调节功能，而使人身气血阴阳得到调整而恢复平衡，从而发挥其治疗保健及防病效能。药物调养是长期服食一些对身体有益的药物以扶助正气，平调体内阴阳，从而达到健身防病益寿的目的。对于体弱多病者，可以采用药物调养法，调养脏腑，但往往长期服食才能见效。

（二）外避病邪，防止邪气侵害

1. 避其邪气

邪气是导致疾病发生的重要条件，故未病先防除了注意摄生，以增强正气，提高抗病能力之外，还要注意避免病邪的侵害。《素问·上古天真论》说："虚邪贼风，避之有时。"就是说要谨慎躲避外邪的侵害。要顺应四时变化；避疫毒，防疠气之感染；注意环境卫生，防止水源和食物的污染，防止外伤与虫兽伤等。

2. 药物预防

药物预防，也就是事先服食或注射某些药物，可提高机体的免疫功能，能有效地防止病邪的侵袭，从而起到预防疾病的作用。这在预防疠气的流行方面尤有重要的意义。古代医家已经积累了很多成功的经验。如《素问·刺法论》有“小金丹……服十粒，无疫干也”的记载。近年来运用中草药预防疾病，已越来越受到医学界的重视，如用贯众、板蓝根或大青叶等预防流感，用茵陈、栀子等预防肝炎，用马齿苋等预防细菌性痢疾等，都收到了良好的效果。

二、既病防变

既病防变，就是在病变发生以后，要争取早期诊断，早期治疗，防止疾病的发展与传变。

（一）早期诊治

《素问・阴阳应象大论》说：“故邪风之至，疾如风雨，故善治者治皮毛，其次治肌肤，其次治筋脉，其次治六腑，其次治五脏。治五脏者，半死半生也。”说明外邪侵袭人体由表传里的传变过程是先皮毛，后肌肤，再筋脉，直至侵犯到内脏，如果不及时治疗，就会使病情愈来愈复杂，治疗起来也愈来愈困难。因此，在防治疾病的过程中，首先要掌握疾病发生发展的基本规律，了解疾病的传变规律，才能做到早期诊断，及时治疗，才能防止其传变。

（二）控制传变

掌握疾病发生发展的基本规律，为了阻断传变途径，“务必先安未受邪之地”。《难经・七十七难》说：“上工治未病，中工治已病者，何谓也？然：所谓治未病者，见肝之病，则知肝当传之于脾，故先实其脾气，无令得受肝之邪。故曰治未病焉。中工者，治肝之病，不晓相传，但一心治肝，故曰治已病也。”根据五行相克规律，肝木克脾土，肝脏受邪可累及脾脏，导致脾脏的病变。所以，在临床上治疗肝病时，常配用调理脾胃的药物，防止肝病传之于脾，为既病防变的具体应用。又如清代医家叶天士，根据温热病伤及胃阴之后，可能会进一步耗伤肾阴的传变规律，主张在甘寒养胃的方药中加入某些咸寒滋肾之品，也是既病防变原则的具体应用。

三、愈后防复

愈后防复，是指在疾病缓解、初愈或痊愈时，采取适当的调养方法及治疗措施，以防止疾病的复发。愈后防复的主要措施有：一是避免引起疾病复发的诱因，二是采取积极的康复方法。

疾病初愈，应适当运用药物调理以恢复正气，清除余邪。但切不可滥用补剂，以致体虚而不受补；或再投峻猛攻邪之剂而伤正助邪。

疾病缓解或初愈之时，脾胃之气尚虚，胃气未复，若多食强食，或进食肉类等肥甘炙煿，或不注意饮食卫生和“忌口”，易使疾病复发。如《素问・热论》在论述热病的护理与饮食禁忌时指出：“病热少愈，食肉则复，多食则遗，此其禁也。”凡病后均应注意饮食调护和禁忌，合理膳食，饮食宜清淡，不宜多食生冷辛辣肥腻，不宜饮酒。

疾病初愈，正气多有损伤。因此，要注意病后休息，不宜劳力太过伤形耗气，不宜劳神太过伤及心脾，不宜房事过早过频耗伤肾精。

凡病初愈，大怒、大喜、悲哀、忧虑等不良的情志刺激，可导致气机失调，损伤脏腑而致疾病复发。因此，应注意保持心情愉悦、心态平和，避免七情内伤。

此外，应注意避免再次外感六淫或疠气，谨慎调理病后的生活起居，以促进疾病痊愈，健康恢复。

第三节　治　　则

治则，是治疗疾病时必须遵循的基本原则，即治疗原则，对临床的具体立法、处方、用药等具有普遍的指导意义。中医治则的核心是“以平为期”，恢复机体的阴阳协调的平衡状态。

治法是以治疗原则为指导，针对不同病证采用的具体治疗方法与手段。治则与治法两者既有区别，又有联系。治则是治疗疾病时必须遵循的基本原则，具有指导性、原则性和抽象性的特点；治法则是具体治疗方法与手段，具有从属性、灵活性和具体性的特点。例如，从正气和邪气的关系来探讨病机，不外乎邪正盛衰，因此，扶正、祛邪就成为治疗疾病的基本原则。在扶正原则的指导下，再根据气血阴阳不同的虚证而采取的补气、养血、滋阴、温阳等具体治法。在祛邪原则的指导下，再根据不同的邪气导致的实证而采用发汗、清热、活血、吐下等具体治法。

治病求本是中医治疗疾病的根本指导思想，是整体观念与辨证论治在治疗学中的体现。治病求本也就是说在治疗疾病时，要针对产生疾病的根本原因和本质进行治疗。治病求本体现了具有最普遍指导意义的治疗规律，是贯穿于整个治疗过程的指导思想。

中医基本治则主要包括扶正祛邪、标本缓急、正治反治、调整阴阳、调整脏腑、调理气血、三因制宜等。任何一种治则都不是孤立的，相互之间存在着有机的联系。机体的阴阳失调是疾病发生发展的根本原因，因而，调整阴阳与扶正祛邪，在治疗阴阳的偏盛偏衰时是必然遵循的治疗原则。病在脏腑、气血失调时，则需调整脏腑气血，以及要求根据天时气候、地域环境和患者的年龄、性别、体质等不同特点而制定与之相适宜的治法与措施，所以，临证应用时需灵活掌握，尤其是复杂的病证，往往采取多种治则联合应用的办法，方能收效显著。

中医基本治法，又称治疗大法，是针对一类相同病机的病证而确立的。清•程国彭《医学心悟•医门八法》概括为“八法”：“论治病之方，则又以汗、和、下、消、吐、清、温、补八法尽之。盖一法之中，八法备焉。八法之中，百法备焉。病变虽多，而法归于一。”具体治法，是在治疗大法限定范围之内，针对具体病证所确立的具体治疗方法，属于个性的、各具特定应用范围的治疗方法，如辛温解表、镇肝息风、健脾利湿等，它可以决定选用何种治疗措施。治疗措施，是在治法指导下，对病证进行治疗的具体技术、方式与途径，临床除了选用内服的方药之外，还有针灸、按摩、导引、熏洗、刮痧、贴敷、气功、捏脊、割治等。

一、扶正祛邪

扶正祛邪，是针对正虚和邪实制定的治疗原则。邪与正的斗争在疾病过程中自始至终存在，邪正双方的消长、盛衰、进退变化，形成虚证与实证及其复杂变化。因此，扶正和祛邪，就是依据正邪相互消长盛衰的变化而确立的基本原则，是指导临床治疗的一个重要原则。

（一）扶正祛邪的概念

扶正就是针对正气虚所确立的基本治则，即所谓“虚则补之”，通过使用扶助正气的药物或其他疗法以增强体质，提高抗病能力，达到战胜疾病，恢复健康的目的。扶正适用于正气亏损的虚证，如阴虚、阳虚、气虚、血虚、津液不足等。具体方法有滋阴、助阳、益气、养血、增液等。

祛邪就是针对邪气盛所确立的基本治则，即所谓“实则泻之”，通过使用祛除邪气的药物或其他疗法以祛除病邪，以达到邪去病愈的目的。祛邪适用于邪气侵犯人体所致的实证，如食积、虫积、水肿、痰浊、气滞、血瘀、热盛等。对于不同的邪气可采用不同的祛邪方法，具体方法有发汗、解表、清热、利湿、祛痰、消导、涌吐、行气、活血等。

扶正与祛邪虽然是两种截然不同的治则，但又相互为用、相反相成。扶正的目的在于增强正气，这样更有利于祛邪，即所谓“正胜邪自去”；祛邪的目的在于清除病邪，减轻和中止了病邪对正气的损害和干扰，这样更有利于正气的恢复，即所谓“邪去正自安”。所以，扶正与祛邪这两种治则的关系是：扶正即所以祛邪，祛邪即所以扶正。只要运用得当，扶正与祛邪就会相互促进，使疾病早日好转，机体早日康复。

（二）扶正祛邪的运用

扶正祛邪在运用上要掌握三个基本原则：一是扶正用于虚证，祛邪用于实证，应运用合理；二是对虚实错杂证，应根据虚实的主次与缓急，决定扶正祛邪运用的先后与主次；三是注意扶正不留邪，祛邪不伤正。

1. 扶正祛邪单独使用

扶正治则适用于以正气虚弱为主要矛盾的虚证。此时，正气虚弱是疾病过程中的主要矛盾或矛盾的主要方面，邪气不明显而不能对人体造成伤害，由此形成了机体功能衰退的一系列虚弱证候。治疗时应给予扶助正气，不仅能治疗虚证，还能增强体质，提高机体的抗病能力。扶正治则除了补气、补血、补阴、补阳、补益脏腑等最常用的药物治法外，还有针灸疗法、推拿气功疗法，以及精神调摄、饮食调养、体育锻炼等方法。

祛邪治则适用于以邪气亢盛为主要矛盾的实证。邪气亢盛是疾病过程中的主要矛盾或矛盾的主要方面，人体正气则比较充足，能积极与邪抗争，由此形成了一系列邪正剧烈相争的实证。治疗时应抓住邪气亢盛这一主要矛盾，给予祛除邪气。祛邪的具体方法很多，如发汗法、涌吐法、泻下法、清热法、祛寒法、化湿利湿法、消导化积法、祛痰法、活血化瘀法、清热解毒法等。选择具体祛邪的方法时，要注意使邪有出路，对尽快祛除邪气具有重要的临床意义。

2. 扶正祛邪同时使用

即攻补兼施。适用于虚实错杂证，即既有正虚又有邪实的病证，或正虚邪恋者，不能单纯扶正或单纯祛邪，往往采用扶正与祛邪同时并用的方法治疗。但在实际应用时，必须辨别正虚和邪实的主次。针对虚中夹实证，则应以扶正为主，兼以祛邪；针对实中夹虚证，则应以祛邪为主，兼以扶正。

3. 扶正祛邪先后使用

（1）先扶正后祛邪，即先补后攻，适用于正虚为主，机体不能耐受攻伐者，此时兼顾祛邪反能更伤正气，故当先扶正以助正气。待正气能耐受攻伐时再予以祛邪，以达到既不伤正，又不碍邪，使邪祛正复的目的。

（2）先祛邪后扶正，即先攻后补，适用于以下两种情况：一是邪盛为主，兼扶正反会助邪；二是正虚不甚，邪势方张，正气尚能耐攻者。此时先行祛邪，邪气速去则正亦易复，再补虚以收全功。忌滥投补剂或用峻猛之剂攻邪，致使体虚而不受补，或助邪伤正，导致疾病复发，或因药害而生新病。

总之，扶正祛邪法的应用，应知常达变，灵活运用，根据具体情况而选择不同的治法。

二、标本缓急

本和标是一个相对的概念，本是本质，标是现象，主要用来概括病变过程中矛盾的主次先后关系。“本”代表着疾病过程中占主导地位和起主导作用的方面；而“标”则是疾病中由“本”相应产生的，或属次要地位的方面。从正邪双方来说，正气是本，邪气是标；从疾病本身来说，病因是本，症状是标；从病变部位来说，病在脏腑精气是本，病在肌表经络是标；从疾病发生的先后来说，原发病、旧病为本，继发病、新病为标。因此，在辨证时必须通过标本的分析归纳，分清矛盾的主次关系，根据标本主次的不同，考虑治标治本的缓急先后，分别采取急则治标、缓则治本和标本同治的方法。

（一）急则治标

急则治标是针对标症（病）紧急，有可能危及生命，或影响本病治疗时的治疗原则。如大出血、暴泻、剧痛等标症急重，成为主要矛盾的情况下，若不立即采取止血、止泻、止痛等救治措施，可能危及生命或影响整个疾病的治疗，此时必须先治其标，待危重的标症缓解之后，再依据其病因病机之本予以调治。另外，在疾病发展过程中，出现中满、大小便不利、昏迷、喘促、虚脱、高热等都是比较急重的症状，也是标急之症，应先治、急治，等病情缓解后，再治其本。有时也指素有宿疾，复有新感，治疗则首先除其新感之标急，然后顾其旧病之本。

（二）缓则治本

缓则治本是针对标症（病）缓而不急时，针时本病的病因病机所采取的治疗原则。探求疾病的本质，针对主要病因、病证进行治疗，解除病证的根本，则标症自愈。缓则治本对慢性疾病、急性疾病的恢复期有重要的指导意义。如外感风寒之邪，治宜辛温解表以祛风寒之本，则恶寒、无汗之标症亦随之消失。又如阴虚发热病证，阴虚是本，发热是标，当养阴治本，以退标热。

（三）标本兼治

标本兼治，是针对病证出现标本错杂并重时，采取标本同治的治疗原则。当单治本不顾其标，或单治标不顾其本，都不能适应病证治疗要求时，必须标本兼顾同治，这样才能取得较好的治疗效果。如虚人感冒，患者素体气虚或血虚为本，又反复外感为标，必须采用益气解表、养血解表等治法，益气、养血是扶正治本，解表是祛邪治标，标本同治，才能使正胜邪退而病愈。又如燥热不解，阴液大伤，可出现身热、腹满硬痛、干渴、舌燥苔焦黄等症，治疗时就必须泻下实热以存阴液，滋阴润燥以利通下，标本兼顾。标本兼治的原则，运用非常广泛，在实际应用时，又当根据标病与本病的主次，在治疗用药时有所侧重。

总之，病有轻重缓急、先后主次之不同，因而标本的治法运用也就有先后与缓急、单用或兼用的区别，要善于区分主次，抓住主要矛盾，以确定治疗的先后缓急，或先治本，或先治标，或标本同治。

三、调整阴阳

调整阴阳是指利用药物或食物的气味性能、针灸补泻等作用，以纠正人体阴阳的偏胜偏衰，使之恢复相对平衡协调的治疗原则，又称调理阴阳。调整阴阳是针对阴阳失调基本病机变化制定的治疗原则。通过扶正，补益人体阴阳之偏衰；通过祛邪，祛除邪气阴阳之偏盛，从而恢复阴阳相对平衡，达到使疾病痊愈的目的。正如《素问・至真要大论》所指出："谨察阴阳所在而调之，以平为期"。

（一）损其有余

损其有余适用于阴阳偏盛之证。邪气盛则实，"实则泻之"。

1. 泻其阳盛

阳盛是阳热之邪亢盛而阴液未明显受损的实热证，治宜苦寒以泻其有余，使阳邪祛除而热退，也就是"热者寒之"。由于"阳胜则阴病"，阳邪盛易致阴液亏虚，此时宜在清热的同时，配以滋阴之品，即祛邪为主兼以扶正。

2. 损其阴盛

阴盛是阴寒之邪内盛而阳气未明显损伤的实寒证，治宜辛温（热）以温散阴寒，也就是"寒者热之"。由于"阴胜则阳病"，阴邪盛易致阳气不足，此时宜在散寒的同时，配以扶阳之品，即祛邪为主兼以扶正。

（二）补其不足

补其不足适用于阴虚、阳虚和阴阳两虚之证。精气夺则虚，"虚则补之"。

1. 阴阳互制——阳病治阴，阴病治阳

当出现阴偏衰，阴虚无以制阳而致阳气相对偏亢的虚热证时，滋阴则可制约阳亢，即唐・王冰所谓"壮水之主，以制阳光"，《内经》称之为"阳病治阴"。"阳病"即阴虚所致阳气相对偏亢，"治阴"即补阴。

当出现阳偏衰，阳虚无以制阴而致阴气相对偏盛的虚寒证时，助阳则可胜其阴寒，即唐・王冰所谓"益火之源，以消阴翳"，《内经》称之为"阴病治阳"。"阴病"即阳虚所致阴气相对偏盛，"治阳"即补阳。

2. 阴阳互济——阳中求阴，阴中求阳

根据阴阳互根原理，在治疗阴偏衰时，可在滋阴剂中适当佐入温阳药，所谓"善补阴者，必于阳中求阴，则阴得阳升而泉源不竭"，此即"阳中求阴"；在治疗阳偏衰时，常在温阳药中加入滋阴药，也就是“善补阳者，必于阴中求阳，则阳得阴助而生化无穷”，此即“阴中求阳”。需要指出的是，这里的滋阴药加入温阳之品、温阳药加入滋阴之品，并不是因为有阴虚或阳虚存在，而是在于加入温阳药可鼓舞阳气以生阴液，加入滋阴药可充养阴液以助阳气。

3. 阴阳并补

阴阳互损，则有阴损及阳，阳损及阴，终则阴阳俱虚，但有先后、主次轻重之别。阴损及阳，其阴亏为主为重，阴阳兼补，当以滋阴为先，在滋阴的基础上，酌配温润助阳之品，以求其阴阳并补。阳损及阴，其阳虚为主为重，阴阳兼补，当以温阳为先，在温助阳气的基础上，配合滋阴。应当指出，阴阳并补两法，虽然用药上都是滋阴、补阳并用，但主次用药不同，且适应证候有别。

四、正治反治

正治与反治是从所用药物性质的寒热、补泻与疾病本质和现象之间的从逆关系而言的，如《素问·至真要大论》说：“逆者正治，从者反治”“微者逆治，甚者从治”。

（一）正治

正治，是针对疾病本质，逆其病证性质而治的常规治则。适用于病情较为单纯，病证性质与临床表现相一致的病变，即寒证见寒象，热证见热象，虚证见虚象，实证见实象。此时，治疗用药的性质或采用治疗技术的作用趋向与疾病的本质及其表象皆相反，逆其病机而治，故又称“逆治”，是临床上最常用的治疗原则。具体应用如下：

1. 寒者热之

是指针对寒性病证而采用温热性质的方药进行治疗的原则。具体运用时，还要分清寒证的表、里、虚、实属性，表寒证多为表实证，治用辛温解表法；里寒证则当根据具体病证分别采取温中祛寒、回阳救逆或温经散寒法予以治疗。

2. 热者寒之

是指针对热性病证而采用寒凉性质的方药进行治疗的原则。具体运用时，亦应分清热证的表、里、虚、实属性，表热证用辛凉解表法；里热证则当根据具体病证分别采取清气分热、清营凉血、清热解毒、清脏腑热或清虚热等方法治疗。

3. 虚则补之

是指针对虚性的病证而采用补益的方药进行治疗的原则。具体运用此原则时，要根据气虚、血虚、阴虚、阳虚等不同证候，分别给予补气、补血、补阴、补阳等方法治疗。

4. 实则泻之

是指针对实性的病证而采用攻泻的方药进行治疗的原则。具体运用，要分清邪气的性质以及邪气所在的部位，如果是瘀阻经脉则用化瘀通经法，痰热蕴肺则用清肺化痰法，里热积滞则用寒下法，宿食壅滞胸脘则用涌吐法等。

（二）反治

反治，是针对疾病出现假象的情况，采用与某些表象相同的药物进行治疗，亦即顺从疾病假象而治的原则。适用于病证性质与临床表象不完全一致者，即寒证反见热象，热证反见寒象，虚证反见实象，实证反见虚象。此时，治疗用药的性质或采用治疗技术的作用趋向与疾病的本质相反，顺从其表面假象而治，故又称“从治”。究其实质，仍是治病求本，针对病证本质而治。其具体应用如下：

1. 热因热用

是针对真寒假热证而采用温热方药进行治疗的原则。前一个“热”，指具有假热现象的病证；后一个“热”，指温热的药物。由于阴寒充塞于内，逼迫阳气浮越于外，故可见身热反不恶寒，面赤如妆等假热之象，但由于阴寒内盛是病本，故同时也见下利清谷，四肢厥逆，脉微欲绝，舌淡苔白等内真寒的表现。因此，当用温热方药以治其本。

2. 寒因寒用

是针对真热假寒证而采用寒凉方药进行治疗的原则。前一个“寒”，指具有假寒现象的病证；后一个“寒”，指寒凉的药物。由于阳热盛极，格阴于外，患者出现口渴喜冷饮、烦躁不安、大便干结、小便短赤、舌红苔黄的真热表现，同时可见四肢厥冷、脉沉的假寒现象，用寒凉的药物以治其本。

3. 塞因塞用

是针对正虚所致闭塞不通病证而采用补益的方药进行治疗的原则，即“以补开塞”。前一个“塞”，指虚性闭塞不通的现象；后一个“塞”，指具有补益功用的药物。由于体质虚弱，脏腑精气功能减退而出现闭塞症状，如血虚而致经闭者，由于血液不足，故当补益气血而充其源，则无须用通药而经自来。又如肾阳虚衰，推动蒸化无力而致的尿少癃闭，当温补肾阳，温煦推动尿液的排泄，则小便自然通利。因此，以补开塞，主要是针对病证虚损不足的本质而治。

4. 通因通用

是针对因邪实所致泻痢崩漏等病证而采用通利的方药进行治疗的原则。前一个“通”，指实性通泄下利的现象；后一个“通”，指具有通利功用的药物。由于实邪内阻出现通泄症状，如食滞内停，阻滞胃肠，致腹痛泄泻，泻下物臭如败卵时，当消食导滞，食积去而泄自止。又如瘀血内阻，血不循经所致的崩漏，当活血化瘀，瘀去则血自归经而出血自止。这些都是针对邪实的本质而治的。

总之，正治与反治的本质都是治病求本，在临床具体应用时，若病变性质与其征象相符，应用正治；若病情较复杂，某些病证表现的症状与疾病的本质不相一致而出现假象时，则需透过假象，抓住本质，应用反治。

五、调理脏腑

调理脏腑，是在整体观念指导下，针对脏腑功能失常而制定的治疗原则。脏腑失常主要包括：一是脏腑生理功能的失常。二是脏腑之间关系的失常。人体是一个有机的整体，当某一脏腑发生病变时，就会波及到别的脏腑，呈现出脏腑之间相互影响的传变关系。所以，治疗脏腑疾病，不能只是针对病变的脏腑，还应该考虑各脏腑之间的关系，通过治疗上的整体调节，促进各脏腑功能及相互关系恢复到正常协调的状态。

（一）运用五行学说指导调节五脏

（1）根据脏腑的五行属性来确立适宜的治法：根据脏腑的五行属性，临床治疗时应采取顺应其生理特性的适宜治法，例如，心为阳（火）脏，心之阳气的充沛与否，关系到其正常行血的功能，因而治疗心病时，要注意顾及到心之阳气；“心恶热”，在临床上常表现为心对火热邪气、暑邪等有着特殊易感性，因而治疗时宜注意清心泻火、清暑以安其神。肝属木，性喜条达，情志之伤易致肝郁，每以疏肝行气之法以解其郁结，顺应其生理特性。

（2）根据五行相生规律确立适宜治则治法：根据五行相生规律确立的治则有补母、泻子两个方面，即《难经·六十九难》所谓“虚则补其母，实则泻其子”。

“虚则补其母”，是根据五行相生和五脏母子关系的理论，对于五脏虚证应采用补益“生我”之脏的方药进行治疗的原则。具体治疗方法包括：培土生金法，即补脾益肺法，是指通过健脾益气而达到治疗肺气虚的治疗方法，适用于肺脾两虚证。滋水涵木法，即滋肾养肝法，是指通过滋肾阴而养肝阴、进而抑制肝阳上亢的治疗方法，适用于肝肾阴虚、肝阳上亢证。金水相生法，即补肺滋肾法，是指滋养肺肾之阴的治疗方法，适用于肺肾阴虚证。益火补土法，是指温肾阳以补脾阳的治疗方法，适用于脾肾阳虚证。

“实则泻其子”，是根据五行相生和五脏母子关系的理论，对于五脏实证应采用攻泻“我生”之脏的方药进行治疗的原则。具体治疗方法包括：泻肝即所以泻肾，肾藏精，故少用泻法；泻心以泻肝，通过泻心火的办法来治疗肝火旺引起的头晕头痛、面红目赤、急躁易怒等病症。“实则泻其子”的治法在针灸疗法中应用更为广泛。

（3）根据五行相克规律确立适宜治则治法：根据五行相克规律确立的治则有抑强、扶弱两个方面。抑强即泻其克者之强，扶弱即补其被克者之弱。抑强、扶弱多结合应用，常用治法包括：抑木扶土法，即疏肝健脾法，是用疏肝健脾药治疗肝旺脾虚的治疗方法，适用于木旺乘土之证。培土制水法，即温肾健脾法，是用温肾健脾或温运脾阳之药治疗水湿停聚为病的治疗方法，适用于脾虚不运，水湿泛滥而致水肿胀满之候。佐金平木法，即泻肝清肺法，是清肃肺气以抑制肝木的治疗方法，适用于肝火偏盛，影响肺气清肃之“木火刑金”证。泻南补北法，即泻心火滋肾水的治疗方法，适用于肾阴不足，心火偏旺，水火未济，心肾不交之证。

（二）调理脏腑之间的关系

由于脏腑之间相互表里，在生理上存在着相互协调的关系，在病变上常互为影响和传变，因而在治疗上应注意调理脏腑之间的关系。

（1）脏病治腑：是指通过治腑而达到治脏的目的。脏与腑相互表里，当五脏出现病变时，脏与腑之间也会相互影响。如心与小肠相表里，心火上炎之时，可通利小肠，使心经之热从下而出，心火自降。

（2）腑病治脏：是指通过治脏而达到治腑的目的。脏与腑相互表里，当六腑出现病变时，脏与腑之间也会相互影响。如肾与膀胱相表里，膀胱气化功能失常，水液代谢障碍，通过补肾而增强膀胱气化功能。肺与大肠相合，当腑气不通引起的大便秘结，通过宣降肺气，使腑气得通，大便自畅。

（3）脏腑同治：治脏病时兼顾治腑，治腑病时兼顾治脏，脏腑兼治。如脾与胃，脾主运化，胃主受纳，纳运相得；脾主升清，胃主降浊，升降相因；脾喜燥恶湿，胃喜润恶燥，燥湿相济。所以，脾病常伤及胃，胃病常伤及脾，临床上当脾胃同治。

（4）虚则补脏：五脏藏精气而不泻，以藏为主。五脏之虚自当补脏，六腑之虚亦可借补脏以扶正。如膀胱气化无权而致的小便频数，甚则遗尿，虽病在膀胱之腑，但运用补肾固涩之法，加强膀胱的气化功能，尿频自愈。

（5）实则泻腑：六腑传化物而不藏，以通为用，以降为和。六腑之实证可泻腑以祛邪，五脏之实证亦可借泻腑以祛邪。如热结胃肠，可以荡涤胃肠实热；肝胆湿热可清泻肠道，渗利小便，使湿热从二便而出。前者是腑实泻腑，后者为脏实泻腑。

（三）调整脏腑特性

（1）根据脏腑的气机运动规律制定适宜治法：例如，肺气宣发肃降，若外感内伤所致肺失宣肃而出现咳喘胸闷，应宣肺散邪、降气宽胸。脾宜升则健，胃宜降则和，若脾气下陷者治之以益气升提，胃气上逆者治之以降逆和胃，均与顺应脏腑特性的治法有关。

（2）根据脏腑的喜恶（苦欲）特性来制定适宜的治法：古代医家喜欢用“苦欲”或“喜恶”来概括脏腑的生理特性。如脾的生理特性是喜燥而恶湿，因而对脾虚湿阻之证，宜甘温燥湿之剂，而慎用阴柔滋腻之品。胃的生理特性是喜润而恶燥，因而当胃阴虚或燥热时，宜甘寒生津或清热润燥之剂，忌滥投温燥之品，以免复伤其阴等。

六、调理精气血津液

调理精气血津液是在整体观念指导下，针对精气血津液功能失常以及相互关系失调而制定的治疗原则。精气血津液是脏腑进行功能活动的物质基础，精气血津液失调可导致多种疾病的发生，故调理精气血津液是重要治则之一。

（一）调精

1. 精亏宜补

补精亦称填精，用于精亏之证。临床多见肾精亏虚，主要表现为生长发育迟缓，生殖功能低下等，进一步可引起化气、化血等功能的不足，常采用补肾填精方法。

2. 精脱宜固

固精又称摄精，适用于遗精、滑泄等精脱之证。因肾为封藏之本，主藏精，肾气亏虚，封藏失司，导致精脱诸证，常采用补益肾气、固摄精气的方法来治疗。

（二）调气

（1）气虚宜补：补气是指应用补气方药治疗气虚证。肾为气之根，肾所藏先天之精化生先天之气；肺为气之主，肺吸入自然界的清气；脾胃为生气之源，脾运化的水谷之精为气生成的来源。因此，补气多应补肺、脾、肾三脏之气，使其生理功能正常，保证气的生成充足。

（2）调理气机：是指应用具有舒畅气机、调理脏腑作用的方药治疗气机失调病证。常见的气机失调病变主要有气滞、气闭、气逆、气陷、气脱等，气滞者应行气，气逆者宜降气，气闭者宜开窍通闭，气陷者宜益气举陷，气脱者宜固脱。

（三）调血

（1）血虚宜补：是指应用补血方药治疗血虚证。由于血源于水谷精微，与脾胃、心肺、肝肾等脏腑的功能密切相关。因此补血时，应注意同时调治这些脏腑的功能，其中又因脾胃为后天之本，气血生化之源，故尤为重视对脾胃的补养。

（2）调理血行：是指应用具有调畅血行、散除瘀血，以及止血作用的方药，治疗血行失常之证。血运失常的病变主要有血寒、血热、血瘀、出血等。治疗时，血瘀者宜活血化瘀，因血寒而瘀者宜温经散寒行血；出血者宜止血，且需根据出血的不同病机而施以清热、补气、活血等法。

心、肝、脾、肺等脏生理功能的相互协调与密切配合，共同保证了血液的正常运行。其中任何一脏的生理功能失调，都可以引起血行失常的病变。因此，治疗血行失常时，要注意调节五脏功能活动。

（四）调理津液

（1）津亏宜滋：是指应用滋补津液的方药治疗津液不足之证。津液来源于饮食水谷，通过脾胃的运化及有关脏腑的生理功能而生成。治疗时一方面从健运脾胃入手，采用滋阴生津、滋补阴液、敛液救阴等法，同时祛除造成津液亏虚的原因。

（2）水湿痰饮宜祛除：是指应用具有祛除水湿痰饮方药治疗水湿痰饮内停之证。水液代谢与肺、脾、肾、肝、三焦等脏腑的生理功能密切相关，脏腑功能失调，则会引起水液代谢障碍，产生水湿痰饮的病机改变。故水湿痰饮的调治，多从肺、脾、肾、肝入手，治当以发汗、化湿、利湿、逐水、利水、化痰为法。

（五）调理精气血津液关系失常

精气血津液之间存在着相互资生相互转化的关系，在病变上也必然相互影响，因此治疗精气血津液关系失常时，应重在调理双方关系。

（1）调理气血：气病及血和血病及气的病机变化，由于有着因果、先后及主次的不同，因而调理气血关系的具体方法应治贵权变。气虚而致血虚者，宜补气生血；气不行血者，宜补气、行气以行血；气不摄血者，宜补气摄血；血虚气亦虚而致气血两虚时，宜养血为主，佐以益气；气随血脱，应以益气固脱以止血，再进补血之品。

（2）调理气津：气虚而致津液不足者，宜补气生津；气不行津者，宜补气、行气以行津；气不摄津者，宜补气摄津；气随津脱者，宜补气以固脱，同时补津；津停而致气滞者，宜在治疗水湿痰饮的同时，兼以行气之法。

（3）调理精血津液：精血可以相互化生，称为“精血同源”，故治疗上，精亏之人在填精的同时，可佐以补血；而血虚之人，在补血的同时，亦可佐以填精。血和津液也可相互化生，称为“津血同源”。在临床上常有津血同病而见津血亏少或津枯血燥，治疗应采取补血养津或养血润燥。

七、三因制宜

三因制宜，是因时制宜、因地制宜、因人制宜的统称。疾病的发生和发展变化受到时令气候、地理环境，以及人的体质差异影响，因此，临床治疗疾病时，不可孤立地看病证，必须结合时、地、人的特性和差异对疾病的影响，制定出最适宜的治疗方法，这也是治疗疾病所必须遵循的一个基本原则。

1. 因时制宜

因时制宜，是根据时令气候寒热燥湿的不同变化而选择适宜的治法、方药的治疗原则。

一年之中，春夏秋冬的时序变化，寒来暑往，对人体的生理活动与病机变化带来一定的影响，因而在治疗时当有所宜忌。如炎夏季节，阳盛之时，人体腠理疏松开泄，易于汗出，即使外感风寒而致病，辛温发散之品亦不宜过用，以免伤津耗气；寒冬时节，阴寒大盛，人体阳气内敛，腠理致密，若非大热之证，寒凉之品应当慎用，以防损伤阳气。正如《素问·六元正纪大论》说："用热远热，用温远温，用寒远寒，用凉远凉，食宜同法。"古人提出了四时用药的原则，"食药同源"，食品亦应当按四时寒热变化而有所选择。

2. 因地制宜

因地制宜是指根据地域环境的不同而选择适宜的治法、方药的治疗原则。

不同的地域，地势有高下，气候、水质、土质等各异，因而在不同地域长期生活的人们，其生活、工作环境，生活习惯与方式各不相同，其生理活动与病机变化亦各有特点，在治疗疾病时要因地制宜。即使是同一种疾病，地域不同，亦可采用不同的治法。从临床实际看，江南及两广一带，温暖潮湿，人们腠理疏松，感受风邪而致感冒，以风热为多，常采用桑叶、菊花、薄荷之类辛凉解表；而西北地区，天寒地燥，人们腠理闭塞，感受外邪而致感冒，则以风寒居多，常采用麻黄、桂枝、羌活之类辛温发汗以解表。

3. 因人制宜

因人制宜，是指根据患者的体质、性别、年龄、生活习惯等个体差异性而选择适宜的治法、方药的治疗原则。

由于先天禀赋与后天因素的影响，人的体质各不相同。体质强壮者，病证多实，其体耐受攻伐，治疗宜攻，用药量宜重；体质虚弱者，病证多虚或虚实夹杂，其体不耐攻伐，治疗宜补，用攻则药量宜轻。偏于阳盛或阴虚体质者，治疗用药宜寒凉而慎用温热；偏于阴盛或阳虚体质者，治疗用药宜温热而慎用寒凉。

年龄不同，气血盈亏、生理功能、病机变化的特点也各不相同，治疗用药应该有所区别。小儿在生理上气血未充，脏腑娇嫩，病机上易寒易热，易虚易实，病情变化较快，所以治疗小儿疾患，既要少用补益，亦应忌投峻攻之剂。老人生机减退，气血阴阳亏虚，脏腑功能衰弱，对虚证，宜用补法，且病程多较长；对实证以攻法祛邪时，要注意中病即止，防止攻邪过度而损伤原已亏虚的正气。

性别不同，男女各有生理特点，治疗时应加以考虑。在给女性治病时要考虑到经、带、胎、产、乳的生理特点，掌握用药的宜忌。月经期间，应慎用破血逐瘀之品，以免造成出血不止；妊娠期间，当禁用慎用峻下、破血、滑利、走窜伤胎或有毒的药物，以防伤胎；产褥期间，应考虑气血亏虚、恶露留存的特殊情况，在治疗时兼顾补益、化瘀；哺乳期用药必须注意对母子的影响等。

第四节　康　　复

康复，即恢复健康，又称康健、平复、康强等。中医康复，就是在中医理论指导下，研究各种有利于疾病康复的方法和手段，使伤残者、慢性病者、老年病者及疾病缓解期患者的生理功能和精神状态最大限度地恢复健康。

一、康复的基本原则

康复的目的是要恢复患者，或已伤残者的身心健康。康复的基本原则包括了养形调神结合、扶正祛邪结合、内治外治结合、自然康复与治疗康复结合等。

1. 养形和调神结合

养形，主要是指调养人体的内脏、肢体、五官九窍及精气血津液等。主要有调饮食、节劳逸、慎起居、避寒暑、勤锻炼等养生的方法。调神，主要指调摄人的精神、意识、思维活动等。将保养形体和调摄精神相结合，充分调动患者自身的主观能动作用，有利于康复治疗。

2. 扶正与祛邪结合

中医康复的对象大多以正气亏虚为主，也有部分是属虚中夹实，因此，多以扶正固本为主，兼顾祛邪。扶正，可以增强机体的抗病能力、自我调节能力和康复能力，根据不同情况，可采用药物、食物、或药食结合等综合运用，缩短康复所需的时间。由于康复患者时常出现正虚邪恋的状态，故在扶正的同时多辅以祛邪。

3. 内治与外治结合

内治指通过给患者服用药物来进行治疗的各类治法的统称。外治是用药物和器械、手术等直接作用于患者的体表或孔窍局部，以治疗各种病证的方法。内治法可调整、恢复和改善脏腑组织的功能活动，外治法能通过经络的调节作用，疏通体内的阴阳气血，故内治与外治相结合，往往能收到促进患者整体康复的效果。一般来说，病在脏腑，以内治为主配合外治；病在经络，可以外治为主配合内治；脏腑经络同病，内治外治并重。由于伤残、慢性病、老年病等大多病情复杂，康复要求较高，则多采取内外并用，综合调治的对策。

4. 自然康复与治疗康复结合

自然康复是指通过自然因素的影响，促进人体身心逐步康复的方法。主要包括日光疗法、空气疗法、花香疗法、泥土疗法、高山疗法、海水疗法、岩洞疗法、森林疗法等诸多自然康复方法。故有选择性和针对性地利用这些因素对人体的不同作用，结合临床药物等治疗，以达到康复医疗的目的。

二、康复的主要方法

在中医康复基本原则的指导下，在临床康复治疗的过程中，不仅可以选用药物、饮食、针灸、推拿、气功等康复方法，还需要患者自我调摄、自我保健的相互配合，才能取得最佳的疗效。

常用的方法包括：

（1）精神康复法：是指医生以某种言行或情志相胜理论，影响患者的感受、认识、情绪和行为等，以改善和消除患者的不良情志反应，促使其身心康复的一类方法。

（2）饮食康复法：是指有针对性地选择适宜的饮食品种，或药食相配，以调节饮食的质量，促使人体疾病康复的方法，又称食疗。运用饮食康复法，一要注意辨证进食，二要重视饮食禁忌。

（3）药物康复法：是指运用药物进行调理，以减轻或消除患者功能障碍的方法。内服药物康复不外乎扶正与祛邪两方面。由于康复患者大多属虚证或虚中夹实证，故以扶正为主，兼顾祛邪，是药物康复法的基本原则。对于多种皮肤病、筋骨痹痛可采取外治法。

（4）针灸推拿气功康复法：是指运用针刺、艾灸、推拿、气功等方法来刺激患者某些穴位或特定部位，激发、疏通经络气血的运行，恢复脏腑经络生理功能的方法。

（5）运动康复法：是指患者通过体育运动的锻炼，促进气血运行调畅，调养身心，祛除疾病，促使其身心日渐康复的方法。不同的运动方法，锻炼强度有别，适应范围各有侧重，再加上康复对象的病情、体质、年龄、兴趣爱好等各不相同，所以运动康复法要因人因病而异，有针对性地选择合理的运动项目，以求获取最佳的效果。

（6）自然康复法：亦称环境康复法，是指充分利用自然环境所提供的各种有利因素，以促进疾病的痊愈和身心康复的一类方法。常见的有泉水疗法、日光疗法、热砂疗法、泥土疗法等。

总之，康复的对象绝大多数为慢性疾病，其中不乏疑难杂症，不仅病情复杂，迁延日久，往往多个脏腑受累，几种病证并存，因此，必须针对不同的情况，制定合理而有效的康复方案，发挥良好的综合效应，使机体逐渐康复。

复习与思考请扫二维码

主要参考书目

曹洪欣 .2004. 中医基础理论 . 北京：中国中医药出版社
匡调元 .2003. 人体体质学——中医学个体化诊疗原理 . 上海：上海科学技术出版社
李灿东 .2016. 中医诊断学 . 北京：中国中医药出版社
李德新 .2001. 中医基础理论 . 北京：人民卫生出版社
王琦 .2005. 中医体质学 . 北京：人民卫生出版社
王新华 .2001. 中医基础理论 . 北京：人民卫生出版社
张登本 .2003. 中医学基础 . 北京：中国中医药出版社
郑洪新 .2007. 中医学基础 . 北京：科学出版社
郑洪新 .2016. 中医基础理论 . 北京：中国中医药出版社
中医药学名词审定委员会审定 .2004. 中医药学名词 . 北京：科学出版社
《中华人民共和国国家标准 • 中医基础理论术语》. 2006. 国家标准化管理委员会公布